ओ उब्बीरी...

यह पेपरबैक संस्करण
मूल पुस्तक की,
बिना किसी काट-छाँट के,
अविकल प्रस्तुति है

ओ उब्बीरी...

(कोख से चिता तक, भारतीय स्त्री का प्रजनन और यौन जीवन)

मृणाल पाण्डे

राधाकृष्ण प्रकाशन

ISBN : 978-81-7119-869-6

ओ उब्बीरी...

पहला संस्करण : 2003
दूसरा संस्करण : 2006
पहली आवृत्ति : 2024

मूल्य : ₹995

प्रकाशक
राधाकृष्ण प्रकाशन प्राइवेट लिमिटेड
जी-17, जगतपुरी, दिल्ली-110 051

शाखाएँ : अशोक राजपथ, साइंस कॉलेज के सामने, पटना-800 006
पहली मंजिल, दरबारी बिल्डिंग, महात्मा गांधी मार्ग, प्रयागराज-211 001
1, अनमोल सोराबजी संतुक लेन, धोबी तलाव, मरीन लाइंस, मुम्बई-400 002
वेबसाइट : www.radhakrishnaprakashan.com
ई-मेल : info@radhakrishnaprakashan.com

मुद्रक
राजकमल प्रेस
नई दिल्ली-110 002

O UBBIRI...
(KOKH SE CHITA TAK, BHRTIYA STREE KA
PRAJANAN AUR YAUN JEEVAN)
by Mrinal Pandey

ओ उब्बीरी...

अनुक्रम

ओ उब्बीरी; वन में कौन बिलख रहा है ?
ओ जीवा, प्यारी बेटी,
होश में आ !
इस कसाईघर में अनगिनत बेटियाँ
जो कभी तेरी ही तरह रूपयौवन सम्पन्ना थीं, जलाई जा रही हैं।

किस-किस के लिए बिलखेगी तू ?

(थेरी गाथा में संकलित बौद्ध भिक्षुणियों के मुक्तकों से, चौथी सदी ई.पू.)

विहंगावलोकन

ज्ञान बटोरना यानी दुःख बटोरना, ईसाई धर्मग्रन्थ भी कहते हैं।

एक विहंगम दृश्य की कल्पना करें ! एक छोर पर राजस्थान के प्रान्तर में मिट्टी और फूस से बनी एक ढाणी में कुपोषण से मारी देहवाली एक उन्नीस वर्षीया तीन बच्चों की महतारी, अपने चौथे के जन्म की प्रतीक्षा में है। शादी हुई चौदह बरस में, उसके बाद लगभग हर बरस एक जापा ! वह खूब जानती है कि उसे आराम और अच्छी खुराक की कितनी सख्त ज़रूरत है। वह यह भी जानती है कि गाँव के आसपास कहीं एक प्राथमिक स्वास्थ्य केन्द्र भी है। लेकिन स्वास्थ्य केन्द्र में जाँच और सलाह पाने का मतलब है—पहले ऊबड़-खाबड़ रास्ते से एक घंटे की पैदल यात्रा और फिर उतने ही ऊबड़-खाबड़ रास्ते से एक खचड़ा बस में दो घंटे का सफ़र। तिस पर एक लम्बी मुहिम पर निकलने से पहले उसे अपने परिवार से आज्ञा लेनी होगी, घर का सारा काम निबटाकर, सबको खिला-पिला कर स्वयं दो-चार उल्टे-सीधे कौर निगलने होंगे, फिर बड़े बच्चों की देखभाल का पड़ोसियों से चिरौरी कर इन्तज़ाम करना होगा, और तब कहीं जाकर सबसे छोटेवाले को कूल्हे पर टाँगे-टाँगे वह बाहर जा सकती है। तब भी उसे हर पल ध्यान रखना होगा कि शाम की रोटी-पानी और अपने पति के खेत से लौटने से पहले वह वापस घर पहुँच जाए।

इतना सब होने के बाद जब वह केन्द्र पहुँचेगी, तो सम्भव है काठ जैसे मुँहवाली नर्सबाई कहे उसने देरी कर दी। डॉक्टर सा'ब तो शहर वापस गए ! उसकी सलाह माने, इस प्रसूति के बाद वह नसबन्दी करा ले। पर इसके लिए भी उसे दर्द उठते ही नर्सबाई को इत्तला करनी होगी। ढाक के वही तीन पात !

इसी परिदृश्य के दूसरे छोर पर खड़ा है बड़े शहर का एयरकंडीशंड कमरोंवाला एक चमचमाता निजी अल्ट्रासाउंड क्लिनिक। यहाँ सुरक्षित-कानूनन जायज़ गर्भपात की सुविधा है। साफ-सुथरे और हँसमुख डॉक्टर 300 से 3000 रुपए तक की फीस लेकर यहाँ मशीनी टेस्ट द्वारा घंटे के भीतर बता सकते हैं कि अजन्मे शिशु का लिंग क्या है।

यदि गर्भ में मादा भ्रूण है और परिवार जन उसे नष्ट कराना चाहते हैं तो करीब 2000 रुपया अतिरिक्त लेकर 'सफाई' करा दी जाएगी। 'आज पाँच हजार खर्चो, भविष्य के पाँच लाख बचाओ', यह तर्क है उनका। कहने की ज़रूरत नहीं कि यह केस हस्पताल की बहियों में दर्ज नहीं किया जाएगा। क्योंकि गर्भपात कानूनन जायज़ भले हो, लिंग-जाँच पर आधारित गर्भपात नाजायज़ है।

इन दोनों तस्वीरों में कहीं रत्ती-भर भी स्फीति नहीं है।

और केन्द्र में स्वास्थ्य मन्त्री तथा कार्यक्रम क्रियान्वयन की महिला मन्त्रीजी के बीच कड़वी तकरार हो रही है कि वैज्ञानिक शोध के नाम पर बन्दरों-चूहों पर अत्याचार क्यों।

इन करोड़ों औरतों के लिए कोई सवाल नहीं उठाता, कोई उनसे पूछताछ नहीं करता। बाइबिल कहती है, ज्ञान बटोरना दुःख बटोरना है। अज्ञानी ही सुखिया है, कबीरदास कहते हैं, जागृतिवाले के लिए ही दुःख है जो आँख मीचे, सो सुखी :

सुखिया सब संसार है खावे अरु सोवै।
दुःखिया दास 'कबीर' है जागे अरु रोवै॥

सो बन्दरों और चूहों तक ही बहसें सिमटी रहें, यही अच्छा !

मैं दो वर्षों से अधिक भटकती रही हूँ स्त्रियों का दुःख बटोरते हुए, सरकारी नींद की बानगी लेते हुए। जब भी मौका मिला मैंने दूरदराज़ के ग्रामीण इलाकों और शहरी मलिन बस्तियों में काम कर रहे स्वैच्छिक संगठनों से सम्पर्क किया और जानबूझकर कोई तयशुदा एजेंडा, सरकारी नियन्त्रण, स्थानीय प्रभावशाली लोगों या बड़े, नामी-गिरामी राजनेताओं से सम्पर्क करना टाला। इसकी जगह स्वैच्छिक जनसेवियों के साथ-साथ कभी उनके वाहनों में, कभी उनके साथ सार्वजनिक वाहनों में और फिर उनके क्लिनिकों, दफ्तरों और अस्पतालों में इलाज में आनेवाली सैकड़ों औरतों की रामकहानियाँ चुपचाप सुनती चली गई।

गरीबों की दुनिया में सच्चा सौहार्द्र दुर्लभ है। पर स्वेच्छा से जनसेवा में उतरे इन चन्द डॉक्टरों, नर्सों और चिकित्सकीय सहायकों की करुणामयी दृष्टि के आगे ये ग़रीब औरतें अपनी पीड़ा-भरी जिन्दगी को कपड़े के एक थान की तरह खोल देती हैं। अल्बेयर कामू ने कभी महानायक की परिभाषा की थी, एक ऐसा सामान्य व्यक्ति, जो अकृत्रिम भलमंसाहत के दबाव से असामान्य काम कर गुज़रे। इस यात्रा में मुझे कई ऐसे महानायक, नायिकाएँ मिले ! एक ओर औरत की जुबान में उनकी जीवनगाथा श्रवण, दूसरी ओर इन महानायकों की मार्फत गाथाओं की पृष्ठभूमि का ब्योरा।

ऐसे ही बनी यह पुस्तक ! ऐसे ही क्षेपकों-प्रसंगों से बनते रहे हैं महाभारत जैसे महाकाव्य।

भारत की आम औरत अजन्ता और एलोरा के भित्तिचित्रों में रत्नजटित रानी महारानियों के पीछे से झाँकती दासियों की याद दिलाती है। उसने बड़ी खामोशी के साथ भौतिक सत्ता की लीलापटी अपने बहुत करीब खुलती हुई देखी है। पर हर युग में सत्ता के उस लीलाजगत में उसकी सीधी भागीदारी विरल रही है। उल्टे स्त्रियों के अनुभव में सत्ता के व्यावहारिक रूप ने उनकी उत्पादक और प्रजनन से जुड़ी जिन्दगी में ढेरों टकराव और विसंगतियाँ उपजाई हैं। जहाँ कोख का प्रश्न हो, कभी राष्ट्रीय सुरक्षा, कभी परम्परा, तो कभी खानदानी इज्जत के नाम पर स्त्रियों की निर्णय-क्षमता और चयन-क्षमता में गहरी कतरब्योंत की गई है, एक बार नहीं बार-बार। इसीलिए आम स्त्रियाँ जब अपने प्रजनन स्वास्थ्य और अपनी देह की चर्चा करती हैं, तो उनकी दृष्टि में इस विडम्बना का भरपूर अहसास झलकता है।

अपने अन्तर्मन में हर स्त्री को अपने ऊपर सामान्यता का ठप्पा लगना खटकता है। उससे भले ही उसकी इच्छा-अनिच्छा के बारे में बहुत कम पूछा जाता रहा हो, जब वह अपनी जिन्दगी की बाबत बतियाने पर आती है, तो वह उसे अपनी ही तरह से व्याख्यायित करती है। उसे अपने भीतर की दुनिया खँगालने और उसकी अभिव्यक्ति के लिए सही लफ्ज़ ढूँढ़ पाने में कुछ वक्त भले ही लगे पर एक बार जब वह कहने पर आती है तो लगता है एक बाँध भरभराकर टूट गया है। कभी मात्र चितवन से, तो कभी पूरे शरीर की भंगिमाओं से वह अपने जीवन की अन्दरूनी विडम्बनाओं और अपनी नैतिक दुविधाओं को अन्ततः साकार कर देती है।

और जब कभी ऐसा होता है, तो हम पाते हैं कि एक मामूली सी औरत की आत्मकथा भी अपने आप में एक पूरी जाति, एक पूरी सभ्यता के गिर्द मँडराते बेहिसाब अनुभवों और स्मृतियों का खजाना समेटे हुए एक दुर्लभ महाकाव्य हो सकती है।

ज्यों-ज्यों मेरी यात्राएँ तय होती गईं, त्यों-त्यों परिचित दुनिया एक दूसरी ही शक्ल लिये मेरे आगे उजागर होती गई। मैंने देखा कि समग्र दृष्टि के अभाव में किस तरह औरतों के सशक्तीकरण के लिए उठाए गए नेकनीयत सरकारी क़दम भी कई बार आम स्त्री के मानवाधिकारों को कुचल सकते हैं कि अगर कोई ग़रीब स्त्री अनपढ़ हो, पिछड़े इलाके के गाँव या बड़े शहरों की किसी मलिन बस्ती में रहती हो, और अंग्रेजी भाषा बोलने-समझने में महरूम हो, तो राज्यसत्ता और उसके संवाहकों की नज़र में वह एक दोयम दर्जे का जीव ही बनी रहती है। स्त्री सशक्तीकरण की पक्षधर जिस व्यवस्था का अंग है मैं स्वयं भी थी, अक्सर ऐसी स्त्री से कहती है कि अशिक्षित और ग़रीब होने के नाते वह अपनी प्रजनन क्षमता की बाबत सही चुनाव करने में असमर्थ है, अतः राज्यसत्ता ही उसके लिए सही-ग़लत तय करेगी। इसके साथ ही मैंने कई मामलों में यह भी देखा कि अगर स्वैच्छिक गर्भपात जैसा कोई मुद्दा नैतिक और राजनीतिक रूप से जटिल और बहुआयामी हो, तो स्त्री का वर्ग, जाति और आय उसकी क्षमता पर रोक

लगाने को निर्णायक तौर से आड़े आ सकता है। नतीजतन, प्रजनन प्रक्रिया, जो पूरी स्त्री जाति के लिए उसकी एक बुनियादी और एक जैसी साझी स्मृतियों-अनुभवों का आगार होनी चाहिए—भारत में वर्ग और वर्ण विशेष की बुनियाद पर औरतों के अनुभवों को अलग-अलग रंग और आकार देती है।

निपट गरीबी के बीच जीनेवालों पर क्या हम मध्यवर्ग में स्वीकृत नैतिकता की तमाम श्रेणियाँ और मानदंड ज्यों का त्यों लागू कर सकते हैं ? स्त्रियों की चुप्पी के पीछे क्या अर्थ छिपे हैं ? जिस दम एक स्त्री चुपचाप सिर झुकाए जो कुछ उसे मिल रहा है, उसको निःशब्द स्वीकार करती होती है, उसके मन में क्या घुमड़ रहा होता है ? यदि वह एक तल्ख गुस्सा है तो यह जब-जब फट पड़ता है, तो किस रूप में ? इसका उस स्त्री के बच्चों पर कितना असर पड़ता है ? ख़ासकर बेटियों पर ?

मैं स्वीकार करती हूँ कि मेरे लिए उन सीधी-सादी ग़रीब औरतों के द्वारा की गई सुविधा सम्पन्न महिला अफ़सरों, डॉक्टरों, नर्सों की बेबाक आलोचना की ईमानदार प्रस्तुति करना आसान नहीं है। कई बार तो यह मुझे लगभग बारूदी सुरंगोंवाले मैदान पर चलने जैसा ही लगता रहा। लेकिन मानना ही पड़ेगा कि भारत में अब तक नारीवादी विमर्श के केन्द्र में प्रायः शहरी उच्चमध्यवर्गीय सवर्ण स्त्रियाँ ही रही आई हैं। अतः हो सकता है कि शिक्षित सम्पन्न स्त्रियों के जीवन और रवैये के सन्दर्भों में गरीब स्त्रियों के आलोचनात्मक वक्तव्य एक खास तरह की आलोचकीय दृष्टि को बेजा प्रतीत हों। लेकिन इन ब्योरों को जमा करते हुए मेरी अन्तिम कसौटी यही सवाल था कि जो औरतें नारीवाद विमर्श में महिला-अधिकारों से जुड़ी बहस में कभी भी भागीदार नहीं बनाई गईं, उनकी अपनी नज़र में उनके प्रजनन स्वास्थ्य की स्थिति तथा प्राथमिकताएँ क्या हैं ? ग़रीबी रेखा के नीचे जीवन-यापन को मजबूर एक महिला की सरकारी और ग़ैर सरकारी स्वास्थ्य सुविधाओं तक पहुँच और उससे हुए अनुभव कैसे-कैसे विचारों और मानसिकता को जन्म देते हैं ?

इस बिन्दु तक आते-आते मुझे लगने लगा था कि शायद मैं भारतीय स्त्रियों के प्रजनन स्वास्थ्य पर एक आदि-मध्य और अन्त से लैस सीधा-सादा ब्योरा नहीं लिख सकूँगी और न ही भारत में स्वास्थ्य सेवाओं के गठन और क्षरण के इतिहास को एक सामान्य साँचे में फिट कर पाऊँगी। अपने अन्तिम आकार में यह पुस्तक सैकड़ों स्त्रियों के जीवन के अन्तरंग अनुभवों के टुकड़ों को जोड़कर बनाई गई एक कथरी के ज़्यादा करीब ठहरती है। और जैसा कि ऐसा कथरियों के साथ होता है, कई बार कहानियों के रंग और जातीय ताने-बाने हमें एक दूसरे से मेल खाते हुए लगते हैं; और कई बार टाँकों की रेखाएँ बड़ी दूर, बेमेल टुकड़ों की परिधियों तक चली जाती हैं ! भिन्न-भिन्न आकारों को एक नई किस्म की ज्यामिति में पिरोती हुई।

मुझे नहीं मालूम कि औरतों ने किस तरह हहराकर इन कहानियों-ब्योरों को मेरे आगे बार-बार उलीच दिया, उसके पीछे एक बरसों का संचित आक्रोश था या कि एक दत्तचित श्रोता के हाथों अपनी व्यथा की शीर्ण पोटली थमाकर फारिग हो जाने का सुख।

मुझे आज भी सचमुच नहीं पता। कई बार यह हुआ कि कथा शुरू एक औरत ने की और जब अन्त तक आने से पूर्व मुँह ढाँककर वह अचानक खामोश हो गई, तो उसकी संगिनी ने सूत्र उठा लिया, जैसे लोकगीत गाती गवनहारिनें करती हैं, तीखी, ऊँची खरखराती आवाजों में पारिवारिक जीवन की स्मृतियों को छीलती हुई, अपनी मज्जा-रक्त-हड्डियों तक पहुँचकर पुरानी स्मृतियों के कण बटोरती हुई।

क्या यही पटकथा मैं लिखना चाहती थी ?

या यह एक भँवर था जो मुझे लील गया ?

सच पूछें तो मुझे इसकी परवाह नहीं। अक्सर यात्रा के दौरान अकेले अनजान होटलों-होस्टलों, अतिथिगृहों के कमरों में देर रात गए जब मैं दिन-भर चुगे नोट्स पढ़कर पस्त हो जाती, तो आँख बन्द करने पर खुद मेरा अपना बचपन तमाम यादों की उँगली थामे मेरे आगे आ खड़ा होता। अनाहूत-अचल।

अच्छा, आइए पहले एक कहानी सुनिए।
एक सच्ची कहानी, अख़बार की जुबानी॥

26 नवम्बर, 2000 को वारंगल (आन्ध्र प्रदेश) में एक माँ एक सरकारी हस्पताल, जहाँ उसने बच्चे को जन्म दिया था, पर आरोप लगाया कि हस्पताली कर्मचारियों ने मिलीभगत करके उसके नवजात पुत्र की जगह एक लड़की लाकर रख दी है। उसकी माँग थी कि उसका नवजात पुत्र उसे अविलम्ब लौटाया जाए। पुलिस ने माता-पिता और बच्ची की हैदराबाद की एक प्रयोगशाला में डी.एन. जाँच करवाई। जाँच से प्रमाणित हुआ कि बच्ची तो इसी माँ-बाप की थी। तब ? राज़ क्या था ? पिता ने शर्म के साथ स्वीकार किया कि यह तमाम एक नाटक था। बच्ची की माँ पर घरवालों का भारी दबाव था कि वह बेटा जने। बेटी लेकर वह घर जाती तो भारी अपमान और प्रताड़ना की भागी बनती। उसे यह भी भय था कि कहीं उसे बच्ची समेत घर से ही न निकाल दिया जाए !

कहानी सुनते-सुनते खुद मुझे कई स्मृतियों ने आ घेरा।

बचपन में हमारे लिए दुनिया के जीवों की दो श्रेणियाँ थीं। एक ओर माँएँ, दूसरी ओर शेष हम लोग। और माँओं की भी दो स्पष्ट श्रेणियाँ थीं—बेटों की माँएँ और बेटियों की माँएँ। बेटे की हवस अपने यहाँ सिर्फ़ ग़रीबों तक ही सीमित हो, ऐसा नहीं। मुझसे भारत के सर्वाधिक आबादीवाले प्रान्तों में से एक के मुख्यमन्त्री ने कहा था कि 'देवीजी, हमारे उहाँ मानता हय, कि एक रुपया या एक बेटा नाकाफ़ी होता है। इकलौता बेटा नालायक और रुपया खोटा निकल गया तो गए काम से। सो कम से कम दू-दू होना चाहिए, बेटा भी अउ रुपैया भी ! बूझीं ?'

एक अन्य मुख्यमन्त्री के घर अभी-अभी दो-तीन पोतियों के बाद पोता जन्मा है। उनके मुसाहिब लोगों ने तुरत अखबारों में बधाई के दर्जनों इश्तहार छपवा दिए हैं। एक का पत्र भी अख़बार में छपा है। वे कहते हैं कि 'मेवा और बेटा भगवान सबको दें !' ज्ञातव्य है कि ताजा जनगणना के आँकड़ों के अनुसार इस राज्य में लड़कियों की तादाद

लगातार घट रही है, हरितक्रान्ति से उपजी तमाम समृद्धि के बावजूद ! जनगणना विशेषज्ञों और समाजशास्त्रियों को पूरा शक है कि ग़ैरकानूनी ढंग से राज्य के कई निजी क्लिनिक बेटों और मेवों का महत्त्व और बढ़ा रहे हैं। वे गर्भस्थ कन्या भ्रूणों का पता कर उनको गर्भ में ही मारने में परिवारों की मदद कर रहे हैं।

यथा राजा तथा प्रजा !

एक सम्पन्न परिवार में बिताए खुद अपने बचपन के सन्दर्भ में मैं अक्सर सोचती रही हूँ कि माँओं के लिए बेटे इतनी बड़ी इतनी स्पृहणीय निधि क्यों माने जाते रहे हैं भला ? रानी हों या नौकरानी—माँएँ क्यों अपना स्वास्थ्य दाँव पर लगाकर भी तब तक बच्चे पैदा करती जाती हैं जब तक इस विकट पुत्र-कामना की तुष्टि न हो जाए ? अलबत्ता जब मैं छोटी थी, इस किस्म के प्रश्नों को महसूस भले करूँ, पूछ पाने की हिम्मत मैं नहीं जुटा पाती थी। संयुक्त परिवार था और घर में बच्चों का जन्म लगा रहता था ! एक गाना जो गवनहारिनें गाती थीं, आज भी मेरे ज़हन में चिपका बैठा है :

धनिया जो तुम गोरी धना, पूत जनो
तुम्हें महलों में दूँगा बिठाय
वो तो मोहरें दूँगा लुटाय...
धनिया जो तुम गोरी धना, धीय जनो
तुम्हें महलों से दूँगा हटाय
तुम्हें पीहर दूँगा पहुँचाय...
धना कोठे अटारी चढ़ी टेरती,
अरे सब कोई जनियो पूत
और कोई मत जनियो री धीय

यह तो लोकसंगीत था, पर मूल की तलाश करें तो हम पाएँगे कि ठीक यही विचार परिष्कृत रूप में धर्मशास्त्रों में भी यत्र-तत्र बैठे दीखते हैं। वृहदारण्यक उपनिषद् (के पाँचवें ब्राह्मण) में लिखा है कि तीन लोक पूज्य हैं—पुरुषों की दुनिया, पितरों की दुनिया और देवताओं की दुनिया ! पुरुषों की दुनिया में प्रवेश का एक ही मार्ग है, पुत्र सन्तान पैदा करना। पितरों की दुनिया की डगर अलबत्ता सत्कर्मों और देवताओं की दुनिया की राह ज्ञान से पाई जा सकती है। इसलिए कहा गया है कि पुत्र को कर्मकांड की दीक्षा देना अनिवार्य है। पुत्र को दीक्षित कर चुका पिता जब दुनिया छोड़ता भी है तो पुनः अपने पुत्र में प्रवेश कर अमर हो जाता है। बेटा चूँकि उसे सभी पापों से त्राण दिलाता है उसे पुत्र की संज्ञा दी जाती है, "यः पितुः छिद्रम् पूरयित्वा त्रायति स पुत्रः।"

दुनिया के सभी प्राचीन पितृसत्ताक समाजों से उपजे धर्मों की तरह हिन्दू धर्म ही नहीं ईसाई, यहूदी तथा इस्लाम भी माँ तथा कोख की उर्वरता को बड़ा महत्त्व देते हैं। लेकिन यह भी ग़ौरतलब है कि यह सभी धर्म सन्तानोत्पत्ति का सकारात्मक सन्दर्भ हमेशा मातृत्व और पुत्रोत्पत्ति से ही जोड़ते हैं, स्त्री की सहज यौनेच्छा तथा पुत्रियों से नहीं। यौनेच्छा और सहवास का सुख पुरुषों के सन्दर्भ में ही रेखांकित किया जाता रहा है।

उधर स्त्री के सन्दर्भ में पीड़ा और कष्ट भोगना उसके यौन-जीवन के सहज अंग माने गए हैं। उदाहरण के लिए पुरुष के 'वीर्य' की स्तुति में तो सैकड़ों स्तोत्र तथा श्लोक बनाए गए हैं, पर स्त्री के रजोधर्म को (हिन्दू धर्म में) इन्द्र के शाप की दुःखद उपज माना गया है। तैत्तिरीय संहिता के अनुसार (2/5/1) इन्द्र ने त्वष्टा के पुत्र विश्वरूप का वध किया और 'ब्रह्महत्या' के पाप के भागी बने। उन्होंने सबसे अनुनय की कि उन्हें इस पाप से मुक्ति दिलाएँ। सकल चराचर सृष्टि में तब तक अक्षत रहे आए धरती, वृक्ष और स्त्रियों ने ही उनकी सुनी और वह जघन्य पाप अपने ऊपर ले लिया। तभी से पृथ्वी में गढ़े-खन्दकें बनने लगे, वृक्षों के कटने पर उनका जीवन-रस बाहर चूने लगा और स्त्रियाँ प्रतिमाह रजोस्राव से पीड़ित होने लगीं। यहूदी और ईसाई धर्मग्रन्थों में भी इसी तरह रजोधर्म को ईश्वर का शाप बताया गया है, जो निष्पाप आदम को निषिद्ध फल चखाने के एवज में हव्वा और उसकी बेटियों पर आन पड़ा। ईसा पूर्व रोमन संस्कृति में भी मासिक धर्म को 'महती कष्ट' (पोएना मैग्ना) की ही संज्ञा दी जाती रही। कुल मिलाकर पुरुष के प्रजनन कर्म को तो उसके लिए अनिर्बाध आनन्द का अक्षय-कोष और पितरों के प्रति पवित्र कर्तव्य-निर्वाह माना गया, पर स्त्रियों को विश्व-भर के धर्मगुरु यही उपदेश देते रहे कि सन्तान रचने की उनकी भूमिका से पीड़ा और ग्लानि का अपरिहार्य रिश्ता है। दीक्षा की यह टीका पीढ़ी दर पीढ़ी माथे पर टाँक लेने के बाद आज भी सामान्य स्त्रियों के लिए यह विश्वास कर पाना बड़ा कठिन है कि प्रेम का अनुभव और देह का सुख बिना पीड़ा और ग्लानि के भी भोगा जा सकता है। अपने शरीर के रोगग्रस्त होने और उपचार पाने के प्रति स्त्रियों के बुनियादी रवैये को इस बात ने बड़ी गहराई से प्रभावित कर रखा है। वे आसानी से विश्वास नहीं कर पातीं, कि वेदना और कष्ट किसी भी स्त्री का सहज प्रारब्ध नहीं है, कि इस पर सवाल भी उठाया जा सकता है। वे तो आज भी मानती हैं कि ज्यादा कष्ट हो तो वह अपने को काम में डुबो दे :

'आय व्यये अर्थ संस्कारे, शौचान्निकार्ये समायोज्याः
स्त्रीनाम् शुद्धिरियम् स्मृताः ...'

(स्वयं को शुद्ध और पवित्र रखने के लिए स्त्री घर के जमा-खर्च, झाड़ू-पोंछा और बर्तन-बासन में मन लगाए।)

(वृहस्पति : व्यवहार प्रकाश, पृ. 409)

अचरज क्या, कि अधिकतर औरतें प्रजनन स्वास्थ्य से जुड़ी बीमारियों का इलाज दुआ से करती रहती हैं, जब तक मर्ज ला-इलाज न हो जाए। ध्यान रहे, यह बात महज भारत तक सीमित नहीं है। अमरीका में गर्भ-निरोध के लिए जान जोखिम में डालकर लड़नेवाली वीरांगना माग्रेट सैंगर ने जब गर्भ-निरोधकों की जानकारी खुलेआम देनी शुरू की, तो सैकड़ों अमरीकी स्त्रियों ने भी उन्हें चिट्ठियाँ लिखीं, कि वे अपनी कोख पर काबू पाने का इलाज चाहती हैं। पर यौनेच्छा पूर्ति को नहीं, न ही बार-बार के गर्भ की पीड़ा से बचने के लिए अपनी जीवन-ऊर्जा परिवार हित में बचाए रखने के लिए ही

गर्भ-निरोधक पाना चाहती हैं। उन्हें लगता है कि इस तरह वे हम बेहतर ढंग से 'माँ' और 'पत्नी का दायित्व निभा सकेंगी।'

जितने भारतीय चिकित्सकों से मेरी बात हुई, सभी का कहना था कि डॉक्टरी जाँच अथवा परामर्श के लिए आनेवाली अधिकांश भारतीय महिलाएँ भी अपनी अमरीकी बहनों की ही तरह मानती हैं, कि अगर उन्होंने प्रजनन स्वास्थ्य के सन्दर्भ में अपने कष्ट को कम या खत्म करने की बात कही, तो सम्भवतया नेक और 'अच्छी औरत' होने का तमगा हाथ से जाता रहेगा। अतः वे शुरू में प्रजनन-तन्त्र की मामूली से लेकर ग़ैरमामूली तक हर बीमारी को अपना प्रारब्ध समझकर स्वीकार कर लेती हैं। बहुत हुआ तो सहेलियों-बूढ़ियों से पूछकर वे 'दादी माँ के नुस्खे' आजमाती हैं, जड़ी-बूटी और काढ़े का प्रयोग करती हैं, और जब तक सम्भव हो, बीमारी को पुरुषों से छुपाती रहती हैं। कुछ इलाकों में तो स्त्रियों ने यौन रोगों का रिश्तेदारी से जुड़ा नामकरण तक कर रखा है, मानो इनसे सदा-सदा का साथ हो। पुणे के पुरन्दर तालुका में स्त्रियाँ बाँझपना को 'छोटी दीदी' कहती हैं और गर्भाशय के भ्रंश (uterine prolapse) को 'बड़ी दीदी।' उन्होंने हँसकर बताया कि एक बहन घर आई, तो दूसरी आएगी ही तय है। उनकी हँसी में पीड़ा और उपेक्षा का एक पूरा संसार छुपा था।

खेद यह भी है कि स्त्रियों के प्रजनन सम्बन्धी स्वास्थ्य के प्रति ऐसा दोषपूर्ण रवैया महज स्त्रियों तक ही सीमित नहीं है। इस अज्ञान में पुरुषों का भी साझा है। अब चूँकि देश के अधिकांश नीति-निर्धारक और अनुसन्धानकर्ता पुरुष हैं, इसलिए उनमें प्रजनन स्वास्थ्य की समझ की ऐसी बनावट इस विषय पर गहराई में जाकर गम्भीर किस्म के शोध करवाने से बिदकती है। जब गहरी समझ न हो तो, भारत सरकार की पहली प्राथमिकता बन जाती है विभाग के लिए तगड़ी राशि का आवंटन, और फिर बेपनाह खरीद ! शासन की बागडोर एक दल के हाथ में हो या दूसरे के, सम्भावना यही है कि जहाँ सशक्तीकरण या प्रजनन स्वास्थ्य के नए विभाग बने, पहली फिक्र उपकरण-खरीदी की होगी।

लोक स्वास्थ्य अथवा शिक्षा की देख-रेख से जुड़े जिस भी सरकारी कार्यालय में आप जाएँ 'दिन-भर चले अढ़ाई कोस' वाली कहावत चरितार्थ होती दिखेगी। जन स्वास्थ्य के नाम पर खूब लम्बी-चौड़ी इमारतों की नई-नई क्यारियाँ हर प्रान्त में सजा दी गई हैं। पर भीतर घुसे तो धूल और गर्द से अँटे कमरों में नए फर्नीचर, प्लास्टिक की अधफटी पर्तों में लिपटे पड़े दीखेंगे, साथ में पुराने कुर्सी-टेबल ज़ीने के बग़ल में एक पर एक लदे हुए। कमरों में चिकित्सा उपकरण या दवाओं की जगह प्रायः पीले-धूलभरे कागजों की ठसाठस होगी। 'विकास की वृहत रणनीति' की ये फाइलें अनेक बेसिर-पैर पहलों की कथा सुना रही होंगी जिन्हें दफ्तरों के बाबू स्त्रियों के मानवाधिकार की रक्षा की दुहाई देनेवाले सैकड़ों सरकारी प्रस्ताव-पत्र माँगने पर सगर्व पेश करेंगे। वे बताएँगे कि हिंसा और दरिद्रता से मुक्त जीवन के स्त्री-अधिकारों से सम्बन्धित संयुक्त राष्ट्र संघ के अमुक प्रस्ताव पर उनके विभाग के सचिव महोदय ने कब दस्तख़त किए, अथवा

एक बच्ची को पढ़ाने-लिखाने की जरूरत क्यों है। लेकिन स्त्रियों की पूरी प्रजाति को विलुप्त होने से कैसे बचाया जाए ? इसकी कोई ठोस योजना किसी के पास नहीं है।

'सेहत' (CEHAT) नामी एक स्वयंसेवी शोध निकाय की राष्ट्रीय परिवार-स्वास्थ्य-सर्वेक्षण तथा जनगणना की रिपोर्ट से प्राप्त आँकड़ों से पता चलता है कि थोड़े समय तक रहनेवाली और बहुत दिनों तक जड़ जमानेवाली—दोनों ही तरह बीमारियों की भारतीय स्त्रियों में लगातार बढ़ोतरी हुई है। खासकर सन्तान-उत्पति के पहले या दोनों गर्भावस्था के दौरान अथवा शिशु के जन्म लेने के तुरन्त बाद के समय में। प्रसव से जुड़े कारणों से बन्ध्याकरण करानेवाली स्त्रियों में से प्रत्येक बीस (या इससे अधिक) दफे स्त्री-रोगों से पीड़ित होती रही हैं। इसमें थोड़े समय तक रहनेवाले रोग, जैसे—सफेद स्राव या रक्ताल्पता अथवा देर तक जमी रहनेवाली बीमारियाँ, जैसे—गर्भाशय का खिसकना, गुह्येन्द्रिय के नासूर (रेक्टो-वेजाइनल फिस्चूला) आदि शामिल हैं। फिर भी ऐसे ब्योरों पर विश्वसनीय आँकड़ों का बड़ा अभाव है, क्योंकि सामाजिक-सांस्कृतिक मान्यताओं और गलत-सलत सरकारी प्राथमिकताओं के चलते प्रजनन-स्वास्थ्य सम्बन्धी रोगों के ऊपर शोध, निदान या उपचार को तरजीह ही नहीं दी जाती है, भले ही इससे लाखों स्त्रियाँ दुष्प्रभावित हों।

भारत के महापंजीयक के सर्वेक्षण उन थोड़े से विश्वसनीय स्रोतों में से एक हैं जो इस तरह की बीमारी से हुई मृत्यु के कारणों पर प्रकाश डालते हैं। इन सर्वेक्षणों के मुताबिक सन् 1993 में माताओं की मृत्यु की अधिकांश घटनाएँ (71.2%) शिशु जनने से प्रत्यक्ष रूप से जुड़ी थीं जबकि 12.8% घटनाओं में शिशु जनने की घटना का हाथ अप्रत्यक्ष रूप में था। 'सेहत' के लिए अनथक आँकड़ा जुटाने के काम में लगे डॉक्टर अमर जेसानी का कहना है कि इस मामले में पहले मुर्गी आई या अंडा ? वाली स्थिति है। प्रजनन-स्वास्थ्य के क्षेत्र में हमारे नीति-निर्माताओं ने ज्यादा से ज्यादा ध्यान अब तक स्त्रियों की कोख को काबू में करने पर ही लगाया है। अनुसन्धान-आधारित, विश्वसनीय उन जरूरी आँकड़ों को निरन्तर जुटाते रहने के काम पर उनका ध्यान कम हो गया है जो इन रोगों की गम्भीरता उजागर करते। ऐसे व्यापक छानबीनवाले आँकड़ों के अभाव में अच्छी और टिकाऊ नीतियों को गढ़ पाना असम्भव है।

भारत में आधिकारिक तौर पर परिवार-नियोजन का पहला कार्यक्रम सन् 1950 में ही बन गया था। सन् 1970 में इसका नाम बदलकर परिवार-कल्याण-कार्यक्रम रखा गया। सन् 1990 में इसे 'प्रजनन एवं शिशु-स्वास्थ्य सेवा' का नाम दिया गया। ऊपर जिस मनोग्रन्थि की चर्चा की गई है, उसके कारण यह कार्यक्रम मूलतः स्त्रियों की प्रजनन-शक्ति को नियन्त्रित करने तथा घटानेवाला श्वेत-श्याम कार्यक्रम ही बना रहा है। इस पूरे ताने-बाने से वे धूसर रंग के सोच तो ग़ायब ही रहे, कि आम परिवारों में बच्चा जनने और उसके लालन-पालन में पुरुष और स्त्री की भूमिका कितनी अलग-अलग होती है कि प्रजनन-शक्ति पर अंकुश लगाने का फैसला लेने में कमउम्र पत्नी के बजाय सास की बातों का ज्यादा वज़न होता है। अथवा यह, कि कई

अविवाहित किशोरों-किशोरियों को भी प्रजनन स्वास्थ्य सम्बन्धी उपचार या परामर्श की गहरी ज़रूरत हो सकती है। इन सब कमियों के चलते देश के गरीबों और सुविधा-वंचितों के बीच छोटे परिवार को एक आदर्श मानदंड के रूप में लोकप्रिय बनाने के हमारे सरकारी प्रयास जड़ नहीं पकड़ पाए हैं।

स्वतन्त्रता के बाद से अब तक भारत में दो राष्ट्रीय परिवार-स्वास्थ्य सर्वेक्षण करवाए गए हैं। इसमें भारत सरकार तथा अन्तर्राष्ट्रीय जनसंख्या-अध्ययन संस्थान ने संयुक्त रूप से भाग लिया। इन (लगभग अचर्चित रहे) सर्वेक्षणों के अनुसार पहले के मुकाबले सन्तान-जनने के कारण आज कहीं ज्यादा माताओं की मृत्यु हो रही है। वर्ष '1992-93' में प्रत्येक एक लाख जीवित शिशु-जन्म पर 424 माताओं की मृत्यु हुई परन्तु वर्ष '98-99' के दौरान यह संख्या 540 तक जा पहुँची थी। उत्तर प्रदेश, बिहार, उड़ीसा, राजस्थान तथा पूर्वोत्तर के राज्यों में मातृ-मृत्यु-दर काफी ऊँची है। विशेषकर उन इलाकों में, जहाँ आदिवासियों और तथाकथित नीची जातियों की संख्या ज्यादा है। स्वास्थ्य सेवाओं की दशा इन सभी राज्यों में दयनीय है, और अधिकांश प्रसव घर में ही अकुशल दाइयों-बूढ़ियों की उपस्थिति में सम्पन्न होते हैं। मातृ-मृत्यु-दर में अधिकांश अध्ययनों के अनुसार चिकित्सीय-सुविधाओं की बढ़त इन राज्यों में अपेक्षया उन्नत शहरों में होने से पिछड़े इलाकों में मृत्यु दर में कमी नहीं आई है।

वालंटेयरी हेल्थ एसोशिएसन ऑव इंडिया (वी.एच.ए.आई.) संस्था के अनुसार भारत में प्रजनन-क्षमता का क्षेत्र जनगणना विशेषज्ञों के लिए एक उत्तेजक चुनौती और नीति-निर्माताओं के आँखों की नींद उड़ा देनेवाला मुद्दा है। फिलवक्त (कुल प्रजनन-दर के हिसाब से) एक शहरी स्त्री की, अपने युवा वर्षों में कुल बच्चे जनने की क्षमता 3.5 तथा गाँव की बहनों के लिए 3.7 ठहरती है। शहरों में 80 प्रतिशत तथा गाँवों में 75 प्रतिशत शिशुजन्म माँ की 20 से 30 वर्ष की अवस्था में घटित होता है। यह बात लगभग सभी स्रोतों से प्रमाणित है कि माँ चाहे कितनी कम उम्र हो, विवाह के बाद पहला गर्भ ठहरने में विलम्ब विरल है। इसका मुख्य कारण है वह सामाजिक दबाव, जो नवविवाहित दम्पति को जल्द से जल्द माता-पिता बनने पर मजबूर करता है। उधर संजय गांधी के समय से पुरुषों की नसबन्दी का मामला ऐसी जली हुई रोटी बन बैठा है कि उसे कोई मुँह नहीं लगाना चाहता। अप्रैल, 1996 में सरकार ने लक्ष्यों (टारगेट) पर आधारित तथा पद्धति आधारित पहल को समाप्त करते हुए नीतिगत बदलाव की घोषणा की है, तनिक गहराई में झाँकें, तो उनमें यह बात खुलकर सामने आ जाएगी कि पुरुषों की जगह कमजोर कड़ी (अबला) मानी जानेवाली स्त्रियाँ ही बड़ी तादाद में बन्ध्याकरण का लक्ष्य बनाई जाती रही हैं, और उसी नसबन्दी के पीछे देश-भर में आज भी सरकारी भागमभाग हो रही है। सरकार के स्वास्थ्य कर्मचारी अब भी ग्रामीण इलाकों में मर्दों को कंडोम मात्र बाँटकर अपने कर्तव्य की इति-श्री समझ लेते हैं और बन्ध्याकरण के लक्ष्य की पूर्ति स्त्रियों के द्वारा करते हैं। भले ही शोध के अनुसार प्रमाणित हो चुका हो कि भारतीय पुरुषों का सिर्फ़ दो फीसदी वर्ग ही कंडोम गर्भनिरोध के लिए इस्तेमाल करता है।

कुछ वर्ष पहले एक कैफ़ीटेरिया पद्धति को परिवार कल्याण पर लागू करने का दिलचस्प नारा बुलन्द हुआ। यानी जन्म-दर को प्रति हजार 25 करने के राष्ट्रीय लक्ष्य को जिन विभिन्न गर्भ-निरोधकों के जरिए साकार किया जाना था उनकी विविधता आम-जन के आगे फैलाकर उनमें से मनचाहा विकल्प चुनने की आजादी। लेकिन जब तक केन्द्र सरकार ने इस बारे में राज्य सरकारों को आदेश सुनाया और राज्य-सरकारों ने ग्रामस्तर के अपने स्वास्थ्य-कर्मियों को हाँक लगाई, तब तक गर्भनिरोधकों के चुनाव में ढेर सारे सौम्य विकल्प सौंपने की बात करनेवाली 'कैफीटेरिया' पद्धति, राशन की दुकानवाली सख्त-दिल प्रणाली में तब्दील हो चुकी थी। गाँवों-शहरों के स्वास्थ्यकर्मियों का आम उपभोक्ता के प्रति रुख यही रहा कि जो कुछ दिया जा रहा है, उतना ही हमारे सरकारी केन्द्रों पर तुम्हें मिलेगा क्योंकि यही 'अलाट' हुआ है। चाहे लो या न लो।

ऐसे शाब्दिक खिलवाड़ों और केन्द्रस्तरीय कमेटियों-सेमिनारों से बात बनेगी नहीं। आज प्रजनन-स्वास्थ्य का क्षेत्र कई अचर्चित पहलुओं पर गम्भीर विचार की माँग कर रहा है। मसलन, गर्भपात अब भी महिला प्रजनन स्वास्थ्य से जुड़ी एक भयावह सर्वग्रासी घटना है। कम लोग जानते हैं कि भारत में 14.5% माताओं की मृत्यु का कारण असुरक्षित गर्भपात है। उपलब्ध तमाम सूचनाओं के मुताबिक अवांछित भ्रूण गर्भपात करवाना न सिर्फ गर्भनिरोधकों का इस्तेमाल करनेवालों (चाहे तो कहें पढ़े-लिखे शहरी लोग) बल्कि अशिक्षित शहरी-ग्रामीण जनों के बीच भी खूब प्रचलित है। अलबत्ता इस विषय पर विश्वसनीय जानकारी न के बराबर उपलब्ध है। कारण बड़ा सीधा-सादा है। एक ऐसी संस्कृति में, जहाँ कोख की उर्वरता पवित्र मानी जाती हो, और उस पर अंकुश लगाने को अपवित्र एवं स्त्रियोचित कर्त्तव्य के विरुद्ध माना जाता हो, यह बिल्कुल स्वतःसिद्ध है कि अवांछित गर्भ ठहरने पर अधिकांश स्त्रियाँ चोरी-चुपके झोला-छाप डॉक्टरों के पास जाकर गर्भपात कराने का जोखिम भरा निर्णय ले लेंगी।

अवांछित गर्भ को कानूनन गिराने की स्वीकृति दिलानेवाले एम.आर.टी.पी. अधिनियम के तहत सन् 1972 में गर्भपात को भारत में वैधता प्रदान की गई थी। फिर भी, आज हमारे अधिकांश राज्यों में सुरक्षित गर्भपात की चिकित्सीय-सेवाएँ महिलाओं की पहुँच से बाहर हैं, क्योंकि इस विषय में कानून बड़ा उलझा हुआ है। उदाहरण के लिए अधिनियम में इसे अपरिहार्य माना गया है कि गर्भपात एक पंजीकृत और लाइसेंस प्राप्त चिकित्सक के हाथों ही सम्पन्न हो। इसका मोटा अर्थ यह हुआ कि गाँवों में हर प्राथमिक स्वास्थ्य-केन्द्र में एक प्रशिक्षित स्त्री-रोग विशेषज्ञ अथवा प्रसव विशेषज्ञ उपलब्ध हो। चूँकि अधिकांश क्षेत्रों में यह नामुमकिन है, अतः बहुतेरी स्त्रियों के पास विकल्प यही बचता है कि वे पास के शहरों के महँगे निजी क्लिनिकों में जाएँ, अथवा जान का जोखिम उठाते हुए अप्रशिक्षित दाई अथवा सस्ते झोला-छाप डॉक्टरों का आश्रय लें। उन नगरों में भी, जहाँ सरकारी अस्पतालों में सुविधाएँ उपलब्ध हैं, अविवाहित अथवा विधवा महिलाएँ प्रायः गर्भपात के लिए बाहर निजी क्लिनिक या डॉक्टर की शरण में जाना उचित समझती हैं। इसका कारण है कि कानून माँग करता है कि डॉक्टर

द्वारा गर्भपात कराए जाने से पहले पति या पिता एकाधिक फार्मों पर अपनी सहमति पर हस्ताक्षर प्रस्तुत करें। लेकिन विवाहित स्त्रियों के मामले में कई पति यह जानकर कि पत्नी बच्चा गिराना चाहती है सहमति देने से हाथ खींच लेते हैं। वे उसके पातिव्रत पर सन्देह करते हैं अथवा उन्हें महसूस लगता है कि अपनी कोख की सफाई चाहनेवाली पत्नी कायदे की औरत नहीं है, और फिर बीवी की मार-कुटाई का सिलसिला सहज शुरू हो जाता है। स्पष्ट है कि स्त्रियों के एक ऐसे कार्यक्रम की ज़रूरत है, जो उनकी सामाजिक-पारिवारिक विवशताओं को समझता हो। उन्हें एक ऐसा स्वास्थ्य-कार्यक्रम चाहिए जिसमें सलाह-उपचार के लिए स्वास्थ्यकर्मी के रूप में स्त्री और पुरुष दोनों उपलब्ध हों। वे उनकी बातों को ध्यान देकर सुनें और सुनकर गर्भ-निरोधकों के रूप में स्त्रियों को एकाधिक विकल्प दें। हमारी स्त्रियों को मात्र गर्भपात के बारे में ही समुचित सलाह और मदद की जरूरत नहीं है, उन्हें गर्भनिरोधकों तथा यौन-जीवन के बारे में भी अक्सर बुनियादी सलाह और सहायता की आवश्यकता होती है। महज कानून, वित्तीय सहायता अथवा जड़ और उपेक्षापूर्ण तरीके से आबादी घटाने का या दमन से काम नहीं चलनेवाला। जब विगत सदी में इनसे बात नहीं बनी तो इस सदी में भी क्योंकर बनेगी ?

"दीदी (नर्स मिडवाइफ यानी ए.एन.एम.) बातों को अच्छी तरह समझाकर कहे तो कितना अच्छा हो। वह हमेशा जल्दबाजी में रहती है। मैं तय नहीं कर पाती कि मुझे उससे अपनी समस्याओं के बारे में कहना-पूछना चाहिए।"

(पश्चिम बंगाल के मालदा जिले की 24 वर्षीया फातिमा)

X X

मिताली की शादी हाल ही में हुई है और अभी वह किशोरी है। वह नहीं चाहती कि उसे इतनी जल्दी बच्चा हो जाए लेकिन पति गर्भ-निरोधकों का प्रयोग नहीं करना चाहता। वह चाहती है कि दीदी (ए.एन.एम.) उसके पति से बात करे लेकिन यह काम आसान नहीं है।

X X

दो बच्चों के पिता मानस की उम्र 32 वर्ष है और उसकी समस्या मिताली से ठीक उलटी है। वह कंडोम का इस्तेमाल करना चाहता है परन्तु महिला नर्स (ए.एन.एम.) से इसके बारे में सीधे-सीधे पूछने में उसे संकोच होता है। उसने अपनी पत्नी से कहा कि वही पूछे लेकिन कानाफूसी के इस खेल में मूल जानकारी ही हवा हो गई, और उसे अब भी कुछ नहीं पता।

X X

गर्भनिरोधकों के बारे में जानकारी और सलाह चाहनेवाले ग्रामीण जनों की दशा बतानेवाले

ये चन्द उदाहरण मुझे प. बंगाल की संस्था 'सीनी' से मिले हैं। ये तो इक्के-दुक्के वे लोग हैं, जो एक संस्था से अपनी बात कह पाए। पर इनके पीछे सैकड़ों ऐसे स्त्री-पुरुष हैं, जिनकी आवाज़ या जिज्ञासा किसी तक नहीं पहुँचती। प्रजनन स्वास्थ्य तथा यौवन समस्याओं के गिर्द खड़ी चुप्पी की इस दीवार को लाँघना आसान नहीं। ख़ासकर तब, जब आप खुद 'बाहरी' हों। तब भी नहीं जब 90 के दशक से भयावह एचआईवी/एड्स ने भारत में स्वास्थ्य के मुद्दे पर अपनी काली छाया बड़ी विस्तृत कर ली हो। एचआईवी/एड्स के स्त्रियों के प्रजनन स्वास्थ्य पर पड़नेवाले खतरनाक प्रभावों को हमारी मीडिया आज भी गम्भीरतापूर्वक काफी कम रिपोर्ट कर रही है। उधर भारत में लोगों के प्रजनन-स्वास्थ्य की जरूरतों पर खुलकर बात करने में स्वास्थ्य-व्यवस्था/विभाग भी कोताही बरत रहा है। अचरज यह, कि सदियों पहले हमारे पूर्वजों ने कभी कामसूत्र तथा शृंगार-लहरी जैसे ग्रन्थ लिखे थे, जो यौनेच्छा तथा यौनाचार का अकुंठ ब्योरा देते हैं। सुरक्षित यौन सम्बन्ध तथा लैंगिकता के बारे में स्त्री-पुरुषों से बात करना भारत में आज भी कितना कठिन काम है, यह जानना चाहें, तो इस क्षेत्र में काम करनेवाले स्वास्थ्यकर्मियों के अनुभव सुनें।

पश्चिम बंगाल की अपनी यात्रा के दौरान मैंने अचानक 'सहयोग कांड' के बारे में सुना। मामला कुछ इस प्रकार का था—'सहयोग' नाम का एक परामर्शदायी तथा अनुसन्धान केन्द्र उत्तर प्रदेश के पहाड़ी इलाके में (अब उत्तरांचल) पिछले दस वर्षों से काम कर रहा था। उसके काम के क्षेत्र थे—लिंग, जाति, प्रजनन-स्वास्थ्य सम्बन्धी जानकारी तथा पंचायतों के जरिए महिला सशक्तीकरण। अक्टूबर, 1999 में 'सहयोग' ने 35 पृष्ठों की एक पुस्तिका छापी—'एड्स और हम।' पुस्तिका स्थानीय कार्यकर्ताओं द्वारा किए गए शोध के आँकड़ों पर आधारित थी। पुस्तिका जब पहले अंग्रेजी में छपी तो कोई बावेला नहीं मचा। लेकिन जैसे ही इसका हिन्दी-अनुवाद छपा और बँटा, स्थानीय लोगों के तेवर तीखे होने लगे। अक्टूबर, 2000 में इसकी पूर्णाहुति इस तरह हुई कि संस्था के संस्थापक-सचिव डॉक्टर अभिजित दास तथा उनकी पत्नी समाजविज्ञानी यशोधरा को पुलिस द्वारा गिरफ्तार कर लिया गया। क्रोध में पगलाए स्थानीय लोगों की भीड़ ने अखबारी रिपोर्टों के मुताबिक 'केन्द्र' के कर्मचारियों पर हमले किए तथा संगठन के मुख्यालय पर पत्थर बरसाए थे। लोगों की माँग थी कि इलाके के लोगों के 'निजत्व' में गन्दी ताक-झाँक करानेवाले इस दम्पति पर राष्ट्रीय सुरक्षा अधिनियम के तहत मुकदमा चलाया जाए। कुछ का यहाँ तक मानना था कि ये 'बाहरी लोग' विदेशी शह पर काम कर रहे थे और उनका उद्देश्य पूरे क्षेत्र को एड्स के लिए सम्भावनाशील क्षेत्र बताकर उसकी छवि खराब करना था। वे अंड-बंड रपटें छापकर यहाँ की स्त्रियों को व्यभिचारी बताना चाहते थे जो अपने प्रवासी कामगर पतियों की जगह दूसरे मर्दों से यौन-सम्बन्ध बनाती हैं। आरोप संगीन थे, और रपटों के अनुसार जनाक्रोश उत्कट था। लिहाजा प्रशासन की राय बनी कि दम्पति को बिना मुकदमा चलाए जेल में रखना जायज़ ठहरता था।

मुझे बताया गया कि कलकत्ता के बुद्धिजीवियों (जिसमें जादवपुर विश्वविद्यालय के

छात्र तथा शिक्षक शामिल थे) ने पश्चिम बंगाल के मुख्यमन्त्री से भेंट करके उनसे हस्तक्षेप की माँग की है। जादवपुर विश्वविद्यालय में ही यशोधरा की शिक्षा-दीक्षा हुई थी। मुझसे पूछा गया कि क्या यशोधरा के मित्रों को अल्मोड़ा में जाकर प्रदर्शन करना चाहिए ? मैंने अल्मोड़ा के अपने मित्रों और रिश्तेदारों को धड़ाधड़ फोन किए। ''भगवान के लिए उन्हें आने से रोको और आग में घी डालने से बचो। स्थानीय लोगों में बेहद गुस्सा है। उनका कहना है कि कोई 'बाहरी आदमी' हमारे यौन-जीवन के बारे में चर्चा करके विश्व के सामने हमारी बिरादरी का मज़ाक क्यों कर उड़ाए ? क्या उन्हें नहीं पता कि यह भूमि कितनी पवित्र है ?'' मुझे यही जवाब मिला। जाधवपुरवालों से मैंने कहा, अभी जाने में नुकसान ही ज्यादा दीखता है।

दिल्ली लौटने पर मुझे पता चला कि स्थानीय प्रशासन ने डॉक्टर अभिजित और उनकी पत्नी पर राष्ट्रीय सुरक्षा अधिनियम के तहत गैर-जमानती अभियोग लगाने की भी बात की है। स्थानीय मीडिया में इसकी खूब मजे ले-लेकर चर्चा हो रही थी। दम्पति को सर्वोच्च अदालत की हिदायतों के विरुद्ध जाकर हथकड़ियों में जकड़कर नगर की सड़कों पर घुमाया गया। घर में अकेली कैद उनकी नौ वर्षीया पुत्री को अन्ततः मित्रगण कलकत्ता पहुँचा आए जहाँ डॉक्टर अभिजित की वृद्धा माता रहती हैं।

अगर उस समय के दैनिकों, खासकर स्थानीय हिन्दी दैनिकों, को ध्यानपूर्वक पढ़ें, तो पता चलेगा कि स्थिति ने इतना विस्फोटक रूप इसलिए धारण किया क्योंकि स्थानीय जनता मान बैठी थी कि 'सहयोग' के कर्मियों ने प्रजनन स्वास्थ्य पर शोध कर न सिर्फ एक गर्हित विषय पर चर्चा—वह भी स्थानीय अवर्णों के बीच करने का दुःसाहस किया, बल्कि अपने निष्कर्षों को स्थानीय भाषा में सार्वजनिक भी कर दिया। भले ही उस पुस्तिका में प्रकाशित शोध का तरीका या भाषा विवादास्पद हो, किन्तु उसका विषय यानी एड्स तथा प्रवासी पुरुषों के जोखिम-भरे यौन-जीवन एवम् दूर-दराज के अलग-थलग पड़े ग्रामीण बस्तियों की स्त्रियों और बच्चों को इससे उत्पन्न खतरा, आज के सन्दर्भ में एक महत्त्वपूर्ण विषय ठहरता है। हमें मानना ही होगा कि यौन-जीवन तथा शारीरिक-सम्बन्धों के बारे में खुलकर बात करना, स्त्रियों और पुरुषों को बीमारी से बचाना, लिंगगत अथवा जातिगत पहचान से जुड़े ताकतवर समूहों के दलितों-स्त्रियों पर छाए प्रभुत्व को नकारना तथा गर्भनिरोधकों के उपलब्ध विकल्पों के प्रति जनता को ज्यादा जागरूक बनाना—कुछ ऐसी बातें हैं, जिससे दूर-दराज के गाँवों खासकर पहाड़ के लोग, प्रायः वंचित रहे हैं। इस अज्ञान की छाया स्थानीय स्त्रियों के स्वास्थ्य तथा जीवन पर बहुत गहरी है। पर यदि इस पर चर्चा करना राष्ट्रद्रोह माना जाए तो कितने लोग यह पहल करने का जोखिम मोल लेंगे ?

आज अभिजित और यशोधरा लखनऊ में काम कर रहे हैं पर अश्लील सामग्री को प्रकाशित करने तथा राजद्रोह का अभियोग उन पर अब भी कायम है और भविष्य का भय अब भी उन्हें सशंक बनाए हुए है।

प्रजनन स्वास्थ्य के क्षेत्र में यौन-सम्बन्धों की ही तरह, बाँझपन भी एक अन्य महत्त्वपूर्ण लेकिन अचर्चित मुद्‌दा है। इसे स्वास्थ्य विषयक नीतियों को आकार देनेवालों ने कतई अछूता छोड़ रखा है। आकलनों के अनुसार भारत में कुल 5 से 10 प्रतिशत दम्पतियों की गोद सूनी है। इसके कारणों में यौन संक्रमित रोगों तथा यौनांगों की असामान्यता से लेकर हानिकारक टॉक्सिन के प्रभाव तक शामिल हैं। लेकिन सरकारी-मानस पर चूँकि प्रजनन को नियन्त्रित करने की धुन सवार है, सन्तानविहीन दम्पतियों के दुखड़े और जरूरतों पर वे क्यों कान दें ? राष्ट्रीय परिवार-स्वास्थ्य सर्वेक्षण के अनुसार सन्तान जनने योग्य आयु-वर्ग की कुल स्त्रियों का मात्र दो प्रतिशत हिस्सा ही ऐसा है जो पूरी तरह से बाँझ है। लेकिन ज़रा इस तथ्य को अंकों में तब्दील करें तो आपकी आँखें फटी रह जाएँगी। ऐसी स्त्रियों में लगभग सात प्रतिशत को प्राथमिक (पूर्ण बाँझ) अथवा द्वितीय (पूरी अवधि तक गर्भधारण में अक्षमता) बन्ध्यता है। हरियाणा से मिली ख़बरों के अनुसार बहुत सी ऐसी बाँझ स्त्रियाँ हैं, जो बहुधा गर्भवती होने के बावजूद पूरे नौ माह तक गर्भधारण करने में अक्षम साबित होती हैं। इसके कई कारण हो सकते हैं जैसे प्रसव और प्रजनन-अंगों की क्रिया विषयक जटिलता, यौन-संक्रमित रोग, गर्भपातोत्तर संक्रमण या पेड़ू में सूजन पैदा करनेवाले रोग। इन रोगों का इलाज किया जा सकता है परन्तु चूँकि बन्ध्यापन सरकारी तन्त्र के लिए जरूरी विषय नहीं रहा, इन्हें ज्यादा दिनों तक बग़ैर उपचार के छोड़ दिया गया है। एक ऐसे समाज में, जहाँ विवाहित स्त्री के लिए आदर्श आशीर्वाद हो—'दूधो नहाओ पूतो फलो', एक बाँझ स्त्री का जीवन अकथ दुख और अलगाव की कैसी कथा बन जाता है इसका उदाहरण है—मालवा में देवी के सामने गाया जानेवाला यह गीत :

हूँ तो दूरा से देखूँ समिन्दर भर्या वो माताजी
कने जाऊँ तो समिन्दर सूकी गया।
म्हारा समिन्दर से दूरी-दूरी
रीजे वो बेनूली
थारी छाया से समिन्दर सूकी गया

(ऐ माँ ! मैं तो सागर को दूर से निहारूँ
जाऊँ पास तो यह सूख जाए
गोद भरी सुहागन ताना मारे मुझको
तेरी छाया छूए सागर तो वह भी सूख जाए।)

भारत में स्वास्थ्य-कल्याण व्यवस्था इकहरी नहीं है। यदि मिल्कियत को कसौटी मानें, तो इसके चार प्रकार ठहरते हैं—पहला है सार्वजनिक क्षेत्र, जिसमें सरकार द्वारा संचालित अस्पताल, डिस्पेंसरी, क्लिनिक, प्राथमिक स्वास्थ्य केन्द्र तथा उपकेन्द्र शामिल हैं। इन

सभी पर 1990 से स्वास्थ्य-रक्षा के सरकारी खर्च में जबर्दस्त कटौती हुई है, खासकर उन निवारक स्वास्थ्य कल्याण कार्यक्रमों में जिनमें स्त्री-स्वास्थ्य से जुड़े कार्यक्रम भी शामिल हैं। भारतीय चिकित्सा अनुसन्धान परिषद् ने 18 राज्यों के 398 प्राथमिक स्वास्थ्य-केन्द्रों का अध्ययन किया है और इस अध्ययन से यह निष्कर्ष निकला है कि मात्र 12 प्रतिशत प्राथमिक स्वास्थ्य केन्द्रों में ही अपेक्षित कार्य को कर पाने की क्षमता पाई गई।

सरकारी संस्थानों से इतर निजी क्षेत्र में स्वास्थ्य कल्याण संस्थाओं के तीन स्वरूप हैं। ग़ैर-मुनाफा क्षेत्र (NON PROFIT SECTOR), जिसका संचालन स्वयंसेवी स्वास्थ्य संगठनों, मिशन, दातव्य संस्थानों तथा न्यासों के जरिए होता है। संगठित निजी क्षेत्र, जिसमें अस्पताल, डिस्पेंसरी, पंजीकृत चिकित्सक तथा अन्य लाइसेंसधारी शामिल हैं और अन्तिम तथा शायद सबसे कम पर्ववेक्षित, असंगठित निजी क्षेत्र। इसमें ज्यादातर किसी भी तरह की विहित योग्यता से रहित दवाफरोश, नीम हकीम, जड़ी-बूटी से इलाज करनेवाले ओझा, तान्त्रिक, वैद्य तथा होम्योपैथ आदि शामिल हैं।

देश की विभिन्न तरह की स्वास्थ्य-कल्याण सेवाओं के अध्ययन से यह भी स्पष्ट होता है कि न सिर्फ धनी, बल्कि ग़रीब भी हारी-बीमारी की स्थिति में निजी स्वास्थ्य-सेवा की शरण में पास जाना पसन्द करते हैं। और वे सबके सब, खासकर गरीब, अपनी आय का बड़ा हिस्सा बीमारियों के इलाज पर लुटा रहे हैं। उदाहरण के लिए पाया गया है कि आन्ध्र प्रदेश, बिहार और उत्तर प्रदेश में 63-81% लोग बीमारियों के उपचार के लिए निजी चिकित्सकों के पास जाते हैं सार्वजनिक तबके की सरकारी चिकित्सा-सेवाओं का उपयोग गरीब लोग तभी करते हैं जब बीमारी की प्रकृति की वज़ह से लम्बे समय तक मरीज को अस्पताल में भर्ती रहना पड़े, और इसके मद्देनज़र कुल लागत का सवाल बहुत महत्त्वपूर्ण बन गया हो।

ऐसा क्यों है ?

ऐसा इसलिए है, क्योंकि हमारी जनसंख्या-नीति सैद्धान्तिक चौखटे में चाहे जितनी दुरुस्त लगे, अपने मूल रूप में आज भी वह भयप्रेरित और स्वास्थ्य से जुड़ी चन्द रूढ़छवियों पर ही आधारित है। ये नीतियाँ स्त्रियों-गरीबों की बात सुनने और सलाह देने के बजाय प्रजनन के क्षेत्र में उनको पूरी तरह नियन्त्रित करना चाहती हैं और उपदेश पिलाती हैं। ग़रीब तबके की औरतों ने इसके सबसे ज्यादा घूँट घोंटे हैं। आज यदि आप जाएँ और किसी औसत ग्रामीण स्त्री से बात करें, तो सरकारी स्वास्थ्य-कर्मियों के उनके प्रति रवैये को लेकर जैसी कथाएँ आपको वे सुनाएँगी उनको जानकर आप दंग रह जाएँगे। आप यह भी पाएँगे कि यह स्त्रियाँ खुद भी अपनी कोख की उर्वराशक्ति नियन्त्रण के पक्ष में हैं, पर उन्हें गर्भनिरोधक गोलियों को बग़ैर प्राथमिक जाँच-परख के थमा दिया जाता है। गर्भनिरोध के प्रति मर्दों की भी कोई जिम्मेदारी होती है पर इसकी अनदेखी करते

हुए अपरिवर्तनीय बन्ध्याकरण को ही ग़रीब स्त्रियों के लिए एकमात्र उचित उपाय मानकर उनकी कोख पर छुरी चला दी जाती है। सरकार ने अपनी जनसंख्या सम्बन्धी नीतियों के व्यावहारिक रूप की मार्फत बार-बार जताया है कि स्त्रियों को अपनी कोख पर वास्तविक अधिकार और नियन्त्रण नहीं प्राप्त है। स्त्रियों में ऐसे रवैये के प्रति क्रोध उपजना सहज ही है, जो उन्हें मानव से एक परीक्षण कक्ष के बन्दर में बदल देता है। फ़र्क बस इतना है कि इन बन्दरों के ऊपर हो रहे अत्याचारों का तो कभी-कभार प्रतिवाद हो जाता है, पर औरतों को लेकर चुप्पी अटूट है।

ऐसा रवैया मात्र ग्रामीण स्वास्थ्य-कर्मी तक सीमित हो, ऐसी बात नहीं ! ग़रीबों की उर्वर कोखों के प्रति इस तरह का रवैया रखनेवाले लोग उच्चशिक्षित एवं सामाजिक ठसकवाले शहरी मध्यवर्ग में भी खोजे जा सकते हैं। इनमें से ही एक था वह आर्किटेक्ट। "मैंने सुना है कि आप स्त्रियों और उनकी प्रजनन-शक्ति पर एक किताब लिख रही हैं। मेरा क्षेत्र तो सौन्दर्यशास्त्र है, और मेरा मानना है कि शहरों की सुन्दरता कायम रखनी हो तो ग़रीब औरतों की प्रजनन-शक्ति तथा उनकी झुग्गी-बस्तियों के फैलाव पर अंकुश रखने की हर पद्धति जायज है। दिल्ली को ही लें—यहाँ बिहारियों तथा बांग्लादेशियों की भद्दी तथा अनधिकृत बस्तियों में अपराधी मक्खियों की तरह पनप रहे हैं और दिल्ली की सुन्दरता पर दिन-रात ग्रहण लगा रहे हैं," उसने मुझसे कहा।

X X

एक अन्य मित्र ने टेलीविजन के पर्दे पर देखा कि मुम्बई के एक उपनगर की मलिन बस्ती में पहाड़ी पर से मलवा अचानक गिरता है और उसकी तलहटी में बसे झुग्गीवासियों में से अनेक असहाय बेमौत मारे जाते हैं। उसका इस दृश्य को देखकर कहना था, "यदि ऐसे फालतू लोगों को नसबन्दी और बन्ध्याकरण के लिए बलात् न ढकेला जाए तो हमारा यह शहर जनसंख्या-विस्फोट तथा पर्यावरण-प्रदूषण से कैसे निपटेगा ?"

X X

तीस वर्षीया स्त्री रोग-विशेषज्ञ मेरी एक दूसरी मित्र की प्रश्नवाचक निगाहें बाई-फोकल चश्मे के पीछे से मुझे ताकती हैं। "भ्रूण नर शिशु है या मादा—इसका फैसला करके कराए जानेवाले कन्या भ्रूणों के गर्भपात से हमारे परिवार-नियोजन कार्यक्रमों में क्रान्ति आ सकती है। मेरे धनी ग्राहकों में से भी लगभग कोई भी एक से ज्यादा बेटी नहीं चाहता। देश में गरीबों के परिवार बढ़ गए हैं, क्योंकि वे सब पुत्र चाहते हैं। यदि मैं ऐसे लोगों को तयशुदा तौर पर नर शिशु पाने की गारंटी दे रही हूँ, और मादा भ्रूण से छुटकारा पाने में उनकी मदद कर रही हूँ तो इसमें ग़लत क्या है ? चूँकि परिवार निश्चय ही मादा शिशु नहीं चाहते, इसलिए तय है कि जनम कर भी लड़की अपने परिवार में हँसी-खुशी स्वीकार नहीं की जाएगी, अतः वह जन्म न ले इसमें क्रूरता कहाँ है ? और

फिर गर्भपात तो कानूनन वैध भी है।"

X X

सरकारी नियन्त्रणवाली गर्भ-निरोधी सेवाओं की कुछ कहानियाँ ऐसी हैं कि हँसते-हँसते आप बेदम हो जाएँगे। एक पत्रकार मित्र की भेंट बनारस के प्रसिद्ध रेशम-बुनकर उद्योग के कारीगरों से हुई तो यह चौंकानेवाला तथ्य सामने आया कि कुछ बुनकर अपनी ढरकी पर पॉलिश करने के लिए चिकनाईयुक्त कंडोम इस्तेमाल कर रहे हैं, ताकि धागा कमजोर होने की स्थिति में भी चिकनी ढरकी द्वारा रेशमी साड़ी की बुनाई तेज गति से की जा सके। अनुभवी बुनकरों के अनुसार सरकारी अस्पतालों में कंडोम मुफ्त मिलता है, और इस तरह इसकी आपूर्ति में कोई बाधा भी नहीं होती। उन्होंने तो रिपोर्टर को यह तक बताया कि एक रेशमी साड़ी को बुनने में 14 कंडोम लगते हैं, और जब कंडोम की चिकनाई खत्म हो जाती है, तो बाल-श्रमिक उसे फूँककर बैलून बना खेलते हैं। रिपोर्ट के अनुसार स्थानीय बुनकर बचाओ आन्दोलन का समर्थन भी कंडोम के इस नवल प्रयोग को हासिल है।

कुछ और कहानियाँ भी हैं, जो बताती हैं कि कैसे परिवार-नियोजन का नाटक तो खूब हुआ, पर तमाम हो-हल्ले के बीच लक्ष्य धरे के धरे रह गए और मिलनेवाली सरकारी मदद भी ग़ायब हो गई। उदाहरण के लिए नवम्बर, 1998 की बात है—जब लक्ष्य-रहित परिवार कल्याण कार्यक्रमों की घोषणा हुए दो वर्ष बीत चुके थे, पर आन्ध्र प्रदेश के शामिरपेट प्राथमिक स्वास्थ्य केन्द्र में एक सघन नसबन्दी अभियान के तहत 676 नसबन्दी-ऑपरेशन किए गए, जिसका घोषित लक्ष्य 300 का था। इस कार्यक्रम की सफलता का कारण था—नसबन्दी की एवज में राज्य सरकार द्वारा दी जानेवाली रकम। हर नसबन्दी के लिए सरकार 1000 रुपए, मकान बनाने के लिए 100 वर्ग गज जमीन का टुकड़ा तथा मकान की नींव रखने के लिए कुछ अंशदान दे रही थी। लेकिन यहाँ भी लैंगिक-पूर्वग्रहों से छुटकारा नहीं था। स्त्रियों की शिकायत थी कि गाँव की सहायक नर्सदाई ने ऑपरेशन के बाद बस टाँके कटने तक ही उनका ध्यान रखा। इसके बाद किसी ने कोई खोज-पूछ नहीं की कि इन स्त्रियों पर क्या बीती। उनके पतियों ने मिलनेवाली सहायता-राशि भी तुरन्त अपनी टेंट में खोंसी और तदुपरान्त कुछ पत्नियों को मायके खदेड़ दिया गया।

दूरदराज़ के गाँवों में जहाँ बहुत से स्वयंसेवी संगठन स्वास्थ्य-कल्याणकर्मी शोध अनुसन्धान कर रहे हैं तथा जन-स्वास्थ्य क्लिनिक तथा शिविर चला रहे हैं, ऐसी कहानियों की आपस में अक्सर अदल-बदल होती रहती है। जैसे शहर में जब दो पेशेवर मिलते हैं तो अक्सर पूछते हैं, "कहो ! काम कैसे चल रहा है ?" एक स्वयंसेवी संगठन दूसरे का कुशलक्षेम पूछते हुए कहता है, "ठहरो, जरा पहले एक ताज़ा घटना तुम्हें भी

सुना लूँ।'' साँझ के समय काम के घंटे तमाम हो जाते हैं और कम रौशनी तथा मच्छरों के बीच पढ़ना असम्भव हो उठता है, तो कार्यकर्त्ता और दौरे पर आए लोग बैठकर इन तमाम कथाओं को परस्पर सुनाते-गुनते हैं। ऐसी ही एक गोष्ठी में मुझे नीचे लिखी कथा डॉ. अभय बाँग ने बताई।

कहते हैं एक बार बादशाह अकबर ने अपने तेज दिमाग ब्राह्मण दरबारी बीरबल को आदेश दिया कि सबसे बड़ा मूर्ख उनके आगे प्रस्तुत करें। बीरबल ने देश-भर का चक्कर काटा। उन्होंने देखा कि एक आदमी अपनी खोई हुई अँगूठी प्रकाश स्तम्भ के नीचे ढूँढ़ रहा है। उसने बीरबल को बताया कि दरअसल अँगूठी तो पिछवाड़े की किसी अँधेरी गली में खोई थी, परन्तु उसने सोचा कि उसे खोजा यहीं जाए, क्योंकि यहाँ कम से कम दिखाई तो पड़ता है।

मिल गया मूर्ख ! बीरबल ने कहा।

''अपने बेटे को बीरबल की यह कथा सुनाते हुए डॉक्टर अभय बाँग ने महसूस किया, गरीबों की मृत्यु और उनके रोगों को कम करने की रणनीति हमलोग एक शहरी सुविधा-सम्पन्न तामझाम के बीच क्यों बनाते-विचारते हैं ? क्या हम भी ठीक वही काम नहीं करते हैं जो बीरबल का मूर्ख कर रहा था ? यदि हम सचमुच अपने प्रश्नों का उत्तर चाहते हैं तो सिवाय इसके दूसरा रास्ता नहीं कि हम रौशनी के घेरे से बाहर निकलें और पिछवाड़े की उसी अन्धी गली में जाएँ, जहाँ चुनौतियाँ हमारी प्रतीक्षा कर रही हैं।

अन्ततोगत्वा गढ़चिरोली जिले में डॉक्टर अभय बाँग तथा उनकी पत्नी डॉक्टर रानी बाँग ने सन् 1986 में एक उपेक्षित आदिवासी ग्राम में अपनी कार्यशाला तथा क्लिनिक बनाए। सरकार द्वारा संचालित स्वास्थ्य-रक्षा प्रणाली और निजी चिकित्सा उद्योग की मान्यताओं को उनके किए शोध तथा उपचार के ठोस दस्तावेजों ने चुनौती दी है।

जब मैंने अपनी यात्राओं का सिलसिला शुरू किया, तो डॉक्टर बाँग सरीखे अनेक समर्पित समाजसेवियों, चिकित्सकों को तथा स्वास्थ्य-सेवा में जुटे लोगों से मेरा सम्पर्क बना। इन सबने शहरी चमक-दमक, और भरपूर वेतनवाली आकर्षक नौकरियाँ छोड़कर शहरों से बाहर क़दम निकालना और ग़रीब इलाकों में स्वास्थ्य कल्याण का काम शुरू करना बेहतर समझा था। अँधेरों में कदम रखते समय इन दूर-दराज के गाँवों और झुग्गियों से इन सब लोगों का परिचय सतही किस्म का ही था, लेकिन इलाके में पहुँचकर विपन्न-साधनहीन लोगों के बीच बिताए हुए हर वर्ष ने उन्हें नए विचार और जानकारी प्रदान की। इनमें हर किसी ने यह भी महसूस किया कि लोगों की जानकारी के स्तर और प्रजनन-स्वास्थ्य क्षेत्र में काबिज़ सत्ता से उनकी दूरी या नज़दीकी के बीच एक गहरा सम्बन्ध होता है। एक मनुष्य का अपने शरीर तथा प्रजनन क्षमता पर कितना नियन्त्रण है यह तय करता है सत्ता की अधिरचना में उनका स्थान। इस बोध के बाद इनमें से हर स्वास्थ्य-कल्याण कार्यकर्ता तथा शोधार्थी के लिए प्रजातन्त्र को मजबूत करने का

सीधा अर्थ हो जाता है, ग़रीबों विशेषकर स्त्रियों के अपनी देह पर राज्यसत्ता के अधिकार की बहाली !

हमारे यहाँ ग़रीबों की दुनिया में शिक्षा से लेकर प्रजनन तक हर क्षेत्र में सरकार की सीधी पैठ तथा दखलन्दाजी मौजूद है। आज कोई वैधानिक आदेश नर और मादा भ्रूण के मनोवांछित चुनाव पर आधारित गर्भपात को भले ही प्रतिबन्धित घोषित कर दे, कल कोई समाजवादी क्रान्ति या नवीन अर्थव्यवस्था वंचित झोंपड़ियों का नामोनिशान भी मिटा दे, लेकिन फिर भी समाज की रचना तब तक पितृसत्ताक नियमों के अनुकूल ही होती रहेगी, जब तक महिलाओं की पहुँच हमारी संसद और नौकरशाही के ऊँचे पदों पर नहीं हो जाए। महिलाओं को सम्पत्ति में बराबरी का हक देनेवाले तथा संख्या के अनुपात में विधायिका में महिलाओं का स्थान सुनिश्चित करनेवाले विधेयक जब तक पितृसत्ताक व्यवस्था के दबाव से ठंडे बस्ते में पड़े रहेंगे, संस्थाबद्ध नारी-द्वेष और लिंगाधारित भेदभाव का ग्रहण हमारी अधिकांश स्वास्थ्य-नीतियों और संस्थाओं पर भी लगा रहेगा।

''क्यों पूछ रहे हैं आप ?'' जो कोई भी ग़रीबों से उनके प्रजनन-स्वास्थ्य के बारे में पूछने जाता है उससे वे यही सवाल करते हैं। उनका डर निरुद्देश्य नहीं है। भाषा सत्ता का माध्यम भी है और उसका प्रतीक भी ! कौन दबंगई से सवाल करेगा, कौन बुदबुदाकर हाँ-हाँ करता जाएगा, यह सत्ता के क्रम में उसकी स्थिति पर निर्भर है। हमारे देश में औपनिवेशिक दिनों से ही प्रश्नवाचक भाषा पर हक़ शक्तिशालियों का रहा है, इसलिए प्रश्न की मुद्रा अपनाया हुआ हर वाक्य गरीबों के मन में हक छीने जाने के खतरे की घंटी बजा देता है। गरीबों का वास चूँकि भारत के उन मलिन कोनों में है जहाँ से वे सत्ता से अपने लिए प्रजनन-स्वास्थ्य से जुड़े सहज मानवीय अधिकारों को माँगने का साहस नहीं कर पाते। लिहाज़ा उन्होंने अपने सामाजिक विमर्श से यौन जीवन की किसी खोज या चिन्ता को ख़ारिज एक तरह से कर रखा है। और यही बात कई दशक लम्बे तथा खर्चीले सरकारी परिवार नियोजन अभियान की विफलता के मूल में है ! ग़रीब सरकारी कार्यक्रमों से तब तक उदासीन रहेंगे, जब तक वे उनके गठन में भागीदार नहीं बनाए जाते।

इस पुस्तक की सामग्री जुटाते समय मेरी भेंट एक समलैंगिक युवा 'क' से हुई। वह कर्नाटक में स्वास्थ्य से जुड़े मुद्दों तथा विभिन्न यौन आचरणों के मूल पर शोध कर रहा था। साथ ही एड्स के महारोग और उससे बचने के उपायों पर परामर्श देनेवाली सामग्री भी तैयार कर रहा था।

''जब आप गाँववासियों विशेषकर समलैंगिकों से बात करते हैं तो किस तरह की भाषा इस्तेमाल करते हैं ?'' मैंने उससे पूछा।

''सरकारी भाषा उनमें क्रोध जगाती है या डर, लिहाज़ा हम उसे दूर रखते हैं। इसके अलावा सेक्स पर, प्रजनन पर बातचीत के लिए दो तरह की भाषाएँ हैं—एक तो वैसी ही कूड़ा-कचरा भाषा, जिसका इस्तेमाल मर्द लोग मर्दों के बीच सेक्स को लेकर

हँसी-मज़ाक के वक्त करते हैं। लेकिन इसके पीछे उनकी ढेर सारी चिन्ताएँ छुपी हुई हैं, और अज्ञान भी। सेक्स सम्बन्धी दूसरी भाषा शास्त्रीय ग्रन्थों की है। पर वह जटिल और पंडिताऊ है। हम दोनों ही भाषाओं से शब्द लेते हैं और उनको मिलाकर एक नई भाषा बनाते हैं। इस नई भाषा से हम प्रश्न पूछते हैं और इसी के जरिए समूह-बैठकों, नुक्कड़ नाटकों और गानों इत्यादि द्वारा व्याख्या करते हैं, तो

यह तो बहुत कठिन होता होगा ?

वह हँस पड़ा।

ग़रीब और साधनहीन लोगों के बीच प्रजनन स्वास्थ्य जैसे गोपन और निजी माने जानेवाले क्षेत्र में काम करना, संवेदनशील स्वास्थ्य-कार्यकर्ताओं को मानव व्यवहार, भाषा और सामाजिक आचार के बारे में गहरी अन्तर्दृष्टि देता है। भय और आशंका-भरे सामाजिक वातावरण में कोई कैसे उस डरी हुई स्त्री को खोजे जो अपनी यौन-समस्याओं पर चर्चा करना चाहती हो पर कतरा रही हो।'' मासूम (MASUM) संस्था की मनीषा गुप्ते का कहना है, ''देखिए, सैकड़ों औरतें रोजाना हमारे ग्रामीण स्वास्थ्य केन्द्रों की बैठकों में आती हैं। जब वे औरतें जाने लगती हैं तो आप प्रायः देखेंगी कि एक स्त्री चुपचाप सर झुकाए बैठी है। वह जाने की हड़बड़ी में नहीं जान पड़ती। आप उससे पूछिए–काय बाई ? काय कष्ट आहे ? (क्या बाई ? क्या कष्ट है ?) 'मुझे यह परेशानी है,' वह थोड़ा संकोचपूर्वक कहेगी। उसमें चिन्ता का गहरा पुट होगा और उसकी आवाज़ में निराशा झलक उठेगी। 'बैठो' हमारे कार्यकर्त्ता कहते हैं। ''थोड़ी चाय पी लो, हाँ ! तुमने कहाँ बताया था कि दर्द होता है ?''

''तब वह धीरे-धीरे बात करना शुरू कर देती है।''

'भीत-भीत बोलतात', उस आदिवासी स्त्री ने अटकते हुए कहा जब सर्च (SEARCH) की डॉक्टर रानी बाँग ने अपने क्लिनिक में एक स्त्री से पूछा, ''तुमने सफेद-स्राव की बात क्यों नहीं बताई।'' मैं यह सब देख-सुन रही थी। ''बोलते हुए डर लगता है।''

''क्यों ? काहे का डर ?''

''क्योंकि आप सोचेंगी कि यह गन्दा रोग लानेवाली मैं नेक औरत नहीं हूँ। गाँव में बात तेजी से फैलेगी और हमारे परिवार का सर नीचा होगा, परिवार की नाक कट जाएगी,'' उस स्त्री का जवाब था।

''पर किसने कहा यह गन्दा रोग है ?''

चुप्पी !

मलेरिया, टी.बी. या नासूर बनकर सड़ते हुए फोड़े से ज्यादा खतरनाक है स्त्रियों के वीतराग अकेलेपन से भरी चुप्पी जिसके पीछे अपनी गरिमा को खोने, अपने शरीर

पर से नियन्त्रण के छिन जाने, अथवा अजनबी हाथों द्वारा जाँच-परख के बाद स्त्री बनानेवाले अंग को काटकर हटा दिए जाने का एक अनकहा भय दहाड़ता है।

फसलों की कटनी के दिन थे और भीलों का गाँव जड़फा दोपहर में ही वीरान नज़र आ रहा था। दिनेश नाम का स्वास्थ्य-कर्मचारी हमारे साथ था। उसने हमें बताया कि सारे स्वस्थ गाँववासी आज खेतों की कटनी पर गए हैं। आँगनबाड़ी के भवन में एक ठंडा बरामदा था। वहीं बैठकर हमने उनकी वापसी की प्रतीक्षा शुरू की। आँगनबाड़ी की। आँगनबाड़ी की महिला प्रभारी लाडकँवर जाति की राजपूत थी। उसने स्वीकार किया कि गर्भावस्था के दौरान गाँव में आज भी बहुत सी युवा स्त्रियों की मृत्यु हो जाती है।

"क्या काश्तकार राजपूतों के यहाँ भी ऐसा होता है ? क्या सम्पन्न होते हुए भी घर की बहुओं को वे इससे बचा नहीं सकते ?"

कहीं कोई फाख्ता कुहकी।

लाडकँवर ने मेरे प्रश्नों को सुना। फिर चुपचाप अपने पैरों पर हाथ फिराती कुछ सोचती रह गई। आखिरकार उसने अपनी चुप्पी तोड़ी, "प्रसव पीड़ा में तो स्त्रियाँ मरती ही हैं ऐसा गाँव में सभी मानते हैं। इसलिए प्रसव काल में किसी की मृत्यु हो जाए, तो किसी को आश्चर्य नहीं होता। अलबत्ता यदि अखबार कहे कि किसी की अकाल (सूखा) से गाँव में मौत हो गई तो अगले ही दिन सरकारी बाबू जीप में भरकर आते हैं और गहरी पूछताछ करते हैं। कोई पंचायत नहीं चाहती कि 'भुखमरी से मौत' की बदनामी का धब्बा उस पर लगे इसलिए सब इस बात का ख्याल रखते हैं कि ऐसी मौत न हो। लेकिन बच्चा जनते हुए कोई स्त्री मर जाए, तो गाँव में एक मक्खी भी विलाप नहीं करती। सब यही कहते हैं, 'भगवान की मर्जी है।' हम क्या कर सकते हैं ? ऐसा सदा से चलता आ रहा है। बस ! कुछ महीनों में विधुर को दूसरी पत्नी मिल जाती है, और 'जा चुकी' को सभी भूल जाते हैं।"

लाडकँवर काम से कठोर पड़े अपने हाथों को देखती रही।

चुप्पी ! दहाड़ती चुप्पी !

"यहाँ मैं ही सवाल पूछने और जवाब देनेवाला हूँ मुझसे पूछो, क्या जानना है। ये तो गँवार हैं," मटियाले गाँवों और शहरी झुग्गियों में स्त्रियों से प्रश्न पूछने पर अनगिनत बार मुझे पुरुषों से यही सुनने को मिला है। पुरुषों की चिर-परिचित ठसक से भरे शब्दों को सुनकर स्त्रियाँ यूँ चुप्पी ओढ़ लेती हैं, मानो दबंग सूत्रधार ने अतिरिक्त पात्र को संवाद खत्म हो जाने का संकेत कर दिया हो।

भारत में प्रजनन-स्वास्थ्य की तंग अँधेरी गलियों से गुजरते हुए आपकी ज्ञानेन्द्रियाँ एक अलग तरह के प्रदूषण से दो-चार होती हैं।

यह चुप्पी का प्रदूषण है। राज्य के औपचारिक स्वास्थ्य-रक्षी तन्त्र की चुप्पी,

नीति-निर्माताओं की चुप्पी, ख़बरपालिका की चुप्पी !

ग़रीबों, हाशिए के लोगों और स्त्रियों की ज़िन्दगी से उठनेवाले तमाम तरह के प्रश्नों पर इस कठोर निगाहवाली चुप्पी का कड़ा पहरा है।

जो लोग इस बात को समझते हैं उनकी सहायता से मैंने चुप्पी का यह बन्द दरवाजा खोलने की चेष्टा की। और तब जो कुछ सामने आया, उसने मेरी भाषा ही बदल दी। सुने सीखे हुए शब्द, समाज और शिक्षा द्वारा गढ़कर दी गई छवियाँ सब बदलते चले गए। स्त्रियों ने महज मेरे सवालों का उत्तर ही नहीं दिया उन्होंने अपने शब्दों और भंगिमाओं से अपनी जिन्दगी की कथा और समस्याएँ मेरे सामने प्रस्तुत कीं। उन अधपके शब्दों ने घर-परिवार के भीतरी रिश्तों और सरकारी दायरों में सिमटे रवैयों तथा सरकारी बयानों को देखने का मेरा नज़रिया ही बदल दिया है।

इन पंक्तियों को लिखते हुए ई-मेल से मुझे दो चिट्ठियाँ मिली हैं। उन्हीं से आमुख का पटाक्षेप करती हूँ :

पहली चिट्ठी

प्यारी मृणाल,

नमस्कार !

मेरा नाम नेहा माधीवाला है। स्त्रियों के प्रजनन-स्वास्थ्य पर किताब लिखने के सिलसिले में जब तुम मुम्बई आई थीं तो मुझसे भेंट हुई थी। मैं सेहत संस्था (CEHAT) के लिए काम करती हूँ। तुमने रवि दुग्गल के साथ सेवक नगर, जरीमरी में खोले गए हमारे छोटे से विद्यालय का भी दौरा किया था, जहाँ तुमने लड़कियों और उनकी माताओं से मुलाकात की थी। जैसा तुमसे बात हुई थी हम तुम्हें अपनी पहली रिपोर्ट भेजने ही वाले थे कि विद्यालय अब ज्यादा बड़ा हो गया है। अब वहाँ पाँच शिक्षक और लगभग 40 छात्र हो गए हैं। हमारा सपना एक ऐसा विद्यालय खोलने का भी बनने लगा था, जहाँ अल्पसंख्य समुदाय की स्त्रियाँ खुद विद्यालय का प्रभार सँभालतीं। लेकिन दुर्भाग्य से यह योजना धरी की धरी रह गई। कारण, कि हवाई अड्डे के पासवाली उनकी बस्ती को सुनियोजित ढंग से ढहाना शुरू कर दिया गया। हमारे 40 छात्रों में से लगभग 25 को दूसरी जगह जाना पड़ा है। सबसे ज्यादा चिन्ता हमें इस बात की है कि उन विस्थापितों को वैकल्पिक तौर पर आवास देने की व्यवस्था तो की गई है, किन्तु उन लोगों को जरूरी सुविधाएँ प्रदान करने के बारे में तनिक भी विचार नहीं हुआ है। तुमने खुद ही देखा है कि बीच में पढ़ाई छोड़ देनेवाली लड़कियों की तादाद यहाँ कितनी ज्यादा है। इस तरह के भयावह संकट में जब पूरा का पूरा समुदाय ही उजड़कर नए इलाके में बसने को बाध्य हो—स्कूल छोड़नेवालों की संख्या और भी ज्यादा होगी। सरकारी योजना है कि स्कूल बच्चों को बस से रोजाना जरीमरी लाया जाएगा। (दूरी लगभग 10-12 कि.

मी. है) लेकिन यह हमें बड़ा अव्यावहारिक जान पड़ता है खासकर लड़कियों के लिए, क्योंकि तुमने खुद ही देखा है कि उन्हें घर से बाहर निकलने की अनुमति शायद ही मिले। नीतिकारों का सारा ध्यान आवास के मुद्दे पर केन्द्रित है। पर नए परिवेश में जब जीवन को रचने-सजाने में बड़ी समस्या आएगी तब ? हमने लोगों को इस बात की माँग करने के लिए प्रेरित करना शुरू कर दिया है। वे माँगें कि कम से कम कुछ मूलभूत सुविधाएँ तो उन्हें मुहैया कराई जाएँ। फिर भी यह व्यामोह कई सरकारी कर्मचारियों में बहुत गहराई तक जड़ जमाए बैठा है कि झुग्गियों में आतंकवादी शरण पाते हैं और इससे हवाई अड्डे की सुरक्षा को खतरा है। अतः कोई भी इन झुग्गी-झोंपड़ियों में रहनेवालों के बारे में कुछ खास सोचना-करना नहीं चाहता। हमें डर है कि इस खतरे के जेरेनज़र झुग्गीवासियों के पुनर्वास की प्रतिबद्धता ही कमजोर न हो जाए।

ढेर सारी दुआओं के साथ !

नेहा माधीवाला

दूसरी चिट्ठी

प्यारी मृणाल,

31 दिसम्बर से झुग्गियों की ढहाई का काम कुछ समय के लिए रोक लिया गया है। लेकिन मेरा ख्याल है कि बृहन्मुम्बई नगरपालिका (बी.एम.सी) के चुनावों के बाद राह-रवैया फिर बदल जाएगा। वर्ष में ऐसा दूसरी बार हुआ है जब एक दिन के नोटिस पर relocation पुनर्वास का काम रद्द कर दिया गया है। लोग न हँस रहे हैं, न ढंग से रो पा रहे हैं वे बस स्तब्ध बैठे हैं। यहाँ हर कोई इस बात को जानता है कि यह चुनाव से पहले की ड्रामेबाजी है। लोगों के दिलो-दिमाग़ पर चिन्ता की जकड़ ज्यों की त्यों है। ऐसी मुहिमों से साफ पता चलता है कि लोगों की जिन्दगी को हमारे यहाँ कितनी कम अहमियत दी जा रही है। स्थानीय लोगों ने हफ्तों से अपना रोजी-रोजगार छोड़ रखा है और अधिकारियों और राजनेताओं के पीछे भागते हुए और अपना दाना-तिनका जोड़ रहे हैं।

हाँ, बच्चियाँ खुश हैं कि सहेलियों से सहेलियाँ नहीं बिछड़ेंगी।

जो कुछ भी होता है उसे डाक से सूचित करूँगी।

दुआओं के साथ !

नेहा

अध्याय-1

एक सोते शहर में निद्राहीन
(नई दिल्ली)

क्या मैं हमला बोल दूँ इन सब पर ?
पीट डालूँ क्या मैं इन तमाम लोगों को,
या कोई बहाना खोज लूँ इस शहर पर चीखने का
मेरी व्यथा से अनजान जो निर्द्वन्द्व,
सोता रहता है लगातार।

तमिल कवियित्री औवैयार
(पुरातन तमिल की लघु कविताओं के संकलन 'अक्कम' से)

मैं जब इन पंक्तियों को लिख रही हूँ तो जाड़ा तेजी से राजधानी पर अपने पंजे जमाता जा रहा है और आतंकवाद के खिलाफ राजनीतिक रूप से सही होने का दम भरनेवाली एक अन्तर्राष्ट्रीय लड़ाई शुरू हो चुकी है। अमरीकी युद्धक विमान अफ़गानिस्तान पर बमबारी कर रहे हैं। इज़रायली बमवर्षक फिलिस्तीन पर बम बरसा रहे हैं और मानव-बम बने कुछ हताश-निर्मम लोग कई जगह खुद अपने परखच्चे उड़ाकर सैकड़ों निर्दोष नागरिकों की जान ले रहे हैं। अन्तर्राष्ट्रीय मीडिया में अमरीका प्रायः दुनिया-भर में प्रजातन्त्र, और महिला-अधिकारों के रक्षक के रूप में नैतिकता के सिंहासन पर बैठा दिखता है और अलकायदा इस्लामी प्रतिगामिता का अलमबरदार बना नज़र आ रहा है। हर देश के सरकारी प्रतिनिधियों की मर्दाना टोली इस ओर है या उस ओर। और हर टोली अपना पक्ष सही घोषित करने में जुटी है। जो मर्द अथवा सरकारी प्रतिनिधि नहीं हैं, उनके लिए ऐसी अन्धी पक्षधरता बड़ी पीड़ादायी है। दोनों ओर के पुरुष नहीं समझते कि जिस दंड और राजनीतिक विकल्प की बातें कर रहे हैं, वह औरतों के लिए कितना बेहूदा और दूर की कौड़ी लानेवाली लफ्फाजी हैं। हर पक्ष से स्त्रियों के ही पुत्र, पति या भाई ही इस भयावह लड़ाई में हलाक होने के लिए घसीटे जा रहे हैं, पर युद्ध छेड़ने या बन्द करने की बाबत औरतों से बात करना कोई भी जरूरी नहीं समझता। विधवा-अनाथ औरतों के लिए सिर्फ पुचकार-भरे बेसिर पैर के भावुक वार्तालाप हैं, उनका प्रतिवाद हवा में उड़ा दिया जाता है।

क्या हम सब फासीवाद के उस नए दौर में प्रवेश कर रहे हैं जहाँ हर तरफ़ नए चोगे पहने धर्मयुद्धों और ज़िहाद का बोलबाला है ? नए माहौल में यह सम्भव है कि नव-फासीवाद औरतों के लिए उस हितसाधक डॉक्टर का मुखौटा लगाए हो, जो उसको भेद-भरे स्वर में समझाता है कि अजन्मा शिशु अगर अल्ट्रासाउंड जाँच में 'नर' नहीं निकला, तो वह चुपचाप कन्या भ्रूण की 'सफाई' करा सकता है। उसके सरपरस्त गाहक ससुरालियों की जमातें हैं, जो 'कुलदीप' के उजाले से अपना मुँह चमकाना चाहती हैं। कोई मूर्खा बहू अगर डॉक्टर बाबू की निगरानी में लिंग-निर्धारित करनेवाला परीक्षण कराने या परीक्षण के बाद कन्या भ्रूण गिराने से इनकार कर दे तो उसे वे खूब प्रताड़ित करते हैं। यहाँ एक अन्य मुखौटा उस खुशमिजाज तकनीशियन का भी है, जो मादा-शिशु के गर्भपात कराने पर हुए खर्च को लेकर क्लिनिक में बाहर बैठे घरवालों से हल्के मज़ाक करता है। वह पुत्रेच्छा के मारे इन परिवारों से भी अधिक खतरनाक है, क्योंकि वह

अपनी या अपनी तकनीक की सीमाओं को नहीं जानता। औरत की कोख उसके लिए एक कटोरा भर है, जिसका भरना या खाली होना एक यान्त्रिक प्रक्रिया है। भावनाओं से उसे क्या लेना-देना ?

ऐसी खबरें महज बैठे-ठाले आतंक फैलाने जैसी बातें नहीं हैं। वे हमारे आपके जैसे लोगों के परिवारों के गिर्द लगातार घट रही हैं।

नई दिल्ली से सटे औद्योगिक शहर फरीदाबाद के एक अल्ट्रासाउंड स्कैनिंग सेंटर पर 15 अक्टूबर, 2001 को चिकित्सकों, सरकारी अधिकारियों तथा पुलिस के एक दल ने छापा मारा। इस कार्यदल का गठन डॉक्टर बी.एस. दहिया ने किया था जो शहर के सिविल सर्जन तथा डिस्ट्रिक्ट एप्रोप्रियेट ऑथारिटी हैं। सन् 1994 में जब एक अधिनियम के तहत लिंग-निर्धारित गर्भपात को अवैध करार कर दिया गया था, तभी से डॉक्टर दहिया और दिल्ली तथा हरियाणा के जनसेवी भावनावाले कुछ चिकित्सक और नागरिक, जन्म से पूर्व शिशु का लिंग निर्धारित करनेवाले अवैध परीक्षणों पर अंकुश लगाने के सघन अभियान में जुटे हैं। लैंगिक रूप से भ्रूण का चुनाव और फिर भ्रूण कन्या का गर्भपात करवानेवाले इलाके के चिकित्सकों और उनके ग्राहकों को आज डॉक्टर दहिया का नाम सुनते ही पसीना छूटने लगता है।

रिपोर्टों के अनुसार, जब डॉक्टर दहिया ने इस क्लिनिक पर छापा मारा तो क्लिनिक का मालिक न सिर्फ एक अजन्मे शिशु की माँ पर प्रतिबन्धित परीक्षण करने में लगा था, वह बाहर आकर एक अन्य माँ को गर्भपात करा लेने की सलाह भी दे रहा था क्योंकि उसके परीक्षण में गर्भ में मादा भ्रूण का होना साबित हो गया था। उसे पता नहीं था कि जिस स्त्री को वह गर्भपात करा लेने की सलाह दे रहा था वह डॉक्टर दहिया के दल की ही एक खुफिया सदस्या थी और उसने अपने चिकित्सकों को रँगे हाथों पकड़वाने के लिए स्वयं क्लिनिक में जाकर परीक्षण करवाना स्वीकार किया था। इसके पहले दो अन्य ऐसी ही हिम्मतवाली स्त्रियों ने क्लिनिक में चिकित्सक को पकड़वाने के लिए प्रतिबन्धित परीक्षण करवाया था उन्हें भी छापा मारनेवाले दल ने चिकित्सक के सामने लालच की फाँस बनाकर भेजा था। परीक्षण करवाने के बाद इन 'माताओं' ने जो चिह्नित करेंसी डॉक्टर को दी थी, उसे भी छापे के दौरान बरामद किया गया। ऐसे कुछ चिकित्सकों को सज़ा हो चुकी है, लेकिन फिर भी इन परीक्षणों पर पूरी रोक नहीं लगाई जा सकी है।

चिकित्सा का क्षेत्र हमारे यहाँ बड़ी श्रद्धा से देखा जाता है। और आज भारत के महानगरों में चिकित्सकों के बीच कई ऐसे हैं। जिनके चारों तरफ एक जादुई प्रभामंडल सा बना दिया गया है। इसका उनमें से कुछ डॉक्टर बड़ा फायदा उठाते हैं। उन्हें पता है कि वैधानिक प्रतिबन्ध के बावजूद भ्रूण के लिंग की पहचान करनेवाले अल्ट्रासोनिक परीक्षण की माँग बाजार में बनी हुई है। और चूँकि ग्राहक जानता है कि वह एक प्रतिबन्धित सेवा की माँग कर रहा है इसलिए बिना अगर-मगर किए मोटी रकम निकालकर उनको थमा देगा। हमारे बड़े शहरों में जिसमें भारत की राजधानी नई दिल्ली

भी शामिल है—ऐसे क्लिनिक बड़ी संख्या में हैं, जहाँ प्रकटतया इस तरह की जाँच माँ तथा गर्भस्थ शिशु के स्वास्थ्य की प्रतिरक्षा के लिए करने की बात कही जाती है, लेकिन भीतर ही भीतर 'जरूरतमन्दों' को दूसरे स्तर की 'मदद' भी मिलती है। थोड़े ही दिन हुए मेरी एक दोस्त को अल्ट्रा-सोनिक स्कैन की जरूरत पड़ी। उसके गर्भाशय में एक बड़ा सा फायब्रॉयड पाया गया था, और उसकी सघन जाँच को उसे एक इमेजिंग क्लिनिक में भेजा गया था। उसने अपने अनुभवों की कथा मुझे इन शब्दों में सुनाई :

''मैं जिस क्लिनिक में गई थी वह नई दिल्ली के एक पॉश इलाके में है। क्लिनिक में बड़ा-सा प्रतीक्षालय था। जल्दी ही मुझे भान हो गया कि यहाँ मैं अधपके बालोंवाली अधेड़ औरत हूँ। बाकी सब महिलाएँ युवा और तन्दुरुस्त दिखती थीं। कुछ तो मेरी बेटियों की उम्र की थीं। सभी के साथ चिन्तित जान पड़ते सास-ससुर बैठे थे। माहौल में तनाव साफ झलक रहा था। कई लोगों के चेहरे यूँ तने हुए थे मानो लड़कर आए हों। बहुत सी उम्रदराज स्त्रियों के काँपते हाथों में माला या कोई धर्मग्रन्थ था। बार-बार उनके मुँह से 'हे राम' निकल जाता। माला फिराते हुए बीच-बीच में वे धर्मपोथियों पर माथा टेकतीं। सबको 'डॉक्टर साहब' के मुख से 'समाचार' का इन्तज़ार था। क्या लड़का है ? यदि लड़की है तो बताइए न छुटकारे का...? मैंने सर झुकाए चुपचाप बैठी युवतियों पर निगाह डाली। क्या सोच रही होंगी ये इस वक्त। मुझे याद आया कि चन्द रोज़ पहले छपे स्थानीय अंग्रेजी दैनिक (द इंडियन एक्सप्रेस 26.06.2001) के एक समाचार के अनुसार दिल्ली के उपनगरीय इलाके फरीदाबाद की एक छविदर्शी (अल्ट्रा साउंड) क्लिनिक में चिकित्सक ने संवाददाता से कहा कि भ्रूण के लिंग का परीक्षण कराने का आरम्भिक शुल्क 1100 रुपए है। ''पर देखिए ! लड़की होने की स्थिति में मेरा रेट मात्र 800 रुपए ही है। अगर भ्रूण 'नर' निकला तो मैं ग्यारह सौ रुपए की शुभ रकम लेता हूँ।'' उसने बात समझाई चूँकि कोई भी खुशी के उस क्षण इतने रुपए देना गवारा कर लेता है। गर्भवती महिलाएँ तो बस बेटा जनना चाहती हैं। और एक बार उन्हें पता चल जाए कि बेटा होने जा रहा है फिर उनके चेहरे पर रौनक और विश्वास देखते ही बनते हैं। लेकिन अगर ख़बर 'बुरी' है और कमबख्त भ्रूण 'मादा' निकली तो मैं खुद तुरन्त उन्हें 300 रुपए लौटा देता हूँ।''

''मैंने सोचा मेरे आसपास बैठी यह युवा गर्भवती लड़कियाँ भला किस सोच में डूबी हैं ? क्या वे सपने देख रही हैं ? चिन्ता कर रही हैं ? या भीतर ही भीतर रुपए-पैसे का हिसाब जोड़ रही हैं ? या फिर सोच रही हैं कि काश उन्हें मौत आ जाती !''

कहना मुश्किल है। मनुष्य का मन तो अबूझ रहस्यों का एक गहरा पिटारा है।

तमाम सरकार घोषणाओं और प्रचार माध्यमों की निन्दा के बावजूद आज भी लड़की का जन्म देश-भर में इतना अशुभ माना जाता है कि अपने आचार-विचार में शुद्धता बरतनेवाले परिवार हो या महँगे 'अल्ट्रा-साउंड क्लिनिक', भ्रूण परीक्षण कराकर मादा-भ्रूण

की हत्या करते हुए प्रायः किसी को नहीं लगता, कि यह कृत्य अनैतिक भी हो सकता है। चिकित्सक कहते हैं कि कानून अपनी जगह है, परम्परा अपनी। हम तो समाज-सेवा कर रहे हैं—पहले हम लड़की होने का पता लगाते हैं फिर असहाय महसूस करनेवाले माँ-बाप को इससे छुटकारा दिलाने में मदद करते हैं। हमको लगता है—'चलो बेटी के बाप का दहेज बचा और दहेज न जुट पाने की स्थिति में मिलनेवाले अपमान से वे बचें।' इसमें बुरा क्या है ?

बुरा क्या है ? सरकार से पूछिए तो वह भी हकलाने लगती है। सरकार क्या महसूस करती है इन बातों को लेकर ? जब तक जन्म-दर घटती रहे अनधिकारिक तौर पर सरकारों में भी कहीं इस प्रथा के लिए एक शर्मिन्दा और चुप्पा स्वीकृति है। जनसंख्या-विस्फोट का भय संसदों, सचिवालयों में अग्रगामी सोच और स्त्री-सशक्तीकरण की नीतियों से कहीं ज्यादा भयप्रद है। और इसी सबके कारण पिछले दस सालों में देश में लड़कियों की जन्म-दर हर जगह तेजी से घटी है। भारत की राजधानी (जिसे 2001 की जनगणना में साक्षरता तथा लिंग-अनुपात के लिहाज से राज्यों और केन्द्रशासित प्रदेशों के बीच ऊँचा दर्जा (पाँचवाँ) प्राप्त है) में आज प्रति हजार पुरुषों पर महिलाओं की संख्या मात्र 821 है। इसके पड़ोसी राज्य हरियाणा में, जिससे बहुत सारे संसाधनों में इसका साझा है—तो प्रति हजार पुरुषों पर महिलाओं की संख्या 861 पर जा पहुँची है (जबकि प्रति हजार पुरुषों पर महिलाओं की संख्या का राष्ट्रीय औसत 933 है)। अधिकांश समाजविज्ञानियों तथा जनांकिकी के विशेषज्ञों को शुब्हा है कि अवैध तरीके से निजी क्लिनिकों में कराए गए मादा-भ्रूणों के गर्भपात इस आकस्मिक कमी का मूल कारण हैं। क्योंकि 0—5 वर्ष के आयु वर्ग में ही इधर सर्वाधिक कमी आई है।

भारत या कहीं भी ताकतवरों के पास अपनी ताकत का गढ़ बचाए रखने का एक ही तरीका है, शक्तिहीनों को संसार की मुख्यधारा से अलग-थलग रखना। कोई शिक्षित शहरी महिला पत्रकार अगर परिवार नियोजन की सचाई जानने के लिए निकले तो उसे परिवार-रूपी गढ़ को चुनौती देनेवाली बाहरी समझा जाता है। झुग्गियों में मर्दों ने अपनी स्त्रियों को बता रखा है कि वे भेद लेनेवालों और आँकड़ा इकट्ठा करनेवाली औरतों के आगे अपनी ज़बान कतई न खोलें। गर्भपात जैसा मुद्दा वहाँ की स्त्रियों के लिए भले ही जीवन-मरण का सवाल है। लेकिन वे जता देती हैं कि इस पर हमलोग बात न ही करें तो बेहतर। यह एक ऐसा विषय है जिसकी स्पष्ट जानकारी देना उन्हें मुहल्ले-भर में सन्देहास्पद बनाती है। तुम गर्भपात के बारे में इतना कुछ कैसे जानती हो ? 'किस ग़ैर के साथ थी तुम ?' ऐसे ही सवाल तुरन्त उन पर दागे जाते हैं। इस शक्की तेवर के चलते यौन-संक्रमित रोगों, गर्भपात और सम-लैंगिकता जैसे मुद्दों पर औरतों के मुँह से सीधी गवाही पाना और सही आँकड़े जुटाना एक अन्तहीन अन्धी खाई में पैठना है। सफ़ेद झूठ और सरकारी अकड़ यूँ भर ऐसे तमाम मुद्दों पर आम तौर से तारी रहते हैं। एक विडम्बनापूर्ण कथा हाल ही में मीडिया तक मानों खुद चलकर आई। नई दिल्ली में एक प्रेस-सम्मेलन को सम्बोधित करते हुए महानिदेशक (जेल) ने स्वीकार किया कि

नई दिल्ली के भीड़-भरे तिहाड़ जेल में कैदियों के बीच प्रायः समलैंगिकता के सम्बन्ध बन जाते हैं। जब उनसे पूछा गया कि इन कैदियों को एड्स जैसे गम्भीर रोग के संक्रमण से बचाने को आप क्या कदम उठाते हैं ? तो उनका उत्तर था, ''जब ऐसी गतिविधियाँ प्रकाश में आती हैं तो हम सम्बन्धित व्यक्ति के विरुद्ध कार्रवाई करते हैं और पुलिस समुचित आपराधिक मुकदमा दर्ज करती है जहाँ तक एच.आई.वी./एड्स की बात है, खतरा होने के बावूजद तिहाड़ में जेल-प्रशासन ने कंडोम बाँटने की अनुमति नहीं दी है।

भला क्यों ?

''हम कंडोम की आपूर्ति करके समलैंगिकता जैसे संज्ञेय अपराध में भागीदार नहीं बन सकते न ? लोग कहेंगे पुलिस व्यभिचार में बढ़ावा दे रही है। हम कंडोम देकर एक आपराधिक कर्म को जायज़ कैसे बना दें ?''

यह महानिदेशक (जेल) का कहना था।

और सुनिए पाखंड-कथा।

टेलीग्राफ (16 जून, 2001) में छपे समाचार के अनुसार 'दिल्ली एड्स नियन्त्रण सोसाइटी' वर्ष के पहले पाँच माह तक यौनकर्मियों को 'कंडोम' नहीं दे सकी। अवैध रूप से कोठा चलानेवालों तथा सरकारी-तन्त्र के बीच कोई शर्मनाक लफड़ा न हो जाए यह सोचकर यौनकर्मियों को कंडोम-आपूर्ति करने की एक जटिल प्रणाली तैयार की गई थी। जिसमें सरकार सीधी नहीं परोक्ष रूप से भागीदारी करती थी। प्रणाली के अन्तर्गत इलाके में कार्यरत स्वयंसेवी संगठनों के माध्यम से गर्भरोधी 'उपकरण' दिए जाते थे। यह 'उपकरण' सरकार 'सोशल मार्केटिंग योजना' कहलानेवाले इस कार्यक्रम के तहत उन्हें मुफ्त देती थी। कुछ समय पहले इसमें नई समस्याएँ उठ खड़ी हुईं। स्वयंसेवी संगठनों से कहा गया कि वे अपनी ज़रूरत के 'माल' के 50% दाम का भुगतान करें। अब वह मुफ्त नहीं मिलेगा, क्योंकि परिवार कल्याण निदेशालय ने कहा है कि पहले नाको (राष्ट्रीय एड्स नियन्त्रण-संगठन-नेशनल एड्स कंट्रोल आर्गनाइजेशन) के दिशा-निर्देशों के तहत स्वयंसेवी संगठनों को 'दिल्ली एड्स नियन्त्रण सोसाइटी' की मार्फत जो कंडोम निशुल्क मिलते थे, उनका वितरण अब सीधे निदेशालय से संचालित होगा। रोग-शोक बढ़ें या घटें रोग निरोधक 'माल' मुफ्त नहीं दिया जाएगा। इत्यलम्। यह सब जानने के बाद क्या-क्या माफ किया जाए ?

दिल्ली स्थित एक संगठन 'द इंस्टीट्यूट ऑफ़ सोशल साइंसेज ट्रस्ट' (आई.एस. एस.टी.) ने 1993 से 1995 के बीच एक प्रश्नतालिका तैयार की। उद्देश्य था 'स्त्रियों के लिए संवेदना-भरी नीतियों और कार्यक्रमों' की एक परियोजना के लिए सूचनाएँ इकट्ठी करना। बाद में इसने इस तालिका के आधार पर सघन शोध सर्वेक्षण से आँकड़े तैयार किए। सर्वेक्षण दक्षिण दिल्ली की झोंपड़पट्टी में किया गया। भारत के अधिकांश

शहरी झोंपड़पट्टियों की भाँति यहाँ भी अधिकांश निवासी अनुसूचित जाति के थे—सवर्ण हिन्दू या मुसलमान बहुत कम थे और ये सब अवैध कब्जेवाले जमीन पर रह रहे थे। अधिकांश निवासी (स्त्रियों से ज्यादा पुरुष) मेहतरी का काम करते थे और साक्षरता बहुत कम थी। दिल्ली के इस 'नमूने' के बारे में परियोजना के निष्कर्षों को जानना बड़ा ज्ञानवर्धक है।

सर्वेक्षण के अनुसार अधिकांश महिलाओं (199 महिलाओं का सर्वेक्षण किया गया था) का विवाह 14 से 19 वर्ष की उम्र में हुआ था और गर्भधारण का औसत था 3.92। उन्हें गर्भनिरोधक—विकल्पों के बारे में जानकारी तो थी, लेकिन आई.यू.डी. (गर्भाशय के भीतर स्थापित गर्भनिरोधक) लगवाने के लिए जाने में उन्हें हिचकिचाहट थी क्योंकि उनका मानना था कि इससे दर्द होता है, खून जाता है और भारी कमजोरी हो जाती है। इनमें से एक तिहाई महिलाओं को वैसे भी योनि-स्राव की शिकायत थी, एक चौथाई को माहवारी में कठिनाइयाँ थीं और लगातार पीठ-दर्द की भी शिकायत रहती थी। अधिकांश महिलाएँ बोलीं कि वे कष्ट के बावजूद सरकारी अस्पताल नहीं गईं। जब बीमारी ने उग्र रूप धारण किया तो अधिकांश ने निजी चिकित्सकों को ही दिखाना बेहतर समझा। यह भी देखा गया कि पुरुषों को अपनी पत्नियों के स्त्री-रोग की जानकारी न के बराबर थी। लगभग 50 प्रतिशत पुरुषों को पता ही नहीं था कि उनकी पत्नी ने कितनी बार गर्भधारण किया है। वे सभी मानते थे कि पुरुषों का जीवन स्त्रियों की तुलना में ज्यादा कठिन है। अधिकांश ने खुद कभी गर्भनिरोधक का इस्तेमाल नहीं किया था। पर उन्होंने यह भी कहा कि वे स्वैच्छिक गर्भपात के विरुद्ध हैं और अवांछित गर्भ को गिराने की अनुमति अपनी पत्नियों को कतई नहीं देंगे।

जब स्त्रियों से गर्भपात के बारे में पूछा गया तो उनमें से अधिकांश ने (यहाँ तक कि गर्भपात करा चुकी स्त्रियों ने भी) सीधे उत्तर नहीं दिए। ज्यादातर ने शुरू में काफ़ी ना नुकुर की। जब वे बोलीं भी तो उन्होंने अपनी बजाय बस्ती की अन्य महिलाओं अथवा अपनी सखियों के द्वारा कराए गए 'गर्भपात' के बारे में बात करने में ही रुचि दिखाई। स्पष्ट था, कि वे 'सुरक्षित और वैधानिक गर्भपात' को अपना सहज अधिकार नहीं मानती थीं। वे उसे एक ऐसे कदम के रूप में देखती थीं जो एकदम अपरिहार्य स्थितियों में ही उठाया जाता था। (जैसे कि जब परिवार के संसाधनों पर बच्चों की संख्या भारी पड़ रही हो) खुले तौर पर बहुत कम स्त्रियों ने स्वीकार किया कि उन्होंने कोई गर्भपात करवाया है अथवा अपनी किसी सहेली को ऐसा करने की सलाह दी है।

इंस्टीट्यूट ऑफ़ सोशल साइंसेज ट्रस्ट की प्रमुख स्वप्ना मुखोपाध्याय के अनुसार गर्भपात के बारे में बात करते हुए स्त्रियाँ सदा टाल-मटोल करती हैं। वे अपनी बात अस्पष्टता से कहती हैं और प्रायः एक-दो शब्दों में ही जवाब देती हैं। उनके उत्तरों से उनके निजी यौन जीवन के बारे में कुछ भी स्पष्टता से जान पाना असम्भव होता है। वे प्रायः कहती हैं—हाँ ! मैंने अमुक औरत के बारे में ऐसी बात सुनी तो है...अथवा "मेरी एक सहेली ने 'ऐसा' करवाया था' या फिर कहेंगे। हाँऽऽ पक्की तरह से कौन कह सकता

है ?" अन्त में ज्यादातर स्त्रियाँ आँख-मुँह मटकाते हुए पूरी नाटकीयता से इतना भर कहेंगी, "बस ऐसी ही होती है जी औरत की जिन्दगानी !"

"यदि किसी समुदाय की जातीय प्रतिभा किसी एक पंक्ति में व्यक्त होती हो तो भारतीय स्त्री की विशिष्टता इस पंक्ति में व्यक्त होती है—ऐसी ही होती है जी औरत की जिन्दगी।"

'एक्शन इंडिया' संस्था के दफ्तर में लगभग 20 स्त्रियों का जमघट था। हमलोग शीतलपाटी पर बैठे हुए थे। कहीं से किसी ने मेरे लिए एक गद्दी खींच निकाली। (आपको तो जी इस तरह बैठने की आदत जो नहीं होगी।)

'एक्शन इंडिया' एक स्वैच्छिक समाजसेवी संगठन है। जो पिछले दो दशकों से नई दिल्ली की झोंपड़पट्टियों में काम कर रहा है। इसके स्वास्थ्य-कर्मी बस्तियों में रहते और काम करते हैं तथा सूचनाओं के आदान-प्रदान तथा नई रणनीतियों को तय करने के लिए हफ्ते में एक बार मिल बैठते हैं। मैं जंगपुरा की एक इमारत के तलघर में बैठी दिल्ली की असंख्य झोंपड़पट्टियों में कार्यरत एक्शन इंडिया के प्रतिनिधियों की जीवन-कथा और अनुभवों को सुन रही थी। यह कोई बौद्धिक-विमर्श नहीं था। कार्यकर्ताओं के बीच हफ्ते भर की ख़बरों, विचारों तथा कथाओं की जीवन्त और अन्तरंग कहनी-सुननी भर चल रही थी। नई दिल्ली की तीन विशाल मलिन बस्तियों—जहाँगीरपुरी, सीमापुरी और सुन्दरनगरी—में काम करनेवाली ये सब महिलाएँ स्वास्थ्य-कर्मी थीं। बातचीत की शुरुआत स्वयं बड़ी और उदास आँखोंवाली भारती (दल नेता) ने की। वह बंगाल से थी। और वह बहुत सालों से कार्यकर्त्ता की भूमिका में थी।

जब नन्ही-नन्ही प्यालियों में छलकती चाय आई, तो दल की नेता भारती ने महिलाओं से कहा कि वे मुझे अपना-अपना परिचय दें। भारती ने बताया कि पहले पहल स्त्रीवादियों के एक दल के रूप में उन लोगों ने 70 के दशक में काम करना शुरू किया था। उनके अन्दर स्त्रियों को जागरूक बनाने की गहरी इच्छा थी। आपातकाल के बाद के वर्षों में उन लोगों ने अन्य बातों के अलावा स्त्रियों की प्रजनन-विषयक स्वतन्त्रता के लिए भी काम किया। उनका पहला लक्ष्य था गरीबों को उनके सामाजिक और प्रजनन जीवन के बीच सम्बन्धों के बारे में जागरूक करना और फिर प्रजातन्त्र और प्रजनन-स्वास्थ्य के मूलभूत सिद्धान्तों के बारे में क्रमवार ढंग से उनको जानकारी देना। आपातकाल के दिनों में (75 से 76) संजय-गांधी—ब्रिगेड ने मलिन बस्तियों के सैकड़ों निवासियों की बलात् नसबन्दी की थी। लोग सार्वजनिक रूप से विरोध नहीं कर पाए थे क्योंकि तब राष्ट्रीय-सुरक्षा के नाम पर नागरिक-अधिकारों पर पाबन्दी लगी हुई थी। इसी वक्त बहुत सारी मलिन बस्तियों पर बुलडोजर चलाए गए थे और निवासियों से वे जगहें खाली करने को कहा गया। इस पूरी मुहिम के बाद अवैध रूप से आबाद इन बस्तियों के बाशिन्दों के अन्दर इलहाम आया कि राज्यसत्ता एक तानाशाह किस्म की

हो जाए तो प्रशासन परिवार-नियोजन के नाम पर उनकी निजी ज़िन्दगी पर कभी भी डंडे फटकार कर नष्ट कर सकता है। उन्होंने यह भी बखूबी समझा कि इन झोंपड़पट्टियों में अवैध निवासी के रूप में उनकी ज़िन्दगी कितनी असहाय और निराधार थी। शहरी-हदों के बाहर बसाए जाने पर वैधानिक रूप से इन बेघर स्त्री-पुरुषों में से कई पहली बार जमीन के मालिक बने। तब तक झुग्गियों में बड़े परिवारों का चलन था। विवाहित सन्तान भी माता-पिता के साथ ही इन बस्तियों में रहती थी और सब एक साथ रोजी-रोटी जुटाते थे। अब माँ-बाप ने देखा कि हर विवाहित सन्तान को जमीन के एक टुकड़े पर कानूनी स्वामित्व सौंपने के लिए 'पर्ची' दी जा रही है और वैधानिक रूप में उन्हें 'गृहस्थ' भी स्वीकार किया जा रहा है। तो धीरे-धीरे वे सभी एकल परिवारों में पलटते चले गए। आपातकाल की समाप्ति के बाद जब इनमें से बहुतों ने अपनी जमीन बेचकर पुनः अपने कार्यस्थल के नज़दीक की अवैध झोंपड़पट्टियों में डेरा जमाया—तो भी हर विवाहित जोड़े ने अपना 'घर' अलग बसाना ही पसन्द किया।

इस तरह बसी झुग्गियों की नई दुनिया। इस तरह बनी नई सामाजिकता।

सुधा बिहार की है और 'बस्ती' में तीन बच्चों और पति के साथ रहती है। चोट, दुःख और करुणा की मिली-जुली छाया से बनी उसकी रंगत जो अक्सर ग़रीबों में देखने को मिलती है—उसके धीरज की थाह देती है। स्पष्ट था कि वह स्वास्थ्यकर्मियों के साथ पैसे से ज्यादा सेवाभाव से प्रेरित होकर काम करती है। उसे देखकर अच्छा लगा। वह बोलने पर आई तो उसकी करुणामिश्रित अट्टहास, अपनी बस्तीवालों के लिए उसका निष्कपट प्रेम और उसकी दमदार आवाज़ ने रंग-रोगन से वंचित उस कमरे, गर्द-भरी खिड़कियों के चौखटे सबको मानो एक गँवई स्नेह की ऊष्मा से भर दिया।

एक नाटकीय उसाँस खींचते हुए कहा—हाय भगवान, औरत की क्या पूछो हो ? जनानी का तो जी दिन चार बजे सुबह से ही शुरू हो जाता है—इन गोबर-गणेश मर्दों के जागने से घंटों पहले। काम पर जाने से पहले जनानियों के लिए पुरुषों और बच्चों के लिए रसोई बनाना जरूरी होता है—उनके खाने के लिए भी और 'टिफिन' बाँधकर ले जाने के लिए भी। जनानियों और लड़कियों का क्या ? मोहलत मिली तो रूखी-सूखी गटककर चाय सुड़क लेंगी।

"क्या मर्द ज़रा भी हाथ नहीं बँटाते ?"

"बँटाते होंगे, लेकिन ऐसा मर्दुआ सौ में कोई एक ही होगा—शायद नई-नई शादी के बाद कुछ ऐसा करते हों—'नई गाय को नौ पूले घास' कहावत है न !"

"फिर ?"

"फिर क्या ? हम तो कोल्हू की बैल ठहरीं। बैलों के लिए तो जैसा घर—वैसा बाहर। बाहर जाती हैं और काम करती हैं—घर लौटती हैं तो फिर भी काम करती हैं। मर्दुए पैसे बटोरते हैं और काम से आते बखत शराब खरीदते हैं, फिर वे यारों के साथ गुटका चबाते हैं, पीते हैं और जुआ में पैसा उड़ाते हैं। और क्या ?"

"जब जोरू बीमार हो तो !"

''सुधा ने एक गहरी साँस ली और दुख-भरे स्वर में रुक-रुककर बोली, ''मेरी पड़ोसन है एक। घरों में झाड़ू-पोंछा देती है और दिन-रात खटती है। हम सबों की तरह उसके लिए भी ज़िन्दगी पहाड़ है। भूख मारने के लिए वह कम से कम चार-पाँच गुटखा निगल जाती है। अब अभागन बीमार पड़ गई है। वह मुँह नहीं खोल सकती...डॉक्टर ने बताया है कि उसे कैंसर है।''

''तो ?''

''तो क्या ? अभागन फिर भी काम करने के लिए जाती है। दर्द और भूख को मारने के लिए अब वह गुटखा अपने मुँह में छोटे से चम्मच से डाल लेती है और एक पतली फुँकनी से चाय सुड़ककर काम में जुत जाती है। उसे पता है कि वह डॉक्टर को नहीं जा सकती और जल्दी ही मर जाएगी, लेकिन वह अपने घर और बच्चे को बेपरवाह छोड़ भी नहीं सकती ? कैसे छोड़े ? उसका पति आकर घर को ऐसा-वैसा और बच्चों को आवारा घूमता हुआ देखेगा तो मार-मारकर उसकी गत न बना देगा ?''

''तुम्हारे इलाके में अपनी पत्नियों को मारनेवाले कितने मर्द होंगे ?''

''सबके सब मारते हैं जी, सबके सब माँ जाये ! असल में तो जी हमारी झोंपड़पट्टियों में बहुत ज्यादा 'टनसन' है। मर्द अपना 'टनसन' औरतों पर उतारते हैं और औरतें बच्चों पर।''

'टनसन' से उसका मतलब है—टेंशन—सक्कू उर्फ शकुन्तला ने मेरे लिए मामला सुलझाया। शकुन्तला और विद्या में गहरी दोस्ती है। दोनों अभी किशोरी हैं और अबोध बच्चों जैसी निश्छलता उनकी आँखों से अभी मिटी नहीं है। विद्या लबर-लबर बोलती है—'टनसन' का कारण तो खुद मर्द ही होते हैं आंटी। हम सबको पता है। फिर भी हमारी बस्ती में घर की हर अच्छी चीज, सबसे ताजा खाना उन्हीं को मिलता है। दूसरा नम्बर लड़कों का है। हम लड़कियों का नम्बर तो सबसे बाद में आता है, हमें न तो पसन्द का खाना मिलता है और न अच्छीवाली सब्ज़ी। मर्दों के चले जाने के बाद तो जी हमारी माँएँ बस इतना करती हैं कि खुद बासी रोटी खा लेती हैं और ताजी रोटियाँ हमारे लिए छोड़ देती हैं। अगर कभी दूध खरीदा भी जाता है तो घर में मदर डेयरी का सबसे सस्ता दूध आता है, और वह भी लड़कों को दे दिया जाता है—उन्हें इम्तहान जो 'पास' करना है। कुछ को तो जी भैंस का गाढ़ा दूध भी मिलता है, लेकिन हाय यह बड़ा महँगा है, और इसे बस चाय में डालते हैं। दरअसल हमारी बस्ती में ना, उम्रदराज औरतें बच्चियों की माँ से कहती हैं कि इन्हें दूध से बनी चीजें मती दे वरना बड़ी जल्दी सयानी हो जाएँगी।

विद्या एक मुर्झाई हँसी हँसकर चुप हो गई।

''लेकिन आंटी, हमको खाने से मना करनेवाली यह बुजुर्ग औरतें, मर्दों और बच्चों को ज्यादा से ज्यादा खाने के लिए बढ़ावा देती हैं। वे हमेशा कहती हैं कि घर के लड़के बहुत दुबले-पतले हैं और उन्हें ज्यादा खाने की जरूरत है,''—बातचीत में शकुन्तला भी पुनः कूद पड़ी। इसके बाद दोनों लड़कियाँ बेसाख्ता खिलखिलाकर हँस दीं। उम्रदराज

अन्य महिलाएँ भी हँस पड़ीं। इस छेड़छाड़ में कपट नाम मात्र को नहीं था।

'पगली कहीं की !' सुधा ने उन्हें लाड़ से ठोंगा मारा।

विद्या बात का प्रभाव पड़ते देख खुश होते बोली, ''हाँ, हाँ—मैं झूठ बोल रही हूँ तो उनसे पूछो। लड़कों को 'प्राइवेट स्कूल' में भेजती हैं—उन्हें 'दूध' और 'जूस' भी देती हैं लेकिन औरतों और लड़कियों के लिए हजारों तरह के अन्धविश्वास हैं। सब कहते रहते हैं कि अगर भारी पैरवाली ने दूध पिया तो उसका भाई मर जाएगा। वह अंडा खाएगी, तो पेट गिर जाएगा।''

सब इस बात पर सहमत थीं कि बस्ती में माँ का मर जाना बेहतर है बनिस्पत लड़की जनने से ! हाय, औरत की जात ! बस ऐसी ही होती है जी औरत की जिन्दगानी !

एक हिन्दी-दैनिक की रिपोर्ट बताती है कि गाज़ियाबाद में दो पुत्रियों की माता, एक तीस साला मुस्लिम स्त्री को उसके पति ने मार डाला। मृतका के भाई सलाहुद्दीन का कहना था कि साज़िदा को बच्चेदानी में ट्यूमर था—लिहाजा उसका ऑपरेशन हुआ था और बच्चेदानी निकाल दी गई। अब वह परिवार के लिए पुत्र जनने में असमर्थ हो गई थी अतः उसे मार दिया गया। बस इसी घटना के पाँच दिन पहले इसी इलाके में ओमवती नाम की हिन्दू महिला को भी इन्हीं कारणों से मार दिया गया था। यह बात पड़ोसियों ने बताई। पुलिस अपराधियों का सुराग नहीं लगा सकी।

''क्या लड़की जननेवाली माँओं की ज्यादा मार-कुटाई होती है ?'' मैंने दाइयों से पूछा।

''मार-कुटाई तो सबकी होती है लेकिन हाँ, जो बाँझ या निपूती हो उसे ससुराल के कुटुम्बी और पति कुछ ज्यादा ही मारते हैं। इसी कारण जब माँओं से कहो कि उन्हें लड़की हुई है तो अक्सर वे बेसुध हो जाती हैं।''

सुधा दाई है। उसने बताया कि वह अक्सर प्रसव के समय नर्स को हाथ बँटाने का काम करती है। उसने पाया है कि दर्द उठते समय भी सब औरतों पर पुत्र ही जनने के लिए भयानक मानसिक दबाव होता है। जब उन्हें बताया जाता है कि लड़की हुई है तो अधिकांश माताएँ रो पड़ती हैं। सुन्दरनगर में तो एक औरत इस आघात से मर ही गई जब उसे बताया गया कि तुम्हें चौथी बार भी 'बेटी' हुई है। कुसुम नाम की एक स्त्री भी—बेटी पैदा हुई है—सुनकर मरणासन्न सी हो गई थी। सुधा ने पहले उसकी नवजात बच्ची को नहलाया और फिर बच्ची को कोसती हुई उम्रदराज महिलाओं को चुप रहने के लिए डपटा। फिर उसने कुसुम से कहा कि देख तेरी बच्ची कितनी प्यारी है। लेकिन कुसुम थी कि एकटक पंखे को घूरे जा रही थी, मानो उसने भूत देख लिया हो।

सभी स्वास्थ्यकर्मियों का कहना था कि उनकी जानकारी में ऐसी अधिकांश शहरी महिलाएँ गर्भवती होते ही अल्ट्रासाउंड-परीक्षण के लिए पैसे जोड़ने में जुट जाती हैं। अगर डॉक्टर ने बता दिया कि 'भ्रूण' मादा है तो वे तुरत गर्भपात करा लेती हैं।

''मैं आपको एक मज़ेदार किस्सा सुनाती हूँ,'' वाचाल मधु से रहा न गया।

''हमारे इलाके की नईमा के छठा बच्चा होना था उसे पहले ही पाँच बेटियाँ थीं। मेरे पहुँचने से पहले वह अशक्त और निरुत्साह पड़ी हुई थी। उसे लगता था छठी भी बेटी ही होगी। जभी बच्चा अचानक पैदा हो गया। वह माँ ठीक से लेट भी नहीं पाई थी। मधु ने उसकी सलवार खिसकाई और बच्चे को देखा, फिर जच्चा के कान में कहा, 'नईमा, बेवकूफ ! उठ तेरे तो लड़का हुआ है री !' बस नईमा ने चट से आँखें खोलीं और घर का हर कोई खुशी में कूदने लगा। सब कहने लगे कि मैं बड़ी शकुनिया निकली। उनके लिए सौगात ले आई। पर ज्यों ही मैं बाहर निकली पड़ोस की मुटल्ली दाई मुझसे झगड़ पड़ी, 'तुमने मुझसे जचगी पर आने को क्यूँ नहीं कहा ? इस बार मैंने 'टनसन' घटने से कम से कम 1100 रुपए बनाए होते। वह दुहराए जा रही थी, ''अहमक कहीं की—पाँच बेटियों के बाद बेटा कहीं रोज-रोज होता है। मुझे बताया तक नहीं कि बेटा जना आई !''

'टनसन' ? सुधा हँसी। हमारी बस्तियों में तो हर चीज से 'टनसन' होता है। उदाहरण के लिए—गाँव में जब भी ज़रूरत महसूस हो आप अपनी हाजत रफ़ा करने खेतों में जा सकते हैं मगर यहाँ निपटना हो तो 15-20 मिनट तक अपनी बारी का इन्तजार करना पड़ता है। हर शौचालय पर 100-200 जने जानेवाले हैं। ऐसे में जो महिला गर्भ से हो या महीने के दिन चल रहे हों, उसे जो असुविधा या शर्मिन्दगी उठानी पड़ती है—उसकी कल्पना भी आप जैसे लोग नहीं कर सकते ! बच्चों का शरीर पर कोई जोर नहीं और वे ज्यादा देर हाजत रोक भी नहीं सकते सो वे कहीं भी फारिग हो लेते हैं—बदबू ऐसी उठती है कि नाक झड़ जाए। फिर जो काम का कच्चा माल हम पूरा करने को घर ले आती हैं—उससे और भी 'टनसन' होता है। मसलन हममें से जो 'कचरा' चुननेवाली हैं उन्हें अपनी जमा की हुई बोतलों और रद्दी का ढेर जबरिया घर पर ही रखना पड़ता है। बच्चे इस पर सोते हैं और फेंक-उठाकर उसी कचड़े से खेलते हैं। टायर, कागज और किरासिन उसमें सब कुछ होता है। क्या आपने कभी इकट्ठा जलते हुए इस कचड़े की बास सूँघी है ? एकदम माथा भन्ना जाता है। झोंपड़पट्टियों के कुछ लोग तो इस आग पर ताँबा या ज़स्ता भी पिघलाते हैं। इनसे और भी दम-घोंटू धुआँ निकलता है। सस्ती से सस्ती जलावन (लकड़ी) भी 6 से 8 रुपए प्रतिकिलो पड़ती है। कौन खरीद सकता है भला ? ज्यादातर लोग जानते-बूझते 'टनसन' की जड़ घर उठा लाते हैं।

साँवले रंग की रमज़ानी बड़ी चौकन्नी और शातिर सी निगाहोंवाली औरत है। तांबई चेहरे और सँकरे ललाटवाली रमज़ानी जब आँखें उठाती है तो एक विषाद मिश्रित हँसी उनमें चमक उठती है, ''और फिर दीदी आप पूछती हैं कि हम गर्भनिरोधकों का

इस्तेमाल करती हैं या नहीं ?'' वह कहती हैं। ''ज़रा सोचकर देखिए—बच्चों और धुएँ से भरा घर, अधपकी रसोई को रोज़ाना हड़बड़ी में गटकना और एक शौहर जो आते ही आप पर पिल पड़ता है—बात-बेबात धुनकर रख देता है। इस सबके बीच कोई गोली या कंडोम कैसे-कब इस्तेमाल करें और कहाँ रखें ? ऐसा नहीं है कि नई-नवेलियाँ चाहती हों कि उनके पाँव जल्द भारी हो जाएँ या उन्हें बच्चे होना रुके ही नहीं, लेकिन चाहे-अनचाहे उन्हें यहाँ हामला होना ही पड़ता है। कभी कोई अन-चाहा बच्चा गिरा भी देती हैं लेकिन कई बार ऐसा भी होता है कि वे 'सफाई' न भी करा पाएँ। बीमारियाँ हैं कि आपके साथ लगी रहती हैं—हमारे इलाके में तो स्वास्थ्यकर्मी तक हमेशा बीमार पड़ते रहते हैं।''

''सरकारी डिस्पेंसरी की 'सहायक-नर्स' (ए.एन.एम.) आती है तुम्हारी बस्ती में ?'' मैंने थोड़ा हिचकते हुए पूछा।

ओह-हो-आप नर्स मैडम के बारे में पूछ रही हैं ?

''हाँ,'' मैंने कहा, ''औरतें खुद क्यों नहीं जातीं उनके पास ? बच्चा होने से पहले गर्भिणी की जाँच-पड़ताल के लिए क्या ऐसा नहीं सोचा जाता कि नर्सें घरों का दौरा करेंगी ?''

''छोड़िए भी ! सरकारी बहियाँ भरने और पोलियो-प्रतिरक्षा अभियान से ही उन्हें फुर्सत नहीं। वो तो अगर कभी घर आती भी हैं तो इतनी देर से कि हममें से ज्यादातर तब तक काम पर निकल चुकी होती हैं। और हर हाल में नर्स मैडम हमें प्राथमिक स्वास्थ्य-केन्द्र में ही जाने को कहती हैं—जबकि उनको भी पता है और हमें भी, कि वहाँ देखभाल नहीं होती। जनम और मौत किसी की बाट नहीं जोहते। जोहते हैं क्या ? कौन चाहता है कि हम दिन-रात बदबूदार धुआँ घोंटे और हाजत से फारिग होने के लिए आधा घंटा बारी की प्रतीक्षा करते रहें ? कौन शौहर चाहता है कि वह रोज पत्नी और बच्चे को पीटे और घर में 'टनसन' खड़ा करे ? झोंपड़पट्टियों के लोगों को 'टनसन' होता है, पर वे इससे इन मलिन बस्तियों में चाहकर भी बच नहीं सकते। हममें से हर कोई अपनी ज़िन्दगी को बेहतर बनाना चाहता है—बच्चों को स्कूल भेजना चाहता है। हर कोई जानता है कि बच्चे कम हों तो बेहतर है, और यह भी कि गन्दगी से ही बीमारी होती है। लेकिन हमारा पहला सवाल तो यही है कि हम झोंपड़पट्टी के माहौल से बाहर कैसे निकलें ?''

स्त्रियों की बात में सचाई है। पिछले पचास वर्षों में भारत बड़ी तेजी से एक शहरी औद्योगिक समाज बनने की राह पर चल निकला है और इसी के साथ पच्चीस करोड़ लोगों का एक नया मध्यवर्ग, देश में स्वास्थ्य-सेवाओं का सबसे बड़ा उपभोक्ता बनकर पनपा है। अन्तर्राष्ट्रीय स्वास्थ्य कार्यक्रम के लिए रमेश भट्ट ने 1995 में निजी स्वास्थ्य-सेवाओं का एक अध्ययन प्रस्तुत किया था। इसके अनुसार गरीब बड़ी तेजी से सरकारी क्षेत्र के बाहर निजी स्वास्थ्य-सेवाओं की शरण में जाने को बाध्य होने लगे हैं।

और उनकी आमदनी का एक बड़ा भाग उसे उपलब्ध कराने में क्या हो रहा है। परिणामस्वरूप निजी क्षेत्र की स्वास्थ्य-सेवाएँ भारत में स्वास्थ्य-संरक्षण के क्षेत्र में सरकारी तबके की तुलना में बहुत अहम भूमिका अख्तियार करने जा रही है। अलबत्ता निजी बनाम सरकारी स्वास्थ्य सुविधाओं के क्षेत्र में राज्यवार भिन्नताएँ भी हैं। मसलन केरल, गुजरात तथा महाराष्ट्र में निजी-क्षेत्र के अस्पतालों की हिस्सेदारी (कुल अस्पतालों के सन्दर्भ में) क्रमशः 78%, 77% तथा 62% है। वहीं अपेक्षाकृत ग़रीब राज्यों, जैसे—बिहार, मध्य प्रदेश और उड़ीसा में—सरकारी क्षेत्र की तुलना में निजी-क्षेत्र के अस्पतालों की अधिकतर हिस्सेदारी सिर्फ 10% है। अपेक्षाकृत समृद्ध राज्यों में ग़रीबों को सार्वजनिक-क्षेत्र में कहीं कमतर स्वास्थ्य-सुविधाएँ उपलब्ध हैं।

जहाँ तक प्रति रोगी-शैया का सवाल है कुल देश में उपलब्ध बैड्स का 80% सन् 1987 तक निजी-क्षेत्र के अस्पतालों में था। स्वयंसेवी एजेंसियों की हिस्सेदारी 13% थी तथा सरकारी अस्पतालों में बाकी (64%) रोगी शैयाएँ उपलब्ध थीं। आज देश में कुल प्रशिक्षित चिकित्सकों में से 80% एलोपैथिक डॉक्टर निजी क्षेत्र में अपनी सेवा प्रदान कर रहे हैं जबकि सिर्फ़ प्रशिक्षित 20% चिकित्सक सरकारी-क्षेत्र में कार्यरत हैं। चिकित्सा के अनियोजित निजी-क्षेत्र में तो बहुत से तथाकथित 'डॉक्टर' ऐसे भी हैं जिनके पास कोई प्रशिक्षण, अनुभव या मान्य मेडिकल-डिग्री नहीं है। ग्रामीण भारत में अतिसार (डायरिया) के विषय पर 1990 में एक अध्ययन (विश्वनाथ और रोडे का) प्रकाशित हुआ है। इस अध्ययन के अनुसार डायरिया के मात्र 65% मामलों में ही चिकित्सीय परामर्श लिया गया। जबकि मात्र 10% डायरिया के रोगी ऐसे थे जिन्हें सरकारी अस्पतालों में ले जाकर दिखाया गया। दूसरे अध्ययनों (दुग्गल और अमीन 1989 : उपलेकर 1989 तथा वॉन फीन 1991) का निष्कर्ष है कि निजी-क्षेत्र के अधिकांश चिकित्सक संसाधनों का उपयोग समुचित रीति से नहीं करते और सार्वजनिक क्षेत्र के अपने सहयोगियों के मुकाबले रोगियों को कहीं ज्यादा सुइयाँ लगाते—और इनसे कीमती दवाइयाँ खरीदवाते हैं। वे अपने मरीजों को बताए गए इलाज या दवाओं के सम्भावित असर (साइड इफ़ेक्ट) के बारे में भी समुचित निर्देश नहीं देते। इस सबके बावजूद निजी-क्षेत्र के अस्पतालों में जाने को मजबूर हैं क्योंकि हमारे बड़े शहरों के भीड़-भरे सरकारी अस्पताल पहले ही मरीजों की संख्या के भार तले हाँफ रहे हैं। सरकारी अस्पतालों की दुर्गति और फटेहाली का एक उदाहरण है राजधानी नई दिल्ली में सरकार-संचालित दीनदयाल उपाध्याय अस्पताल। यहाँ एक ही छोटा सा अस्त-व्यस्त प्रसूति-कक्ष है। यहाँ प्रतिदिन 30-40 नौनिहाल जन्म लेते हैं। इस प्रसूति-कक्ष में मात्र चार प्रसव-शैया हैं। एक ही प्रसव-तख्त पर तीन-चार महिलाओं को प्रसव की घनघोर पीड़ा से छटपटाते हुए देखना—यहाँ सामान्य बात है। अस्पताल के पंजीकरण की रजिस्टर के अनुसार पिछले वर्ष 9000 शिशुओं ने इसी छोटे से कक्ष में अपनी पहली साँस ली। इस वर्ष यह संख्या और बढ़ने की सम्भावना है।

'हम कर क्या सकते हैं ?' दैनिकों के संवाददाताओं को प्रभारी-चिकित्सक बार-बार

कहते हैं, 'हम मजबूर हैं। फिलहाल इस भीड़ से निपटने के लिए हमारे पास रत्ती भर फंड नहीं है।'

'एक्शन इंडिया' की स्वास्थ्यकर्मी मनोरमा बोली, ''आपको कभी सरकारी जच्चाघरों का नहान घर देखना चाहिए—ऐसा लगता है जैसे पुरानी दिल्ली का कसाई-खाना हो हर जगह खून चीथड़े और माथा फाड़ दे ऐसी बदबू ! अस्पतालवालों से पूछो तो ज़वाब मिलेगा कि जी कर्मचारी कम हैं और साफ-सफाई के लिए हमें ज्यादा कर्मचारियों की ज़रूरत है। मन्त्रालय ने कह रखा है कि खर्चा घटाने के लिए कर्मचारियों की छँटनी करनी पड़ेगी। जो हो—यकीन मानिए जचगी के लिए मजबूरन यहाँ आईं औरतों के लिए यहाँ आना नरक निवास ही है।''

एक्शन इंडिया के स्वास्थ्य-कर्मी दल की नेता भारती बोली, ''उन्हें हमारी लोगों जैसी ग़ैर सरकारी संगठनों की स्वास्थ्य-सेवा क्यूँ चाहिए ? क्योंकि बस्ती की बीमार स्त्रियों को लेकर जब-जब हमारे स्वास्थ्यकर्मी सरकारी-अस्पतालों में जाते हैं तो हमने पाया है कि काम के बोझ से दबे ज्यादातर डॉक्टर तो गरीबों पर नज़र भी नहीं डालते। बस जल्दी-जल्दी नुस्खा लिखने में जुट जाते हैं। कहते हैं कि जब अस्पताल की डिस्पेंसरी में दवा ही नहीं है तो हम क्या करें? क्या किसी को इस बात का ख्याल नहीं आता कि बेचारा ग़रीब बाहर जाकर दवाइयाँ जुटाएगा कैसे ? हो सकता है मरीज खुद एक नर्स (ए.एन.एम.) हो लेकिन वह भी होती क्या है एक सरकारी डॉक्टर के लिए ? उसके लिए तो वह रोज़ाना की भीड़ में से ही कोई रोगी है।''

आत्मविश्वास से पूर्ण मनोरमा उर्फ मन्नो अभी युवती है। उसने बड़े कायदे से पहनी हुई लाल साड़ी के ऊपर हरे रंग का शॉल ओढ़ा है। देखने से लगता है बस्ती की बीमार स्त्रियों को सरकारी अस्पताल ले जाने-लाने में वह कुशल होगी।

मनोरमा ने अड़ोस-पड़ोस के लिए जानी-पहचानी ए.एन.एम. (सहायक धाय-नर्स) शर्ली का किस्सा सबको याद दिलाया। शर्ली के बच्चे को जोरों का अतिसार (डायरिया) था। जब वह बच्चे को लेकर सरकारी अस्पताल पहुँची तो बारी आने में अभी बहुत देरी थी और इसी बीच बच्चे ने अपने कपड़े 'गन्दे' कर दिए। डॉक्टर ने उसे डाँटना शुरू कर दिया कि तुम मरीज को ऐसी गन्दी हालत में क्यों लाई ? शर्ली भागी और बच्चे को साफ-सूफ किया लेकिन इसी बीच वह लाइन में पिछड़ गई। बेचारी बैठी रही—बाट जोहती रही और बच्चे की हालत थी कि बिगड़ती जा रही थी। हारकर वह बच्चे को लेकर रेडक्रास अस्पताल भागी मगर वहाँ पहुँचने पर चिकित्सकों ने पाया कि बच्चा मर चुका है।

''दूसरी समस्या है—विशेषज्ञों के चक्कर,'' मनोरमा ने बताया, ''इन बड़े अस्पतालों में शरीर के हर अंग को जाँचने के लिए एक अलग विभाग होता है। मान लो कि अतिसार से छुटकारे के लिए मुझे फ्लाजिल की टिक्की दी। उसके कारण पाँवों में ऐंठन होती है। मैं दोबारा जाकर डॉक्टर से कहूँगी, तो मुझे वहाँ से गैस्ट्रो-इंटेस्टीनल विभाग में स्त्री-रोग-विभाग में भेज दिया जाएगा। वहाँ वे लोग फिर मुझसे क्यू में इन्तज़ार और

पर्ची बनवाने की कवायद कराएँगे और अन्त में जाकर माहवारी के दौरान पैदा इस ऐंठन के लिए कोई और नुस्खा लिख देंगे। लेकिन मुझे कोई भी यह नहीं बताएगा कि आगे कभी मुझे अतिसार होगा, तो मुझे फ्लाजिल की गोली चाहिए या नहीं ?

''पिछले माह मुझे ज्यादा 'मासिक' आया। मैंने अपनी सहेली मधु को साथ लिया और डॉक्टर के पास गई। उसने मुझे एक हफ्ते तक खाने के लिए दवा लिखी। इससे थोड़ा फायदा हुआ। अगली दफे घंटों बारी की प्रतीक्षा करनी पड़ी। मेरी बारी आई तो उसने मुझे नज़र उठाकर देखना भी गवारा नहीं किया। पुराने नुस्खे पर एक नज़र दौड़ाई—एक नया 'नुस्खा' लिखा और मुझे थमाकर जाने के लिए कह दिया। उसका व्यवहार इतना रूखा था कि मुझे रुलाई आ गई। मैं घर आई और फूट-फूटकर रोई और मैंने थोड़ा पानी पिया और फैसला किया कि अब से यह रोना-धोना बन्द। मैंने पड़ोस से कुछ रुपए उधार लिये और नजदीक के 'प्राइवेट नर्सिंग होम' में गई। वहाँ मुझे तीन दिन के लिए दवा की खुराक दी गई और तीन दिन बाद दोबारा आने के लिए कहा गया। तीन दिन में मैं पहले से ज्यादा चंगी हो गई और उन लोगों ने दवा रोक दी।

''देखा ? सरकारी अस्पतालों में बस यही देखा जाता है कि औरत है तो बन्ध्याकरण का मामला है या नहीं—उन्हें अपना लक्ष्य जो पूरा करना है। मुझे वे लोग आदमी मानने को तैयार ही नहीं हैं। ग़रीब कौन होते हैं उनके लिए ? बस कीड़े-मकोड़े ?''

''ज़रा इसे देखिए—यह जो हमारी सहेली कोने में बैठी है—यह चौबीस बरस की थी तो 'अपेंडिक्स' हटाने के लिए इसका ऑपरेशन हुआ था। फिर कुछ कारणों से इसकी माहवारी रुक गई। जब यह खुद को दिखाने गई तो डॉक्टर ने 'माला-डी' नाम की गर्भनिरोधक टिकिया रोज़ाना दो बार खाने को लिखी। यह अंग्रेजी नहीं जानती सो पर्ची लेकर घर आ गई। लेकिन जब पर्ची लेकर वह दवा की दुकान में गई और दुकानदार ने उसे पढ़कर सुनाया तो वह दंग रह गई। वह दवा-दुकानकार को कैसे बताए कि डॉक्टर कितना निर्दयी था ! उसने बहाना किया कि वह पैसे घर भूल आई है और उल्टे पाँव लौट आई।''

आँकड़े भी बताते हैं कि देश के ग़रीब अपनी गाढ़ी आमदनी का एक बड़ा हिस्सा स्वास्थ्य-रक्षण की भेंट चढ़ाते हैं और इससे उनकी आर्थिक दशा और भी दयनीय हो उठती है। स्वास्थ्य-व्यवस्था में एक तरफ ऐसे सरकारी डॉक्टर हैं जिनके लिए मरीज की उपेक्षा करना आम बात है तो दूसरी तरफ निजी-क्षेत्र के चिकित्सक हैं जो पैसा कमाना ही अहम मानते हैं। मरीजों को वे अक्सर जरूरत से ज्यादा, महँगी और जोखिम-भरी दवाइयों के नुस्खे देते हैं। कई बार बिना नुस्खे के भी मरीज स्वयं ऐसी दवाइयाँ खरीद लाते हैं। मरीज को दवा सुझाने का ज्यादातर काम कई दवा-विक्रेता या दोस्त करते हैं। पर यदि उसे घातक रिएक्शन हुआ तो कोई भी जिम्मेदारी नहीं लेगा। भाग्य ने साथ दिया तभी चंगा होगा।

''डॉक्टर जब गर्भनिरोधक टिकिया देते हैं तो इस बात से औरतों को आगाह नहीं

करते कि इससे कँपकँपी, बालों का झड़ना, ज्यादा माहवारी या सर चकराने जैसे लक्षण प्रकट हो सकते हैं ?'' मैंने पूछा।

''मजाक कर रही हैं क्या ?'' मधु बोली, फिर उसने गहरी साँस ली और उदास हो गई, ''देखिए, बात यह है कि इस शहर में जनता बहुत ज्यादा है और बेचारा डॉक्टर सचमुच सरकारी अस्पताल में मरीजों की भीड़ के बोझ तले पिस सा जाता है। दरअसल वह बुरा आदमी नहीं होता। वह अपना काम भी खूब जानता है लेकिन उसके पास काम बहुत ज्यादा होता है समय बहुत कम। ऐसे में वह जैसे-तैसे सबको टालता है, और क्या ?''

मधु का अनुभव भिन्न है। उसका चेहरा पीला है और दाँत थोड़े ऊँचे हैं। उसने अपने बालों में खूब तेल ठोंककर पीछे जूड़े में बाँध रखा है। उसने बताया कि बीमार पड़ने पर बड़ी प्रतीक्षा के बाद वह डॉक्टर को दिखाने गई। उसे भाग-दौड़ भी करनी पड़ी और इन्तज़ार भी। लेकिन डॉक्टर ने जो दवा दी उससे उसे काफ़ी राहत पहुँची। उसका कहना था कि वह सरकारी-अस्पताल पर विश्वास करती है। वहीं के डॉक्टरों ने तो 'मछलीवाला अस्पताल' में अतिसार से मरणासन्न उसकी बेटी की जान बचाई थी।

''मछलीवाला अस्पताल ?'' मैं पूछती हूँ।

कस्तूरबा गांधी मेडिकल कॉलेज (पहले इसका नाम विक्टोरिया ज़नाना अस्पताल था) जामा-मस्जिद के प्रसिद्ध मछली-बाज़ार के निकट है। यह सरकारी अस्पताल है और भीड़-भाड़ के बावजूद स्थानीय जनता की राय में एक अच्छा अस्पताल है।

मधु ने अब तक बहस का मन बना लिया था, 'इन सरकारी अस्पतालों में दीदी 'एम.बी.बी.एस. डॉक्टर' होते हैं ना ? वे दवा-दारू करना जानते हैं। वे झोला-छाप डॉक्टरों की तरह नहीं जो खुद की क्लिनिक चलाते हैं और जानते-वानते कुछ नहीं लेकिन लम्बा और महँगा नुस्खा लिखते हैं, और पानी की सूई लगाते हैं।''

बाकी औरतों ने थोड़ी हिचक के साथ हामी भरी—''हाँ ! ऐसा है तो।''

लगता था हवा अब सरकारी अस्पतालों के पक्ष में बह रही थी। कौशल्या ने एक अलग कथा सुनाई। कथा उसकी बेटी के बारे में थी। उसकी बेटी को सर्जरी की जरूरत थी। उसके पति और वह घबराए हुए थे और अपना खून देने से हिचक रहे थे। लेकिन डॉक्टर दयालु थे। उन्होंने धीरज बँधाया और उसकी बच्ची को बिना खून चढ़ाए ठीक कर दिया। ऐसा भी होता है। कम ही सही, पर होता है। सब भले मानुस गायब नहीं हो गए अस्पतालों से।

भारती ने बताया कि जहाँ डॉक्टरों ने खून चढ़ाने की बात की, तो मरीजों के रिश्तेदारों में अक्सर अफरा-तफरी मच जाती है। कहते हैं कि अपना खून सगा होता है लेकिन हमारे यहाँ तो रक्तदान के मसले पर भी लैंगिक-राजनीति का शिकंजा कसा हुआ है। स्थानीय सफ़दरजंग अस्पताल में स्त्री-रोग विभाग में कार्यरत और मुकामी एक युवा-चिकित्सक ने भी इस बात की पुष्टि की। उसने मुझे एक बीस वर्षीया स्त्री के बारे

में बताया। उसे नौवाँ महीना था और बहुत ज्यादा रक्त-स्राव हो रहा था। ''हमें सिर्फ दो यूनिट खून की ज़रूरत थी। हमने उसके पति से कहा। वह हट्टा-कट्टा चौबीस साल का युवक था। लेकिन उसने खून देने से इनकार कर दिया। उसका कहना था—'मैं कमजोर हो जाऊँगा।' वे लोग बड़े गरीब थे और खून खरीदना उनके बूते से बाहर था। परिणामतः हम बच्चे को नहीं बचा सके। जब पत्नी की हालत बिगड़ने लगी तो पति ने किसी तरह एक पेशेवर रक्तदाता से खून का इन्तज़ाम किया मगर तब तक बहुत देर हो चुकी थी। कई बार हम पाते हैं कि पति रक्तदान करना भी चाहे तो अक्सर घर के बड़े या सास उसे ऐसा करने से रोक देती है। जले हुओं के 'बर्नस-वार्ड' में भी हमें जब किसी रोगिणी के लिए खून की ज़रूरत पड़ती है तो रिश्तेदार गायब मिलते हैं। शिशु-रोग विभाग में भी ऐसा ही लैंगिक-पूर्वग्रह देखने में आता है। सेप्टी-सीमिया ग्रस्त शिशुओं को अक्सर खून की ज़रूरत पड़ती है लेकिन शिशु लड़की हो तो माता-पिता अपना खून देने में अक्सर ना-नुकुर करते हैं। बेटे के लिए अलबत्ता कमी नहीं होती।''

क्या लैंगिक राजनीति हमारे समाज की अकाट्य सचाई है ? क्या कोई इसके विरुद्ध खड़ा नहीं होता ? एक सुबह, असामान्य सी लगती एक न्यूज-रिपोर्ट ने मेरा ध्यान खींचा। रिपोर्ट एक दुस्साहसी महिला के बारे में थी। जिसने गर्भपात कराने से इनकार कर दिया और अपने गर्भ में पल रहे मादा भ्रूण को बचा लिया। पर इस विद्रोह की उसे भारी कीमत चुकानी पड़ी। उसका विवाह-विच्छेद हो गया; माता-पिता ने घर-बाहर कर दिया लेकिन वह अपनी बच्ची को बचाने पर अड़ी रही। मैं इस अध्याय का समापन उसकी कथा से करती हूँ।

आज वह स्त्री, शौना, मेरठ के महिला समाज-सुधार-केन्द्र में सिलाई-कटाई का काम करती है। बारह बरस पहले वह हरियाणा में रहती थी जो भारत में सर्वाधिक महिला-विरल राज्यों में है। भ्रूण-परीक्षण के ज़रिए उसे पता चला कि उसके गर्भ में मादा-भ्रूण है। ऐसा तीसरी बार हुआ था। उसके ससुरालवालों ने उससे फिर गर्भपात कराने को कहा। पर शौना ने मना कर दिया। जो पश्चिमी उत्तर प्रदेश के पुरुष-प्रधान ग्रामीण समुदाय के ताने-बाने से परिचित हैं वही समझेंगे कि ससुरालियों की माँग को नकारने के लिए शौना को कितना साहस बटोरना पड़ा होगा। उसे मारा गया, यन्त्रणा दी गई और बुरा-भला कहा गया। आखिर में वह माता-पिता के घर भागने पर मजबूर हुई। सास-ससुर की आज्ञा के उल्लंघन की बात ने मायके में खलबली मचा दी। मायके में, गाँववालों ने उसे ससुराल लौट जाने को कहा। उसने कहा कि मेरी जान को खतरा है। कुछ बुजुर्ग बीच में पड़े और उसे ठहरने की इज़ाजत मिल गई लेकिन बस शिशु के दो माह के होने तक। जैसे ही समय पूरा हुआ शौना के पास मायका और गाँव छोड़ने के सिवा कोई चारा न रहा—विकल्प यही था कि वह शहर चली आए और अपने लिए कहीं रोज की रोटी जुगाड़ करे। उसका सौभाग्य था कि उसे समाजकर्मियों के एक समूह की मदद मिल गई और उसने सिलाई-कटाई का प्रशिक्षण प्राप्त कर लिया। आज उसकी

बेटी—रीना कुमारी—स्कूल जाती है। रीना पढ़ने में तेज है और उसकी इच्छा है बड़ी होकर शिक्षक बने। पत्रकार मालविका सिंह को शौना ने बताया, ''मैं अपने ससुरालवालों के यहाँ गई होती तो आज ज़िन्दा नहीं बचती !'

वह बात को बढ़ा-चढ़ाकर नहीं कर रही थी। भारत में—खाते-पीते घरों की पढ़ी-लिखी युवतियों के दिलो दिमाग़ पर भी घनघोर रूढ़िवादिता का असर गहरा है और वे गर्भ में कन्या शिशु की सफाई कराने के लिए अल्ट्रा-साउंड जाँच का खतरनाक विकल्प अक्सर स्वयं चुनती हैं। इस बात को देखते हुए—शौना जैसी एक ग्रामीण, ग़रीब और अर्द्ध-साक्षर स्त्री का विद्रोह बड़ा महत्त्वपूर्ण है। शहरों की तुलना में नारीद्वेषी परम्परा, धर्म, अपराध-बोध और वर्जनाएँ आज छोटे शहरों-गाँवों तथा झोंपड़पट्टियों की ग़रीब स्त्रियों के जीवन की वास्तविकता को और अधिक गहराई से गढ़ते और आकार देते हैं। यहाँ की स्त्री को जीना हो तो उसे न चाहते हुए भी नारीद्वेषी परम्परा, धर्म, अपराधबोध और वर्जना से तालमेल बैठाना पहली शर्त बन जाती है। पर शौना का किस्सा प्रमाण है कि यहाँ भी प्रतिरोध दुर्लभ भले हो, असम्भव नहीं।

इस एक औरत की कथा में आनेवाले परिवर्तन के बीज देखे जा सकते हैं कि किस तरह एक स्त्री जोखिम उठाकर अपने दमन का प्रतिकार कर सकती है और अपने गर्भ में पल रही बेटी को बचाने को उठ खड़ी होती है। उसके लिए—उस जैसी अनेक के लिए इसके बाद पीछे पलटने के लिए कोई रास्ता नहीं बचता, पर वे मुड़कर नहीं देखतीं।

ऐसी ही औरतों पर भविष्य की उम्मीद टिकी है। औरतों की, बच्चियों की और देश की।

अध्याय-2

हास्य और रुदन के बीच

(प. बंगाल)

क्या कहूँ सखी ?
आपबीती पर आती हूँ, तो रोते-रोते भी
यह दईमारा मुख हँस पड़ता है।

(रामीबाई (15वीं सदी) बंगाली से अनु.)

टप-टप-टप्प्-पानी की बूँदें।

पोइला गाँव मेरी स्मृति में चुपचाप टपकती बूँदों की संगीतभरी आवाज़ के साथ उजागर होती है। यह याद अब मन से नहीं जानेवाली। एक छवि है कृशकाय बच्चे की जिसकी हड्डी भर बची बाँह में पानी चढ़ाने की सूई खुसी है, और दूसरी छूटते हुए धीरज को बार-बार समेटती—एक माँ की, जो स्वयं भी सोलह से ज्यादा की नहीं होगी। बड़ी-बड़ी आँखों में शैव्या की वेदना समेटे वह डॉक्टर पप्पू को देख रही है।

दरवाजे के नज़दीक—एक आवाज़। कुंड में नलकी का पानी धीमे-धीमे टपके जा रहा है।

हमारे चारों ओर एक अन्तहीन चुप्पी का विस्तार है। अन्तहीन ही है उस माँ का धीरज जो साड़ी की किनारी से अपने निस्पन्द पड़े बच्चे पर भिनभिनाती मक्खियों को उड़ा रही है। उस पर मँडरा रही मौत को दुत्कार रही है।

ग्रामीण बंगाल में स्त्रियों और बच्चों की स्वास्थ्य-रक्षा में जुटी स्वयंसेवी संस्था 'सीनी' से मेरा पहला साबका इसी पोईला गाँव स्थित सिनी (चाइल्ड इल नीड इंस्टिट्यूट) के मुख्यालय में पड़ा। यह गाँव अपने लघु आकार में कहीं उस विशाल शस्यश्यामला भूमि का मरम समेटे है, जिसे प. बंगाल कहा जाता है। हर ठाँव, हर जगह कमउम्र माएँ कमसिन बच्चे—उमस से बिलबिलाते हुए लोग, छतनार पेड़ों की छाँव में अगियाये सूरज से सर छुपाते, अपने परिवार के लिए दवा-दारू और निजात तलाश पाने के इन्तजार में बैठे हैं। जहाँ से भी वे मिल सकें। और भी माता-पिताओं के झुंड के झुंड—अपने बीमार—स्वस्थ बच्चों को लादे चले आ रहे हैं। वे काँख में एक छोटी सी पोटली को लटकाए हैं जिसमें बँधा है उनका मुट्ठी भर 'सबकुछ' और स्वास्थ्य सेवा पाने की चाभी, वह जरूरी पहचान-पत्र भी, जिसे क्लिनिक ने जारी किया है। मुझसे कहा गया था कि मैं उस दिन क्लिनिक देखने आऊँ, जब अस्पताल के 'बहिरंग मरीज विभाग' में माताएँ अपने बच्चों को लेकर नियमित अन्तराल पर होनेवाली जाँच-परख करवाने आती हैं। आज वही दिन था। चारों तरफ भारी भीड़ लगती थी हर किसी ने यहाँ आने के लिए खूब सँवारकर जामा-कपड़ा पहना है। साँवली माताओं ने रंगारंग साड़ियाँ पहन रखी थीं और उनके बच्चों के धुले-पुछे चेहरों पर सरसों के तेल की चिकनाई थी जिस पर यहाँ-वहाँ काजल और सिन्दूर की चश्मे-बद्दूरी टिपकियाँ जी-भर लगाई गई थीं। फूल

हर जगह झाड़ियों में खिलखिला रहे थे। बाड़ी के पुकुर (पोखर) में पानी मीठा था और मछलियाँ सुन्दर। इन्तज़ार की घड़ियाँ गिनते मरीज और परिजन सब मुझे अपनी बड़ी-बड़ी आँखों से बीच-बीच में ताक लेते थे। कुछ झक्-सफेद दाँतों को दिखाती मुस्कुराहट से डॉक्टर पप्पू के साथ-साथ मुझे भी प्रणाम कर रहे थे।

ऐसा भरा-पूरा जीवन ! इतना सारा रोग !

बंगाल के गाँवों में आबादी घनी है और गए बरसों तेजी से बढ़ती भी रही है—हिन्दू-मुसलमान, वैष्णव और ईसाई, खेतिहर और अर्धशहरी, दक्षिणपन्थी और वामपन्थी—सब यहाँ साथ-साथ रहते आए हैं। एक ऐसे राज्य में जहाँ जनसंख्या की लतर बे-बाधा पसरती जा रही है। सिनी के उस हाते में—हर धर्म जाति के लोग अपनी उत्तेजना में एक-दूसरे को पुकार बतिया या धकिया रहे थे। ज़बानें थीं, कि रुकने का नाम न ले रही थीं।

सिनी (CINI—चाइल्ड इन नीड इंस्टिट्यूट) की स्थापना 1974 में दक्षिण कलकत्ता में हुई। इसका उद्‌देश्य था—ग़रीब माताओं और बच्चों को स्वास्थ्य सेवा प्रदान करना। सन् 1995 में संस्था को फोर्ड फाउंडेशन की तरफ से एक अनुदान मिला। इस अनुदान-राशि के सहारे सिनी ने अपने परियोजना-क्षेत्र के चार गाँवों में शिशु एवं प्रजनन-स्वास्थ्य-रक्षण का समेकित कार्यक्रम चलाया। आज उनके काम के दायरे में पश्चिम बंगाल के चौबीस परगना जिले के 20 पौच ग्रामीण प्रखंड, 900 यौनकर्मी, 4 ग्रामीण लाल-बत्ती इलाके के 1200 मरीज तथा कलकत्ता की झोंपड़पट्टियों के 3500 बेघर बच्चे शामिल हैं। गाँव स्थित उनके मुख्यालय में एक पोषाहार-प्रदाय केन्द्र (एन. आर.सी.) एक स्तनपान प्रबन्धन इकाई, एक अस्पताल और आपातकालीन-चिकित्सा की सुविधाओं से युक्त 'रेफरल-सेंटर' है। मरीजों तक आपातकालीन प्रसूति-सेवा, सुरक्षित गर्भपात तथा अन्य प्रकार की प्रजनन-स्वास्थ्य-रक्षी-सेवा और सलाहें पहुँचाने के लिए अपने संचालन-क्षेत्र में उपलब्ध स्वास्थ्य-सेवाओं से भी उन्होंने अच्छा तालमेल बिठा रखा है।

भारत के अन्यान्य राज्यों की तरह पश्चिम बंगाल में भी जन सामान्य के लिए दी जानेवाली अत्यन्त अपरिहार्य सरकारी सुविधाओं, जैसे—पीने के साफ पानी और साफ-सफाई तथा स्वास्थ्य रक्षी सेवाओं में क्रमिक कमतरी आई है। इसके साथ ही यहाँ भी सामाजिक-पारिवारिक तौर-तरीकों तथा नैतिक मान्यताओं में लगातार हर जगह बदलाव हो रहे हैं। एच.आई.वी./एड्स का खतरा यहाँ भी बढ़ रहा है : हालाँकि मुम्बई अथवा हैदराबाद की तरह यह रोग यहाँ बहुतायत में प्रकट नहीं हुआ है। लेकिन यहाँ डी.डी.टी. जैसी दवाओं की फाँस को काटने के बाद ज्यादा ताकतवर होकर निकले जीवाणुओंवाले मलेरिया और यक्ष्मा-जैसे रोगों को गम्भीर खतरा ग़रीबों के सामने खड़ा है। वित्तीय कटौती के चलते रोग निवारक स्वास्थ्य-कार्यक्रमों में यहाँ भी बड़ी कमी आई है। और इसी का सीधा दुष्प्रभाव रोग-नियन्त्रक कार्यक्रमों पर भी पड़ा है।

1995 के एक अध्ययन (आई.आई.पी.एस.) के अनुसार राज्य में 68.4% माताओं

को गर्भावस्था के दौरान प्रसव-सम्बन्धी जाँच-परख की पेशेवर सेवा तो प्राप्त हुई लेकिन मात्र 13.7% मामले ही ऐसे थे जिसमें स्वास्थ्यकर्मियों ने उनके घर जाकर यह सेवाएँ मुहैया कराईं। गर्भवती महिलाओं को 70.4% मामलों में टिटनेसरोधी दवा दी गई परन्तु मात्र 13.7% प्रसव ही सरकारी अस्पतालों में सम्पन्न हुए। गर्भनिरोधकों की कुल आवश्यकताओं का 17.4% पूरा नहीं किया जा सका।

डॉक्टर पप्पू का दफ्तर साफ-सुथरा और थोड़े से सामानों के बीच भी सलीकेदार दिखता है। हवा और रौशनी की उसमें खूब आवाजाही है। दीवार पर भारत का एक मानचित्र टँगा है जिसमें प्रजनन-दर, मृत्युदर तथा लिंग-अनुपात के लिहाज से जिलों का पदानुक्रम दिखाया गया है। समाचार-पट्ट पर एक छोटा सा पोस्टर लगा था—'पुण्य की पिटारी—स्वस्थ बहन-महतारी।' उस पर बच्चे का बनाया एक नव-वर्ष कार्ड और कुछ अधबँधे फुँदने भी लटके थे।

साँवली रंगत के डॉक्टर पप्पू देखने में सुदर्शन हैं और उनके व्यवहार में एक सुलझे हुए डॉक्टर का खुलापन तथा चेहरे पर एक इत्मीनान और ठहराव-भरी भावमुद्रा थी। डॉक्टर बाबू खूब हँसते थे लेकिन सुविधाओं को दिखाने के लिहाज से जब वह मेरे साथ चक्कर लगाने निकले, तो उनकी चौकन्नी आँखें इधर-उधर लगातार निगरानी कर रही थीं कि कहीं कोई गड़बड़ी या अव्यवस्था तो नहीं।

'सिनी' की वह डिस्पेंसरी 24 परगना जिले के पोइला गाँव में है। यहाँ माता-पिता बच्चों को बहिरंग-रोगी-विभाग में बृहस्पतिवार को दिखाने ले आते हैं। तख्त पर बैठे स्वास्थ्यकर्मी कागजों को देख-परख रहे थे, बदलाव को नोट करके माताओं को जरूरी सलाह दे रहे थे। उनके इर्द-गिर्द आड़ी-तिरछी पंक्तियों में लोग-बाग खड़े अपनी बारी का इन्तज़ार कर रहे थे। बड़ी देर तक प्रतीक्षा करनी पड़ रही थी और हम सोचने लगे थे कि बेहतर होता कि स्वास्थ्यकर्मी बाट जोहते लोगों के बीच चले जाते और जरूरत की चीजें देखकर अपने काग़ज़-पत्तर वहीं दुरुस्त कर लेते।

डॉक्टर पप्पू ने बताया कि हर सुबह लोगों की संख्या धीरे-धीरे बढ़ती जाती है। मुझे लगा कि ज्यादातर माताएँ कुपोषण की मारी और रक्ताल्पता-ग्रस्त थीं। वस्तुस्थिति भी यही है। डॉक्टर पप्पू बताते हैं जब कोई कुपोषण की मारी अल्पवय औरत कम-वजनवाले बच्चे को जनती है तो हमारे लिए चेतावनी की घंटी बज जाती है और हम ऐसे बच्चे पर लगातार नज़र रखते हैं। यदि पहले छः माह तक माता को खूब दूध उतरा, तो बच्चा खूब टनमना जाता है। लेकिन माँ रक्ताल्पता की मारी हुई, तो दूध कम पड़ने और बच्चे को जल्द ही अन्य पोषाहार पर रखने की स्थिति में ऐसे बच्चों का वजन फिर घटने लग जाता है। यह डॉक्टरी चिन्ता का दूसरा महत्त्वपूर्ण बिन्दु है—ऐसे मामलों में बहुत से बच्चे हमारे हाथ से निकल जाते हैं—एक उदास हँसी के साथ डॉक्टर पप्पू कहते हैं।

यदि किसी इलाके के सरकारी या गैरसरकारी स्वास्थ्य कार्यकर्ताओं को मुकामी समुदायों की जीवन शैली तथा स्थानीय रीति-रिवाजों की अच्छी जानकारी नहीं है तो

ग्रामीण गरीब-गुरबा के बीच वे स्वास्थ्य के क्षेत्र में सफलता से काम नहीं कर सकते। माताओं के स्वास्थ्य कमजोर होने का एक बड़ा कारण इलाके में खान-पान की पारम्परिक आदतें और स्थानीय रीति-रिवाज भी होते हैं। पर इनको रातोरात तोड़ना सम्भव नहीं है। लिहाजा स्थानीय स्तर पर मौजूद तथा सस्ते भोज्य पदार्थों को मिलाकर 'सिनी' ने एक पोषाहार तैयार किया है जिसमें विशेष भोज्य-पदार्थों को फेंटा-मिलाया जाता है और बच्चों को पूरक मिश्रण के तईं दिया जाता है। आपातकालीन चिकित्सा के लिए अस्पताल ले जानेवाले जीने के पास एक गोदाम है—वहाँ इस पोषाहार के बोरों के ढेर रखे हुए थे।

दार्शनिक पास्कल ने एक बार अपने लेख में पूछा था—पेट भरने को प्रभूत संसाधन होने के बावजूद कोई-कोई आदमी भला क्यों बीहड़ अभियानों पर जा निकलने को कसमसाता रहता है ? मैंने भी यही सवाल डॉक्टर पप्पू से पूछा, "आपने बाहर पढ़कर भी डॉक्टरी का पेशा, वह भी बंगाल में, क्यों चुना ? न सही विलायत, पर अपनी जन्मभूमि केरल में क्यों नहीं बसे ?" डॉक्टर पप्पू हँसे तो उनके मजबूत सफेद दाँत चमक उठे, "मैं नहीं जानता," सर हिलाते हुए उन्होंने जवाब दिया।

फिर कुछ रुककर बोले, "बस एक चीज, मैं ज़रूर जानता हूँ कि प्रजनन-स्वास्थ्य जैसे नाजुक क्षेत्र में काम के लिए उतरने से पहले हममें से हर किसी व्यक्ति या संस्था के लिए स्थानीय लोगों का विश्वास जीतना बहुत जरूरी है। यह बिल्कुल स्पष्ट है कि सरकार के परिवार-नियोजन-कार्यक्रम ने ग़रीबों के अन्दर विश्वास नहीं जगाया। वे समझते हैं कि यह हमारे जीवन में हस्तक्षेप करने और अंकुश रखने का सरकारी एजेंडा है। गाँवों में न तो आम पुरुषों के प्रजनन-स्वास्थ्य से स्त्रियों के प्रजनन-स्वास्थ्य को अलग रखकर चल सकते हैं, न ही माता के स्वास्थ्य से शिशु के स्वास्थ्य को। मर्दों को साथ लिये बग़ैर स्त्रियों का इलाज करना और उन्हें सलाह देना व्यर्थ तो साबित होता ही है, प्रायः इससे घरों में शंका और वैमनस्य को भी सिर उठाने का अवसर मिलता है। साप्ताहिक क्लिनिक को साप्ताहिक शिशु-औषधालय के साथ चलाने से स्थानीय लोगों तथा हमारे बीच विश्वास का बन्धन मजबूत हुआ है। उसके बिना आप यौन अथवा यौन-संक्रमित-रोगों की न तो चिकित्सीय जाँच कर सकते हैं और न ही उसके बाबत उन्हें सलाह दे सकते हैं।

मुझे बताया गया कि 'सिनी' संस्था स्थानीय बुनकरों के मोटे परन्तु बुनाई के लिहाज से सस्ते कपड़ों के लिए विपणन की भी व्यवस्था करती है। जैसे हर जगह के गाँवों में होता है, वैसे ही पोइला के सिनी-क्लिनिक में भी काम और बीमारी, वाणिज्य और स्वास्थ्य लाभ साथ-साथ चलते हैं। यहाँ आपको दवाइयों के डब्बों के बगल में रंगीन साड़ी, गमछे और थैलों का ढेर एक ही जगह रखा हुआ दिख जाएगा। इन्हें संस्था के संचालन-क्षेत्र में रहनेवाले लोग ही बुन कर तैयार करते हैं।

धूप चढ़ आई थी और मरीजों की भीड़ से भोजन, मानवीय पसीने पेशाब और सरसों तेल की बदबू भभककर उठ रही थी। स्त्रियों ने रंगीन-भड़कदार साड़ियाँ पहनी

थीं। उनके बच्चों की बड़ी-बड़ी कजरारी आँखों में काज़ल अँजा था और गले में ताबीज़ हिल रही थी। हर बच्चे को काज़ल का बड़ा सा टीका भी लगाया गया था। औषधालय के नज़दीक का संकेत बता रहा था कि शौचालय बाहर की तरफ है। कुछ माताएँ जमुहाई ले रही थीं तो कुछ बच्चे को गोद में लिये ऊँघ रही थीं।

भार तौलवाने के लिए लगी हुई कतार आगे एक अल्यूमिनियम के विराट देग तक जाती थी। जिसमें बच्चों के लिए पका और फेंटा-मिलाया भोजन था। इसे गुड़, आटा और तेल को मिलाकर पकाया गया था जो गाँव में सहज ही मिल जाते हैं।

डॉक्टर पप्पू के इर्द-गिर्द युवा-जनानियों की भीड़ इकट्ठी थी। वे किसी बच्चे की ठढ्ढी के नीचे चुटकी लेते तो किसी पर हल्के-हल्के धौल जमाते या एक-दो को ऊपर-नीचे उछालकर अपना प्यार दिखाते। ऐसा करते हुए कभी उनकी आँखें बच्चे और माताओं को दयार्द्र होकर देखतीं, कभी चौकन्नेपन से बच्चों के अवयवों का मुआयना करतीं।

सुदूर केरल का एक डॉक्टर इन स्त्री-पुरुषों और बच्चों का इतना करीबी कैसे बन चला है? मुझे आश्चर्य हुआ—शहरों में बहुत से सरकारी डॉक्टर कितने चिड़चिड़े और मानवद्वेषी होते हैं—जिनसे अक्सर गरीबों की मुलाकात होती है। मैंने डॉक्टर पप्पू से इस पर बात करनी चाही, लेकिन उनकी सूखी हुई हँसी ने मुझे रोका। ''आइए चलकर देखते हैं कि ऊपर के अस्पताल में रोगियों का क्या हाल-चाल है,'' उन्होंने कहा।

जाँच पूरी हो जाए, तो स्वस्थ बच्चे घर चले जाते थे और जिन्हें चिकित्सा की ज़रूरत थी उन्हें औषधालय भेज दिया जाता था। औषधालय में कुछ को दवाइयाँ दी जातीं, कुछ को नर्सरी में दिखा लेने को कहा जाता और जिनकी हालत ज्यादा खराब होती उन्हें ऊपर बने 'शैया युक्त अस्पताल' में दाखिल किया जाता। शैया-युक्त-अस्पताल में कामकाज सँभालतीं सभी नर्सों की देह पर साधारण साड़ियाँ थीं। ''हम इस बात का ध्यान रखते हैं कि नर्सों के पहिरावे से माताएँ सहम न जाएँ,'' डॉक्टर पप्पू ने बताया। कठिन कर्म में जुटी नर्सें अभी थोड़ा सुस्ता रही थीं—माताएँ बच्चों को लेकर नीचे औषधालय में गई थीं। उनके चेहरे पर संकोच-भरी मुस्कान थी और नज़र झुकाए वे पाँव की अँगुलियों को फर्श पर ऊपर-नीचे कर रही थीं। डॉक्टर पप्पू ने उनसे नर्माई से कहा कि शर्माने या फिक्र की कोई बात नहीं यह भी अपनी ही है।

दाखिल मरीजों में अधिकांश कुपोषण के शिकार थे—जिनमें से कई पर निर्जलीकरण और त्वचा-रोगों की मार भी अलग से थी। दीवार पर दो तस्वीरें थीं—क्लिनिक में इलाज कराने से पहले का बच्चा और क्लिनिक में इलाज करा चुका बच्चा। पहली बार तस्वीर में बच्चे के घाव बह रहे थे, वह चमड़ी में लिपटा नर-कंकाल मात्र दिख रहा था—उसकी आँखें बुझी हुई थीं। दूसरी तस्वीर में वही बच्चा स्वस्थ होकर माँ की गोद में खुशी-खुशी खेल रहा था। पर माता के चेहरे पर नागवारी के से भाव थे। क्या तस्वीर की यह माता सोच रही है कि घर लौटना कब हो सकेगा ? या कि कितने दिन ठीक रहेगा ? बच्चा बीमार हो तो माता दौड़-धूप की चिन्ता नहीं करती। वह बस

बच्चे की जीवन-रेखा की फिक्र करती है। आगे-पीछे, बस चिन्ता !

क्या आपको पता है—काम के बोझ से दबी और कुपोषण की मारी बीमार बच्चों की थकी-हारी माताओं के लिए भी यह जगह सुस्ताने और स्वास्थ्य-लाभ करने का एक आश्रय बन जाती है—सीढ़ियों से नीचे उतरते हुए डॉक्टर पप्पू ने बताया—यहाँ से जाते समय माता और शिशु दोनों पहले से ज्यादा भले-चंगे नज़र आते हैं। फिर वे मुस्कुराए और इस बात को भी यहीं रोक दिया गया।

अब हम एक बड़े प्रभाग में घुसे। यहाँ का फर्श लाल सीमेंट से बना था। शैया नहीं थी। फर्श पर नीले रंग का प्लास्टिक बिछा था और गद्दा फूलदार था। एक माता ने हमें सहमी हुई नज़रों से देखा। वह जब यहाँ आई तो उसके बच्चे का वज़न 2 1/2 किलो था। अभी बच्चे का वज़न 4 किलो है—उसने मुझे बताया कि उसने फैसला किया था कि वह अभी कुछ दिन और ठहरेगी।

"भर्ती होनेवाले अधिकांश शिशु बालक हैं—लड़कियाँ क्यों नहीं लाई जातीं ? क्या बंगाल में लड़कियाँ बीमार नहीं पड़तीं ?" मैंने पूछा।

"अक्सर पहले पाँच वर्षों तक हमारे यहाँ लड़कियों की उपेक्षा की जाती है। अगर वे बीमार पड़ती हैं तो पहले घरेलू दवा आजमाई जाती है। किन्तु इस स्थिति में थोड़ा सुधार हो रहा है। दिल्ली हो या कलकत्ता—लड़कों को तो वरदान समझा जाता है, और लड़कियों को अनचाहा पाहुना। इस बात में हमारे देश में भारी राष्ट्रीय एकता है," एक नर्स बोली।

आमगछिया स्थित सिनी का 'चेतना-सेंटर' ग्रामीण स्वास्थ्यकर्मियों का प्रशिक्षण केन्द्र है। बाहर से यह एक साधारण किस्म की इमारत है जिसका फर्श लाल और दीवारों पर पीली पुताई है। आम और नारियल के पेड़ों का एक सुन्दर निकुंज इसकी घेरेदारी करता है। हाल की झंझा से कुछ पेड़ गिरे पड़े थे लेकिन कक्षाएँ चालू हैं। विभिन्न स्वयंसेवी संस्थाओं के स्वास्थ्यकर्मी एक पर्यवेक्षक स्तर के अधिकारी जो सात जिलों में समेकित बाल-विकास योजना चलाते हैं—यहाँ प्रशिक्षण प्राप्त कर रहे हैं।

लम्बे कार्यालय के बाद जाकर आज बंगाल के ग्रामीण क्षेत्रों में 'सिनी' की जड़ें गहरी हैं और इसका तकनीकी तथा संस्थानगत आधार मजबूत बन गया है। सिनी को सम्भवतः इसी कारण पश्चिम-बंगाल-सरकार ने 'मातृ इकाई' के रूप में चुना है। मातृ-इकाई के रूप में इसका काम है—प्रजनन-स्वास्थ्य के मुद्दे पर काम करने के लिए अपेक्षाकृत छोटे संगठनों को सहायता देना तथा उतनी पहचान करना। इन कार्यक्रमों का प्रबन्धन सँभालनेवाले मध्य-स्तर के सरकारी कर्मियों को भी सिनी प्रशिक्षण दे रही है।

बर्दवान जिले से आई एक आई.सी.डी.एस. (समेकित बाल कल्याण योजना) पर्यवेक्षक थोड़ी मुँहफट मगर ज्यादा विनोदी थी। "मुझे माफ कीजिएगा लेकिन मैं तनिक

खरी-खरी बात सुनाती हूँ," उसने कहा।

"हमारा समाज ग़रीब औरतों को काम करने के मामले में ज़रा भी छूट नहीं देता। चाहे स्त्री गर्भवती हो, दूध उतर रहा हो या बीमार हो—उसे काम करना ही पड़ता है। बच्चे के जन्म से पहले या तुरन्त बाद अथवा स्वास्थ्य की जाँच-परख की दशा में भी औरतों को काम से छुटकारा नहीं।"

"गर्भावस्था अथवा जचगी के समय उनके हाथ कौन बँटाता है ?"

"अधिकांशतया सास और खाविन्द। कुछ औरतें पहलौठें के समय मायके चली जाती हैं। लेकिन ग़रीब औरत के लिए तो यह भी आकाश-कुसुम है।"

"क्या लड़कियों के प्रति राह-रवैया सही है ?" मैंने पूछा। मुझे बताया जाता है कि सही नहीं था पहले, पर आज धीरे-धीरे ही सही, लेकिन निश्चित तौर पर बदलाव आ रहा है। हाँ, खान-पान के मामले में परिवारों में अब भी खुला भेद-भाव किया जाता है—खासकर दूध और गोश्त जैसे खाद्य बाँटने के मामले में। लड़कियों को लड़कों की अपेक्षा कम चिकित्सा करवाई जाती है। लेकिन कुछ क्षेत्रों में अच्छे बदलाव के लक्षण साफ देखे जा सकते हैं, जैसे—लड़कियों को विद्यालय भेजना और बाल-विवाह का पूर्ण खात्मा !

बर्दवान की उस विनोदी पर्यवेक्षक का कहना था कि उसके कमानक्षेत्र में "इधर बाल-विवाह का एक भी मामला देखने में नहीं आया। कुछ मामलों में अलबत्ता जाँचने पर पता चला कि दूल्हा 18 वर्ष का है (विवाह की न्यूनतम वैध आयु 21 है)। आज आप अपेक्षाकृत गरीब तथा जनजाति बहुल जिले बाँकुड़ा और पुरूलिया भी जाएँ तो वहाँ बाल-विवाह की घटनाएँ नगण्य ही मिलेंगी। दस बरस पहले ऐसी बात नहीं थी," उसने खुशी-खुशी अपनी बात पूरी की।

"माताओं के पोषाहार की क्या स्थिति है ?"

"इस मामले में सुधार बड़ा कम हुआ है। अधिकांश गरीब माताओं को निवाले के नाम पर बचा-खुचा ही नसीब होता है। मुसलमानों में ज्यादा गरीबी के चलते कुपोषण और शैक्षिक पिछड़ापन कुछ ज्यादा देखा जाता है। वहाँ दम्पति बच्चे भी जल्दी-जल्दी पैदा करते हैं। लेकिन अब मुसलमान औरतें इस सिलसिले में बेहिचक सलाह लेने लगी हैं। वे हम पर विश्वास करती हैं और हम उन पर। हम सब एक जैसे गरीब हैं—फिर काहे की पर्दादारी। निजी अंगों की सफाई के मामले में मुसलमान औरतें प्रायः हिन्दू औरतों से बीस ठहरती हैं।"

"तुम्हारा परामर्श-सूत्र क्या है ?"

"प सु स प सा—पूछो/सुनो/सराहो/परामर्श दो/साफ-साफ"

यौन जीवन हर जाति-धर्म के लोगों की जिन्दगी का एक अन्तरंग इलाका है और ग़रीबों को भी इसका अहसास है। उनके दाम्पत्य की अन्तरंगता में स्वास्थ्य-रक्षी काम तथा

सलाह की पैठ बनाना काफी कठिन और जोखिम भरा होता है। जो स्वास्थ्यकर्मी यह जोखिम उठाने जा रहा है उसके लिए परम्परा के भीतर स्थानीय तत्त्वों—भावनाओं को ठीक से समझना और उसके अनुकूल ही भाषा का इस्तेमाल करना बहुत जरूरी हो जाता है। इसे सौभाग्य ही कहा जाएगा कि मानवता के लम्बे इतिहास में हर धर्म ने इस या उस युग में प्रजनन-क्षमता पर अंकुश रखने के लिए विभिन्न गर्भ-निरोधी तकनीकों पर विचार किया है। ऐसे राज्यों में जहाँ महिलाओं के बीच साक्षरता बढ़ रही हो, धर्म में कठमुल्लापन स्वतः कम हो जाता है। वहाँ स्वास्थ्य-रक्षा और परिवार नियोजन के बीच पारम्परिक धार्मिक मुहावरों द्वारा सकारात्मक सूत्र तैयार करना ज्यादा आसान है।

बंगाल औपनिवेशिक भारत का शुरुआती गढ़ रहा है। सुधारवाद की पहली बयार भी यहीं बही। विश्वविद्यालयी शिक्षा और स्त्रियों के लिए इहलौकिक शिक्षा का प्रवेश-द्वार बंगाल ही रहा है। सार्वभौम मातृशक्ति में विश्वास करनेवाले रहस्यावादियों (Mystics) और दूवी-पूजकों के लिए यह भूमि शरण-स्थली रही है। इस वज़ह से गाँववाले आज भी इस धारणा के मुखालिफ नहीं हैं कि स्त्री-स्वास्थ्य और स्त्री-कल्याण समाज के लिए सर्वाधिक महत्त्वपूर्ण हैं। यह बात ज़रूर है कि स्त्रियों से जुड़े विमर्श को वे उन्हीं स्वास्थ्यकर्मियों से स्वीकार करेंगे जिन पर उनका विश्वास है—जो उनकी भाषा बोलते हैं और जो एक अरसे से उनके स्त्री-बच्चों की हारी-बीमारी में सहायता के लिए तत्पर रहे हैं।

फिर भी बंगाल में सभी आयु-वर्ग की स्त्रियों को व्यापक स्वास्थ्य-सेवा प्रदान करने के प्रयासों को सार्वजनिक होने में अभी समय लगेगा। प्राथमिक स्वास्थ्य-केन्द्रों तथा पंचायतों में रहने और काम करनेवाला ए.एन.एम. (अक्जिलरी नर्स मिडवाइफ़) का सरकारी जत्था यहाँ भी शेष देश-भर के निचले स्तर के कर्मचारियों की तरह अपने सरकारी और निरुत्साही तौर-तरीकों से उबर नहीं पाया है।

प्रशिक्षण-कक्ष में उपस्थित बीसेक महिलाओं से मैंने पूछा कि "क्या पंचायतों में महिलाओं की भागीदारी से राज्य की अन्य स्त्रियों के हालत में कुछ बदलाव आया है ?"

"आया है, बहुत से मामलों में आया है !"—जनजातीय वीरभूमि जिले की एक प्रतिभागी ने बताया, "उदाहरण के लिए बालिका समृद्धि योजना का वृत्तिका-धन (Stipend-Money) अब आई.सी.डी.एस.-कर्मी ही बाँटते हैं। वे यह काम ईमानदारी और न्यायपूर्ण ढंग से करते हैं। लेकिन धन आवंटन का मामला हो तो पुरुष पंचायत प्रधान भी बीच में अंड़ंगे मारने की चेष्टा जरूर करेगा। महिला-प्रधान सम्भव है—ज्यादा ईमानदारी बरतती हों लेकिन हमने देखा है कि उन्हें अक्सर परे धकिया दिया जाता है," एक मुरझाई हँसी के साथ उसने अपनी बात पूरी की।

औरतों ने बताया कि हर जिले में स्थिति एक जैसी नहीं है। उदाहरणार्थ—उत्तर के कूचबिहार जिले में महिला-सदस्यों को अब भी स्वतन्त्रतापूर्वक काम नहीं करने दिया जाता है। दूसरी तरफ सामाजिक खुलेपन तथा लिंग भेदभाव से रहित कुछ जनजातीय-क्षेत्र की महिलाएँ हैं, जो पंचायती-व्यवस्था में घुसने के बाद सामान्य से कहीं

ज्यादा इच्छाशक्ति से भरकर काम करती हैं। बोंगा अनुमंडल की एक सदस्य पंचायत में अपनी असरदार उपस्थिति के लिए विख्यात है। उस पर उसके पति की भी कुछ नहीं चलती—पति स्वयं ही इस बात का हास्यास्पद दुःखड़ा लोगों से बाँटते चलता है।

''समेकित बाल-विकास सेवाओं की क्या स्थिति है ?''

''समेकित बाल-विकास सेवाओं का काम-काज औरतों को जुटाने में मजबूत सीमेंट की तरह काम करता है। नव-प्रसूता और प्रसव पूर्व स्त्रियों की जाँच-परख के अलावे वे लोग प्री-स्कूल कक्षाएँ भी चलाते हैं। यहाँ शिक्षित माँएँ हँसी-खुशी हाथ बँटाती हैं और कुछ तो पढ़ाती भी हैं। यदि माताओं का हम पर विश्वास होता है तो वे अपनी किशोर पुत्रियों को परामर्श के लिए भेजती हैं वरना नहीं। इसी तरह यदि गाँव में समेकित बाल-विकास-सेवा कार्यक्रम अच्छी तरह चल रहा हो तो वहाँ महिलाएँ और लड़कियाँ नए सन्देशों के प्रति ज्यादा ग्रहणशील होती हैं और प्रजनन-स्वास्थ्य के बारे में ज्यादा से ज्यादा जानकारी चाहती हैं। जहाँ भी सम्भव हो, किशोर लड़कियों को कमाई करने को हस्तशिल्प का प्रशिक्षण भी दिया जाता है। इन कक्षाओं में उन्हें उनके शरीर के बारे में भी जानकारी दी जाती है और बाल-विवाह से होनेवाली शारीरिक हानियों के बारे में आगाह किया जाता है। माँ-बाप यह सब जानते हैं परन्तु अधिकांश इस तरह की सूचना कक्षा में दिया जाना बुरा नहीं मानते। पुरुलिया, मालदह, उत्तरी दिनाजपुर, दक्षिण चौबीस परगना तथा दार्जिलिंग जैसे जिलों में तो पाया गया है कि माता-पिता किशोर लड़कियों को आई.सी.डी.एस. पर्यवेक्षकों तथा सिनी कार्यकर्त्ता से शिक्षा लेने के लिए प्रेरित करते हैं। जाहिर है कि परिवार के बड़े-बुजुर्ग अब महसूस कर रहे हैं कि समय बदल रहा है। लड़कियों को शिक्षा की ज़रूरत है। परिवारों में भी बदलाव आ रहा है। कमसिन लड़कियाँ ज्यादा जानकार, ज्यादा साहसी और स्वाग्रही निकल रही हैं। परिवार-नियोजन के मामलों में अब बहू के सर पर सास का फैसला नहीं थोपा जाता। नई-नवेलियाँ भी अब मुँह खोलना जान गई हैं।

मेरा ग्रामीण-दौरा खूब भाग-दौड़वाला साबित हो रहा था। तेज रफ्तारी से दो-तीन दिन में हर जगह देख-जान लेना था : लेकिन मैंने छोटे से अवसर को भी हाथ से जाने नहीं दिया। सोचती हूँ किस बात ने मेरा ध्यान सबसे ज्यादा आकृष्ट किया ?

शायद यह, कि पुरुष-सत्ता की मजबूत जकड़ के बावजूद प्रान्त में राजधानी से लेकर जिले और गाँव तक महिलाओं के लिए स्थितियाँ बदल रही हैं—इतिहास, परम्परा, संस्कृति सबमें हक के प्रवेश-द्वार खुल रहे हैं। उस बड़े और कोलाहलमय कक्ष में बैठी और मुझसे बतिया चुकीं ये स्त्रियाँ खूबसूरती से काढ़ी हुई कान्था चित्रकारी में बंगाल के स्त्री-जीवन का नमूना प्रतीत हो रही थीं। पुराने रंग और भाव तो इस चित्र में मौजूद थी ही, लेकिन कुछ नयनाभिराम नए डिज़ाइन भी थे—महिलाओं और स्वयंसेवी संस्थाओं की दक्ष और फुर्तीली डोर-भराई ने इस पूरी शाला को साथ-साथ बाँध रखा था।

हमें लादे-लादे हमारी खड़खड़िया अम्बेसडर कार अबजाखानी गाँव की ओर बढ़ रही है। चारों ओर भरी-पूरी हरियाली बिखरी है। देखकर मन ठगा-सा रह जाता है।

पक्की सड़क ख़त्म हुई। गरमी के धान (बोरो धान) की फसल अभी-अभी कटी है। धान के सुनहरे गट्ठर तमाम दरवाजों पर चमक रहे हैं। हमारी कार कच्ची सड़क पर हिचकोले खाती गाँव के भीतर जा रही है। आखिरकार हम एक पक्के मकान के सामने रुकते हैं। बताया जाता है कि यह मकान मंजू पांजा का है। मंजू का देवर इंजीनियर है। उसकी पढ़ाई में परिवारवालों ने सारी जमीन बेच दी। उसी ने परिवार के प्रति कर्तव्य समझकर परिवार के लिए यह पक्का मकान बनवा दिया है। यह भी मुझे बताया गया कि मंजू का पति बेरोजगार है किन्तु भाई को नौकरी दिलाने में उसने भरपूर मदद की और वही भाई अब उसको मदद दे रहा है।

मंजू पांजा सिनी द्वारा प्रशिक्षित एक महिला-दल की सदस्य है। वह युवा, सुन्दर और जोश से भरी है। गुलाबी और काले रंग की भड़कीली साड़ी में लिपटी मंजू की बड़ी-बड़ी आँखों में काजल है और अपने घने और तेल चुपड़े बालों को एक बड़ा-सा जूड़ा बनाकर उसने बाँध रखा है।

घर साधारण है परन्तु साज-सज्जा अच्छी है। बरामदे में मकड़ी के जाले की तरह बहुत-सी डोरियाँ तनी हुई हैं। इन्हें कपड़ा सुखाने अथवा उन्हें लटकाने के लिए टाँगा गया है। घर का कुछ हिस्सा अब भी अधबना है और पंखे नदारद हैं। शायद निर्माण के अधबीच पैसा खत्म हो गया होगा परन्तु किसी को इसकी शिकायत नहीं है। बाहर टमाटर का बगीचा हाल में आए झंझा की चपेट से चित्त पड़ा है पर पौधों का क्या, तनिक सहारा मिला तो फिर पनप जाएँगे। इसी झंझा से प्रशिक्षण-केन्द्र के बाहर भी नारियल के पेड़ गिर पड़े थे पर वहाँ भी किसी को कोई शिकायत नहीं थी। घर, माँ और सर के ऊपर की छत जो बरकरार है—माँ काली की कृपा।

खिलखिलाहट और शोर-शराबे के बीच कई महिलाओं द्वारा डॉक्टर रूमेली और मेरे लिए भीतर कहीं से एक पुरानी डावाँडोल बेंच लाई गई। धीरे-धीरे कूल्हों पर बच्चे टाँगे महिलाओं ने आना शुरू किया। मंजू बिना रुके उनसे हमारा परिचय करवाती और विभिन्न दिशाओं में खड़े लोगों को अलग-अलग निर्देश भी ऊँची आवाज़ में दे रही थी।

पंचायत-सदस्या रह चुकी प्रमावती कुंडल अनुसूचित-जाति की महिला है। सरकारी योजना के अन्तर्गत गाँव में एक प्रशिक्षण-शिविर चलाया गया था। प्रमावती ने इसमें महिलाओं के प्रशिक्षण की व्यवस्था कराने में कारगर भूमिका निभाई। प्रमावती का कहना है कि महिलाएँ अपने जीवन में परिवर्तन चाहती हैं लेकिन समस्या यह है कि प्रशिक्षित हो जाने के बाद वे भी पुरुषों की तरह अपना निजी धन्धा करना पसन्द करती हैं। किन महिलाओं को सरकारी ऋण सिर्फ सामूहिक व्यवसाय के लिए उपलब्ध है। अब इसका क्या किया जाए ?

हमारी बातचीत से ग्रामीण स्त्रियों के जीवन की दो और बड़ी समस्याएँ उभरकर सामने आईं—शराबखोरी और पारिवारिक हिंसा। सबकी राय थी कि इनसे हर उम्र की

महिलाओं के प्रजनन-स्वास्थ्य पर बहुत बुरा प्रभाव पड़ता था। महिलाएँ बार-बार गर्भधारण से परेशान हो परिवार को छोटा रखना चाहती हैं लेकिन मर्द अपनी जिम्मेदारी की चिन्ता नहीं करते। गर्भनिरोधक गोलियाँ औरतों में लोकप्रिय हैं, और उनका इस्तेमाल भी होता है लेकिन पुरुष कंडोम का उपयोग करने में आनाकानी करते हैं। यूँ औरतों के लिए बच्चेदानी में लगाया जानेवाला गर्भनिरोधक कॉपर-टी भी है—लेकिन औरतें हिचकती हैं कि कहीं बाद में उनकी कोख इससे नाकारा न हो जाए। इसलिए ज्यादातर गर्भनिरोधक गोलियाँ इस्तेमाल करना पसन्द करती हैं।

मंजू पांजा बीच में बोली, ''दीदी, ये कहेंगी नहीं, लेकिन सच यह है कि अधिकांश महिलाएँ अपने गुप्तांगों की जाँच कराने से शर्माती और डरती हैं—क्योंकि वे पुरुष डॉक्टरों को अधकचरा और लापरवाह समझती हैं। अक्सर सरकारी डॉक्टर होते भी तो ऐसे ही हैं। स्त्रियाँ कहती हैं कि वे मात्र महिला-चिकित्सक से जाँच करवाएँगी चाहे इन्तजार करना पड़े। और अक्सर इससे उनका मर्ज लाइलाज हो जाता है। हाँ, प्रसव पीड़ा के समय उनकी सारी शर्म हवा हो जाती है—हुँह—झूठ-मूठ का आडम्बर। अरे रोग है तो जाँच करा लो। क्या किया जाए ? गाँव में सोच ही ऐसा है। पहले-पहल तो प्रजनन-स्वास्थ्य के बारे में बातचीत करना भी मुहाल था। अब इधर हमने जब से खुलकर प्रजनन-स्वास्थ्य के बारे में बात करना शुरू किया है तो दूसरी भी बोलने लगी है। अस्पताल जाने के लिए अब भी पति और सास की अनुमति जरूरी है लेकिन अक्सर कोई-कोई सास को स्वामी के साथ चकमा दे सकती है, है न ?''

महिलाएँ सहमति में हँस पड़ीं। खुर्राट, शक्की सासों की आँख में धूल झोंकनेवाली कोई बात हो तो नई-बहुओं के झुंड को गुदगुदी लगने लगती है।

''किशोर लड़कियाँ डॉक्टर के पास स्वयं तो नहीं जा सकतीं इसलिए जननांगों में हुआ संक्रमण छुपा जाती हैं,'' प्रमावती ने कहा, ''पहले अविवाहित लड़कियों का डॉक्टर के पास जाना अच्छा नहीं माना जाता था—उन्हें लांछित किया जाता था। पर धीरे-धीरे माताएँ, लड़कियों को लेकर जाती हैं। लेकिन अब भी लड़कों की तुलना में लड़कियों की उपेक्षा की जाती है—हम झूठ क्यों बोलें। पति अच्छे भी होते हैं और बुरे भी। पुराने तो शायद ही कभी अपनी पत्नियों की बात सुनते हैं। लेकिन नई पीढ़ी के पति बेहतर हैं। वे घर में पत्नी का ज्यादा हाथ बँटाते हैं—यह बात सच है।''

मंजू ने बताया कि वह स्वयं शुरू से दबंग रही। जब उसकी शादी हुई थी तो सास सर पर आँचल न रखने के लिए ताना मारती थी। मैंने भी उसे दो-टूक जवाब दे दिया कि इस बात का पति की नेकनामी से कोई रिश्ता नहीं है—सो क्यों ढकूँ सर ? बुढ़िया चुप हो गई जो मैं तमककर बोली। मंजू पांजा दोबारा खिलखिलाई। बहुओं की टोली भी !

''आज गाँव में भी लड़कियाँ विद्यालय जाती हैं लेकिन लड़की सातवीं-आठवीं में एक बार फेल कर जाए, तो उससे पढ़ाई छोड़ देने को कह दिया जाता है। लड़के फेल करें तो ढाढ़स दिया जाता है कि भैया कोई बात नहीं—डटे रहो। फिर प्रयास करो लेकिन

लड़कियों को नहीं। असल में गाँव में लड़की खूब पढ़-लिख जाए और उसकी उम्र थोड़ी बढ़ जाए तो उसे ब्याह पाना मुश्किल होता है। ऊपर से दूल्हे भी बड़ी उम्र की लड़की के साथ ज्यादा दहेज माँगते हैं। गाँवों में दहेज का चलन इधर खूब बढ़ सा रहा है। शहर पास में है ना, वहाँ की हवा तुरत यहाँ आ जाती है।''

''शहर के सरकारी अस्पताल कैसे हैं ?''

''बुरे,'' काले और पीले रंग की साड़ी पहनी एक औरत कुछ याद करने की कोशिश करते हुए चिड़चिड़ी आवाज़ में बोल पड़ी। उसके बेटे का जन्म विद्यासागर (सरकारी) अस्पताल में हुआ। बच्चे के जन्म लेते ही नर्स चिल्लाने लगी, ''उठ-उठ।'' उसने विनती की, ''दीदी, मुझसे उठा नहीं जा रहा, लेकिन नर्स नहीं पिघली। वो निर्दयी होती हैं,'' उसने कहा। हम औरतें इसी कारण 'विद्यासागर' जाने से डरती हैं।

''उस वक्त आपको प्यार और सहारे की ज़रूरत होती है,'' हरी साड़ीवाली स्त्री ने जोड़ा। उसका नाम शोन्धा पांजा था। स्वयं शोन्धा को इन बातों का अच्छा अनुभव था। जब उसे प्रसव के लिए ले जाया गया तो युवा महिला-डॉक्टर खाना खा रही थी। पर उसने प्रसव में हाथ बँटाने के लिए अपना 'दोपहर का खाना' अधखाया छोड़ दिया था। उसका कहना है कि झोला-छाप डॉक्टर अच्छे नहीं होते। विद्यासागर (सरकारी अस्पताल) ही जाना चाहिए, वहाँ के पढ़े-लिखे डॉक्टर अच्छे होते हैं।

अबज़ाखानी से हम अगले गाँव खरबेरिया जाते हैं, इस बार पुरुषों से भेंट तय है। रास्ता ज्यादा खराब नहीं है। इस गाँव में मुसलमानों की आबादी ज्यादा है। एक शलवार-कमीज पहने और मेहँदी रँगी दाढ़ीवाले पुरुष ने हमें जिज्ञासा से ताका। वह अपनी साइकिल पर कहीं जा रहा था। इस गाँव की गलियों में भी धान का पुआल भरा पड़ा था। इस साल फसल अच्छी हुई थी।

एक छोटे से कमरे में हमारी भेंट उन पुरुषों से होती है जिन्हें सिनी ने प्रजनन-स्वास्थ्य के बारे में मर्दों को सलाह देने के लिए प्रशिक्षित किया है। पंखे नदारद हैं और गर्मी खूब तेज। कमरे में असहज ही चुप्पी है। हम लोग ताड़ का पंखा झलते हैं। छोटी खिड़कियों से थोड़ी हवा भी आ रही है। नजदीक ही दुबकी बैठी, शक्ल से बुद्धिमान लगनेवाली मुसलमान स्त्री ने पहले बात छेड़ी। स्पष्टतया यहाँ पर्दे के लिए ज्यादा दबाव नहीं है। एक को छोड़कर बाकी पुरुषों ने लुंगी और सूती-बनियान पहनी है। एक पुरुष साफ कमीज और पैंट डाले हुए है। उसकी चपटी नाक पर धूप-चश्मा भी चढ़ा है। (बाद में पता चला कि वह मुकामी झोला-छाप डॉक्टर है। और खूब पैसा पीट रहा है) मरीजों को पानी की सुई और गोलियाँ देकर उसने अच्छी रकम बना ली थी। उसके पास सवारी के लिए एक चमचमाता स्कूटर था जो बाहर गली में खड़ा था।

जहाँ तक भारत में स्त्रियों के सत्ता से जुड़े अनुभवों का सवाल है—आप स्त्रियों की बात सुनते ही जान जाएँगे कि मर्द ही सत्ता के केन्द्र में हैं और वही सत्ता के एकमात्र

सन्दर्भ-बिन्दु भी हैं। औरतें सत्ता से दूरी और अलगाव कैसे मापती हैं ? कि उनके खुद के दिमाग और देह पर किसका कब्ज़ा है। प्रश्नों का उत्तर देते हुए कभी आप औरतों को सुनिए तो आप भी तुरत जान जाएँगे कि सत्ता को उसके सर्वाधिक सकारात्मक रूप में ये औरतें या तो कृपालु पुरुष (बाप-भाई) के रूप में देखती हैं अथवा सांस्कृतिक रूप से अनुमोदित किसी पुरुष अन्तरंगता के रूप में ('आमरा-स्वामी'—मेरा मालिक !) इसलिए अधिकांश औरतें दुत्कारी जाने के बावजूद बार-बार पुरुष-सत्ता की मुखापेक्षी बनी रहती हैं। उनके बीच कहावत है कि हँसिया फसल काटेगा तो हाथ ही में देगा और घुटना मुड़ेगा तो अन्ततः पेट की ही तरफ जाएगा।

पुरुषों की दुनिया में सत्ता का लम्बा उपभोग उनमें एक तरह की दुनियादार चतुराई भरता है। विजय कुमार मंडल की बातों में भी फैशन के अनुरूप स्त्री समर्थक दिखने की कोशिश की। उसका कहना था कि पुरुषों का घर के कामों में रुचि लेना जरूरी है। घर में हर काम में पति-पत्नी का आधा-आधा भाग होना चाहिए। वह बोला—पहले हम औरतों के बारे में बहुत कम जानते थे—ज्यादातर दोस्त या भाई से ही पता चलता था कि वे क्या सोचती हैं। कैसा व्यवहार पसन्द-नापसन्द करती हैं। परम्परागत रूप से स्त्री और पुरुष गाँव में ज्यादा नजदीक नहीं होते। पर आजकल 'क्लब' में मर्द अपने दोस्तों के बीच यौन-सम्बन्धों की चर्चा करते हैं। इसे देखकर सकून मिलता है कि चलो हम बात तो कह सकते हैं—ऐ ! दीदी के लिए जरा ताड़ का पंखा तो लाना—वह अचानक एक स्त्री की तरफ मुड़कर चिल्लाया।

"पहले हमें शादी से पहले कोई नहीं बताता था कि स्त्री का शरीर कैसा होता है—रजोधर्म (ऋतुस्राव) क्या है। हम बस इतना जानते थे कि इन दिनों में स्त्रियाँ नापाक रहती हैं। अब हम जानते हैं कि वे उन दिनों भी नापाक नहीं होतीं। बल्कि उन दिनों उन्हें ज्यादा सफाई की ज़रूरत होती है। 'स्त्रियों को भी तो उनके शरीर और साफ-सफाई के बारे में नहीं बताया जाता था,' एक दाढ़ीवाले प्रौढ़ आदमी ने कहा। चेहरे से वह दबंग तेज दिमाग लगता था। अलबत्ता ये भी है कि पुरुष जो बात दूसरों से नहीं मालूम कर सकते, अखबार पढ़कर जान जाते हैं, औरतें नहीं। पुरुषों में साक्षरता ज्यादा है। उनके बीच 'बंग्ला-बर्तमान', 'आनन्द बाज़ार पत्रिका' तथा 'प्रतिदिन' जैसे बांग्ला-दैनिक लोकप्रिय हैं। शिक्षा, संस्कृति और राजनीति-विषयक समाचारों में उनकी गहरी रुचि है। गाँव में केबल टी.वी. तो नहीं है लेकिन लोग दूरदर्शन पर प्रान्तीय बांग्ला समाचार, वार्तालाप वगैरा खूब देखते हैं। टी.वी. के कार्यक्रम धनी और शहरी लोगों के लिए बनाए जाते हैं। इनमें मनोरंजन होता है पर यौन समस्याओं, निजी साफ सफाई और (आर.टी.आई.) प्रजननांग सम्बन्धी रोगों के बारे में ग़रीबों को ज्यादा जानकारी नहीं दी जाती। यदि रक्तचाप और अस्थमा जैसे रोगों पर स्वास्थ्य कार्यक्रम दिखाए जाते हैं तो गुप्त रोगों या एड्स पर क्यों नहीं ? लोगों में बहुत इच्छा है जानने की। लीजिए और लौटने पर दूरदर्शनवालों को कहिएगा," समद अली ने मुझसे कहा।

"नवविवाहित जोड़े घर में एक-दूसरे का ज्यादा सहयोग करते हैं," एक शर्मीले

नौजवान ने कहा। संगी-साथी को हँसते देखकर वह शर्म से लाल और चुप हो गया। मैंने उसे प्रोत्साहित किया, ''आगे बोलो, कहते जाओ...''

''नौजवान पति अपनी पत्नियों को अस्पताल ले जाते हैं। स्त्रियों को अस्पताल ले जाने में सिनी की नर्स भी मदद करती है। हम जानते हैं कि एच.आई.वी वायरस कितना खतरनाक है। इस पर ज़रूर चर्चा होनी चाहिए। पहले हमें संकोच होता था। यौन और स्त्री-पुरुष सम्बन्धों पर बात करते हुए हमें हँसी आती थी। यह कोरे-कुँवारों का विषय था। लेकिन अब नौजवान विवाहित लोग बड़ी गम्भीरता से रजोधर्म-प्रजननांगों की साफ-सफाई, गर्भ और मैथुन, बच्चों के बीच अन्तराल पर बात करते हैं। यह बात सच है कि गाँव में दहेज का चलन बढ़ रहा है। पर मैं विरोध भी करूँ तो क्या ? मेरे पिताजी यदि दहेज चाहेंगे तब मैं क्या कर सकता हूँ ? वही यह मामला तय करेंगे,'' उसने हथियार डाल देनेवाले अन्दाज में बात पूरी की और फिर शरमा गया।

हमारा अगला पड़ाव 'भारसा' था। भारसा गाँव का प्रखंड-विकास-कार्यालय हरे-हरे वृक्षों और फूल भरी झाड़ियों से घिरा है। स्थानीय पंचायत का यह प्रखंड-स्तरीय मुख्यालय है।

मुझे सुखद अचरज हुआ कि पंचायत सभापति के तख्ती लगे प्रभावी कार्यालय में एक पतली-सी औरत कुर्सी पर विराजमान थी। मुझे बताया गया कि वह एक नहीं ग्यारह पंचायतों की प्रधान है। उसके पीछे खूबसूरत नाम-पट्ट पर उसका नाम लिखा था—सुषमा रानी सरदार। देखने से वह अजीर्णग्रस्त और कुछ तुनुकमिजाज लग रही थी। उसके हाव-भाव में हिचकिचाहट थी। उसने फटाफट अपनी उपलब्धियों का ब्योरा सुनाया—मुसलमान-महिलाओं के लिए शौचालय, बच्चों के लिए रोगप्रतिरक्षी टीका, प्रजनन-स्वास्थ्य एड्स तथा कुष्ठरोग के बारे में जागरण।

''नहीं-नहीं, हम कोई दबाव नहीं डालते—मुझपर भी किसी तरह का दबाव नहीं है,'' मेरे प्रश्नों का वह बड़ी तेजी और असहजता से जवाब दे रही थी।

''स्त्रियों के लिए लोन ?'' वह पहली बार अटकी और रक्षा में खड़े दो मूँछधारी पुरुषों की तरफ देखा।

''पर्याप्त लोन उपलब्ध नहीं है,'' उनमें से एक बोला, ''इनसे कहिए कि स्त्रियों के लिए और कन्या विद्यालय बनवाने के लिए हमें केन्द्र से अलग से धन भिजवाएँ।''

''महिला पंचायतकर्मियों के लिए आयोजित किसी प्रशिक्षण-शिविर में आपने भाग लिया है ?'' मैंने पूछा। तभी किसी ने शीशे का गिलास तोड़ दिया। सुषमा रानी ने उस तरफ देखते हुए मुझे अनमना सा जवाब दिया, ''हाँ, कुछ में गई हूँ लेकिन आपको नाम नहीं बता सकती।'' फिर वह बड़े क्रोध से किसी को कहने लगी कि जाकर बिजली के बारे में पता करे और फर्श से शीशा बुहारकर हटा दे। फिर कुछ संयत हो उसने कहा कि वह शहर की बहुत सी कार्यशालाओं में गई है। अचानक ही बिजली आ गई। ''चाय

लेंगी ?'' उसने हमसे पूछा जैसे होश आया हो।

''नहीं,'' हमने कहा और उठ गए।

पोइला वापस लौटे, तो 'बहिरंग मरीज विभाग' की भीड़ जा चुकी थी। अहाते में अब शान्ति विराजमान थी। स्वास्थ्यकर्मी अब फुर्सत में थे। बड़े से दीवानखाने में वे लोग हमारी प्रतीक्षा कर रहे थे। थके-माँदे होने के बावजूद वे लोग इत्मीनान में थे। बीच में वे अपनी कलाई-घड़ी देख लेते। 'हम थोड़ी-सी बातचीत करेंगे—आपको घर जाने की बस मिल जाएगी,' डॉक्टर रूमेली ने उन्हें ढाढ़स बँधाया।

कंचन मंडल 22 वर्ष की है। उसका कहना है कि ''बीमार और कम वजनवाले बच्चे को क्लिनिक लानेवाली अधिकांश माताएँ निरक्षर होती हैं। लेकिन शिक्षा का प्रसार हो रहा है। कुछ लोग इसका फायदा उठा रहे हैं और कुछ नहीं उठा सकते। पत्नी का स्वास्थ्य पैसे पर निर्भर है लेकिन ज्यादातर पति के रवैये पर,'' उसने अरुचि से कहा।

फिर वही पुरुष...पुरुष का रवैया...

लीलावती साहा ने बताया कि सिनी के सेवा-क्षेत्र में रहनेवाली अधिकांश माताएँ अब साफ-सफाई और उचित आहार के मूल्य को जान गई हैं—इसलिए उनके बच्चे अपेक्षाकृत स्वस्थ हैं। ज्यादातर बिगड़े केस सेवा-क्षेत्र से बाहर के होते हैं। पुरुषों की भागीदारी ? वह थोड़ा ठिठकी—फिर कहा, ''हम जब सुबह के वक्त स्त्रियों को देखने जाते हैं तो उनके पुरुष घर पर नहीं होते। उनसे भी बात की जाए तो बेहतर होगा—सम्भव हो तो अलग से,'' उसने थोड़ी हिचक से सुझाया और नज़रें घुमाकर परे देखने लगी, ''क्या किया जाए—औरत की ज़िन्दगी ऐसी ही है,'' उसने बात पूरी की।

''क्या तुम मानोगी कि गाँव की ज्यादातर स्त्रियाँ खुद को जन्मना अभागन समझती हैं ?'' मैंने पूछा।

रामायण महाकाव्य में कवयित्री चन्द्रावती कृत बांग्ला-पाठ में सीता भी इसी असहायता के बोध से भरकर कहती है—

'मेरा न पिता—न मेरी माता—
धारा के शैवाल सी मैं
भटकूँ इस तट से उस तट'
'मैं जनमदुखिनी हूँ।'

सुनीता ने मेरे प्रश्न पर विचार किया। उसकी कुछ सहेलियाँ पहले ही सहमति में सर हिला चुकी थीं।

''नहीं,'' कुछेक पल बाद उसने कहा।

''वे जन्मना अभागन नहीं होतीं लेकिन फिर भी उनके साथ अच्छा बर्ताव नहीं होता और लड़की के जन्म पर उतनी खुशी नहीं मनाई जाती जितनी लड़के के जन्म पर। इस बात की कचाटे औरतें ज़िन्दगी भर नहीं भूलतीं। हाँ, पौष्टिकता के महत्त्व के बारे में धीरे-धीरे जागरूकता बढ़ रही है। उदाहरण के लिए पहले नवजात शिशु को एक सप्ताह तक माँ का दूध नहीं दिया जाता था। लेकिन अब माताएँ जानकार हैं। रेडियो

और टी.वी. ने भी स्तनपान के सन्देश को फैलाने में मदद किया है। युवा माताएँ अपने शिशु को दूध पिलाना चाहें तो हम उनका समर्थन करते हैं।''

''स्थानीय सांस्कृतिक वर्जनाओं और अन्धविश्वासों के बारे में क्या कहोगी ?''

''डायरिया अब भी सर्वाधिक प्राणलेवा रोग है, लेकिन पहले बुजुर्ग महिलाएँ कहती थीं—'हवा (वातास) लग गई' और छुटकारे के लिए ओझा-गुनिया के शरण में जाती थीं। अब नहीं जातीं। दवा देती है। पहले टिटनेस को भी आत्मा का प्रकोप समझा जाता था लेकिन यह अन्धविश्वास भी मिट गया है। यह सच है कि अब भी गर्म और प्रसव के बारे में बहुत से अन्धविश्वास प्रचलित हैं लेकिन उनमें अधिकांश हानिकारक नहीं हैं। इसलिए हम उनकी काट नहीं करते। उदाहरण के लिए अब भी माताएँ बच्चों को गंडा-ताबीज पहनाती हैं—लेकिन अगर बच्चे को स्तनपान कराया जा रहा हो और उसे रोग-प्रतिरक्षी टीका लगाया गया हो तो हम इन बातों पर ध्यान नहीं देते। एक बार डायमंड हार्बर से एक बच्चा हमारे पास लाया गया। तीन माह के उस बच्चे का वज़न था—1 किलो 600 ग्राम। ढाई माह तक अस्पताल में दाखिल रखने के बाद उसका वज़न दोगुना हो गया। माता ने हमें बताया कि स्थानीय वैद्य ने दादी को बताया था, ''बच्चे को माँ का दूध मत दो। अब बुजुर्ग महिलाएँ सही बात मानने लगी हैं। रिश्तेदार भी बड़े प्रवादी होते हैं। वे युवा माताओं को भरमाते हैं। बच्चे को छोटी या बड़ी चेचक निकल आए तो वे माता से कहेंगे—'बच्चे को एक माह तक नहलाना मत।' हम माँ और दादी से मिलकर इस तरह की नुकसानदेह सलाह का विरोध करती हैं।

जिस स्त्री का घर का धन्धा कभी खत्म न होता हो। उससे भेंट करके इतनी बातें कैसे कर लेती हो ?

हम लोग सीधे रसोईघर चले जाते हैं। अमूमन दिन में डेढ़ से दो बजे के बीच औरतें रसोईघर में ही होती हैं। अपनी बातचीत में हमलोग स्थानीय स्तर पर उपलब्ध खाद्य पर जोर देते हैं, जैसे—मोटे अनाज और गुड़। हमलोग उन्हें पीने का पानी ठीक से उबालना सिखाते हैं और 6 माह के बच्चे को पूरक आहार देने के बारे में बताते हैं। हम माताओं से यह भी कहते हैं कि खाना सबके साथ ही खाओ, सबके बाद नहीं। अपने को भूखा मत रखो। अधिकांश प्रसव अब अस्पताल में होते हैं। पंचायतों के जरिए जन्म का प्रमाण पत्र भी अब आसानी से उपलब्ध हो जाता है। बहुत से हानिकारक रिवाजों को हम रोकने में सफल हुए हैं। पहले लोग बच्चों को रोगप्रतिरोधी टीका लगाने या नियमित अन्तराल पर तौलवाने का विरोध करते थे लेकिन अब ऐसा नहीं करते। पहले बाँस की खपची से नार काटते थे और दूध की जगह शिशु को चीनी घुला पानी पिलाते थे (ताकि बड़ा होकर बच्चा मीठा बोले) और शिशु को गम्भीर किस्म का संक्रमण हो तब भी जड़ी-बूटी का काढ़ा पिलाते थे। शिशु को नहलाते नहीं थे—बस लपेटकर रखते थे। मुसलमान नवजात शिशु के बाल जल्द मूँड़ देते थे और इस तरह कमजोर बच्चे को खोपड़ी में ठंड लगे हायपोथरमिया होने का खतरा बढ़ जाता था। यह सब अब लगभग समाप्त हो चला है। आज जब हम माता की जाँच-परख करते हैं और

यौन-संक्रमित रोगों के लक्षण देखते हैं तो तुरन्त दोनों को सलाह देते और उपचार करते हैं। स्वेच्छाचार की घटनाएँ भी होती हैं। गुप्त रोग के मामलों में कभी-कभी पत्नी अवैध सम्बन्ध बनाए होती है और पति बेदाग होता है। पर ज्यादातर इसका उलट होता है। हम नीति-उपदेश नहीं देते। बल्कि मदद के बीच भी पूरी गोपनीयता बनाए रखने की कोशिश करते हैं ताकि बेचारी पत्नी मार न खाए—बाहर न निकाली जाए।''

''अविवाहित किशोरों के यौन जीवन के बारे में क्या कहोगी ?''

''देखिए इस पर तो चर्चा ही नहीं होती, पर सब जानते हैं कि आजकल कमसिन लड़के-लड़कियाँ यौन सुख का अनुभव करने के लिए बेताब होते हैं। गाँवों में विवाह की औसत आयु बढ़ गई है। इसलिए विवाह पूर्व यौन सम्पर्क में भी बढ़ोतरी हुई है। पहले 'सिनी' सीधे मदद करती थी लेकिन अब सम्बन्ध-सूत्र मजबूत हो जाने से स्थानीय-समूह और पंचायत भी इस काम में मदद करते हैं। सिनी की टीम ना भी करे तो भी किशोरों को मशविरा मदद देने का हमारा काम जारी रहेगा।

अगले दिन डॉक्टर रूमेली के साथ मैं 'दोखिन बागी' गाँव गई। हमारे साथ स्वास्थ्यकर्मी अनुपमा थी। लुंगीधारी एक आदमी ने अपने मुँह में टूथब्रश चुभलाते हुए हम पर नज़र डाली। उसके एक हाथ में बच्चों का एक जोड़ा जूता था और दूसरे से वह दाँत माँज रहा था। गाँव में काम फसल-चक्र के हिसाब से चलता है। बोराधान का समय है इसलिए अधिकांश पुरुष इत्मीनान में हैं। गाँव के मुहाने पर एक पुकुर भरा जा रहा है। किसी का नया घर जल्दी ही यहाँ बनेगा। डॉक्टर रूमेली ने बताया कि ऐसे निर्माण कार्यों से इलाके के जलचक्र पर बुरा प्रभाव पड़ा है। तभी छाता लिये जा रही एक औरत को देखकर अनुपमा गँवई पहचान के आत्मविश्वास के साथ चहक पड़ी। औरत रुकी, कार की खिड़की के अन्दर सर किया और हमें देखकर दाँत निपोर दिए। कुशल-क्षेम पूछने के बाद वह अपने राह लग गई।

''पुरुषों को प्रजनन-स्वास्थ्य पर समूह चर्चा में शामिल करने से क्या कुछ बात बनती है ?''

''हाँ,'' डॉक्टर रूमेली दास ने कहा, ''पुरुष भाई, पिता या पति के रूप में स्त्रियों के जीवन में मुख्य निर्णयकर्त्ता जो होते हैं। हमसे बार-बार औरतें बताती हैं कि वे गर्भनिरोधकों का इस्तेमाल करना चाहती हैं परन्तु उनके पति ऐसा नहीं चाहते। स्त्रियों को नहीं पता कि पुरुषों को 'कंडोम' उपयोग करने के लिए कैसे राजी किया जाए अथवा कॉपर टी जैसे 'आई यू डी' के इस्तेमाल के लिए उनसे अनुमति कैसे ली जाए। पुरुष शक्की होते हैं। बच्चा होने की स्थिति में भी दोष स्त्री को ही लगता है और उन्हें बाँझ कहकर दुत्कार दिया जाता है। पुरुष अपने पुंसत्व की जाँच कराने में हेठी समझते हैं। पर कोई लड़की कब और कहाँ जाए ? कब उसकी शादी हो ? उसे कब बच्चा जनना है और कितना जनना है—सब बातों का निर्णय आज भी पुरुष ही करते हैं। भोजन,

पैसा-रुपया और स्वास्थ्य-रक्षा जैसे संसाधन पाने के लिए भी पुरुषों की रजामन्दी ज़रूरी है। इसलिए स्त्रियों का प्रजनन स्वास्थ्य बेहतर करना हो तो हम उन्हें छोड़कर तो नहीं चल सकते—या चल सकते हैं ?''

''नहीं—मैं मानती हूँ कि नहीं चल सकते।''

''वर्ष 1997 की जनवरी में स्वास्थ्यकर्मी गाँव के बासा नम्बर-14, क्रिश्चियन पारा में सर्वेक्षण कर रहे थे। सर्वेक्षण के दौरान स्वास्थ्यकर्मी साज़िदा बीबी के घर गए। इस समय तक स्वास्थ्यकर्मी जान गए थे कि साज़िदा बीबी के कोई सन्तान नहीं है और उसकी ससुरालवालों तथा पति की गहरी इच्छा है कि उसके सन्तान हो। साज़िदा 25 वर्ष की थी और शादी हुए 11 वर्ष बीत चुके थे। उसका पति बच्चों की ख्वाहिश में दूसरी शादी करने की योजना बना रहा था—इससे साज़िदा बहुत दुखी थी। स्वास्थ्यकर्मियों ने उसे मनाया कि वह जाँच-पड़ताल के लिए सिनी-क्लिनिक आए लेकिन पति ने इसका विरोध किया। स्वास्थ्यकर्मियों ने फिर माह में एक बार इनके घर का दौरा करना शुरू किया और दम्पति को घर ही पर परामर्श देने लगे। उसने उन्हें समझाने की कोशिश की कि रोग को समझने के लिए चिकित्सीय जाँच-परख जरूरी है। स्वास्थ्यकर्मी के नियमित अन्तराल पर पहुँचने से पति-पत्नी से उसकी पटरी बैठ गई और वे लोग उस पर विश्वास करने लगे। इस काम में थोड़ी आसानी इसलिए भी हुई कि साज़िदा के पति ने दवा से लेकर झोला छाप डॉक्टर तक सबको आजमा लिया था। जून तक साज़िदा का पति ने दोबारा निकाह करने का विचार छोड़ दिया। और थोड़े दिन परामर्श के बाद साज़िदा का पति उसे सिनी के साप्ताहिक क्लिनिक में भेजने को राजी हो गया। क्लिनिक में जाँच के बाद पता चला कि साज़िदा के गर्भधारण में कोई चिकित्सीय बाधा नहीं है। चिकित्सकों और परामर्शदाताओं ने साज़िदा और उसके पति—दोनों को अंडोत्सर्ग (ovulation) तथा सम्भोग के दौरान गर्भधारण में इसके महत्त्व के बारे में बताया।''

सन् 1997 के अगस्त में साज़िदा यह शिकायत लेकर क्लिनिक में आई कि उसे रजोस्राव नहीं हो रहा है। चिकित्सीय जाँच और परीक्षण से पता चला कि वह पेट से है। 14 अप्रैल, 1998 को उसने एक स्वस्थ शिशु को जन्म दिया।

डॉक्टर रूमेली दास ने मुझे यह कहानी एक स्त्री रोग-विशेषज्ञ की हैसियत से सुनाई। गोल-मटोल, खुशमिजाज और बात-व्यवहार में सहज रूमेली दास कलकत्ता मेडिकल कॉलेज से ग्रेजुएट है। उसे पता है कि स्त्रियों को कैसे जुटाया जाता है। बातूनी स्त्रियों को चुप करना और बोलने में सकुचानेवाली स्त्रियों को बात कहने के लिए उकसाना उसे खूब आता है।

'ना—भले ही वे प्रवादी हों—हमें मर्दों को साथ लेकर ही बात करनी चाहिए,' एक घर में घुसते हुए उसने मुझसे कहा।

मिट्टी की वह कोठरी महामाया राय की थी। अधिकांश गाँवों में मिलनेवाली कुटिया की तरह यहाँ भी ईंटों के ऊपर तखत और नीचे बक्से रखे थे। तख्ते के ऊपर

साफ चादर बिछी थी। हम तख्ते पर बैठे। सामने कुछ पोस्टर थे। एक में यीसु के हाथ में बाइबिल थी और दूसरे में माँ मरियम शिशु जीसस के साथ थीं। महामाया राय आई.सी.डी.एस. की कर्मचारी हैं। उसके साथ सहयोगी शिक्षादाता के रूप में काम करनेवाली किशोरवय बिथिका मंडल भी थी। उसका कहना था कि युवा और ग़रीब माताओं के प्रसव-पूर्व जरूरतों का ही मुख्यतया ध्यान रखते हैं और प्रसवोपरान्त छह माह तक उनकी देखभाल करते हैं।

''हाँ, गाँव में गर्भवती माँओं को अक्सर पर्याप्त भोजन नहीं मिलता। सरकारी कार्यक्रम सिर्फ गर्भावस्था तक ही माता के स्वास्थ्य में रुचि दिखाते हैं। सचाई यह है कि सभी उम्र की औरतों और लड़कियों को पोषाहार की ज़रूरत रहती है। जब तक बच्चा कम से कम एक वर्ष का न हो जाए—माताओं को 'टिफिन' ज़रूर दिया जाना चाहिए। बेचारी भूखी माताओं को सोचकर मेरा मन इतना दुखता है कि कई बार मैं अपनी बाड़ी से आलू-टमाटर या पालक उनके 'टिफिन' में डाल देती हूँ,'' महामाया ने बताया।

''गाँव में जिनके पास ज्यादा अपनी जरूरत से साग-भाजी है—वे भी कुछ क्यों नहीं देते ?—क्या तुमने कभी इस बारे में कहा है ?''

उसने अपना सर हिलाया, ''दरअसल मैंने कोशिश की लेकिन बात नहीं बनी। यदि वे लोग प्रति बच्चा दो आलू भी दें तो उन सबका पेट भर जाए लेकिन गरीब लोग कई चीजों में बहुत कंजूस भी हो सकते हैं भले उनके पास उस वक्त ज्यादा हो।''

आनन्दोमयी मुखर्जी भी एक आई.सी.डी.एस. कर्मी है। इस आखिरी बात से वह सहमत नहीं थी। उसने कहा कि जितना दे सकते हैं उतना तो गाँववाले देते ही हैं। लेकिन सरकारी अस्पताल में कुछ नहीं मिलता या मिलता भी है तो बहुत थोड़ा। वहाँ जाड़ा-बुखार के लिए कुछ साधारण दवाइयाँ दी जाती हैं। प्रसव का मामला जटिल हो उठे तो महिलाओं को शहर के विद्यासागर अस्पताल ही जाना चाहिए। पर यह जरूर है कि सरकारी अस्पताल के डॉक्टर गाँव से आई माताओं से बुरा बरताव करते हैं—उनकी नर्सें कभी-कभी तो मार बैठती हैं लेकिन क्या किया जाए ? यहाँ औरत की ज़िन्दगी ऐसे ही चलती है।

माहवारी के दौरान संक्रमण यहाँ की गर्म आबोहवा में आम है। सिनी ने सस्ते सैनिटरी नैपकिन बेचने शुरू किए, पर सफलता कम मिली।

—एक पैकेट से तो उनका काम नहीं चलता। इसी कारण यह पैकेट ज्यादा नहीं बिकते। बिना ठीक से धोए पुराने कपड़ों को 'पैड' के बतौर इस्तेमाल करने के बारे में हम उन्हें आगाह करते हैं। इसी की उन्हें आदत है। अतः हम इस बात पर जोर देते हैं कि वे कपड़ा ठीक तरीके से धोएँ और धूप में सुखाएँ न कि छोटे अँधियारे कोनों में। भीगे कपड़ों से अक्सर औरतों को फफूँद-संक्रमण हो जाता है।

''माहवारी को लेकर पुरानी वर्जनाएँ तो अब समाप्त हो चली हैं। बस एक ही मुश्किल बाक़ी है और वह है 'उन अपवित्र दिनों' में ठाकुरमूर्ति को नहलाने का काम।

पहले परिवार बड़े होते थे इसलिए कोई न कोई 'पाक' स्त्री घरेलू काम के लिए मौजूद होती थी। लेकिन एकल परिवार में अगर स्त्री उन दिनों से गुजर रही हो तो क्या पुरुष काम करेगा ? नहीं—किसी तरह नहीं। बिना स्त्री के कुछ भी नहीं चलता। इसलिए जैसे-जैसे परिवार छोटे हुए—वर्जनाएँ भी जाती रहीं। हाँ, छोटे परिवार में पुरुष कुछ देर हाथ बँटा देता है। सासें भी यह समझने लगी हैं कि अब हुक्म चलाने के दिन गए लेकिन नई माताओं को अब भी खूब काम करना ही पड़ता है।''

अबजाखानी गाँव की किशोरवय महुआ की आँखें सुन्दर और कजरारी हैं। उसे एक एफ रेडियो और सिनेमा का चस्का है। वह किशोरों के लिए चल रहे प्रजनन-स्वास्थ्य-कार्यक्रम की सदस्या है। उसकी माँ मीता नुशकर पहले गाँव की पंच रह चुकी है।

1997 के शुरुआती माहों में सिनी ने 13-18 आयु वर्ग के किशोरों के लिए एक कार्यक्रम चलाया। शुरू-शुरू में शिक्षकों के साथ चर्चा हुई, फिर किशोरों के साथ बातचीत की गई और 13 विद्यालयों में कार्यशालाएँ आयोजित की गईं। पता चला कि प्रजनन-स्वास्थ्य के मसलों से किशोर अनभिज्ञ हैं। उन्हें व्यक्तिगत स्वच्छता और यौन-स्वास्थ्य पर इसके प्रभाव की भी जानकारी नहीं है। वे भी विश्व के अन्य किशोरों की भाँति हैं और इन मुद्दों पर खुली चर्चा के लिए एक फोरम चाहते हैं। इस आयु-वर्ग में प्रथम गर्भाधान की घटना 24-34% होती है—इस बात को ध्यान में रखते हुए किशोरों से संवाद स्थापित करने का एक अबाधित माध्यम तो होना ही चाहिए।

महुआ का कहना है कि इस कार्यशाला में जाकर खूब अच्छा लगा और उसने वहाँ खूब दोस्त बनाए। महुआ का परिवार अनुसूचित जाति में आता है। उनका मिट्टी का घर बहुत साफ-सुथरा है। धुले-पुते आँगन के बाहर पिंजरे में पक्षी चहचहा रहे थे और एक बछड़ा मस्ती में जुगाली कर रहा था। बरामदे में एक थ्रेशिंग मशीन रखी थी। वहीं एक टेबल पर टेबल-पंखा भी था। कोने में एक सजी-सजाई पूजा की थाली रखी थी जिसमें देवमूर्तियों के साथ एक 'मिकी माऊस' भी बना था। मीता ने गर्व से बताया कि 'मिकी माऊस' को उसके कलाकार बड़े बेटे ने बनाया है। उसने बिजली गुल होने के लिए हमसे क्षमा-याचना की और इस ताड़ के पंखे से हमें पंखा झलने पर जोर देने लगी।

मीता एक महिला-मंडल से आई है इसलिए वह अपने अधिकारों के बारे में ज्यादा जागरूक है। ग्राम-पंचायत के लिए निर्वाचित होने पर उसने महिलाओं को चावल की मूढ़ी बनाने का छोटा व्यवसाय शुरू करने में सहायता दी थी और दो महिलाओं को सात-सात हजार का सरकारी ऋण भी दिलाया। उसने गरीबी रेखा से नीचे रहनेवाले परिवारों को उपलब्ध अपेक्षाकृत सस्ता चावल दिलाने के लिए महिलाओं को नया राशन कार्ड बनवाने में भी मदद की।

''अब मुझ पर ऊपर से कोई दबाव नहीं है। मैं जानती हूँ कि मुझे सत्ता के लिए चुना गया है,'' उसने कहा। उसने बताया कि यहाँ समस्या गरीबी और महिलाओं के प्रति उपेक्षा की है। पंचायत की बैठक के लिए सदस्यों को समय पर सूचित करने की

एक प्रणाली भी उसने विकसित की है। पहले महिलाओं को समय पर सूचित नहीं किया जाता था। गाँव में शराब-बिक्री में कटौती के लिए भी उसने काम किया। पहले अवैध विक्रेता कमर में शराब से भरी हुई टायर-ट्यूब बाँधकर गाँव में बेचने आते थे। वे पुलिस को घूस देते थे। दूसरे लोगों से मदद लेकर उसके इन अवैध विक्रेताओं को खदेड़ दिया।

मीता ने हमें बताया कि उसकी बेटी माध्यमिक में पढ़ रही है। सिनी ने उसे प्रशिक्षण दिया है और वह गरीब किशोरों के समूह की शिक्षादाता है। उसने बताया कि बहुत सी माताएँ भी बेटियों के साथ आती हैं और जिन प्रश्नों को पूछने में उन्हें डर लगता था उसे पूछने के लिए रुकी रहती हैं।

सुजाता (वास्तविक नाम नहीं) इसका प्रतिनिधि उदाहरण है। वह एक कृषि-मजदूर की पत्नी है। बारह और नौ बरस के उन्हें दो बेटे हैं। स्वयंसेवकों ने उससे प्रजनन-स्वास्थ्य सम्बन्धी परेशानियों के बारे में पूछा तो उसने 'न' में जवाब दिया। समूह-चर्चा में उसने प्रजनन-अंगों के संक्रमण और व्यक्तिगत साफ-सफाई के बारे में कुछ स्लाईड और फ्लिप चार्ट देखकर बताया कि उसे भी बहुत दिनों से सफेद-स्राव होता है और योनि-प्रदेश में खुजली की भी शिकायत रहती है। उसे परीक्षण कराने की सलाह दी गई। पहले वह परीक्षण करवाने नहीं आई—बार-बार आग्रह करने पर आखिरकार उसने अपना परीक्षण करवाया। उसने बताया कि दवा लेने के बदले वह बस सौंफ उबालकर पी लेती थी। परीक्षण से पता चला उसके गर्भाशय में गम्भीर अपक्षरण है तथा स्राव ज्यादा हो रहा है जो बेइलाज छोड़ने पर बड़ी मुश्किल खड़ी कर सकता है। नुस्खे में लिखी दवा खाने के बाद भी जब लक्षण जारी रहे तो उसके 'ग्राम-स्टेनिंग-टेस्ट' करवाया गया। परीक्षण से पता चला कि उसे यौन-संक्रमित-रोग (सूजाक) है। फिर उसका और उसके पति का इलाज किया गया। उन्हें सलाह दी गई कि 'सुरक्षित- यौन-सम्बन्ध' का कड़ाई से पालन करें।

एक और है बीस वर्षीया नवोनीता (वास्तविक नाम नहीं)। वह अपने पति से अलग रहती है। चौदह वर्ष की उम्र में उसकी शादी हुई थी। जब उसे पता चला कि उसका पति वेश्यामंडी का दलाल है तो वह अपने माता-पिता के पास लौट आई। वह समूह बैठक में नियमित रूप से आती है हाल ही में उसने कमजोरी और सफेद-स्राव की शिकायत की। परीक्षण से पता चला कि उसे यौन संक्रमित रोग (एस.टी.डी.) है। पहले उसने इनकार किया कि पति से अलग होने के बाद उसका यौन-सम्बन्ध बना है लेकिन बाद में एक पड़ोसी से सम्बन्ध होने की बात उसने कबूल की। उसे सुरक्षित-यौन-सम्बन्ध के बारे में बताया गया। उसका कहना है कि अब भी पड़ोसी से उसके यौन-सम्बन्ध हैं लेकिन उपचार के बाद वे लोग 'कंडोम' का इस्तेमाल करने लगे हैं।

क्या महुआ ने अपने समवयस्क समूह में कोई परिवर्तन देखा ?

सुन्दर महुआ खिलखिलाई—लड़कों का लड़कियों के प्रति व्यवहार बदला है। कुछ लड़के मेरे दोस्त हैं और मुझसे मिलने घर आते हैं—उसने शरारती मुस्कान के साथ कहा। माँ ने स्नेहसिक्त मुस्कान के साथ जोड़ा है, "मैं इसे हमेशा बताती रहती हूँ कि समय,

स्थान और कायदे का आदमी पहचानकर दोस्ती करो।''

गाँव से लौटते हुए भी डॉक्टर रूमेली दास से सिनी-परियोजना पर चर्चा होती रही। उन्होंने कहा, ''पहले स्त्रियाँ गर्भनिरोधकों के बारे में सुनना गवारा नहीं करती थीं। फिर उन्होंने खानेवाली गोलियाँ लेना शुरू किया। पर कुछ ही निरन्तर लेना जारी रख पाईं। समय की कमी और अस्पताल से दूरी का भी स्त्रियों के स्वास्थ्य-रक्षी आचरण पर काफी प्रभाव पड़ता है। फिर महिला-मंडल के जरिए परिवार-नियोजन का काम शुरू हुआ। 'परिवार-कल्याणी' बनने के लिए एक बोलने-बतियाने में तेज सदस्य को 100 रुपया मानदेय देने से बात तय हुई। आज परिवार-कल्याणी घर-घर जाती है, सलाह देती और गर्भ निरोध की पद्धतियाँ समझाती है। सिनी सामूहिक विमर्श को बढ़ावा देती थी लेकिन कुछ महिलाएँ अकेले में परामर्श लेना चाहती थीं। आखिरकार महिलाओं ने आना शुरू किया। अधिकांश महिलाओं ने अन्तःगर्भाशयी (आई.यू.डी.) परिवार नियोजन के तरीके अपनाए। लेकिन इनमें से लगभग आधी को प्रजनन तन्त्र के इस या उस भाग में संक्रमण था। कुछ ने कहा कि उनके पति को योनि में कॉपर-टी पसन्द नहीं। इसलिए अन्तःगर्भाशयी पद्धति बहुत ज्यादा प्रचलित नहीं।

स्त्रियों में श्वेत प्रदर या सफेद स्राव एक आम शिकायत है। यहाँ के झोला-छाप डॉक्टर उन्हें बताते हैं कि ऐसा 'गर्मी' के कारण होता है। कुछ महिलाएँ 'सिनी' आती हैं और उनका उपचार हो जाता है लेकिन बहुत सारी महिलाएँ इलाज नहीं करवा पातीं। एक बड़ी बाधा तो मर्दों का अहं है। यदि पुरुष को यौन-संक्रमित रोग हो तो अक्सर वह भी उपचार कराने नहीं आता।

डॉक्टर रूमेली दास ने अबज़ाखानी गाँव की अहल्या पांजा के बारे में बताया। उसे 11 वर्ष तथा 8 वर्ष के दो पुत्र हैं। वे अब और अधिक बच्चे नहीं चाहते थे और स्थानीय अन्तराल-पद्धति अपनाना चाहते थे। अहल्या अपने परिवार के सदस्यों की बात मानकर जुलपिया (अपने मायके के गाँव) के झोला-छाप डॉक्टर के पास गई। डॉक्टर ने उसे कुनैन थमा दिया। अहल्या को पता नहीं चला कि कौन सी दवा उसे मिली है और उसका परोक्ष-कुप्रभाव क्या पड़ेगा।

स्वास्थ्यकर्मी अपने दौरे के क्रम में उसके घर गए तो उसने इस बारे में कुछ भी बताने से इनकार कर दिया। उससे पूछा गया कि क्या तुम्हें प्रजनन-स्वास्थ्य सम्बन्धी कोई तकलीफ है—तो उसने स्वास्थ्यकर्मी को कुछ नहीं बताया। इस कारण स्वास्थ्यकर्मियों ने उसे रजोधर्म सम्बन्धी और व्यक्तिगत स्वच्छता के बारे में सलाह दी। फिर एक समूह-बैठक में सिनी के स्वास्थ्यकर्मियों ने फ्लिट-चार्ट तथा कपड़े के पोस्टरों के ज़रिए आर.टी.आई/एस.टी.आई./ए.टी.डी. के रोग, लक्षण, हानिकारक प्रभाव तथा निवारण के उपाय बताए। इसको देखने के बाद ही अहल्या ने एक स्वास्थ्यकर्मी को अपनी बात चुपके से बताई। उसने कहा कि सफेद-स्राव और भयंकर खुजली से वह

पीड़ित है। उससे कहा गया कि तुम्हें रोग है और क्लिनिक में दिखा लो लेकिन बावजूद इसके अगले कुछ हफ्तों तक वह नहीं आई। स्वास्थ्यकर्मी फिर उसके घर गए तथा कुछ दिनों तक सलाह-परामर्श देने के बाद वह क्लिनिक आने के लिए राजी हुई। वर्ष 1998 की फरवरी में वह क्लिनिक आई। उसे और उसके पति दोनों के लिए दवा दी गई। लेकिन पति ने दवा खाने से इनकार कर दिया। उसने कहा कि रोग अहल्या को है तो दवा भी वही खाए। स्वास्थ्यकर्मियों को घर जाकर पति को दवा खाने के लिए राजी करना पड़ा। मार्च में उन दोनों का परीक्षण किया गया। पति-पत्नी दोनों को दवा दी गई और 'कंडोम' इस्तेमाल करने के लिए कहा गया। इसके बाद अहल्या नियमित रूप से क्लिनिक आने लगी और जल्दी ही उसकी सेहत में सुधार हुआ। अगला परीक्षण 20 अगस्त, 1998 को हुआ। परीक्षण से पता चला कि रोगाणु नदारद हैं और वह पूरी तरह ठीक हो गई है। दम्पति अब भी कंडोम का उपयोग कर रहा है।

लेकिन समस्या मात्र मरीजों के व्यवहार तक ही सीमित नहीं है। स्वयं-सेवा तथा कामाचार विषयक परामर्श के काम में लगे सिनी के कर्मचारी समुदाय के स्वयंसेवक-प्रबोधकों की भी सेवा लेते हैं। पहले इन स्वयंसेवकों ने अच्छी तरह काम किया। जैसे-जैसे काम बढ़ा—रुपए-पैसे का सवाल भी उठने लगा। वे लोग वेतनभोगी अन्य सरकारी महिला स्वास्थ्यकर्मियों से अपनी तुलना करने लगे और इस तरह उनके असन्तोष उपजने लगा। क्षेत्र में कार्यरत सारे स्वयंसेवी संगठनों की तरह यहाँ भी देर तक टिक पाने का, "एक व्यक्ति और सिनी के एक सदस्य के रूप में तुम्हें क्या सबक मिला—पूछा जाए तो क्या कहोगी ?" मैंने डॉक्टर से पूछा।

"पहली बात तो यही कि प्रजनन-स्वास्थ्य के मसले को आप स्त्री और पुरुष की सुस्पष्ट कोटियों में बाँटकर नहीं देख सकते। शुरुआत आपको बच्चों की स्वास्थ्य-रक्षा से करनी होगी ताकि आप उनका विश्वास जीत सकें। पर इसमें समय लगता है और बड़ा धीरज रखना होता है। किशोरों के लिए कार्यक्रम चलाने की बात सबसे बाद में होनी चाहिए। एक समूह के रूप में किशोर सर्वाधिक महत्त्वपूर्ण हैं किन्तु उन तक पहुँचना और उन पर पकड़ बनाए रखना सबसे कठिन है। लड़कियों की शादी हो जाती है लड़कों को रोजगार मिल जाता है और वे कहीं दूर उड़ जाते हैं। शायद हमें एक ज्यादा बेहतर समग्र-योजना तथा चौपालनुमा केन्द्र बनाने होंगे जहाँ रोजगार के बारे में सूचना, पुस्तकालय तथा नाटक और संगीत आदि की कक्षाएँ भी चलें। हमें इस क्षेत्र में और ज्यादा काम करना है। लेकिन अन्ततः यह सारा कुछ इस बात पर निर्भर है कि हम इन लोगों की स्वयं की क्षमता का कितना विकास कर पाते हैं।

अगले दिन—29 अप्रैल की सुबह—उर्मी सिनी के महानगर स्थित 'आशा-केन्द्र' पर मेरी प्रतीक्षा कर रही थी। वह कलकत्ता विश्वविद्यालय से मनोविज्ञान में स्नातक है और महानगर की पुलिस के लिए उसने बेसहारा तथा भगोड़े बच्चों को परामर्श देने का काम

किया है। उर्मी ने बताया कि यह केन्द्र सड़क पर भटकते बच्चों की देखभाल करता है। इसमें कलकत्ता की गलियों में मारे-मारे फिरनेवाले बहुत से बच्चे हैं, जो घरों में झाड़ू-बुहारू का काम करते हैं या चिन्दी बीनते हैं। यह सभी इतनी तरह से शोषित होते हैं कि अधिकांश मध्यवर्गीय नागरिक कल्पना तक नहीं कर सकेंगे। यौनकर्मियों के बच्चे भी इनमें शामिल हैं। माँ-बाप से वंचित सभी बच्चों में निरक्षरता व्याप्त है—इस वजह से मादक द्रव्यों तथा एस.टी.डी. जैसी बीमारियों के चंगुल में भी ये बच्चे सहज ही आ जाते हैं। इनमें से बेघर बच्चों के लिए रात का वक्त बड़ा भयावह होता है—इसी समय जरायमपेशा और अपराधीवृत्ति के लोग बाहर निकलते हैं। सिनी रैनबसेरों, चौपाल (ड्राप-इन-सेंटर) तथा हाफ-वे हाउस के जरिए इन्हें परामर्शी शिक्षा और मनोरंजन मुहैया कराने की कोशिश कर रही है।

इनमें से किस वर्ग की देखभाल सर्वाधिक कठिन है—मैंने उर्मी से पूछा। उसने साँस खींची और विचारमग्न हो गई। उसका चेहरा सुन्दर है और आँखों से एक बुजुर्ग महिला की अथाह उदासी झाँकती है—जिसने सब कुछ देख रखा हो। उसके वाक्य ठहरे-ठहरे से थे :

''सबको परेशानियाँ हैं लेकिन सड़कों पर मारे-मारे फिरनेवाले परित्यक्त बच्चों को सँभाल पाना सबसे कठिन होता है। इन बच्चों ने किसी तरह की सुरक्षा या प्यार नहीं जाना है, सिर्फ शोषण भुगता है। वे इस कारण किसी बुजुर्ग पर विश्वास नहीं करते, कोई नियम नहीं मानते और अपनी स्वतन्त्रता तथा मनमर्जी को ही महत्त्व देते हैं। वे खूब सिगरेट बीड़ी पीते है—कई मादक द्रव्यों का सेवन भी करते हैं—इनमें असुरक्षित यौनाचार भी आम हैं, और वे रोज हर तरह के उत्तेजक सिनेमा देखते हैं। सड़कों पर धक्के खा-खाकर ज़िन्दगी के प्रति उनका रुख झुंड में शिकार करनेवाले पशुओं की तरह हो जाता है। कक्षाओं में वे अनमने हो जाते हैं और दूसरों को भी भागने या नागा करने के लिए उकसाते हैं। यौनकर्मियों तथा झोंपड़पट्टियों के मजदूरों के बच्चे का कम से कम एक परिवार तो होता है—भले ही हमारे—आपके परिवार से वह कितना भी भिन्न क्यों न हो। उनमें से अधिकांश की एक माँ होती है, जो मारपीट करे तो भी उनकी देखभाल करती है और उनसे जवाब-तलब करती है। दूसरी तरफ ये बेघर बच्चे हैं जिनका जब से होश सँभाला है, समाज या नियम-कायदों से कुछ लेना-देना नहीं रहा। वे बस अपने हमजोलियों पर विश्वास करते हैं। इसलिए अब हम ऐसे 327 प्रशिक्षित हमजोलियों के जरिए ही उन तक पहुँचने की कोशिश कर रहे हैं।

उर्मी ने बताया कि उसने कुछ यौनकर्मियों से बात कर रखी है। इनके साथ सिनी ने काम किया है और ये बेडन स्ट्रीट कार्यालय में हमारी प्रतीक्षा में होगी।

हमारी कार कलकत्ता की भरी-पूरी और कोलाहल मचाती गलियों में अपने लिए रास्ता ढूँढ़ते चली जा रही थी। इसी दौरान उर्मी ने मुझे यौनकर्मियों से सिनी के मेल-जोल और उनके समुदाय के सामने खड़े एच.आई.वी./एड्स के खतरों के बारे में बताने लगी। यौनकर्मियों के सर पर सबसे बड़ी धुन यह सवार है कि अपने बच्चों—खासकर लड़कियों

को लालबत्ती इलाके से कैसे दूर रखा जाए। उन्हें पता है कि उनके बच्चे यौन-दुराचार तथा दलाली के शिकार हो सकते हैं—शाम के समय में तो और भी ज्यादा क्योंकि उस समय इनकी 'माताएँ' ग्राहकों के साथ होती हैं। इसी कारण सिनी ने 'सन्ध्या-चौपाल' शुरू किया है। इसे 'क्लब' कहा जाता है। इन केन्द्रों पर ऐसे बच्चों को शिक्षा, मनोरंजन, तथा परामर्श प्रदान किया जाता है और उनके 'होम-वर्क' में हाथ बँटाया जाता है। माताएँ भी पूरी सक्रियता से इन केन्द्रों का समर्थन और मदद देती हैं—उन्हें पता है कि यहाँ उनके बच्चे सुरक्षित हैं। कुछ 'ज्यादा जोखिम' (High risk) की शंकावाले बच्चियों को आवासीय विद्यालयों में रखा गया है लेकिन ज्यादातर बच्चे अपनी माताओं के साथ रहना चाहते हैं और माताएँ भी उन्हें नजदीक रखना चाहती हैं।

एच.आई.वी./एड्स तथा एस.टी.डी. इन बच्चों के स्वास्थ्य के लिए नए और सर्वाधिक बड़े खतरे हैं। सिनी अपने दूर-दराज के क्लिनिक में एक वर्ष में लगभग 4800 बच्चों का उपचार करती है। राष्ट्रीय एड्स नियन्त्रण संगठन (नाको) द्वारा अभिकल्पित 'ट्रेनिंग रिसोर्स ग्रुप फॉर टारगेटेड इंटरवेंशन' की अब सिनी सदस्य है। हम लोग 'बेडन स्ट्रीट' कहलानेवाली एक सँकरी गली के मुहाने तक आ चुके थे। हमलोगों ने पैदल चलना उचित समझा। बड़ी-बड़ी इमारतें, खुले हुए नाली-कुंड तथा जिज्ञासा से ताकते हुए लोग हर तरफ थे। गाय और कुत्ते चुप, अपने में मगन दिख रहे थे। केन्द्र पर बीसेक महिलाएँ हमारी प्रतीक्षा कर रही थीं। दीवार पर टैगोर, नेहरू, राजीव, मदर टेरेसा और भारत की रंगीन तस्वीरें टँगी थीं। दिन का समय था और अधिकांश महिलाओं की आँखें नींद से बोझिल थीं। मैंने भेंट करने के लिए उनका शुक्रिया अदा किया और नींद में खलल डालने के लिए क्षमा माँगी। उर्मी ने सकुचाते हुए मेरा परिचय राष्ट्रीय टी.वी. समाचार वाचिका के रूप में कराया। 'आप सबको इनका चेहरा ज़रूर याद होगा—' उसने हँसते हुए अपनी बात पूरी की।

''नहीं-नहीं''—सन्ध्या अधिकारी बोल पड़ी, ''हमारे भाग्य में सोना या टी.वी. देखना नहीं बदा है—माँ, इसलिए हम आपको नहीं जानते। एक टी.वी. तो हमेशा हमारे भीतर चलते रहता है—'' उसने दोस्ताना से कहा—बाकी महिलाएँ भी हँस पड़ीं मानो इसी के इन्तज़ार में हों।

''हमारी सबसे बड़ी समस्या तो हमारे बच्चे ही हैं—सन्ध्या ने कहना जारी रखा—होस्टल जाना मुश्किल है—यहाँ हम उनको रखना नहीं चाहते। हम ज्यादा देर तक खटते हैं और खाना-सोना भी देर से होता है। यह सब स्वास्थ्य के लिए हानिकारक है। डॉक्टर के पास जाना भी ज़रूरी होता है। हर बार 30 रुपए की फीस लगती है—150-200 रुपयों की दवाइयाँ अलग से। ग्राहकों में कंडोम का इस्तेमाल बढ़ रहा है—फिर भी हमें अक्सर डॉक्टर के पास जाना पड़ता है। हम अपने इलाके की स्त्रियों के पास जाकर एच.आई.वी./एड्स या एस.टी.डी. से आगाह करने के लिए फ्लिप चार्ट दिखाते हैं। हमारी एक 'हॉट लाइन' भी है। नहीं—हमें शर्म क्यों आएगी—माँ। मैंने एड्स के बारे में टी.वी. पर बताया है। माँ—हमारी समस्या रुपया है—शर्म नहीं। डॉक्टर कहते हैं कि

दस्ताने पहने लेकिन हम कैसे खरीद सकते हैं ? अब एक नया एड्स अस्पताल बना है लेकिन न टॉनिक के लिए पैसा है, न आराम के लिए समय। हम लोगों की उम्र ढलती जा रही है और 'फ्लाइंग स्क्वायड' से भी कड़ी प्रतिस्पर्धा मिलती है। 'फ्लाइंग स्क्वायड' ? क्या पुलिस के बारे में कह रही हो ?''

''नहीं-नहीं,'' महिलाएँ मेरी अज्ञानता पर हँसीं, ''पुलिस तो खुद ही हमारी ग्राहक है। दरअसल ये तो घरेलू बीवियाँ और कॉलेज की लड़कियाँ हैं। पति और पिता दफ्तर में हों तो ये जल्दी-जल्दी पैसा बनाने के फिराक में निकल पड़ती हैं। ये लोग दस बजे सुबह निकलती हैं जब हम ग्राहकों को निपटाकर आराम कर रहे होते हैं। साँझ होते-होते हमारे लिए बहुत कम ग्राहक बचते हैं। यह भी सच है कि गाँठ के पूरे ग्राहक इन शिक्षित और सजी-सँवरी 'बेदाग' औरतों को पसन्द करते हैं। उन्हें लगता है हमें एड्स या एस. टी.डी. होगा। माँ—इन दिनों तो हमारे पास ग़रीब रिक्शाचालक और दिहाड़ी खटनेवाले ही आते हैं। वे अनजान और बदमाश होते हैं—कंडोम इस्तेमाल करने को कहो तो लड़ पड़ते हैं।

पाँचू, सन्ध्या जो इस इलाके में पली-बढ़ी हैं—सबका कहना था कि '' 'फ्लाइंग स्क्वायड' हमारा व्यवसाय चौपट कर रहा है।''

केन्द्र का प्रभार एक शिक्षक सौमित्र के हाथ में है। उसका कहना है कि ''इस इलाके के बच्चे बगैर वजीफे के मात्र हुनर सीखने को कक्षाओं में नहीं आना चाहते। हम उन्हें यहाँ काम में लगाए रखना चाहते हैं लेकिन उन्हें रुपया तो नहीं दे सकते,'' उसने उदासी से कहा।

''लेकिन सौमित्र उन बच्चों को मदद करने की हर सम्भव कोशिश कर रहे हैं जो रुकेंगे ओर सीखेंगे,'' सन्ध्या ने नरमी से कहा। बासमती विष्णु 16 वर्ष की उम्र में 'बेडन स्ट्रीट' आई थी। एक औरत ने उसे शहर में नौकरी दिलाने का लालच देकर फाँस लिया था।

''हमारे परिवार में सब जन हम पर ही तो आश्रित हैं माँ हम किसी का आश्रय नहीं ले सकतीं,'' उसने एक सूखी हँसी हँसते हुए कहा।

''पैसे कम हों और कई जनों का पेट भरना हो तो क्या किया जाए, दीदी ? हमें जाना तो पड़ेगा न। यहाँ तक कि हमारे गाँव के परिवारवाले हमसे उगाही करते हैं। वे गाँव से बस पैसा ऐंठने के लिए चले आते हैं। हमारा घर तो रिश्तेदारों से भरा एक चिड़ियाघर है।

''क्या तुम्हारे दल के परामर्श से दूसरी स्त्रियों को 'असुरक्षित यौन' के खतरों के बारे में जानकर कुछ लाभ होता है ?''

''यहाँ औरतों को बताने-समझाने की ज़रूरत नहीं। वे स्वयं जानती हैं।''

तीन-चौथाई ग्राहक अब 'सुरक्षित यौन सम्बन्धों' के बारे में जान गए हैं। बस हाथरिक्शा खींचनेवाले, रिक्शा चलानेवाले बहुत गरीब ग्राहक ही इससे अनभिज्ञ हैं और यही लोग हैं जो बिना सुरक्षा के यौन-सम्बन्ध बनाने पर जोर देते हैं। जब व्यवसाय मन्दा

चल रहा हो तो हमें उन्हें अन्दर लाना ही पड़ता है—क्या किया जाए—औरत की ज़िन्दगी ऐसी है !

छोटी प्यालियों में चाय आई। सन्ध्या ने दीवार पर टँगी तस्वीरों की तरफ हाथ लहराते हुए कहा, "माँ, हम भी साफ-सुथरा जीवन जीना चाहते हैं—लेकिन एक बार हमारी जैसी अवस्था हो जाए—तो फिर कोई निकले कैसे ? इसलिए हम उपलब्ध बेहतर विकल्प चुनते हैं—हम उन्हें 'सुरक्षित यौन' के बारे में बताते हैं और जिन्हें 'राक्षस रोग' (राकोस बैथा) ने पकड़ लिया है और उन्हें ठीक होने में मदद करते हैं।

"क्या हाल-फिलहाल इस तरह का मामला पेश आया है ?"

हमारे संगीत-शिक्षकों में से एक ने हमीं एक से शादी की। उसे रतिज रोग था तो उसने लड़की को बता दिया और कहा कि मैं यह रोग तुम्हें नहीं लगाऊँगा। लड़की ने फिर भी उससे शादी कर ली। खूब सेवा की। पर वह अब नहीं रहा। बेचारा।

"एक मामला कलकत्ता से बाहर का है," एक बीच में बोली।

"कैसा मामला ?"

नज़दीक के गाँव की ही बात है। एक बेटी मुम्बई के ट्रक-ड्राइवर से ब्याही गई। उसने बीवी को मरणासन्न स्थिति में घर लाकर छोड़ दिया। घरवालों को उसके रोग की प्रकृति के बारे में कुछ नहीं बताया। जैसे ही भाई को बीमारी के बारे में पता चला—परिवार उसे निकालने पर तुल गया। फिर किसी ने उसे हमारे 'क्लब' के बारे में बताया—वह हमारे पास आई। माँ, अपनी बेटी को नहीं त्यागना चाहती थी लेकिन परिवारवाले ऐसा करने पर तुले थे।"

"फिर क्या हुआ ?"

"होना क्या था ? हम उसे अस्पताल ले गए। नर्स और डॉक्टरों ने कहा कि तुम्हें तो एड्स के रोगियों की देखभाल का प्रशिक्षण दिया गया है—उसकी मदद करो। हम बारी-बारी से उसे पानी चढ़ाते-खाना खिलाते। जल्दी ही अभागी मर गई। श्मशान-घाट पर चांडाल ने भी यह जानकर कि वह एड्स से मरी है, उसका शरीर छूने से इनकार कर दिया। अन्त में हमी ने उसे एक पॉलिथीन की चादर में लपेटा और जला दिया। उसकी माँ के पास अब भी कभी-कभी हम आती हैं और वो हमें असीस देती हैं कि जो परिवारवाले न कर सके वह हमने किया। हम कहते हैं—असीस देना हो तो माँ यही मनाओ कि दोबारा हमें इस गली में न जन्म लेना पड़े।"

"क्या किया जाए—औरत की ज़िन्दगी ऐसी ही है, माँ !"

अध्याय-3

ईश्वर की ड्योढ़ी पर आह्लाद

पुणे (महाराष्ट्र)

जानी कहे सुन मोरे स्वामी
तेरी ड्योढ़ी छूने को
बनी मैं कुलटा...।

(मराठी कवयित्री जानाबाई14वीं सदी)

पुणे का वह वाई.डब्ल्यू.सी. एक होस्टल साफ-सुथरा, खुशगवार था और बड़े कायदे से चलाया जा रहा था। कमरों की खिड़की से बागीचा दिखता था। रंगारंग झाड़ियों का हर झुरमुट खूब चिकनाया और हरा-भरा था, बाहर की झुलसा देनेवाली गर्मी के बावजूद। साँझ का समय था और कपासी मेघों का आकाश में जमघट लगा था। कमरे में सामान रखकर नीचे उतरी तो स्वागत-कक्ष में 'सहारा' संस्था के अन्ना और मारिया मेरे इन्तजार में थे। हम सीधे गाड़ी में जा बैठे। वहाँ सूसन राज और अर्जुन ने सस्मित नमस्कार किया। सूसनराज केरल की है लेकिन पली-बढ़ी मध्य प्रदेश में। अर्जुन मारिया का छोटा बेटा है, दुबला-गोरा और तनिक गम्भीर सा बच्चा। गाड़ी के बातून ड्राइवर हाजी ने उनका परिचय कराया। हाजी बोला कि वह खुद रसोइए का काम तो करता ही है साथ में ज़रूरत पड़े तो हुकूमत और रोजर की एड्स पीड़ित रोगियों की देखभाल में मदद करता है।

—हुकूमत कौन ?

—अब्बी बाई आपकूँ हमारे लक्ष्मीनगर कार्यालय में उनसे भेंट होगी। हमने सोचा था कि मौका-मुआयना पर आपके पहुँचते-पहुँचते हम वहाँ आपको अपने काम-काज के बारे में बता दें।

'सहारा' की परियोजना 'आह्लाद' पुणे और आसपास के इलाके के 150 एच.आई.वी./एड्स रोगियों की सेवा में समर्पित है। यहाँ कार्यरत नौजवानों की एक टोली एच.आई.वी. पॉजिटिव लोगों की पहचान करती है : उन्हें चिकित्सकीय सहायता मुहैया कराती है और पूरक पोषाहार भी। यह टोली बाद में उन्हें रोजगार ढूँढ़ने में भी मदद करती है। एड्स रोगियों को संस्थागत चिकित्सा लम्बे अरसे तक दरकार होती है, अतः इस टोली ने अस्पताल, डॉक्टर तथा विशेषज्ञों के एक पूरे नेटवर्क से भी अच्छा तालमेल बिठा रखा है और जो रोगी विभिन्न कारणों से अस्पताल तक नहीं आ पाते, टीम उनके घर जाकर मदद करती है।

एच.आई.वी./एड्स के मुद्दे पर आम जनता के बीच अज्ञान और भय का बहुत घना कुहासा है। उधर आधिकारिक स्वास्थ्य-तन्त्र में भी इसे लेकर उपेक्षा और घृणा की जो भावनाएँ व्याप्त हैं, वह इन मरणासन्न और कातर रोगियों के प्रति सरकारी स्वास्थ्य-कर्मियों के व्यवहार को उपेक्षापूर्ण और क्रूर बनाती है।

संयुक्त राष्ट्र संगठन के ताजा आँकड़े बताते हैं कि एच.आई.वी. ग्रस्त लोगों की तादाद के लिहाज से विश्व में भारत का स्थान दूसरा है। पर यह तथ्य जब भी रेखांकित

किया जाता है तुरत बड़ी सरगर्मी से कुछ लोग इसे भारत का नाम बदनाम करने की विदेशी साजिश कह देते हैं, और बाद में इसकी लीपा-पोती कर दी जाती है। एच.आई.वी. का पहला मामला भारत में 15 वर्ष पहले प्रकाश में आया था। इसके बाद से अब तक विभिन्न राज्यों में 30 लाख 86 हजार और लोग इस वायरस से ग्रसित पाए जा चुके हैं। यह खुद सरकार का अधिकाधिक आकलन है, जो स्वतन्त्र शोधकर्ताओं के लिए आकलन से बहुत कम है। सरकार ने अपने वार्षिक एड्स-नियन्त्रण बजट को मात्र 210 करोड़ की रकम आवंटित की है। इस राशि का भी अधिकांश भाग 'एड्स जागरूकता' अभियान चलाने तथा वेश्या बस्तियों में निःशुल्क कंडोम बाँटने पर खर्च होता है। देश में खतरे की आशंकावाले लोगों की संख्या बहुत ज्यादा है पर चिकित्सा आपूर्ति की प्रणाली अभी दोषपूर्ण और अपर्याप्त है। इसके चलते जरूरत के वक्त अक्सर स्वास्थ्यकर्मियों के पास गर्भनिरोधकों का अभाव हो जाता है। वे माँग उठाते हैं तो पाते हैं कि सरकार द्वारा शुरू किए गए एड्स विषयक जन-जागरण अभियान के तार नौकरशाही की लम्बी श्रृंखला में उलझ गए हैं। जो कार्यक्रम तय होते हैं, उनमें विचारों का कोई तर्क नहीं होता। नतीजतन पैसा भी डूबता है और कार्यक्रम भी।

यह एक मिथक है कि इस रोग की पकड़ में समलैंगिक जोड़े ही आते हैं। राष्ट्रीय एड्स नियन्त्रण संगठन (नाको) के आँकड़ों के अनुसार भारत में इस रोग के 73.8% मामलों में एच.आई.वी. संक्रमण का जिम्मेदार स्त्री-पुरुष के बीच असुरक्षित यौनाचार (Hetrosexual promiscuity) है। 8.8% मामलों का कारण रोगी द्वारा संक्रमित सुइयों द्वारा मादक-द्रव्य लेना है। मात्र 0.8 प्रतिशत मामलों में ही समलैंगिक यौन-सम्बन्ध कारण रहा है। किन्तु सरकार ने प्रचार के लिए जो सामग्री तैयार की है उससे मोटी तौर पर जनता के लिए सन्देश निकलते हैं कि—(क) एड्स एक ला-इलाज रोग है और (ख) एक ही साथी से यौन-व्यवहार तथा कंडोम के उपयोग के जरिए इस पर नियन्त्रण पाया जा सकता है।

'सहारा' की 'आह्लाद' परियोजना का अनुभव (पुणे में स्थित उनके लक्ष्मी नगर केन्द्र में काम करते हुए) यह रहा है कि तमाम मीडिया अभियानों और गोष्ठियों के बावजूद आज भी निर्धन शहरी लोगों में एच.आई.वी./एड्स को लेकर लगभग पूरी तरह अज्ञान व्याप्त है। अधिकांश लोगों (मर्दों) को अपने एच.आई.वी. ग्रस्त होने का पता तभी चल पाता है जब वे अपनी तकलीफ़ को कोई गाहे-बगाहे होनेवाला यौन संक्रमण मानकर परीक्षण करवाने डॉक्टर के पास जाते हैं। सरकारी अस्पतालों की अक्षमता तथा गोपनीयता के अभाव से ग़रीब लोग मुख्यतया ऐसे में निजी-चिकित्सकों के ही पास जाते हैं। चिकित्सक उन्हें आँख का अन्धा मानकर पहले सिर्फ अपनी गाँठ भरते हैं। शुरू में वे खूब महँगे परीक्षणों की पर्ची लिखकर अपना लाभ सुनिश्चित कर लेते हैं, और अन्त में जब गरीब मरीज इस तरह के परीक्षणों का खर्च और ज्यादा वहन करने में असमर्थ हो जाता है, तो ही वे उसे एड्स संक्रमण और मर्ज के लाइलाज होने की बात बताते हैं। ऐसे में मरीज और उसका परिवार मौत से पूर्व ही बर्बादी की कगार पर पहुँच

जाया करता है।

कार्यकर्ता रोजर ने कहा कि हमारे समाज में एड्स को लेकर डर व शर्म दोनों प्रबल हैं। "हमें कोई मरीज भी ऐसा नहीं मिला जो अपने परिवार को सीधे-सीधे बता दे कि उसे एड्स है।" छरहरे बदन का विनम्र हँसमुख रोजर मणिपुर का है। विश्वास करना कठिन है कि कुछ ही वर्ष पहले मादक-द्रव्यों की लत छुड़ाने के लिए उसका लम्बा इलाज चला था। बाद में उसी संगठन के दिल्ली स्थित मुख्यालय में उसे दूसरे लतियों को सुधारने का प्रशिक्षण मिला था। फिलिप की कहानी भी कुछ ऐसी है। खुशमिजाज फिलिप मूलतः तमिल है परन्तु पला-बढ़ा कलकत्ता में। वह पहले टैक्सी चलाता था और उसे भी मित्रों की कृपा से मादक-द्रव्यों की लत लग गई। दोनों ने इस लत से छुटकारा पाने के बाद निर्णय किया कि संगठन से जुड़कर एच.आई.वी./एड्स पीड़ितों के लिए काम करेंगे।

"लोग तब (एड्स पीड़ित होने पर) क्या करते हैं ?"

"यदि मरीज विवाहित पुरुष है तो अधिकांश मामलों में हमने देखा है कि परिवार उसे अपने से अलग कर देता है। बस बेचारी पत्नी ही उसका साथ नहीं छोड़ती। वह भी इसलिए कि अधिकांश मामलों में बाल-बच्चे होते हैं और पति ही उनका एकमात्र सहारा होता है। पत्नी पहले अपना गहना-गुरिया बेचती है। जो कुछ भी पास हो उसे गिरवी रखती है और पति को बचाने की हरचन्द कोशिश करती है। इस बीच यदि उसका 'आदमी' उसके साथ सोता है, तो इस क्रम में पत्नी भी संक्रमित हो जाती है और ऐसे सम्बन्धों से यदि बच्चा पैदा हो, तो वह भी एच.आई.वी. पॉजिटिव होता है। इस तरह मरणासन्न पति की पत्नी पर एक के बाद एक मुसीबतें आन पड़ती हैं। पता चले तो सरकारी प्रचार के कारण लोग इसे लाइलाज छूत का रोग समझते हैं और इससे 'प्लेग' की भाँति डरते हैं। सो रोग का राज प्रकट होने पर रातोरात पड़ोसी भी ऐसे जोड़ों का अछूत समझने लगते हैं। वे अपनी स्त्रियों से उस महिला से मिलने नहीं देते। इतना ही नहीं उसे सार्वजनिक नल या कुएँ से पानी तक नहीं भरने दिया जाता। उनके बच्चों तक को सामाजिक-निर्वासन झेलना पड़ता है।"

"रोगी मर जाए तो क्या होता है ?"

"अक्सर पत्नी और बच्चे को, यदि मरीज के परिवार के साथ रह रहे हों, तो उन्हें घर से बाहर निकाल दिया जाता है। परिवार मान लेता है कि इस दौरान जरूर उन्हें भी संक्रमण लग ही गया होगा। गाँवों में यह भी देखा गया है कि एड्स-रोगी के मर जाने पर उसकी झोंपड़ी जला दी गई और उनकी जमीन तथा धन-सम्पत्ति लोग हड़प गए। ऐसी हालत में अक्सर पत्नी के लिए कोठे की राह लगने के अलावा कोई चारा नहीं बचता। एड्सग्रस्त वेश्या बनकर वह संक्रमण और आगे फैलाती है।

"एड्सग्रस्त वेश्या के साथ अन्ततः क्या होता है ?"

"जितने समय तक सम्भव हो वह पेट और बच्चे पालने के लिए 'पेशा' करती है। फिर हाथ-पाँव जवाब दे जाएँ तो दलाल लोग उसे दूर के किसी सरकारी अस्पताल में

डालकर खुद रफू-चक्कर हो जाते हैं। परम्परागत यौनकर्मी मसलन देवदासी इस मामले में थोड़ी सौभाग्यशाली होती हैं। क्योंकि कम से कम एक लम्बे समय से मन्दिर परिवार में उनका दूसरी देवदासियों से पारिवारिक किस्म का बहनापा बन चुका होता है, और वे प्रेम के कारण उसकी अन्त तक रोगिणी की देखभाल करती हैं। 'धन्धा करनेवाली यौनकर्मी' को तो लोग 'अछूत' ही समझ लेते हैं। कभी-कभी यह भी देखा गया है कि मुम्बई का दलाल यह जानकर कि वह एड्स-पीड़ित है उसे पुणे के अस्पताल में ले आएगा जहाँ उसे कोई नहीं जानता। बीमार को वहाँ डालकर वह फिर गलत पता लिखवाकर खुद चम्पत हो जाता है। बहुत सी यौनकर्मी यहाँ (महाराष्ट्र), नेपाल और कर्नाटक जैसे सुदूर क्षेत्र से आती हैं, सो एक बाहरी के रूप में उनकी मुम्बई में भी कोई स्थानीय परिवार या रिश्तेदारी नहीं होती। फिर एक बार उन्हें पता चल जाए कि उन्हें 'कैसा रोग है' तो वे घर भी लौटना नहीं चाहतीं। किस मुँह से जाएँ ? वे पूछती हैं, कौन हमें स्वीकार करेगा ?

सूसन राज कुछ समय से यौनकर्मियों के बीच काम करती रही है। उसने बताया, "अधिकांश मामलों में रोग प्रकट होने के पहले ही परिवार से इन रोगिणियों का रिश्ता पूरी तरह टूट चुका होता है। इस कारण एड्स आ घेरे तो ये 'औरतें' एकदम अकेली पड़ जाती हैं। 'सुरक्षित-यौन सम्बन्धों की ज़रूरत उन्हें मालूम है लेकिन लक्ष्मीनगर जैसे अपेक्षाकृत गरीब इलाके में उनके अधिकांश ग्राहक दिहाड़ी पर खटनेवाले गरीब प्रवासी मजदूर हैं। इसलिए यहाँ यौन-व्यवसाय सस्ता है। लेकिन दिक्कत यह है कि प्रायः अनपढ़ ग्राहक कंडोम इस्तेमाल करने में आना-कानी करते हैं और कहीं ये रुपए भी हाथ से निकल न जाएँ इस भय से यौनकर्मी उन पर इसके लिए ज्यादा दबाव भी नहीं डाल सकतीं। यहाँ सबको पैसे की किल्लत है। जो कमउम्र वेश्याएँ हैं, वे बेहतर लालबत्ती इलाकों में धन्धा चलाती हैं। जो ढल चुकी हैं या बीमार हैं, वे ही यहाँ आती हैं। सस्ते में सौदा पटाना उनकी मजबूरी है।

"क्या संक्रमित गृहवधुओं की संख्या ज्यादा है ?"

"यह तो एक दुश्चक्र की तरह है। गृहवधुओं को यह रोग उनके पति से लगता है जो कहीं और से संक्रमित होकर आते हैं। होता यह है कि मर्द प्रायः शहर में टैक्सी या टेम्पो चलाने का काम करते हैं। घर जाने से पहले अपने संगी-साथी के साथ वे हड़बड़ी में शराब और मौजमस्ती को जा निकलते हैं। उनमें कुछ बाजू के लालबत्ती इलाके में भी चले जाते हैं, और इस तरह 'रोग' को वे घर ले आते हैं," गृहवधू से यह फिर अजन्मे गर्भस्थ बच्चों तक चला जाता है।"

खुशमिजाज और बहुधन्धी ड्राइवर हाजी ने सवेरे-सवेरे ही गाड़ी तैयार रखी थी और अगली सुबह मैं उसके साथ लक्ष्मीनगर के लिए रवाना हुई। लक्ष्मीनगर इलाका पुणे शहर की व्यापारिक मंडी की तरफ पड़ता है। यहाँ 'सहारा' एक क्रेश (शिशुगृह) चलाता है। जो एच.आई.वी. पॉजिटिव बच्चों और उनके माता-पिता की ज़रूरतों को पूरा करता है। इसने बड़े साहसपूर्वक कम संसाधन में इन परित्यक्तों की भावनात्मक, चिकित्सकीय,

शैक्षिक तथा पोषाहार विषयक जरूरतों को पूरा करने की कोशिश की है। 'क्रेश' जिन लोगों की सेवा कर रहा है उनमें अधिकांश घरेलू नौकर अथवा दिहाड़ी पर खटनेवाले मजदूर हैं। कुछ का स्व-रोजगार भी है। यदि ये लोग दवाइयों के लिए कुछ पैसा बचा भी लें तो भी पोषाहार के लिए इनमें किल्लत बनी रहती है। रोजर और फिलिप ने किताबें तथा रोग पर लिखी अन्य सामग्रियों को पढ़-पढ़कर खुद के प्रयास से उनके लिए कुछ सस्ते पूरक पोषाहार तैयार किए जाते हैं। वे इसमें मूँगफली, मसूर, गेहूँ, गुड़, केला, पालक तथा नीबू के रस का प्रचुरता से उपयोग करते हैं। इस पोषाहार के पैकेट वे मरीजों में बाँटते हैं। वे मरीजों से कहते हैं, ''खाओ-खाओ—तुम्हें अपनी ताकत बनाए रखनी चाहिए। मौत से लड़ने की ताकत मत गँवाओ।''

गर्द-भरे दरवाजे के पीछे बैठा रोजर मेरी प्रतीक्षा में है। जब वह मुस्कुराता है तो खुरदरे गाल ऊपर चढ़ जाते हैं और हँसती हुई आँखें सिकुड़कर एक झिर्री का आभास देती हैं। उसके हाव-भाव में पूर्वोत्तर के आदमी की शाहाना ठसक है। पाँच गुणे पाँच फीट का उसका कमरा अपनी बनावट में विचित्र है। कमरे के बीचोबीच एक पर्दा बँटवारे की लकीर बनकर लटका है। पर्दे के उस तरफ बच्चों के खेलने की आवाज़ें आ रही हैं। नीचे साइकिल मरम्मती की दुकान पर किसी को चाय बनाने की आवाज़ लगाई गई। जल्दी ही चाय आ गई। रोजर ने शोर मचाते टेबल-फैन से सावधानीपूर्वक बचाते हुए मेरे आगे एक नन्हा भपाता ग्लास रख दिया। कमरे में उस टेबल फैन के अतिरिक्त एक डेस्क और दो टीन की कुर्सियाँ किसी तरह अँटी थीं। हमारे सर से कुछ ऊँचाई पर आला बना था। जिसमें कार्डबोर्ड के डिब्बों में साफ-साफ नाम लिखी दवाइयाँ, फर्मा-पट्टी, रुई, पोषाहार तथा शोधक-द्रव्य रखे थे।

सुन्दर चेहरे और अपनी उदासी से बेधती आँखोंवाली एक दुबली-पतली साँवली लड़की ने कमरे में कदम रखा। यह सुधा (वास्तविक नाम नहीं) है—मुझसे कहा गया। पति की एड्स से मृत्यु हो जाने के बाद सुधा ने 'आह्लाद' से नाता जोड़ा। पति मुम्बई में टेम्पो-ड्राइवर था और सुधा से शादी करने से पहले ही उसे एड्स के विषाणु लग चुके थे। सुधा का परिवार गरीब था। दो कौड़ी को मुँहताज, अपनी साधारण आमदनीवाली नर्स बहन के साथ रहनेवाली इस लड़की से कोई सचमुच शादी करना चाहता है—यह जानकर परिवार खुशी से फूला न समाया।

''मैं अबोध थी और मुझे नहीं पता था कि उसे एड्स है। हाँ, इतना मैं जानती थी कि वह बिल्कुल चंगा नहीं है। किन्तु मैंने सोचा खूब सेवा की, तो समय के साथ वह ठीक हो जाएगा। समय-समय पर वह कहता कि उसका गुप्तांग सूज गया है और उसके दर्द है। वह सेंक के लिए नमक मिला गर्म पानी माँगता था। मैं पानी गर्म करके उसे कटोरे में दे देती लेकिन मुझे कभी यह पूछने का साहस नहीं हुआ कि उसे कौन सा रोग है,'' सुधा ने मानों स्वयं से बुदबुदाते हुए कहा।

सुधा का पति जानता था कि वह 'एच.आई.वी. पॉजिटिव' है किन्तु उसने सुधा को नहीं बताया। लेकिन फिर भी उसने इतनी दया दिखाई कि पत्नी से कहा उसे बच्चे

नहीं चाहिए। पर सुधा को क्या पता था कि वजह क्या है ? उसने जोर दिया। ससुरालवाले बच्चे के लिए लालायित थे और निपूती बहू को बर्दाश्त नहीं कर पा रहे थे। सास ने सुधा को कई बार सुनाते हुए कहा भी था कि वह बाँझ को बाहर कर अपने बेटे के लिए कोई दूसरी बहू लाएगी जो पोता जने। आखिरकार सुधा ने गर्भ-धारण किया। पेट सात-आठ माह का होने पर सुधा का पति बहुत बीमार पड़ा और उन्हें मुम्बई से वापस पुणे परिवार के साथ आना पड़ा। इसके बाद जल्दी ही वह मर भी गया। हफ्ता भी नहीं गुजरा होगा कि ससुरालवाले सुधा से बुरा बरताव करने लगे। और अन्ततः उसे घर से निकल जाने को कह दिया गया। सुधा ने बताया कि पुणे में तब तक उसका जीवन घोर नरक बन गया था। रोग के घातक अन्त का पता चल जाने पर उसका पति खूब अन्यमनस्क और अन्तर्मुखी हो गया था। उसके अन्दर हताशा घर कर गई थी और उसका मिजाज खूब चिड़चिड़ा हो गया था। पहले वह खूब शराब पीता था लेकिन बाद में उससे तौबा कर ली। यह बात बिल्कुल साफ थी कि वह वैसे अच्छा और नेक आदमी था पर उसमें इतना साहस नहीं था कि अपनी बीमारी के बारे में पत्नी को ठीक से बताता। इस कारण आज सुधा को यह भी रोग हो गया है। पति की मौत के बाद जन्मी उसकी डेढ़ वर्ष की बेटी का अभी परीक्षण नहीं हुआ है। इसी बीच सुधा के पिता भी जाते रहे और सुधा आज अपनी माँ के साथ रह रही है। शिशुगृह के काम से उसे कुछ पैसे मिल जाते हैं। जो वह बच्ची की देखभाल की एवज में माँ को दे देती है। बाद को शिशुगृह में हमारी भेंट सुधा से फिर हुई। एक शिक्षक के रूप में वहाँ लोकप्रिय थी। देवदास, भीम तथा गणेश नाम के तीन भाइयों ने उसकी क्षमता को स्वीकारते हुए दलील दी, ''ताई, बहुत अच्छा पढ़ाती है।''

ये तीनों भाई भी इसी महारोग के शिकार हुए माता-पिता की अनाथ सन्तानें हैं। अभी उनकी उम्र क्रमशः 9, 10 तथा 12 वर्ष है। एक बरस पहले तक ये कूड़ा-कबाड़ बीन-तलाशकर अपना गुजारा चलाते थे। रोजर ने उन्हें किसी खग-शावक के भाँति अपनी ममता के स्नेहसिक्त डैनों में जगह दी और एड्स से अनाथ हुए बच्चों के लिए 'शिशुगृह' खोलने की खातिर 'सहारा' से मुँहजोरी की। आज इस शिशुगृह में 19 बच्चों को आश्रय और पोषाहार मिलता है। उन्हें 'शिशुगृह' चिकित्सीय देखरेख तथा शैक्षिक दिशा निर्देश भी प्रदान करता है। बच्चे सुबह 9 बजे आते हैं। बड़े बच्चे पहले एक घंटे तक पढ़ाई करते हैं जबकि उनसे छोटों को नहलाकर खाना खिलाया जाता है। फिर बड़े बच्चे विद्यालय जाते हैं तथा छोटों को साधारण उपकरणों और चित्र-पुस्तिका के ज़रिए रचनात्मक काम सिखाया जाता है। माता-पिता को भी भागीदारी के लिए बढ़ावा दिया जाता है और उन्हें इस दिशा में सलाह दी जाती है।

लता (वास्तविक नाम नहीं) भी 'आह्लाद' के शिशुगृह में ही काम करती है। उसकी कहानी सुधा से काफी मिलती-जुलती है। माता-पिता नहीं रहे इसलिए मौसी ने उसे पाला और बहुत जल्दी उसकी शादी एक गरीब बढ़ई से कर दी। पैसे कम थे इसलिए अदालत में हुई। उसका पति जब पहली बार बीमार पड़ा तो एक निजी क्लिनिक में उसका

परीक्षण करवाया गया। इसके लिए कई घरों में उसे छिटपुट काम भी करना पड़ा। लालची डॉक्टर ने उन्हें रोग के बारे में नहीं बताया और महँगे से महँगे 'टेस्ट' कराने के लिए पर्चियाँ लिखता रहा। इसी बीच लता ने दो पुत्रों को जन्म दिया और उनमें से एक तीन वर्ष का और दूसरा एक वर्ष का हो गया। बड़ा लड़का तो परीक्षण में 'विषाणु-रहित' पाया गया परन्तु छोटा 'पॉजिटिव' है। लता ने दसवीं कक्षा तक पढ़ाई की है। पति काम के एकदम नाकाबिल हो गया तो उसने कई घरों में 'नौकरानी' का काम पकड़ लिया। बच्चों की देखभाल सास करती थी जिसे वह इसके लिए प्रतिमाह 100 रुपए का मेहनताना देती थी। उसने बताया कि काम, तनाव और बच्चों से जूझती हुई दिन के बीतते-बीतते वह एकदम निढाल हो जाती थी। डेढ़ बरस तक उसने किसी तरह गाड़ी खींची। उसका जीवन मानों दवा, बच्चों और घर के काम का एक अनन्त भँवर बन गया जो उसे भीतर खींच लेता। उधर उसका पति निरन्तर निराशा की गहराई में उतरता जा रहा था। उसने लता से कई बार कहा कि उसे इतना काम करते हुए मुझसे नहीं देखा जाता और वह मर जाना चाहता है। उसने तीन बार आत्महत्या करने की कोशिश भी की। पति जब अन्ततः मर गया तो लता के ससुरालवालों ने भी उसे निकाल बाहर किया। एक दोस्त उसे रोजर के पास लेकर आया। ससुरालवाले चाहते थे कि रोजर लता के चरित्रहीन तथा एच.आई.वी. पॉजिटिव होने की बात की आधिकारिक पुष्टि कर दे ताकि वे लोग लता को कानूनी रूप से घर से निकालकर उसका सामान हथिया सकें। रोजर ने ऐसा करने से इनकार कर दिया। अब लता खुद के पैरों पर खड़ी है और 'आह्लाद' उसकी मदद करता है।

माया एक दुबली-पतली और चिन्तित दीखती साँवली लड़की है। रोजर ने उससे पूछा कि क्या तुम्हारी बेटी खा रही है ? तो उसने उदासी से 'ना' में सर हिला दिया। रोजर ने मुझे बताया कि इसकी बेटी को एड्स है और बार-बार डायरिया और बुखार आ घेरता है। उसने माया को बताया कि निर्जलीकरण से बचाने के लिए बेटी को 'इलेक्ट्राल' दो। स्पष्ट था कि माया की बेटी मर रही है। लता का छोटा बेटा भी मरणासन्न था। माया की बेटी मयूरी (वास्तविक नाम नहीं) को बुखार था और वह लिनोलियम ढके फर्शवाले एक छोटे से कमरे में माँ की गोद में निश्चेष्ट पड़ी थी। कमरे के ब्लैक बोर्ड पर उस दिन के गणित का पाठ खड़िया से लिखा था। गर्मी की छुट्टियाँ चल रही थीं इसलिए सभी बच्चे वहीं थे अन्यथा वे सबेरे चलनेवाली अपनी कक्षा के लिए स्कूल गए होते। तीनों भाई—भीम, गणेश और देवदास अपनी स्लेट पर हाथी, घोड़ा और फूल बना रहे थे। उन लोगों ने बड़े गर्व से मुझे अपनी चित्रकारी दिखाई। उन्होंने बताया कि अब हम अपनी दादी-परदादी के साथ रहते हैं। उन्होंने यह भी कहा कि हम बुजुर्ग महिलाओं को सहारा प्रदत्त आजीविका में मदद करते हैं। रोजर ने कहा कि स्कूल में इनकी पढ़ाई अच्छी चल रही है।

इसके बाद रोजर और हाजी मेरे साथ नायडू हस्पताल गए। पुणे का नायडू हस्पताल एकमात्र सरकारी हस्पताल है जो संक्रामक-रोगों का निःशुल्क इलाज करता हे। यह

हस्पताल राजा बहादुर मिल रोड पर है और इसे पुणे नगरनिगम चलाता है। मूलतः यह हस्पताल स्वतन्त्रतापूर्वक महामारियों से निबटने को बनवाया गया था। आज यह नगर निगम की हदों में रहनेवाले संसाधनहीन गरीब लोगों को सीमित सुविधाएँ मुहैया कराता है। यूँ अस्पताल एक विशाल भूखंड पर बना है। 90 बरस पहले नगर निगम के अधिकारियों ने इस जमीन को रेलवे से लगभग 100 वर्ष की अवधि के लिए पट्टे पर लिया था। पट्टे की अवधि अब समाप्त हो रही है और अस्पताल के स्टाफ का उत्प्रवास शुरू हो चुका है। यहाँ की बहुत सी बड़ी-बड़ी इमारतें अब खाली पड़ी हैं। एक धूल-भरे उजाड़ की बास वातावरण में बसी हुई है। अफवाह है कि अस्पतालों की एक निजी शृंखला चलानेवाली बड़ी कम्पनी के हाथ इसे बेचने का मामला भीतर खाने तय किया जा चुका है। फिलहाल यह उन कुछेक अस्पतालों में है जहाँ अब भी निर्धनतम रोगियों को भर्ती किया जाता है। यक्ष्मा का रिश्ता अक्सर एड्स और अस्पताल से जोड़ा जाता है। इस अस्पताल में दो यक्ष्मा-वार्ड हैं लेकिन दूसरे रोगों के मरीज भी यहाँ आते हैं जिनमें एड्स रोगी भी हैं। इन्हें यक्ष्मा के रोगियों से अलग नहीं रखा जाता क्योंकि रोगी-शैया कम हैं, और डॉक्टर तथा नर्स भी। औसतन यहाँ प्रतिमाह 2000-800 रुपए कमानेवाले रोगी ही भर्ती होने आते हैं, जिनमें से अधिकांश अर्धशिक्षित प्रवासी हैं। ये केन्द्रीय पुणे के भीड़-भरे 'वाडा' में रहते हैं। इनमें दिहाड़ी मजदूर ड्राइवरों, अर्ध-कुशल बढ़ई, राजगीर और पत्थर तोड़नेवालों की बड़ी तादाद है।

नायडू अस्पताल का बियाबान अहाता किसी को भी चिकित्सकीय कुशलता का भरोसा नहीं दिला सकता है। डॉक्टर-नर्स सब यथासम्भव यहाँ से दूर रहना-ठहरना पसन्द करते हैं। दिमाग में इसे देख सबका पहला शब्द गूँजता है—'परित्यक्त'। यहाँ के रोगी शहरी समाज के बहिष्कृत नितान्त साधनहीन लोग हैं। और अपनी मौत के अहसास में घुलते इन लोगों ने भी खुद को अभी से मौत के हाथों सौंप दिया है। वार्डों में एक चुप्पी छाई रहती है। कोई भी ज्यादा नहीं कराहता या बोलता। रोगियों की बुझी और पीली पड़ी आँखें मानो अपने ही भीतर मौत की प्रतीक्षा करती रहती हैं। किसी की उपस्थिति को भाँपने अथवा प्रश्न का उत्तर देने में भी उन्हें थोड़ा वक्त लगता है मानों वे मनुष्य लोक की भाषा ही भूल चुके हों। जंग खाई लोहे की पलंगों पर बिछे गन्दे गद्दों पर अधिकांश मरीज खुरदरे लाल कम्बलों तले गुड़ीमुड़ी होकर शव जैसे पड़े हैं। पर फर्श साफ है और उसकी धुलाई-पोछाई भी कायदे से की गई नज़र आती है। इसका श्रेय फिलिप की टीम को है। वार्ड में कुछ थकी-उदास औरतें अपने मर्दों की शैया के नीचे चटाइयों पर बेसहारा पड़ी हैं।

'कौन हैं ये ?' 'माँएँ या बहनें ?'—फिलिप ने उदासी से बताया कि मर्द अपनी बहनों, माँओं या बीवियों की कभी इतनी सेवा नहीं करते, "उस लड़की को ही देखिए ! बस उसकी माँ ही उसकी सेवा में रहती है। बाप या भाई आते हैं तो वह करवट फेरकर आँखें बन्द कर लेती है।"

महिला-यक्ष्मा-वार्ड के प्रवेश-द्वार पर एक छोटा कमरा है। फिलिप और सुभाष

उसमें बैठे थे। कमरे में चीज़ों को जोड़-गाँठकर बनाए कुछ छोटे-छोटे खिलौने सजे थे। उस भयावह माहौल में वे घावों की तरह जान पड़ते थे। इमारत में कुल 36 मरीज थे। उसमें जिन 16 मरीजों में एड्स रोग पूरी तरह प्रकट हो चुका था, उनमें एक बारह वर्षीया लड़की थी जो अर्द्धमूर्च्छित अवस्था में पड़ी हुई थी। आह्लाद के कार्यकर्त्ताओं को शक था कि परिवार के ही किसी पुरुष ने उसके साथ दुराचार कर उसे संक्रमित किया होगा। कैटाटोनिक मूर्च्छा में पड़ी उस लड़की की तीमारदारी उसकी माँ कर रही थी। फिलिप ने बताया कि दिन-भर वह मुर्दे की तरह निश्चेष्ट पड़ी रहती है किन्तु बाप या भाई आएँ तो उनकी आवाज सुनते ही उसकी देह में बड़ी बेचैनी और क्रोध नज़र आने लगते हैं।

बेसहारा स्त्रियों और मरणासन्न मरीजों की हताशा को फिलिप और सुभाष ने साथ रहते-रहते जज्ब करना सीख लिया है। इस परित्यक्त इमारत में तकियों के तस्में कसते और अपनी नर्स की अँगुलियों की नरमी के साथ मरणासन्न रोगियों की मरहम-पट्टी करते हुए उन्हें बार-बार लगता है कि यहाँ तनिक सी करुणा का स्पर्श एक करिश्मा कर सकता है। पर कहाँ हैं ऐसे मसीहाई कार्यकर्ता ? फिलिप ने उस शाम सकुचाते हुए एक लिफाफा मुझे थमाया। उसमें कुछ मरीजों की विवरणी (केस स्टडी) थीं। सभी मामले सितम्बर '98 से मार्च '99 के मध्य के थे। नामों को बस (गोपनीयता के लिहाज से) बदल दिया गया था।

"ये कुछ रोग-विवरणी हैं : शायद अपनी किताब लिखते समय आप इन्हें भी देखना पसन्द करें।"

मैंने इस भेंट को थामते स्वयं को गौरवान्वित महसूस किया। कागजों से अँटे पड़े उस लिफाफे को थामते हुए मैं देख सकती थी विनम्र फिलिप ने शायद सारी रात जागकर इन ब्योरों को इकट्ठा किया होगा। मैं उसे बाँहों में भरकर सर नवाना चाहती थी। बहुत कुछ कहना चाहती थी लेकिन कह नहीं पाई। उस रोग-विवरणी की भाषा या तथ्य में बगैर हेर-फेर के मैं उसे ज्यों का त्यों यहाँ दे रही हूँ।

रोग-विवरणी (केस स्टडी-1)

नाम : राम

उम्र : 28 वर्ष

पता : कटराज

पेशा : मुर्गी काटना

लक्षण : बहुत दिनों से अतिसार, मुख में घाव, दौर्बल्य।

निदान : गैस्ट्रो इंटराइटिस, ओरल कैंडीडाइडिस (GASTRO ENTERIST, ORAL CANDIDIADIS)

नायडू में डॉक्टर के साथ मरीजों की मिजाजपुर्सी के लिए राउंड लेते हुए संयोगात् हम राम के पास पहुँचे। उसके पाँव के अँगूठे के छल्ले गिरकर सींक के समान पतली टाँगों के बीच पड़े थे। उसके गाल की हड्डियाँ ऊपर की तरफ उभर आई थीं। कोटरग्रस्त आँखें ऐसी जान पड़ती थीं मानों सर के अन्दर धँसे कोचले के दहकते टुकड़े हों "छोड़िए उसको, उसे तो बीमारी लगभग निगल चुकी है," डॉक्टर ने कहा। स्पष्ट था कि वह राम के बार-बार अस्पताल में दाखिल होने से ऊब चुका था।

कुछ लोगों के साथ बातें करके अच्छा लगता है। हमें लगा राम भी उन्हीं में से था। हमने डॉक्टर को मनाया कि राम पर एक उचटती हुई नज़र डालकर बढ़ जाने के बजाय थोड़ा उसे देख लिया जाए। बात मानकर डॉक्टर ने उसे देखा और अपने नुस्खे में थोड़ा बदलाव किया। परिवार-जनों के न आने के कारण उसे ट्यूब से सेलाइन चढ़ाना बन्द कर दिया गया था। इसे दोबारा शुरू किया गया ताकि उसके शरीर में पानी की पर्याप्त मात्रा पहुँच जाए। थोड़ा रुककर जब हम उससे बातें करने लगे तो राम ने हमें साफ-साफ बताया कि उसे हर तरह के असुरक्षित-यौन सम्बन्ध बनाने की लत थी। पिछले साल से उसका वज़न अचानक घटता जा रहा था—वह लगातार बीमार भी पड़ रहा था। जाँच से पता चला कि उसे एड्स हो चुका था। वह जिन्दगी से फिर भी आसक्ति रखता था। हम फ्लूकोनाज़ोल (150 मि.ग्रा.) की टिकिया ले आए और उस पर विश्वास जताते हुए छह के छह कैप्सूल उसे थमा दिए। हालत गम्भीर होने के बावजूद राम ने फुर्ती और समझदारी दिखाई। हाथों में जुम्बिश नहीं थी लेकिन मिजाज में दम बाक़ी था। उसने हमें आश्वासन दिया कि वह दवा नियमित रूप से लेगा। डॉक्टर के रुचि लेने के बाद से उसमें अपने उपचार को लेकर एक उत्साह आ गया था। बताए जाने पर वह दिन में दो बार अपने मुँह के बालों पर माउथ-पेस्ट (मुँह-रोगन) भी लगाने लगा। छाले कुछ सुधरे तो उसने खाना भी प्रारम्भ कर दिया और धीमे-धीमे ताकत बढ़ने पर स्वयं बिस्तर से उठने लगा। खुद की देखभाल तथा जीने-जागने के बारे में लगातार दी गई सलाहों ने अपना असर दिखाया। उसका डायरिया रुका, राम को बार-बार शौच के लिए जाने की हाजत से मुक्ति मिल गई। इससे उसमें आत्म-रक्षा का भाव जागा। अब तक हमें समझ में आ गया था कि राम अपनी मनमर्जी से काम करनेवाला आदमी है और वह तबियतन विद्रोही है। हमने उसे कुछ भी करने को चुनौती दी, तो थोड़े या ज्यादा दिनों में उसने वह कर दिखाया। इससे पहले उसका परिवार उसे स्थायी तौर पर हमारे हवाले करना चाह रहा था। पर इसी बीच उन्हें भी साफ-साफ शब्दों में रोग की बाबत समझाया गया। अब वे थोड़े समय के लिए रोजाना उसे देखने आने लगे और उन्हें भी उसकी देखभाल में हाथ बँटाने को कहा गया। इससे राम को और सान्त्वना मिली।

एक रविवार के रोज राम एम्बुलेंस ड्राइवर को झाँसा देकर अपने घर से तीन कि.मी. दूर पैदल यात्रा पर निकल गया। उसकी स्थिति बिगाड़ने के लिए इतना काफी था पर एक महीने बाद जब हम बहिरंग-छौरे पर कटराज गए तो उससे हमारी भेंट हुई।

अब उसके शरीर पर मांस चढ़ गया था। उसने बताया कि वह सकारात्मक जीवन जीने की वे सारी तरकीबें—जो हमने उसे पहले सुझाई थीं—अपना रहा है। उसने अपने एक एच.आई.वी. पॉजिटिव दोस्त को भी फ्लूकोनजोल ठीक मात्रा में खाने को बाध्य किया। दवा को वह देखते ही पहचान गया था। आज वह अपने जीवन के हर पल को खुशी-खुशी जीता है और बतौर माली काम करने की तैयारी में है। उसकी आर्थिक दशा सुधर गई है और परिवार ने उसे फिर से स्वीकार कर लिया है। राम ने नीबू के शरबत से हमारी खातिरदारी की। आजकल वह देसीदारू की जगह यही पसन्द करने लगा है। ग्लास थामते हुए हमने नीचे देखा और पाया कि उसके पाँव के अँगूठे के छल्ले पुनः माकूल बैठने लगे हैं।

अस्पताल में ठहरने की अवधि-8 दिन।

रोग-विवरणी : 2

नाम : अभय
उम्र : 35 वर्ष
पता : येरावाडा
लक्षण : बुखार, लगातार खाँसी, वज़न में कमी, थकान
निदान : प्यूलमॉनरी कॉक्स (PULMONARY KOCHS)

यदि आप कभी एड्स की पकड़ से बच निकलनेवाले मरीजों से मिलें हों तो आपको प्रतीत होगा कि अभय उनमें सर्वाधिक निराशाजनक स्थिति से उबरनेवाला मरीज है। सितम्बर '98 में उससे हमारी भेंट हुई। उस समय तक वह अपने एच.आई.वी पॉजिटिव होने की बात जान चुका था, और अपनी इस स्थिति को स्वीकार करने की जद्दोज़हद में था। परिवार और समाज ने दुत्कारकर उसकी मानसिक स्थिति को और खराब कर दिया था। उसके आश्रित एक पुत्र और पत्नी थे, हाथ में रोजगार नहीं था और शराब की लत छूटने का नाम न ले रही थी। वह इस सबके बोझ तले टूट रहा था और मान चुका था कि अब कुछ नहीं होनेवाला। हमने उसके भीतर बचे आत्माभिमान की बुझती चिनगारी को फूँक मारी—उसे कुरेदा और कहा कि स्थिति से जूझने के लिए अपने भीतर झाँको, ताकत पैदा करो। हमने इस बात का ध्यान रखा कि आत्मरक्षा की उसकी सहज प्रवृत्ति कुन्द न हो और हमारी मदद अन्यथा न ले ली जाए।

हमारा पहला काम था उसकी शराब की लत छुड़ाना। थोड़े ना-नुकुर के बाद उसने शराब छोड़ दी। यक्ष्मा के लिए उसका एक्स-रे हुआ और सरकारी अस्पताल से उसके लिए दवाइयाँ लाई गईं। उसे पूरक पोषाहार दिया गया और धीरे-धीरे वह इलाज में रुचि लेने लगा। उसका परिवार अब भी कठिनाई में था लेकिन हम इस बात को लेकर निश्चिन्त थे कि सही वक्त पर वे आएँगे ही। हमने कभी भी अभय को अपने ऊपर

पूर्णतया आश्रित होने नहीं दिया पर उसके उपचार में पूरी की पूरी भागीदारी बनाए रखी। वह आज अपने परिवार के साथ एक झोंपड़ी में रहता है और अपनी स्थिति से सन्तुष्ट है। कभी-कभार की गलतियों को छोड़कर जीवन के प्रति उसका दृष्टिकोण लचीला, साफ-सुथरा तथा बेहतर हो चला है। अभय अब चलता भी खूब है। एड्स से पीड़ित होकर भी हार न मानने और जीत जाने का वह बोलता-टहलता प्रमाण है। यह जीत छोटी ज़रूर है लेकिन इससे हमें बहुत आश्वस्ति मिलती है। अभय दोस्ताना मिजाज का है। उससे आप एच.आई.वी. की चर्चा किए बग़ैर खूब बातें कर सकते हैं। फिलहाल वह एक छोटी सी दुकान चला रहा है और हमें उधार के नाम पर कुछ नहीं देता। कहता है उधार मित्रता की कैंची है।

रोग-विवरणी : 3

नाम : नीलाबाई
उम्र : 38 वर्ष
पता : लक्ष्मीनगर
पेशा : गृहिणी
लक्षण : बुखार, खाँसी, क्षय
निदान : (प्यूलमॉनरी कॉक्स PULMONARY COCKS)

नीलाबाई 38 साल की है और पहले वह इलाज कराने का कोई भी प्रयास पूरा नहीं होने देती थी। उसको देखने से साफ पता चलता था कि वह ठीक होना ही नहीं चाहती। उसे समझाने-बुझाने के चिकित्सकों के सारे प्रयास विफल हो गए थे और परामर्शदाता भी उसे सलाह दे-देकर थक गए थे।

नीलाबाई कुछ वर्षों से एच.आई.वी. पॉजिटिव थी। वह रोग किस अवस्था में है और इसका मतलब क्या होता है—यह सब बतलाने का उसके लिए कोई अर्थ नहीं था। वह जिस हाल में थी वहाँ बड़ी मुलायमियत और संवेदनशीलता से ही बात बन सकती थी। उसका पति भी स्वयं एच.आई.वी. पॉजिटिव था और एच.आई.वी. की दुरूहताओं से जूझ रहा था और हमारी बातों को लेकर उसमें बड़ा उत्साह था। लेकिन नीलाबाई का किस्सा तो उसके उल्टा था।

पहले पहल उसका परीक्षण टी.बी. के लिए कराया गया था। वहाँ एक डॉक्टर ने थोड़ी रुखाई से कह दिया कि तुम्हें एड्स है और तुम मरने जा रही हो। फिर तो बस कयामत ही आ गई। उसके संवेदनशील मन पर इस बात का ऐसा घातक प्रभाव पड़ा कि उसने तुरत-फुरत निर्णय कर लिया कि मरना है तो जितनी जल्दी हो मर जाया जाए, और इसके लिए यथासम्भव उपाय किए जाएँ। जब तक हम उससे मिले, नीलाबाई ने खुद को दैव के सहारे छोड़ दिया था। लेकिन हमने कहा इसका मतलब यह नहीं कि हम भी उसे छोड़ दें। हम रोजाना जबरन उसके घर जाते। उसके पास दवाइयाँ इकट्ठी करके ले जाते और उन्हें खाने के लिए मनुहार करते। हमने एक पोषाहार-कार्यक्रम से

भी उसे जोड़ने की कोशिश की। यक्ष्मा उसे खाए जा रहा था। दिन-भर वह एक गन्दे से बिस्तर पर लेटी रहती और देखभाल के लिए पहुँचे दल के लोगों को अपनी बची-खुची शक्ति बटोरकर फटकारती। वह दूसरों को दूर हटा ही रही थी क्योंकि उसने स्वयं को भी अपनी नज़रों में खारिज कर दिया था। पर हमारी लगातार आवाजाही से उसमें धीरे-धीरे थोड़ा परिवर्तन आया। अब कभी-कभार वह मुस्कुराने लगी। उसका क्रोध भी अब आँखों से नहीं झलकता था। उसने भोजन और दवा लेने के लिए अपने जबरन बन्द किए जबड़ों को खोलना शुरू कर दिया। बड़े धीरज से हम दवा और भोजन उसे खिलाते। देखभाल के लिए पहुँचनेवाले दल में नीलाबाई की दशा के बावजूद उसके प्रति जुगुप्सा का भाव नहीं था। इसे देखकर नीलाबाई के चारों बच्चे भी उसकी सेवा-टहल में तत्पर हो गए। जल्दी ही वह दिन आया जब उसी गन्दे बिस्तर पर एक साफ-सुथरी चादर बिछ गई और आसपास की गन्दगी साफ कर दी गई। बच्चों ने नीलाबाई को खिलाने का प्रयास नहीं किया माँ को दवा खिलाने की जिम्मेदारी भी सँभाल ली। होते-होते बात चल पड़ी। घूमने-टहलने लायक होने पर नीलाबाई अपनी सबसे सुन्दर साड़ी पहनकर फिल्म देखने गई। एक समय था कि नीलाबाई और उसका परिवार हमें अपने घर में कदम रखने देने को भी तैयार न था और आज वही लोग हमें अपनी ज़िन्दगी में शामिल कर रहे थे। जिस रोग ने परिवार को बाँट दिया था उसी ने उन्हें फिर साथ जोड़ दिया।

नीलाबाई में इतनी ताकत आ गई कि वह चल-टहल सके। वह गाँव के अपने पैतृक घर गई। हमें उसकी योजना के बारे में जरा भी पता नहीं था। हाँ, इतना याद है कि वह यह बात गाहे-बगाहे कहा करती थी। नीलाबाई जहाँ भी हो—उसे दवाई पहुँचती रहे—इस बात के लिए बड़ी भाग-दौड़ मची लेकिन एक दिन खबर आई कि वह मर गई। हमारा दिल टूट गया लेकिन हमें लगा कि चलो अन्ततः वह अपनी इच्छा से अपने जन्मस्थल की अन्तिम यात्रा करने में सफल तो रही।

रोग-विवरणी : 4

नाम : मीना
आयु : 31 वर्ष
पता : बुधवार पेठ
पेशा : व्यावसायिक यौनकर्मी (वेश्यावृति)
लक्षण : बुखार, उल्टी, पेडू में दर्द, दौर्बल्य
निदान : डिसेमिनेटेड कॉक्स (Disseminated Cocks)

मीना का जन्म घनघोर गरीबी में हुआ था। उसके अन्दर अच्छा जीवन जीने की ललक थी और उसे लगता था यह अच्छा जीवन फूस की उसकी झोंपड़ी की सँकरी कैद से बाहर ही जीने को मिल सकता है। थोड़ी बड़ी हुई तो उसे छोटी-छोटी बातों के लिए दूसरों का मुँह जोहना पड़ता था। 18 वर्ष की उम्र में तीखे नाक-नक्शवाली मीना ने वेश्या

का जीवन अपना लिया। उसको लगा कि देह-व्यापार से पैसे आसानी से मिल जाएँगे और जिन चीजों के लिए आज उसे तरसना पड़ता है उन्हें वह स्वयं खरीद सकेगी। नायडू अस्पताल में इसे मिलाकर तीन बार भर्ती हो चुकी थी। पिछले दो दफे उसने स्वास्थ्य लाभ किया। पर डॉक्टर और नर्सों के लाख मना करने के बावजूद वह फिर धन्धे में जा लगी और फिर खाट पकड़ ली। लेकिन तीसरी बार स्थिति गम्भीर थी। मीना को एच.आई.वी. संक्रमण था और एड्स उसमें पूरी तरह प्रकट हो चुका था। अब वह आकर्षक नहीं रह गई थी। उसके सारे बाल झड़ चुके थे और वह सरकंडे की भाँति पतली सी हो गई थी। उसकी टाँगें खुद उसका बोझ सँभालने में असफल हो गई थीं। ग्राहकों के मतलब की भी वह नहीं रह गई थी। कोठे का मालिक उसे बोझ समझकर अस्पताल में मरने के लिए छोड़ गया।

जब हमने उसे देखा तो सर से पाँव तक उसका शरीर लाल-लाल चकत्तों से ढका था। हमारी समझ में तब कुछ न आया। बाद में हमने जाना कि यह निशान मच्छरों के काटे के हैं। उसमें इतनी भी ताकत नहीं थी कि वह मच्छरों को अपने तन से भगा सकती। इतनी असहाय दशा में पहुँचकर मीना को स्वयं से और पूरी दुनिया से घृणा हो गई थी। वह अपने आसपास की सारी चीजों, सब लोगों के प्रति यह घृणा जाहिर भी करती रहती थी। हमने उसके गले से दवा की एक टिकिया उतारनी चाही तो उसने गुस्से में इसे हमारे ऊपर थूक दिया और चिल्लाकर बोली, 'मुझे अकेला छोड़ दो।' हमने उसके बिस्तर के बगल में बैठ उसके मुँह से निकलती गालियों को अनुसनी करके उससे प्यार से बोलना शुरू किया। पहले वह खूब चीखी-चिल्लाई, पर धीमे-धीमे हमारी उपस्थिति को लेकर उसकी बेचैनी जाती रही। उसने हमें अपने को छूने की छूट दी और बिछौने तथा अपने शरीर को साफ करना-कराना भी मंजूर कर लिया। धीरे-धीरे उसकी कठोरता और पैनेपन भेदकर एक कमजोर, असहाय और शिशुवत् अबोध मीना प्रकट होने लगी, जो अब तक कहीं नहीं दिखाई देती थी। अब उसने हमें अपने जीवन और जीवनशैली के बारे में गहराई से बताना शुरू किया। जो अनुभव लोगों के हृदय को कठोर बनाकर हमसे दूर कर देते हैं—उन अनुभवों से गुजरने के बावजूद मीना के अन्दर मानवीयता की धारा विद्यमान थी। उसकी बातों से यह साफ झलक रहा था। मीना ने हमें अपने हृदय में पैठने दिया।

उसके शरीर में यक्ष्मा फेफड़ों से बढ़कर अब उसके वस्ति प्रदेश में आ गया था। और उसे 'लिम्फेडेनिटिस' हो गया था। उसके पेट के बीच में टेनिस की गन्ध के आकार का एक गोला उभरता-बैठता था जिससे आँतों में रुकावट पैदा हो रही थी। कुछ घूँट पानी के अलावा और कुछ भी अपनी गर्दन के नीचे उतारना उसके लिए असहनीय हो गया था। दर्द इतना ज्यादा था कि उसे फुसफुसाने के लिए भी ताकत बटोरनी पड़ती थी। भोजन और दवाइयाँ देखकर वह भयभीत हो जाती। उसने कुछ खाने-पीने से साफ इनकार कर दिया है। पिछले 9 दिनों से मीना ने न तो दवा खाई है और न ही भोजन के तौर पर एक निवाला खाया है। उसकी हालत हर मिनट बिगड़ रही है। लेकिन हर

घड़ी वह हमें देखकर मुस्कुरा उठती है। उसे देखकर आज भी लगता है कि सचमुच यह कभी बहुत सुन्दर रही होगी। मीना को मृत्यु के घिरते सायों के बीच ईश्वर याद आता है। और उसने ईश्वर के बारे में बातें करना शुरू कर दिया है। उसने हमसे कहा कि उसे मौत का इन्तज़ार है लेकिन मौत जल्द आएगी नहीं। हम उसे उसके क्षणों को गरिमा से जीने में उसकी यथासम्भव मदद कर रहे हैं। हम नहीं जानते कि क्षण-क्षण जीने की इस प्रक्रिया को आगे जबरन खींचना ठीक है। या उसे इससे जल्द से जल्द गुजारने में मदद करना। हम इतना जानते हैं कि हम उसके पास उसकी अन्तिम घड़ियों में—वे जब भी आएँगी—मौजूद होंगे। उसके पास, उसके साथ।

अध्याय-4

'जब खुलते हैं बंध मन के...'
'मासूम'-पुरन्दर तालुका
(पुणे : महाराष्ट्र)

बड़ी बहना-बड़ी बहना !
आ, दिल से दिल की बात करें,
धकेल खोलें
द्वार तलघर के
और खोल दें सब बन्ध मन के !

....

फिर दे दीये को दोहरी बाती
बड़ी बहना-बड़ी बहना
चलेगी बातसारी रात

(मराठी लोकगीत)

18 मई को बुद्धपूर्णिमा का दिन था और आकाश में बादल छाए थे। हम वाई.एम.सी.ए. होस्टल से चले तो हवा गर्म थी लेकिन उसकी छुअन नागवार नहीं थी। सुबह-सुबह टहलने निकला एक वृद्ध सड़क के बीचोबीच विराट जम्हाइयाँ लेता खड़ा था। पीठ कमान किए मुँडेरों पर आस-पड़ोस की बिल्लियाँ वर्जिश में जुटी थीं और मुहल्ले के कुत्ते एक अलस गुर्राहट के साथ कूड़े के ढेर पर खड़े दुश्मनों के अन्दाज में उनको ताक रहे थे। पुणे शहर में सवेरा चढ़ रहा था। चाय और अखबार बेचनेवाले अपनी दूकानों की शटर एक गड़गड़ाहट के साथ खोल, अपने फेफड़ों में जमा बलग़म नाली में थूकने लगे थे। काउंटर पर ख़स्ता बिस्किटों के मर्तबान और ताजा पावरोटी के पैकेट सजाए जा रहे थे। आले पर धरी शुभ-लाभवाली छोटी मूर्तियों को दुकानदार सर नवा रहे थे, और जहाँ मुहल्ले के कसाई ने इस्पात की खूँटी से ताजा कटे बकरे की देह पंजर लटका दी थी, वहाँ दूकान के भीतरी भाग से एक बड़ी थाली पर जलते लोबान का धुआँ बाहर आ रहा था। भिनभिनाती हुई मक्खियाँ अब बाहर निकल अपने लिए कोई दूसरा नया कोना तलाश रही थीं। बेघर, गली-कूचों में सर छुपानेवाले पुरुष शहर की सड़कों पर नींद का खुमार समेटे निकल आए थे। बिखरे हुए बाल, उनींदी दृष्टि, लुंगी की ढील को बाँधते हुए वे भी सुबह की शुरुआती बीड़ी सूँट रहे थे।

हमारे ड्राइवर ने एक छोटे से उडुपी रेस्तराँ के बाहर गाड़ी खड़ी की और अन्दर चला गया। कुछ क्षणों बाद वह हाथ में दो टिफिन-कैरियर थामे नमूदार हुआ 'नाश्ता दीदी !' वह मुस्कुराया और जीप फिर चालू कर दी। हम सभी अब तक व्यवस्थित हो गए थे और मनीषा गुप्ते को साथ लेने को आगे चल पड़े।

मनीषा और उसके पति रमेश अवस्थी पूर्व छात्र-कार्यकर्त्ता हैं। सामाजिक गतिविधियों से उनका सक्रिय जुड़ाव करिश्माई नेता जयप्रकाश नारायण के कारण '70 के दशक में हुआ। मुम्बई में सामाजिक कार्य के लिए समर्पित एक जाने-माने परिवार में जन्मी मनीषा ने रमेश के साथ मासूम (महिला सर्वांगीण उत्कर्ष समिति) के रूप में 1987 में एक कम्युनिस्ट-मेम्बर तानाजी अप्पा दिनकर के साथ मिलकर एक न्यास स्थापना की। जे.पी. ने पढ़े-लिखे युवाओं को ललकारा था, कि वे गाँव में जाकर रहें और ग्रामीण गरीबों के लिए काम करें। इस आह्वान की डोर से खिंचे मनीषा और रमेश पुणे पुरन्दर तालुके में मालशिरस गाँव जा पहुँचे। वहाँ ग्रामीण-जनों के साथ काम करते हुए उन्होंने कई वर्ष बिताए। आर्थिक रूप से मजबूत होने, अपने मानवाधिकारों तथा संवैधानिक अधिकारों को हासिल करने, जातिगत, लिंगगत तथा धार्मिक भेदभाव से

ऊपर उठने में इन दोनों ने गाँववासियों की मदद की। आज 'मासूम' का कार्य-क्षेत्र 20 गाँवों तक फैला है और इसके दायरे में लगभग 3,000 स्त्री-पुरुष तथा बच्चे शामिल हैं।

लगभग एक दशक पहले (1993 में) विश्व स्वास्थ्य संगठन ने स्वस्थ महिला परामर्श पथदर्शक हेल्दी विमन काउंसेलिंग गाइड (एच.डब्ल्यू.सी.जी.) का विचार सामने रखा था। इसे ग्रामीण-महिलाओं तक स्वास्थ्य-सूचना पहुँचाने की एक व्यवस्था के रूप में गढ़ा गया था। एच.डब्ल्यू.सी.जी. की प्रक्रिया को आरम्भ करने के लिए पहले-पहल अफ्रीका (केन्या, नाइजीरिया तथा सियरा लियोन) को चुना गया। स्वास्थ्य के मसलों पर समुदाय-प्रधान तथा स्त्री-पुरुष दोनों को साथ लेकर महिला-स्वास्थ्य पर अनुसन्धान करना तथा उसके लिए एक माकूल संचार-रणनीति बनाना इस प्रक्रिया में शामिल था। अफ्रीका के चयनित कार्य-स्थलों पर सूचनापरक रेडियो-कार्यक्रम तथा सहयोगी प्रदर्शनकारी सामग्री का विकास किया गया। इसमें मलेरिया, चर्म-रोग तथा कुपोषण जैसे मसलों पर ध्यान केन्द्रित किया गया था। इन कार्यक्रमों और सामग्रियों के लिए कथावस्तु का निर्माण रेडियो-प्रोड्यूसर ने समुदाय के प्रमुख के साथ गहरा तालमेल बिठाकर किया। सन् 1994 में, 'मासूम' ने भी लगभग इसी रीति से सासवड (पुरन्दर प्रखंड के प्रखंड मुख्यालय) में 'फूमिनिस्ट हेल्थ सेंटर' (स्त्रीवादी स्वास्थ्य केन्द्र) की स्थापना की। सासवड मालशिरस गाँव से कोई 25 कि.मी. दूर पड़ता है। केन्द्र का उद्देश्य महिलाओं को अपने स्वास्थ्य तथा प्रजनन-स्वास्थ्य की समस्याओं के बारे में बताने के लिए तैयार करना और फिर उन्हें इस मुद्दे पर जानकारी प्रदान करना था। मनीषा और रमेश ने गाँव में सर्वेक्षण का काम कुछ प्रशिक्षित सहायकों की मदद से करना शुरू किया। जल्दी ही उन्हें भान हो गया कि 'लोक' की अपनी भाषा और उस भाषा का अपना मिजाज होता है, जिसे सीखना उस समाज में सही पैठ बनाने के लिए बहुत जरूरी है। भाषा की डोर जो जुड़ी, तो पहले-पहल गाँव का जो परिवेश उन्हें सूना, बियावान और उबाऊ प्रतीत हुआ था वहीं सामूहिक स्मृति में गुँथकर असंख्य पगडंडियों, राहदारियों और पगवीथियों का एक रोचक विस्तार बना अभिभूत करने लगा। सच है कि गाँवों के बहुत से नौजवान शहर जा बसे हैं और शहरीकरण की दौड़ में शामिल हो गए हैं लेकिन जो गाँव छोड़कर नहीं गए—विशेषकर महिलाएँ—उन्हें वह जमाना भी याद है जब गाँवों का जीवन पूरी तरह आत्मनिर्भर हुआ करता था और गाँवों की अपनी पारम्परिक स्वास्थ्य-रक्षा पद्धतियाँ हुआ करती थीं। हाल-फिलहाल इन स्वास्थ्य-कार्यक्रमों को लेकर ऐसे अध्ययन नहीं हुए जो सेवा-प्रदान करनेवालों की जगह सेवा का उपयोग करनेवालों की नज़र से ग्रामीण स्वास्थ्य क्षेत्र की पड़ताल करते। इसी बीच वह सारा पुराना ज्ञान धीरे-धीरे गुम ही हो गया था।

फोर्ड फाउंडेशन से मिले अनुदान के बल पर उस गुम होती गई ज्ञान सम्पदा को खोजने को मनीषा, डॉक्टर रमेश बंडेवार तथा हेमलता पिसल ने पहले छह गाँवों का अध्ययन किया। गुणात्मक पहचान के उद्देश्य से किए जानेवाले एक बड़े अध्ययन का यह हिस्सा भर था। इस अध्ययन में ग्रामीण-महिलाओं को उपलब्ध प्रजनन-स्वास्थ्य

सम्बन्धी चिकित्सीय सेवा और स्वास्थ्य की गुणवत्ता के बारे में उनके विचारों और अनुभवों को जमा करना तथा सरकारी, गैर सरकारी स्वास्थ्य सेवाओं तक उनकी पहुँच के बारे में जानकारी इकट्ठी करना भी शामिल था।

तमाम महिला-कल्याण के दावों के बावजूद भारत सरकार द्वारा विशेषरूप से महिलाओं के लिए चलाया जानेवाला इकलौता कार्यक्रम बुनियादी 'मातृ-शिशु स्वास्थ्य रक्षण' का है और हमारे कुल स्वास्थ्य-बजट का मात्र 2 प्रतिशत ही इसके हिस्से में आता है। हमारा स्वास्थ्य-बजट भी बहुत तगड़ा नहीं। वह देश के सकल घरेलू उत्पाद का महज 1% है। इसके अलावा अन्य भी पेचीदगियाँ हैं। मसलन 1972 से एक अधिनियम के ज़रिए देश में स्वैच्छिक गर्भपात को वैध तो बना दिया है परन्तु मालशिरस जैसे ग्रामीण इलाकों में सुरक्षित और कानूनी तौर पर वैध गर्भपात की सेवाएँ न के बराबर उपलब्ध हैं। कुछ ऐसे क्षेत्र भी हैं जहाँ निरन्तर बाढ़ आती है अथवा जिनकी भौगोलिक स्थिति ही ऐसी है कि उन तक पहुँचना दुर्गम बना हुआ है। ऐसी जगहों पर महिलाओं का न्यूनतम स्वास्थ्य-सुविधाओं का भी टोटा है। जिन धनी भू-स्वामियों के लिए ये महिलाएँ हाड़-तोड़ मेहनत करती हैं, न तो वे और न ही सरकार इस दयनीय दशा की जिम्मेदारी अपने ऊपर लेने को राज़ी हैं।

हम रास्ते-भर 'मासूम' परियोजना की कार्यपरिधि और कार्यशैली के बारे में चर्चा करते गए। मैंने जाना कि कैसे उनकी बचत योजना ने आकार ग्रहण किया। और यह भी, कि इलाके की महिलाएँ यद्यपि हमेशा से बीमार परिवार जनों की चिकित्सा तथा देखभाल करती आई हैं, पर रोग के जोखिम, निवारण तथा सन्तति-निरोध की विधियों के बारे में उनको बहुत कम जानकारी व्यवस्थित तौर से प्राप्त है। 'मासूम' के शोध-कार्य से प्रकट होता है कि महिलाएँ अपने स्वास्थ्य को कम तरजीह देती हैं लेकिन स्वास्थ्य विषयक सूचनाओं के लिए उनका मन सहज ग्रहणशील होता है। और ऐसी हर सूचना का सदुपयोग वे पूरे परिवार के फायदे के लिए करती हैं। जब तक बताई गई बातें समझ में आती हों और उन्हें व्यवहार में लाना आसान लगे—वे सूचना का संकलन जारी भी रखती हैं। मनीषा ने बताया कि इधर क्रमिक वित्तीय कटौती के कारण सरकारी स्वास्थ्य-सेवाओं तक महिलाओं का पहुँचना मुहाल होता चला गया है और निजी स्वास्थ्य-सेवाओं की लागत उनके लिए एक समस्या बन गई है। नतीजतन अन्य विकासशील देशों की ग़रीब महिलाओं के समान हमारे यहाँ भी महिलाएँ स्वास्थ्य-रक्षा के वैकल्पिक स्रोतों पर तेजी से निर्भर होती जा रही हैं और कई स्वयं ही मनमानी दवाएँ खरीदकर उपचार करने लगी हैं। महँगे निजी क्लिनिकों के चलते परम्परागत ओझा-वैद्य, गाँव की अथवा दवा-विक्रेता ही अधिकांश गरीबों के लिए स्वास्थ्य-रक्षा के मामले में नियमित निर्देश या सम्पर्क के स्रोत हैं।

ग्रामीण महाराष्ट्र की रीढ़ है—खेती-बाड़ी के काम में जुटी मँझोली मराठा जाति। इस क्षेत्र की कुल आबादी में 'मराठा' जाति की हिस्सेदारी 70-80% है। मालियों के अतिरिक्त मराठों के पास ही जुताई योग्य अधिकांश कृषि-भूमि है। बाकी जनसंख्या

विभिन्न पेशों से जुड़े लोगों की है, जिन्हें बालुतेदार (शिल्पकार) कहा जाता है। बालुतेदारों में एक तरफ उच्च जाति के वे ब्राह्मण शामिल हैं जो मन्दिरों में पूजा-अर्चना का काम देखते हैं तो दूसरी तरफ इनमें लोहार, कुम्हार, नाई जैसी निचली जातियों और माँग तथा मतंग जैसे सर्वाधिक पिछड़े समुदाय के सदस्य भी शामिल हैं। मुसलमानों को भी यहाँ बालुतेदारों में ही गिना जाता है। ये प्रायः कसाई का पेशा करते हैं अथवा हरकारे का। विवाह गोत्र-बाहर होते हैं तथा गाँव के अधिकांश लोगों के बीच पैतृक-रिश्तेदारी के सूत्र जुड़े होते हैं। औरतों की औसतन स्थिति गई-बीती ही है। दो शादी करना काफी आम है। हिन्दुओं में दो विवाह करनेवालों का प्रतिशत 10 तक है। दहेज के लिए बहुओं को मारने अथवा पत्नियों को त्याग देने की बातें भी यत्र-तत्र सुनने में आती हैं।

मालशिरस 'सार्वजनिक स्वास्थ्य-केन्द्र' के आसपास की भूमि बाग़वानी के लिहाज से उत्तम है किन्तु मालशिरस तथा नजदीक के गाँव महाराष्ट्र के पहाड़ी वृष्टिछाया प्रदेश में आते हैं। पुणे के नजदीक की समतल भूमि के विपरीत यह इलाका सूखा प्रभावित तथा शुष्क है। प्रतिवर्ष यहाँ औसतन 20-30 से.मी. वर्षा होती है। धुँधलके से घिरी ऊपरली भूमि ऊबड़-खाबड़ है और वहाँ भूरी टेकरी या टीले प्रभूत संख्या में मिलते हैं। बहुत से गाँवों को पहाड़ियों ने चारों तरफ से नज़रबन्द सा कर रखा है और 21वीं सदी में भी यहाँ पहुँचने के लिए सीधे सड़क-सम्पर्क मौजूद नहीं है।

जैसे ही समतल भूमि खत्म हुई—हमारी गाड़ी वृक्षहीन इलाके की ऊबड़-खाबड़ सड़क पर चलने लगी। इसके बाद एक कठिन चढ़ाई शुरू हो गई। हमलोग कई घुमावदार मोड़ों से गुजरते हुए अन्ततः एक पथरीली सड़क पर पहुँचे और यही रास्ता हमें गाँव तक ले गया। यह बात अब स्पष्ट हो चली थी कि क्यों एक तिहाई युवक इस अलग-थलग पड़ी बंजर और पथरीली जमीन से नाता तोड़कर पुणे अथवा मुम्बई जा बसे हैं। जो यहाँ रह गए हैं, उनका रहन-सहन तथा आहार मोटा-झोटा है। ज्वार-बाजरा, प्याज तथा मूँगफली यही कुछ यहाँ उपजता है। अंजीर, खट्टे सेब तथा अनार जैसे फल भी उगाए जाते हैं लेकिन इन्हें शहर में बेचने के लिए ही उपजाया जाता है। बगीचा चलाने के लिए बोर-कुएँ से सिंचाई जरूरी है। इसका खर्च इस सूखे इलाके में धनी किसान ही उठा सकते हैं और ऐसे किसान प्रायः खुद शहर में रहते हैं। इस इलाके में रहनेवालों के भाग्य में पानी की कमी ब्रह्मा की लिखाई की तरह खुदी हुई है और खराब पेयजल से उपजनेवाले रोग जैसे पेचिश, जठरान्त्र शोथ तथा चर्मरोग यहाँ महामारी की तरह पसरे हैं।

गाँव की बसावट में 'गाँव-थान' का क्षेत्र सबसे मुख्य होता है। 'गाँव-थान' गाँव का हृदय प्रदेश है। इसी क्षेत्र में विद्यालय, पंचायत, राजस्व-वसूली का दफ्तर तथा बस-पड़ाव होता है, और यहीं भू-स्वामी भी रहते हैं। 'गाँवथान' के क्षेत्र के चारों ओर वाडी का इलाका होता है, जिसमें बटाईदार रहते हैं। गाँव में प्रवेश का रास्ता पूरब की तरफ से खुलता है जिसे स्थानीय बोली में 'वेश' कहते हैं। इस क्षेत्र में गाँव के ग़रीब

स्त्री-पुरुषों की रोजमर्रा की ज़िन्दगी बड़ी दयनीय है। सबको हाड़तोड़ काम करना पड़ता है। भोजन की कमी रहती है और यदि वे दोनों जून रोटी खाने लगें तो कुछ भी बचा नहीं पाते। बचा-खुचा खाना और बैल की तरह खटना उनकी स्त्रियों के लिए रोज़ की बात है। घर में तो उन्हें कठिन काम करना ही पड़ता है, और बाहर भी या तो भारी बोझा ढोना पड़ता है या निर्माण-स्थलों पर लगातार ईंट-गारा-पत्थर उठाना-चढ़ाना पड़ता है। परिणामस्वरूप भारी काम से उपजनेवाली बीमारियाँ (विशेषकर रजोधर्म में गड़बड़ी, पेड़ू की सूजन, सफेद योनि-स्राव तथा गर्भाशय का भ्रंश) यहाँ की औरतों में आम है।

जिन गाँवों में 'मासूम' का सम्पर्क कार्यक्रम चलाया जा रहा है वहाँ स्त्रियाँ 1987 से ही प्राथमिक स्तर की स्वास्थ्य-सेवा मुहैया कराने की माँग कर रही थीं। पर अधिकांश महिलाओं में प्रजनन स्वास्थ्य पर चर्चा करने को लेकर संकोच था। सरकारी स्वास्थ्य-कर्मियों से इस विषण में खुलकर बात करने में उन्हें झिझक होती थी और पुरुष-चिकित्सक से वे प्राथमिक स्वास्थ्य केन्द्र पर स्त्री रोग की जाँच या इलाज कराने में हिचकती थीं। उधर नर्सें तथा सहायक नर्स-धाय स्त्री रोगों की प्रायः उपेक्षा कर देती थीं। वे कहती थीं कि स्त्री-रोग अथवा प्रसूति-रोग से निपटने के गुर उन्हें नहीं बताए गए हैं। उनका मानना था कि उनका काम गर्भवती औरतों को फोलिक एसिड की टिकिया बाँटना, टिटनस-रोधी टीका लगाना तथा मर्दों को कंडोम बाँटकर और स्त्रियों को बन्ध्याकरण के लिए प्रेरित करके परिवार-नियोजन के सरकारी लक्ष्यों को जैसे-तैसे पूरा करना मात्र है।

'मासूम' ने समाज में परामर्श और उपचार का काम कराने के लिए उम्र, वैवाहिक स्थिति तथा संवाद-कौशल का एक बुनियादी मानक तैयार करके स्थानीय महिलाओं को चुनना शुरू किया। फिर उन्हें गाँवों में प्रजनन-स्वास्थ्य से जुड़ी बीमारियों को पहचाने तथा निदान करने के लिए स्वास्थ्यकर्मी के रूप में प्रशिक्षित किया गया। कार्यक्रम का नाम रखा गया—'सदाफूली'। सदाफूली पेरिविंकल जाति के एक सुन्दर पौधे का स्थानीय नाम है, जो उस शुष्क प्रदेश की धूल-गर्मी में भी सदा खिला रहता है। चारुताई नाम की एक अपढ़ 'सदाफूली प्रशिक्षु' ने मुझे बताया कि इस नाम के ही अनुरूप कार्यक्रम का लक्ष्य भी महिलाओं के स्वास्थ्य को सदा-सर्वदा हँसता-खेलता रखना है, "अमच्या कायाकरमा मुले, बाईकां चे सरीर सदा फुले ले ले आसावे।" प्रशिक्षण के अन्तर्गत लिंग और स्वास्थ्य, जनसंख्या तथा स्वास्थ्य की राजनीति, बच्चों के लालन-पालन में सहायता, पोषण, साफ-सफाई तथा रोग प्रतिरक्षी टीका लगाने की तकनीकों की विशद जानकारी दी जाती थी। गाँव की स्त्रियों में इस तरह के दुर्लभ विचारों को लेकर बड़ा जोश-खरोश उपजा और सन् 1997 तक पारगाँव, अम्बले, नाईगाँव तथा मालशिरस में पाँच अन्य 'सदाफूली-केन्द्र' खुल गए। सभी केन्द्र एक साधारण कमरे से शुरू किए गए जिसमें न्यूनतम जरूरी सामग्री रखी गई थी। अलबत्ता इस बाबत गहन प्रयास किया गया कि केन्द्र में महिलाओं की आमद-रफ्त बनी रहे और पारस्परिक विश्वास तथा सहकार का माहौल पैदा हो ताकि सदा से उपेक्षित तथा संकोची ये महिलाएँ बेखटके अपना हृदय

एक दूसरे के आगे खोल सकें, अपने मर्मस्थल में छुपे राज मित्रों की तरह एक-दूसरे को बता सकें। वे व्यक्तिगत अथवा पारिवारिक रूप से गम्भीर मुद्दों पर चर्चा करें इस दौरान जी चाहे तो वे हँसें-रोयें; या बावली सा व्यवहार करें। पर अन्ततः बात से बात चले और स्त्रियाँ एक-दूसरे को अपने-अपने रोग-शोक ठीक करने में सहायता करें। कार्यक्रम से जुड़े कार्यकर्त्ताओं ने स्थानीय-स्तर पर उपलब्ध जड़ी-बूटियों की एक सूची तैयार की। विशेषज्ञों द्वारा 'हाँ' कहने पर उन्होंने इसे जगह-जगह से इकट्ठा किया। इन जड़ी-बूटियों से बहुत से मलहम तथा रोगनाशी दवाएँ तैयार की गईं। महिलाओं की योजना है कि भविष्य में हर केन्द्र खुद ही जड़ी-बूटियों को उगाए। मुझे भी यहाँ लगभग आधा दर्जन ऐसी शीशियाँ दी गईं। मैंने उनका उपयोग किया, और उन्हें मुफीद पाया।

क्या हैं ये जड़ी-बूटियाँ ?

महिलाओं के ललक-भरे हाथों ने मुझे बहुत सी टहनियाँ, जड़ तथा पत्तियाँ दिखाईं। उन्होंने मुझे बताया कि इस पत्ती से प्रजनन-प्रदेश के घातक संक्रमण को ठीक करनेवाला मलहम या लेप कैसे बनाया जाता है। दवा तैयार करने का यह काम लागत के लिहाज से भी बड़ा लाभकर है। यह सामग्री उपलब्ध आसानी से हो जाती है। और इसके दुष्प्रभाव भी नहीं होते। लेकिन इन बातों से भी बढ़कर एक बात है—इस ज्ञानराशि से जुड़ी प्रसन्नता और दया भावना जो ग्रामीण स्त्रियों में आ गई है। कोई वृद्ध स्त्री अपने घुटने की सूजन से परेशान हो और रसोईघर अथवा खेत में काम करने से लाचार हो जाए तो लक्ष्मी ताई, मनीषा या नानी अथवा आप्ते बाई के पास उसे ठीक करने का क्या विकल्प बचता है ? या फिर एक नव-माता अपने गर्भाशय के भ्रंश से पीड़ित हो और पारिवारिक जिम्मेदारियाँ उसे अस्पताल में दाखिल होने से रोकें तो उसे ठीक करने का क्या उपाय शेष रह जाता है—जाहिर है ये दवाइयाँ ही नहीं, उनको बाँटनेवालियों का प्रेम-भरा व्यवहार ही तब रामबाण का काम करता है।

लक्ष्मी ताई जैसी कुछ स्थानीय महिलाओं को मासूम ने प्रशिक्षित करने का काम सितम्बर, 1988 से शुरू कर दिया था। इन महिलाओं ने नई पहल करने का जो उत्साह दिखाया उससे मार्च, 1991 में एक काउंटर से सस्ती दवाएँ बेचने का काम भी शुरू किया गया। यहाँ से एलोपैथिक दवाएँ रियायती दर (बाजार मूल्य का 1/5%) पर दी जाती थीं। आज यह दुकान अत्यन्त लोकप्रिय हो चली है, और उसे आज भी स्थानीय स्तर पर प्रशिक्षित महिलाएँ ही चलाती हैं। इन महिलाओं ने सरकार के लिए सामुदायिक स्वास्थ्य-कर्मी का काम किया है। दूकान पर हमारी भेंट एक ऐसी ही स्त्री हुई। उसने तीन वर्ष पहले प्रशिक्षण प्राप्त किया था। वह तब अतिरिक्त सूचनाओं के लिए अक्सर स्थानीय प्राथमिक स्वास्थ्य-केन्द्र में आती थी। प्रशिक्षण के बाद वह प्राथमिक उपचार में सक्षम है। रोग गम्भीर हो तो वह मरीज को प्राथमिक स्वास्थ्य-केन्द्र, सासवड स्थित परिवार-स्वास्थ्य-केन्द्र या पुणे के सरकारी अस्पताल में जाने को कहती है।

फिर हमारा जत्था सदाफूली-हितगुज केन्द्र की ओर चल दिया जहाँ फुर्सत से बैठकर हम बोले-बतियाए।

सदाफूली हितगुज केन्द्र :

लक्ष्मी ताई मेमाने और उम्रदराज-अनुभवी स्वास्थ्यकर्मियों की टोली के साथ मैं जिस कमरे में बैठी हूँ उसमें गँवई गन्ध भरी हुई है—माल-मवेशी, गोबर-उपले, सूखी घास तथा जलावन की लकड़ी के जलने की महक चारों तरुफ फैली है। मनीषा ने मुझसे कहा कि चाहो तो कुछ सवाल पूछ लो। मैंने हामी भर दी। मैं तो यही चाहती थी।

लक्ष्मी ताई की कथा सुनकर लगता है इस स्त्री के लिए एक ही विशेषण हो सकता है—दुधुर्ष। उसने न सिर्फ अपनी हिम्मत से कठिनाइयों और दुर्भाग्य की खाई लाँघी, पर आज वह गाँव में दूसरों की सहायता करने में भी सबसे आगे है। बचपन में ही ब्याह हो गई लक्ष्मी ताई ने बहुत दिनों तक 'विवाह' के नाम पर ताने; गाली-गलौज और मारपीट झेला। उसे कई पुत्र हुए। पुत्र पढ़-लिख गए तो स्वैराचारी पिता ने उन्हें छोड़ दिया। तब लक्ष्मीताई ने अकेले उन्हें पाला-पोसा-पढ़ाया लिखाया। आज वे सबके सब गाँव में शिक्षक हैं। उसकी आँखों में हमें यह बात बताते हुए चमक आ गई कि बहुत दिनों तक ग़ायब रहने और कई औरतों के साथ हमबिस्तरी करके उसका 'बूढ़ा' जब गाँव लौटा, तो उसने उसे 'वेश' से ही खदेड़ दिया। ''मैंने उससे कहा कि अब तुम आए हो, जबकि नरक जैसे दिन काटकर मैंने खुद अपने बेटों को बड़ा कर दिया है ? भागो वापस, नहीं तो मैं पत्थर से तुम्हारा सर फोड़ दूँगी।'' गाँव इस अद्‌भुत महासती को विस्मय से देख रहा था। पर हर कोई जानता था कि उसका जीवन कैसा कठिन था। आज उसके लायक बेटे-बहू हैं, जो उसकी बात मानते हैं। वे जान गए हैं कि लक्ष्मी ताई में अपना कहा कर दिखाने की भरपूर क्षमता है। सो उसने जब ऊँचे स्वर में पति को धमकाया तो कुछ देर तक कुतूहली गाँववाले खड़े रहे फिर अपनी राह लग गए। 'बूढ़ा' गाँव के बाहर घंटों बैठकर हवा में गालियाँ फेंकता बड़बड़ाता रहा। आखिरकार वह भी अपनी राह लग लिया। किस्सा ख़त्म !

मालशिरस गाँव की साहस की वह प्रतिमूर्ति मुस्कुराई, ''उसे भगाकर मुझे अच्छा लगा। एक दिन वह हमें छोड़ गया था, बिना कुसूर के ! अब उसे पता चला कि कितनी बीसी सैकड़ा होता है।''

इसे कहते हैं, 'लक्ष्मी ताई वाला अन्दाज।'

मालशिरस का औषधालय एक कमरे का है। दीवारों पर प्लास्टिक मढ़े साधारण चार्ट टँगे हैं। शीशे की एक आलमारी में कुछ बोतल, मर्तबान रखे हैं जिनमें स्थानीय जड़ी-बूटियों से तैयार दवाएँ रखी गई हैं। हर बोतलों पर कीमत भी दर्ज है। एक बड़ा टिन का सन्दूक है जिसमें दस्ताने, कार्बोलिक साबुन, वीक्षण यन्त्र (स्पेकुलम), एक दर्पण, कीटाणुनाशी द्रव्य की बोतल तथा साफ़ रूई रखी है।

''हम यहाँ औरतों को सफेद-स्राव जैसी आम बीमारियों के बारे में खुद की जाँच करना सिखाते हैं। औरतों को ऐसे अन्तरंग परीक्षण के बारे में पहले से पता नहीं होता। इसलिए पहले हम रोगिणी को मानसिक रूप से तैयार करते हैं। हम उससे कहते हैं कि

जाओ अपना पेट हल्का कर लो और हाथ साफ करो। फिर हम उसे शर्म-संकोच से उबारने को इत्मीनान दिलाते हैं। लेटने के लिए उसे एक तकिया और दरी दी जाती है। इस बीच हम लगातार उससे बातें करते रहते हैं और धीरज बँधाते हैं।

फिर हम उसे वीक्षणयन्त्र, टॉर्च तथा आईने के बारे में बताते हैं। धीरे-धीरे हम श्रोणि-प्रदेश की खुद से जाँचना सिखाते हैं। हम उसे सही मुद्रा में बैठने तथा पंजों के ठीक नीचे दर्पण रखने की बात समझाती हैं। हम कहते हैं कि शरीर तो तुम्हारा ही है तो अपने गुप्तांग की जाँच भी तुम स्वयं करो। देखो कि कहीं घाव-फुंसी या खास तरह की महक तो नहीं आ रही ? क्या कभी तुम्हें इस तरह का स्राव हुआ है जो खट्टे दही सा महकता हो ? क्या इससे मछली की तरह गन्ध आती है ? अगर इस तरह की महक आए तो समझना कि फफूँद का संक्रमण हुआ है। हम उससे पूछते हैं कि स्राव का रंग कैसा था ? हम उससे दाग-धब्बा दिखाने को कहते हैं और पूछते हैं कि इसकी गन्ध कैसी है ?

"तरह-तरह के संक्रमण के उपचार के लिए हम उसे नीम का लेप बनाना सिखाते हैं। हम उसे बताते हैं कि स्राव के हिसाब से 5-7 या 10 दिन तक इसका इस्तेमाल करो और फिर रिपोर्ट दो।

लेप बनाने के लिए हम नीम की ताजी पत्तियाँ जमा करते हैं। उन्हें धोकर खूब महीन पीस लेते हैं। फिर इसे साफ कपड़े में छोटी-सी पोटली की शक्ल में बाँधते हैं। यह सारा रोगिणी के सामने ही किया जाता है। हम उसको बड़ी स्पष्टता से समझाते हैं कि कपड़ा, हाथ और सुतली बिल्कुल साफ होने चाहिए। उपचार के बाद हम फिर उससे अपनी जाँच करवाते हैं गन्ध के बारे में बताने को कहते हैं। हम उपचार के पहले और बाद में उसका वज़न भी तौलते हैं।

अगर रोग का मामला नाजुक हो चला हो, तो हम उसे डॉक्टर की बताई एंटीबायटिक 'गोली' दस दिन तक खाने को देते हैं। हम उनसे यह भी कहते हैं कि गोली खाने के दौरान हमबिस्तर मत होना। पहले तो वे सब हमारी खुली सलाह सुनती हुई शर्म से दोहरी हो जाती थीं लेकिन अब वे भी खुलकर बात करती हैं। अरे अपनी देह से शर्माना क्या ? उन्हें पता चल गया कि खुद की जाँच और औषधि के व्यवहार से पुरानी से पुरानी बीमारी ठीक हो सकती है।"

देखिए—ये सब बातें, सारे केसों की चर्चा हमारी पंजी में भी दर्ज है। नानी ताई तो रजिस्टरों का एक ढेर ही उठा ले आई। मनीषा ने उस ढेर से एक रोग-विवरणी निकाली। इन सभी रजिस्टरों को तौर-तरीके से दुरुस्त रखने का गरूर लक्ष्मी ताई, नानी और छब्बो ताई के चेहरे से साफ झलक रहा था।

मनीषा ने हँसते हुए बताया, "तुम्हें यह जानकर बहुत विस्मय होगा कि यहाँ आनेवाली अधिकांश महिलाएँ बाल-बच्चेदार होती हुई भी खुद अपने गुप्त अंगों के बारे में अब तक कुछ नहीं जानती थीं। वे सोचती हैं कि स्त्री का शरीर भीतर से एक खोखला होता है जिसमें बच्चेदानी समेत सब अंग तैरा करते हैं। उनका मानना है कि बच्चेदानी

में कुछ भी अन्दर डालो तो वह ऊपर चली जाएगी और उठकर गले में फँस जाएगी। जब यह भय बार-बार उन्होंने जताया तो हमने सोचा कि उन्हें स्त्री-देह के बारे में कुछ मूलभूत तथ्य बताना बहुत ज़रूरी है। इसलिए हमने कुछ 'ग्राफिक चार्ट' तैयार किए। पहले उसे देख उन्हें बड़ी लाज आई। उन्हें हँसी छूट जाती थी और कुछ तो आँखों को ढक लेती थीं। लेकिन जिज्ञासा ने अन्ततः लाज को जीत लिया।

लक्ष्मी ताई बोली, "स्त्री-देह का उपभोग करने का हक हमारे यहाँ सबको हासिल है सिवाय खुद स्त्री के। हम जानकारी देकर पुनः उसे उसकी देह तक पहुँचाते हैं। हम बताते हैं कि लेप कैसे तैयार किया जाता है और उन्हें आश्वस्त करते हैं कि 'गन्दा', 'साफ' मन की बातें हैं। योनि में किसी दुष्टात्मा अथवा कीड़ों का वास नहीं होता बल्कि गन्दगी से इससे संक्रमण से कष्ट होने लगता है। आप जानो कि रेलवे-लाइन के उस पार एक औरत रहती है। वह हमारे इलाके की नहीं है लेकिन बीमार थी, सो हम उसे यहाँ ले आए। वह ठीक होना ही नहीं चाहती थी। उसने बार-बार कहा कि तुम लोग मुझ पर अपना समय बर्बाद कर रहे हो। मैं परित्यक्ता हूँ। मैं ठीक होने से रही। लेकिन हमने भी अपनी टेक न छोड़ी—हम बार-बार उसके घर गए और उसे दवाएँ दीं। अब वह ठीक है।"

लक्ष्मी ताई ने एक और स्त्री के बारे में बताया। दिहाड़ी पर खटनेवाली इस तीस वर्षीया स्त्री को गुप्तांग में ट्रेको-मैनासिस के संक्रमण ने बुरी तरह जकड़ लिया था और इससे वह बाँझपन के कगार पर आ चुकी थी। उसे औषधालय लाया गया। इस महिला ने 24 दिनों तक 'मासूम' के नीम-अवलेप का प्रयोग किया। नियमित रूप से बाक़ी बताई दवाइयाँ भी लीं। मूत्रवाहिका-नली का संक्रमण भी उसे था, पर कुछ एलोपैथिक दवाओं को साथ-साथ लेने से वह भी गया। अब उसके बच्चे हैं।

मनीषा ने बताया कि योनि-स्राव के अतिरिक्त इस क्षेत्र की महिलाएँ गर्भाशय खिसकने (Uterine prolapse) से भी पीड़ित हैं। गाँव के स्वास्थ्य-कर्मचारियों ने इससे बुरी तरह ग्रस्त लगभग 25 महिलाओं को पुणे स्थित सासून अस्पताल इलाज के लिए पहुँचाया है। लक्ष्मी ताई का कहना है कि महिलाएँ पहले खुद से कुछ नहीं बतातीं—यही सबसे बड़ी समस्या है। ऐसे मामलों की पहचान स्वास्थ्य सेवियों को खुद ही करनी पड़ती है और स्त्रियों से पूछते रहना पड़ता है। किसी स्त्री को जनन-प्रदेश की कोई समस्या हुई तो वह पुश्त टेककर बैठी-बैठी दूसरों के कमरे से चले जाने का इन्तज़ार करेगी। फिर बहुत घुमा-फिराकर कहेगी कि मेरी एक सहेली को इस तरह की समस्या है। आपको उसकी बहुत मदद करनी होगी और यह बहाना भी बनाए रखना होगा कि वह अपने बारे में बात कर रही है—यह आपको नहीं पता। हमने ऐसी भी औरतों को देखा है कि जिन्हें गर्भाशय-भ्रंश की शिकायत 15-20 वर्षों से थी लेकिन उन्होंने अपना मुँह खोलने में कई-कई दिन लगाए। कभी-कभी यह रोग इतना बढ़ जाता है कि वे ठीक से बैठ भी नहीं पातीं। बाद में जब हम जाँच करते हैं तो उनकी शर्म तथा चुप्पी को देखकर दंग रह जाते हैं। बीमार कौन रहना चाहता है ? एक बार स्त्रियों का मुँह खुल

जाए और वे अपने प्रजनन-प्रदेश की बीमारियों का सारा हाल आपको सुना दें तो फिर बस, वे उपचार के बारे में भी सचेत हो जाती हैं और आपका कहा खूब मानने लगती हैं। चूँकि किसी स्त्री को अक्सर दूसरी स्त्री के शरीर की जानकारी नहीं होती अतः गर्भाशय-भ्रंश की रोगी स्त्री जब तक इस रोग के बारे में समझ पाती है तब तक रोग अपने दूसरे चरण में आ चुका होता है। यदि रोग इतना ज्यादा बढ़ गया हो तो हमारे पास उसे सासवड़ स्थित रेफरल सेंटर पर शल्य-चिकित्सा के लिए भेजने के अलावा चारा नहीं रहता।

''गर्भाशय-भ्रंश के सभी मामलों में शल्य चिकित्सा की ज़रूरत नहीं होती। मनीषा ने बताया। रोग अगर आरम्भिक अवस्था में हो तो खास तरह की वर्जिश तजबीज की जा सकती है। लेकिन जब शल्य-चिकित्सा का ही एकमात्र विकल्प बचा हो तो हमारे 'सदाफूली' कार्यकर्त्ताओं में से कोई एक रोगिणी के साथ पुणे जाती है और उसके ठीक होने तक अस्पताल में ही उसके साथ रहती है। अस्पताल के भय के अलावा महिलाओं, विशेषकर गरीब महिलाओं में आत्मगौरव और स्वाभिमान का भाव बहुत गहरा होता है। इस वजह से वे अपनी भूख और दुख प्रायः छुपा जाती हैं। यदि खर्च उठाने में समर्थ हों तो कभी भी वे निःशुल्क चिकित्सा की बात नहीं कहतीं। भयावह गरीबी के बीच रहती स्त्री जब हमें ऐसे रोगों की बात पता चलती है तो हम कोशिश करते हैं कि रोगिणी को यह न पता चले कि हम उसकी दयनीय आर्थिक दशा से आगाह हैं। पर उसे पूरी मदद दिलाते हैं। फर्श पर लेटकर सामान्य किस्म का भी व्यायाम करना हो तो भी गरीबों को दिक्कत होती है क्योंकि उनके घरों में जगह ही नहीं होती। गाँवों में युवा महिलाओं को एकान्त उपलब्ध होना भी मुहाल है—खासकर ससुराल में। यदि कमरा एक ही हुआ तो फर्श पर लेटकर एक बहू कैसे कर टाँगें वर्जिश करने को उठाए ? इसलिए हम ऐसी महिलाओं को पेट की मांसपेशियों को सिकोड़ने का व्यायाम सिखाते हैं जो वे चुपचाप कर सकती हैं। हम उनसे कहते हैं कि तुम्हीं कहो यात्रा पर जाते हुए क्या तुम्हें अपनी हाजत नहीं रोकनी पड़ती ? ठीक इसी तरह व्यायाम भी करना है—तुम्हें कसरत करने के लिए अकेला कमरा मिल नहीं सकता तो ऐसे में मांसपेशियों को सिकोड़ना और ढीला छोड़ना भी कारगर सिद्ध हो सकता है।

प्रश्नों की शृंखला अनन्त है, जो मेरे मन में बुलबुलाने लगे हैं।

बच्चों के जन्म को लेकर कौन से स्थानीय अन्धविश्वास हैं ? क्या इन अन्धविश्वासों पर अब भी महिलाओं का यकीन है ? क्या स्वास्थ्य-कर्मचारी इन दादी-नानी की कहानियों को महिलाओं के दिमाग से हटाने की कोशिश करते हैं अथवा यथावत् रहने देते हैं ?

कोई नहीं जानता कि बच्चों के जन्म तथा कामाचार के बारे में इन दादी-नानी के किस्सों का प्रचलन कब हुआ पर भारत में हर समुदाय के बीच ऐसे किस्से खूब कहे-सुने

जाते हैं। समुदायों में घनिष्ठता है, विज्ञान की दुनिया से पहचान न के बराबर है। गरीबी और असुरक्षा मालशिरस तथा आसपास के जिन सुदूरवर्ती गाँवों में हमजोलियों की तरह बसा करते हैं, वहाँ प्रजनन-कर्म से जुड़े बहुत से अन्धविश्वास फल-फूल रहे हैं। इनकी जानकारी मनीषा और उसके स्वास्थ्यकर्मियों को अपने लम्बे कार्यकाल में मिली है। कुछ की जड़ें अज्ञान में हैं तो कुछ का सम्बन्ध वास्तविक परिस्थितियों से जुड़ता है। उदाहरण के लिए एक स्थानीय अन्धविश्वास है कि अगर गर्भावस्था के दौरान सम्भोग किया गया तो जातक शरीर पर झिल्ली लिये जन्मेगा। शायद इसकी वजह यह है कि गर्भावस्था के अन्तिम कुछ माहों में शारीरिक सम्बन्ध बनाना जोखिम भरा होता है। सम्भवतः इस जोखिम से आगाह करने के लिए बड़ी बूढ़ियों ने यह कथा गढ़ी।

इसी तरह यह मान्यता भी है कि योनि से स्राव होना किसी देवता के रोष का परिणाम है—विशेष तौर पर लाल-स्राव का होना। इस अन्धविश्वास के मूल में वह परम्परागत मानसिकता है जो गरीब समाज में पीड़ा को दैव की महत्त्वपूर्ण देन मानकर महत्त्व दिलाती है। बच्चे के जन्म के बाद नवजात शिशु को स्तन का प्रथम-दुग्ध-स्राव भी अन्धविश्वास के कारण नहीं पिलाया जाता। बुजुर्ग महिलाओं का खयाल है कि यह दूध 'गन्दा' होता है। लेकिन ऐसा करना अक्सर नवजात शिशु के लिए घातक साबित होता है। तब तो और भी जब जन्म के समय बच्चे का वज़न कम हो। 'मासूम' के स्वास्थ्य-कर्मचारी महिलाओं को तर्क देते हैं कि यदि गाय-गोरू के बछिया-बछड़े अपनी माँ के थनों की धार जनमते ही पी सकते हैं, तो एक माँ अपने बच्चे को जन्म के बाद एकसा दूध क्यों नहीं पिला सकती ? उसके जिस शरीर ने इतने दिनों तक बच्चे की देह को अपने भीतर रखकर सँभाला पोसा, वह देह भला बच्चे को क्षति पहुँचानेवाली कोई चीज़ बनाएगी ? प्रकृति में ऐसा अन्याय हो सकता है भला ? खेतिहर महिलाएँ चट इस तर्क को स्वीकार कर लेती हैं क्योंकि उन सबको मवेशियों की देखभाल का खूब अनुभव है। इस तरह वैज्ञानिक तर्क को यदि उनके अपने दैनिक जीवन के अनुभव से जोड़ा जाए तो महिलाएँ बात सुनने-समझने लगी हैं—खासकर युवतियाँ।

'मासूम' का दृष्टिकोण व्यावहारिक है। मनीषा तथा उसके साथी स्थानीय परम्परा का आदर करते हैं। 'यदि कुछ रीति-रिवाज और प्रचलित विश्वास हानिकारक नहीं हों तो हम उन्हें चलने देते हैं—' मनीषा ने कहा। मसलन बीमारी को ठीक कराने के लिए देवता की मनौती मानना। हम उनकी बात को सहानुभूति और ध्यान से सुनते हैं और कहते हैं कि ठीक है, हमारी दवा खाना भी जारी रखो और अपने देवी-देवताओं को निसंकोच सिन्दूर, रोली, नारियल या शराब और मुर्गा भी चढ़ाओ। जो करने से रोग ठीक हो सके वही सही है। बहुत सी महिलाएँ हमारी दवा के साथ-साथ झाड़-फूँक भी करवाती हैं। हम इसका बुरा नहीं मानते। हम कहते हैं कि जो जी में आए करो : नारियल चढ़ाओ, नीबू काटो, देवी को छत्र अर्पित करो। लेकिन बस हमारे पास आना मत छोड़ो—मेहरबानी करके यहाँ आना जारी रखो। यदि बीमारी ठीक होने का श्रेय

नारियल और नीबू को जाता है तो जाए—हम परवाह नहीं करते। हम बस इतना निश्चित करना चाहते हैं कि स्त्रियाँ दवा भी नियमित खाती रहें। हर माह सदाफूली-केन्द्र पर औसतन चालीस ऐसे मरीज आते हैं। मार्च में मरीजों की संख्या बढ़ जाती है। क्योंकि इस माह खेती का काम ज्यादा नहीं होता और महिलाओं को अपनी बीमारियों को दिखाने का समय मिल जाता है। हम इस बात को समझते हैं और जब भी समय निकालकर वे आती हैं—हम उनका उपचार करते हैं। यह उलाहना नहीं देते कि इतनी देर में क्यों आईं ?

मासूम के सभी सर्वेक्षणों का निष्कर्ष है कि इस गरीब इलाके में हर तरह की स्वास्थ्य सुविधाएँ महिलाओं के लिए मुहाल हैं। सरकार-संचालित प्राथमिक स्वास्थ्य-केन्द्रों में ज़रूरी कामकाज के निष्पादन को ढंग के उपकरण प्रायः नहीं होते—सुरक्षित गर्भपात अथवा शल्य क्रिया द्वारा प्रसव करानेवाले प्रशिक्षित चिकित्सकों की बात तो जाने दें। निजी-क्षेत्र की चिकित्सा-सेवा के बारे में भी महिलाओं का अनुभव इससे बेहतर नहीं है। पर वे बन्ध्याकरण अथवा गर्भपात के लिए प्राइवेट क्लिनिक जाना पसन्द करती हैं, क्योंकि वहाँ गोपनीयता भी बरती जाती है और ज्यादा पूछताछ के बिना जल्दी से उनकी इष्टसिद्धि भी हो जाती है। गर्भपात को लेकर ये दोनों बातें महिलाओं के लिए बड़ी महत्त्वपूर्ण हैं। अधिकांश महिलाओं की शिकायत थी कि सरकारी अस्पताल में डॉक्टर पर्याप्त ध्यान नहीं देते। उनका यह भी कहना था कि किसी परिवार नियोजन के बेहतर विकल्प को अपनाने में हम असमर्थ हैं क्योंकि न तो गरीबों को सरकारी अस्पताल में तफसील से जानकारी दी जाती है, न ही परिवार नियोजन के लिए सही उपकरण। ''डॉक्टर अगर ठीक से ध्यान ही नहीं देता तो उसे हमारे रोग का कैसे पता चलेगा ? राधा बाई ने सवाल किया, ''हमें पता है कि डॉक्टरों पर काम का बोझ ज्यादा होता है सरकारी अस्पताल जाने पर भी फायदा न हो तो हम तो यही सोचेंगे कि डॉक्टर ने हम पर ध्यान नहीं दिया इसलिए रोग ठीक नहीं हुआ। हमें लगता है कि समय और रुपया बर्बाद गया—हम ठगे गए। इन अस्पतालों में भले फीस नहीं लगती हो किन्तु हमें बस का किराया तो देना ही पड़ता है, और भोजन भी बाहर से खरीदकर खाना पड़ता है। सो हमारे लिए सरकारी चिकित्सा भी मुफ्त कहाँ हुई ? ''सरकारी अस्पताल में जाओ तो अक्सर डॉक्टर कहता है कि मरीज देखने का मेरा समय तय है मैं वक्त-बेवक्त उपचार नहीं करूँगा। परन्तु क्या किसी को हारी-बीमारी भी समय देखकर आती है ?''

दूसरी औरत ने पूछा, ''मरीज शहर का हो तो दूसरे डॉक्टर के पास जा सकता है परन्तु जब डॉक्टर कहता है कि तुम्हें 'छोटी दीदी' के बाद अब 'बड़ी दीदी' की ज़रूरत है तो हम गाँव के लोग भ्रम में पड़ जाते हैं कि अब कहाँ जाएँ।''

मैंने उसकी बात न समझते हुए मनीषा की तरफ देखा।

''बड़ी दीदी का मतलब है गर्भाशय की शल्यक्रिया और छोटी दीदी का मतलब है नसबन्दी—'' मनीषा ने हँसते हुए बात स्पष्ट की, ''गाँववाले कहते हैं कि यदि घर में छोटी आती है फिर बड़ी बहन आती ही आती है। पुणे क्लिनिक गर्भाशय निकालने के

लिए 1,000 रुपया लेते हैं। सरकारी अस्पताल ससून में इसका सिर्फ 200 रुपए लगता है। किन्तु औरतें अगर किसी तरह पैसा जुटा सकीं तो वे निजी क्लिनिकों में ही जाती हैं क्योंकि वे सरकारी अस्पतालों को गरीबों के लिए सदय नहीं पातीं।''

''कम से कम सरकारी अस्पताल में खाना तो मिलना ही चाहिए,'' सखूबाई ने जोड़ा। उसकी बेटी का प्रसव शल्य-क्रिया द्वारा पुणे की क्लिनिक में हुआ था। ''हम मरीज की देखभाल करनेवाले लोग तो भूखे भी रह लें परन्तु मरीज क्या करे ? गई रात को प्रसव हुआ। उसके बाद तुम जानती हो माँ को भोजन की कैसी ज़रूरत होती है। उस वक्त अस्पताल के आसपास कुछ दूर तक भोजन नहीं मिलता। यही नहीं, उन लोगों ने मेरी बेटी के प्रसव के बाद हमसे प्रसूति-कक्ष भी साफ करवाया। क्योंकि हम गरीब गाँव के थे। फिर वे लोग प्रसव के लिए न्यूनतम शुल्क भी क्यों लेते हैं ? उनकी आया और वार्डब्वाय क्या करते हैं ? क्या उनको इसी काम के लिए पैसा नहीं मिलता ?

यात्रा का अगला पड़ाव था सासवड स्थित स्वास्थ्य केन्द्र। सासवड, पुरन्दर प्रखंड का प्रखंड-मुख्यालय है। यह मालशिरस से 25 किलोमीटर की दूरी पर है। हम जब स्वास्थ्य केन्द्र की दोमंजिला इमारत तक पहुँचे तो हल्की-फुल्की बारिश होने लगी थी। 76 वर्षीया प्रभारी आप्टेबाई और उसकी सहायक लताबाई ने हमारा स्वागत किया।

''यहाँ हमारी नीति महज चिकित्सीय मदद देना नहीं बल्कि महिलाओं को एक ऐसा माहौल प्रदान करना है जहाँ वे बैठ-बतियाकर अपने दिल की बात कह सकें—'' आप्टे बाई ने कहा। यह बात महिलाओं को समझाने में उन्हें काफी समय लगा कि उपचार की एक ऐसी जगह भी है जहाँ जाते ही आपको न तो सूई लगाई जाती है और न पानी चढ़ाया जाता है—बल्कि आपकी बातों को धीरज से सुना जाता है। ''एक बहू तो बस यहाँ सोने के लिए चली आई। हमने उस नवयुवती से पूछा कि कहो, क्या तकलीफ है ? उसने पलटकर हमीं से पूछ लिया, ''क्या तकलीफ रहने पर ही यहाँ आ सकते हैं ? मैं यहाँ आई हूँ कि पाँव पसारकर लेट सकूँ। मैं ऐसा अपने ससुराल में नहीं कर सकती। मुझे यहाँ बस पसरने दो। हमने हामी भर दी।'' आप्टे बाई हँसने लगीं।

आप्टे बाई की उम्र लगभग 75 साल होगी। ''मैंने अपनी ज़िन्दगी में इतनी चीजें देखी हैं कि यहाँ कुछ भी सुन-देखकर मुझे आश्चर्य नहीं होता,'' वे बोलीं।

''परिवारों में स्त्री को ताना-उलाहना देना और गाली-गलौज करना तो सामान्य बात है, तकरीबन हर लड़की को अपने पिता के घर और ससुराल दोनों ही जगह यह सब सहना पड़ता है। यहाँ हम महिलाओं को पूरा बढ़ावा देते हैं कि वे हर तरह के क्लेश और समस्या, वह यौन-प्रताड़ना हो, बाल-दुर्व्यवहार हो अथवा दहेज को लेकर की जानेवाली मारपीट। सबके बारे में वे खुलकर बात करें बात बाहर नहीं जाएगी। वधुओं को प्रताड़ित करने के अधिकांश मामलों में मैंने देखा है कि दहेज की बात तो प्रायः बहाना भर होती है—मुख्य कारण कुछ दूसरा ही होता है। अधिकांश तथाकथित

दहेज-हत्याएँ, सेक्स या रिश्तेदारी को लेकर हुए पारिवारिक कलह और तात्कालिक रोष का परिणाम होती हैं, हाँ, एक पक्ष दहेज भी हो सकता है। लेकिन अखबार दहेज-हत्याओं के बारे में जैसी खबरें छापते हैं उससे लोगों को यही लगता है कि पत्नी को प्रताड़ित करने की घटनाएँ कम दहेज के कारण ही घटती हैं। ऐसा नहीं है।''

आप्टे बाई ने मुस्कुराते हुए कहा, ''धीरे-धीरे महिलाएँ समझने लगी हैं कि हमारे मन में पहले से उनको लेकर कोई बनी-बनाई धारणा नहीं होती। हम पहले उनकी बात सुनते हैं फिर रोग को समझने-समझाने की कोशिश करते हैं। इसके बाद उनका उपचार किया जाता है। ऐसे इलाज से बहुत दिनों से रोग-ग्रस्त महिलाओं को फायदा हुआ है। दरअसल ये महिलाएँ सबसे पहले अपने उपचार-कर्ता पर विश्वास करना चाहती हैं और इस विश्वास को ही सर्वाधिक तरजीह देती है। एक स्त्री-रोग-विशेषज्ञ तथा एक मनोचिकित्सक सप्ताह में दो बार 'केन्द्र' का दौरा करते हैं। रोजमर्रा की घटनाओं को दो नर्सें व्यवस्थित रीति से दर्ज भी करती हैं।''

सासवड में की गई बातचीत से स्थानीय स्त्रियों में प्रजनन-स्वास्थ्य सम्बन्धी जिन मुख्य रोगों की व्याप्ति का पता चला वे हैं—योनि शोथ, सफेद-स्राव, रजोधर्म की अनियमितता तथा गर्भाशय का भ्रंश। कुछ महिलाओं को मानसिक समस्याएँ भी थीं, जैसे—अवसाद, हिस्टीरिया या मिर्गी जैसे दौरे पड़ना। प्रायः इसका कारण होता है उनके साथ परिजनों द्वारा की गई हिंसा या उपेक्षा भरा बर्ताव। केन्द्र मातृ रक्षी सेवाएँ भी प्रदान करता है जिसमें प्रसव-पूर्व दी जानेवाली सेवाएँ तथा पोषाहार भी शामिल है। इसके लिए 'मासूम' पे आधारभूत सामग्रियों से कुछ खास 'किट्स' तैयार किए हैं। घर में प्रसव हेतु उपयोग के लिए ये 'किट्स' महिलाओं को दिए जाते हैं। यदि अत्यधिक जोखिमवाले प्रसव का मामला हो (मसलन माँ रक्तालप्ता की शिकार हो, एक से ज्यादा शिशु पेट में हों, गर्भस्थ शिशु उल्टा हो या गर्भिणी को उच्च रक्तचाप हो) तो गर्भिणी महिला को प्रसव के लिए कार्यकर्ताओं के साथ अस्पताल भेज दिया जाता है। स्वास्थ्यकर्मी इस बात को जानते हैं कि नवविवाहिता जोड़े शरू-शुरू में किसी तरह का गर्भनिरोधक इस्तेमाल करना चाहें या नहीं, वे कर नहीं पाते। वजह यह कि उनके परिवारवालों तथा स्वयं पुरुष के लिए भी यथाशीघ्र बच्चे उत्पन्न करना नाक का सवाल बन जाता है। कभी-कभार कुछ देर तक सन्तानोत्पत्ति को टालना चाहती है लेकिन उसे ससुरालवाले मना कर देते हैं। ऐसे मामलों में परिवार पर मित्रों के सहारे दबाव डालना पड़ता है—उनकी चिरौरी करनी पड़ती है।

हमारी बातचीत फिर कानूनी तौर पर वैध गर्भपात जैसे संवेदनशील विषय की तरफ मुड़ गई। क्या यह बात सच है कि यहाँ भी दबे-छिपे गैरकानूनी गर्भपात होते हैं ? मैंने कहा।

हाँ, भ्रूण के लिंग को बहुत पहले ही पहचानने के लिए अल्ट्रा-साउंड तकनीक का उपयोग तथा मादा-भ्रूण को मार देने की घटनाएँ भी बढ़ रही हैं—मुझे बताया गया। पहला बच्चा लड़का हो या लड़की माँ के लिए कोई खास मायने नहीं रखता लेकिन एक

से ज्यादा बेटी कोई नहीं चाहता। बेटे भले चाहे जितने हों ! स्त्रियाँ नसबन्दी जैसे अस्थायी उपाय तभी अपनाती हैं जब उन्हें विश्वास हो जाए कि उनका बच्चा इतना स्वस्थ व बड़ा हो गया है कि अल्पायु में नहीं जाता रहेगा। जिन माताओं को कई बेटियाँ हैं वे पुत्रेच्छा से बार-बार गर्भधारण करने से नहीं कतरातीं। दो बेटियाँ हो जाएँ तो एक बेटे की चाह और जोर पकड़ती है और उस 'अपरिहार्य पुत्र' के फेर में स्त्रियों को कई बार गर्भस्थ भ्रूण के कन्या होने का पता चलने पर अवैध गर्भपात कराना अवैध है—पर इससे क्या फर्क पड़ता है। उनके परिवार उन्हें भर पेट खाना न दे सके, पर ऐसे गर्भपात के लिए कर्जा लेकर भी पैसे खर्च करनेवाले डॉक्टरों अथवा क्लिनिक में ही जाती हैं, जहाँ वे ज्यादा सवाल नहीं पूछते, पैसा लेकर मनचाही करा देते हैं।

अनचाहे गर्भ से छुटकारा पाने के दूसरे तरीके भी प्रचलित हैं। इसके लिए अधिकांश महिलाएँ 'दाई' के पास जाती हैं। माना जाता है कि 'दाई' को ऐसे काम का तजुर्बा होता है। पर पारम्परिक तरीके बहुत जोखिम भरे होते हैं। कुछ दाइयाँ इसके लिए एक ख़ास तरह की डंडीनुमा जड़ी गर्भाशय में डालती हैं। कहा जाता है कि 12-14 घंटों में इससे भ्रूण गल जाता है। ऐसे भोंडे और जोखिम भरे तरीके से गर्भपात खूब कराए जाते हैं। यदि गर्भपात करानेवाली विधवा अथवा अविवाहित स्त्री हुई तो उसके मर जाने पर भी दाई की कोई शिकायत नहीं करता—कभी मुँह नहीं खोलता। जिसकी शादी हो गई हो सधवा हो, उसके लिए गर्भपात कराना आसान होता है। लेकिन ऐसे मामलों में भी सरकारी अस्पतालवाले उससे पति की लिखित अनुमति माँगते हैं। पति महोदय अक्सर कागज पर दस्तख़त नहीं करते और बग़ैर इस अनुमति के कोई भी सरकारी डॉक्टर 'गर्भपात' कराने को तैयार नहीं होता। पति कई बार पूछने लगता है, "किसका बच्चा है तेरे पेट में ? मैं नहीं कहने का गर्भपात के लिए। तुझे छुट्टा छोड़ दिया तो तू गैरों के साथ सोएगी।" ऐसे समाज को देखते हुए यदि आप किसी स्त्री से पूछें कि उसकी क्या इच्छा है, तो वह तो यही कहेगी कि चिकित्सा की ऐसी सुविधाएँ विश्वसनीय और सुरक्षित हो साथ ही ओ.पी.डी. में 'सफाई' (कोख को साफ करना) का काम तेजी और चुपके से होना चाहिए ताकि जल्दी घर वापस जाया जा सके। यदि अस्पताल तक यात्रा और गर्भपात में समय लगता हो तो परिवार प्रायः इसकी मंजूरी नहीं देता। इसके अतिरिक्त अगर सास को 'सफाई' के बारे में न बताया गया हो तो बहू को अस्पताल में भर्ती करने की बात सुनकर उसके कान खड़े हो जाएँगे और वह मौका मिलते ही डंडा लेकर चढ़ दौड़ेगी।

औरतों ने स्वास्थ्य-कर्मचारियों को यह कहते तो सुना है कि सुरक्षित-गर्भपात वैध है लेकिन उनका कहना है कि सरकारी अस्पताल में जाओ तो वहाँ काम करनेवाले हमेशा गरीब औरतों से अपशब्द कहते हैं और उनका अपमान करते हैं। गर्भपात कराने गई स्त्री के चरित्र के बारे में उसी के सामने गन्दी-गन्दी बातें करते हैं इससे औरतों के मन को बहुत गहरी चोट पहुँचती है। 'समाज ऐसा है बाई, कि कभी-कभार किसी निरपराध गरीब लड़की अथवा युवा विधवा को भी जबरन ये दिन देखने पड़ते हैं। ऐसा भी तो

हो सकता है कि गरीबी ने ही अभागन को पैसा पाने के लिए यह सब करने को मजबूर किया हो ? ऐसी स्त्रियों का प्यार-दुलार के साथ उपचार करना चाहिए। उन्हें 'चलता-पुर्जा' और 'छिनाल' ठहराने में दिमाग खपाना गलत है। ऐसे मामलों में चिकित्सक को बड़े विवेक से काम लेने की ज़रूरत होती है। किन्तु अक्सर पुरुष-डॉक्टर उनको शर्मसार करनेवाले गन्दे-गन्दे सवाल उनसे पूछते हैं। यदि महिला-चिकित्सक हुई तो कई बार वह थोड़ी सहानुभूति दिखाती है। पर डॉक्टर लोग महिलाओं, विशेषकर युवतियों को, यह कभी नहीं बताते कि भविष्य में गर्भधारण से बचने के लिए उन्हें क्या करना है ताकि दोबारा गर्भपात की नौबत न आए। गर्भपात को लेकर आम सामाजिक और सांस्कृतिक मान्यताएँ इसे 'कुकर्म' ही कहती हैं जिस पर डॉक्टरों का बरताव स्वाभाविक ही है कि महिलाएँ सरकारी अस्पताल जाने से घृणा करें। यदि स्त्री अविवाहित, विधवा अथवा परित्यक्ता हो तो गर्भपात करा पाना और भी मुश्किल होता है। यदि पता चल जाए कि ऐसी स्त्री ने गर्भपात कराया है तो उसको गाँव में बहुत लांछन व दुख दिया जाता है। इन्हीं कारणों से अधिकांश महिलाएँ थोड़ा जोखिम उठाते हुए अपने गाँव से दूर कोई दूसरी जगह ढूँढ़ती हैं नजदीक के सरकारी अस्पताल में भी नहीं जातीं क्योंकि वहाँ कोई परिचित अथवा दूसरे के देखने की सम्भावना होती है जो पूछ सकता है कि काय बाई, तुम यहाँ क्यों आई हो। अब वह कहाँ जा मरे ?

सेहत (सेंटर फॉर इंक्वायरी इन टू हेल्थ एंड एलाएड थीमस) संस्था के लिए मनीषा ने सुनीता बंडेवार और हेमलता पिसल के साथ 1996 में स्वैच्छिक गर्भपात सेवाओं का एक सर्वेक्षण किया था। इसमें पुणे जिला के छह गाँव (मालशिरस सहित) जहाँ स्वास्थ्य-सेवाओं की उपलब्धता में भिन्नता थी—शामिल किए गए। सर्वेक्षण का निष्कर्ष था कि अधिकांश स्त्रियाँ इच्छा होते हुए भी गर्भधारण अथवा गर्भपात विषयक महत्त्वपूर्ण फैसले स्वयं कर पाने में अक्षम थीं। पुरुष-पोषित धार्मिक परम्पराओं तथा सामाजिक मूल्यों से संचालित परिवार-जन ही (जिनमें बूढ़ी महिलाएँ भी शामिल हैं) उनके लिए ये फैसले करते हैं। एक स्त्री औसतन पुत्र जनने पर पति के घर में ज्यादा सम्मान पाती है। पर उसे बच्चा जनने के बारे में स्वयं फैसला करने की अनुमति नहीं है। अलबत्ता सास बनने के बाद अपने पुत्र अथवा पुत्रवधू के लिए वह ऐसे निर्णय ले सकती है। हमारे यहाँ परम्परा ने स्त्रियों को यह विचित्र अधिकार दे रखा है कि पुत्र जनकर वह पारिवारिक सम्पत्ति की अधिकारिणी तो होती ही है, कालान्तर में युवा पुत्र तथा पुत्रवधू की जीवन धारा गढ़नेवाली एक निर्णायक जज भी बनती है। लेकिन निर्णय क्षमता उसके हाथों में तभी आती है जब वह स्वयं सन्तानोत्पत्ति के दायरे से बाहर आ जाए। स्पष्ट है कि पुत्रप्रसू देह पर समाज सीधा उस युवा स्त्री का नियन्त्रण नहीं स्वीकार करता जिसकी कोख है।

प्रसव के मामले में किसी स्त्री का पिछला रिकॉर्ड यदि असफलता-सूचक हो तो उसे दोबारा अपनी ज़रूरत के मुताबिक देखभाल तथा चिकित्सा मुहैया कराई गई हो, ऐसे उदाहरण ग्रामीण इलाकों में विरले ही देखने में आते हैं। गाँववाले दोबारा शादी कर लेना

बीमार पत्नी की देखभाल पर लगनेवाले खर्च के बनिस्पत कहीं ज्यादा सहज मानते हैं, और कमाऊ विकल्प (नई पत्नी दहेज लाती है) तो वह है ही। सर्वेक्षण ज्योति नाम की एक स्त्री का उदाहरण (उम्र-20, जाति-नव बौद्ध, पाँचवीं जमात तक पढ़ाई, पेशा-दिहाड़ी मजदूर) देता है। ज्योति को जब पहली बार गर्भ ठहरा तो 7वें माह में उसे गिराना पड़ा क्योंकि प्रसूति में ज्योति के जीवन को खतरा था। अपनी जेठानी के साथ वह चिकित्सक को जब माह दिखाने गई थी तो डॉक्टर ने कहा कि उसका रक्तचाप इतना बढ़ गया था (प्राइवेट अस्पताल के डॉक्टर ने सोनोग्राफी की) कि भ्रूण जीवित नहीं था। तब उसने ज्योति को सिविल अस्पताल भेज दिया। डॉक्टर ने उससे उसके पति के बारे में पूछा क्योंकि ज्योति के जीवन को बचाने के लिए शल्य क्रिया द्वारा मृत शिशु का प्रसव कराना ज़रूरी था और इसके लिए पति की स्वीकृति जरूरी थी। जेठानी ने कहा कि ज्योति का पति अभी नहीं है इसलिए ऑपरेशन न करो। अगले दिन पति कागज़ों पर दस्तखत के लिए आया। बड़ी मुश्किल से ज्योति बची और एक पखवाड़े के बाद उसको घर जाने की अनुमति मिली। उसके ऊपर इतने पैसे खर्च करने पड़े फिर भी खाली लौटी, यह सोचकर ससुरालवाले बहुत नाराज थे। उन्हें लग रहा था कि बहू को बेटे की आस में जो खिलाया-पिलाया, सब अकारथ गया। उसके बाद से ज्योति को गर्भ नहीं ठहरा लेकिन ससुरालवालों ने उसके इलाज में और पैसा लगाने से इनकार कर दिया। ज्योति अब ज्यादातर अपने मायके रहती है।

सर्वेक्षण में एक और मामला लीला का था (उम्र-32, जाति-सवर्ण, सातवीं जमात तक पढ़ाई, पेशा-नर्सरी-शिक्षक और गृहिणी) दर्ज था। वह भी अपनी कहानी खुद कहती है।

लीला ने पहले प्रसव में मृत बच्चे को जन्म दिया। दूसरी बार गर्भ कुछ दिनों का होकर जाता रहा। तीसरी बार पाँव भारी होने पर उसे रक्तस्राव होने लगा। उसे डॉक्टर के पास ले जाया गया। चिकित्सक ने बच्चेदानी की धुलाई (डी. एंड सी.) कराने की तजबीज की। लीला पैसे की कमी के कारण ऐसा नहीं करा सकी। चौथी बार गर्भधारण करने पर बच्चा समय से पहले पैदा हो गया और जन्मते ही मर गया। इतना कुछ होने पर लीला के मन में अन्धविश्वासों ने सर उठाया। सपने में उसे जलदेवियाँ नज़र आने लगीं। जिन्हें सपने में वह सन्तान के लिए पूजा चढ़ाती। पाँचवीं दफे गर्भधारण करने पर उसने एक स्वस्थ-सामान्य बेटी को जन्म दिया। फिर इसके बाद के सात सालों तक लीला के कोई सन्तान न हुई। किन्तु उसका कोई इलाज नहीं कराया गया। लीला मानती है कि उसके पति अच्छे हैं और उसका खयाल रखते हैं। उन्होंने लीला से कहा कि एक ही सन्तान है तो भी इसका कोई मलाल नहीं। लेकिन लीला चाहती थी—अभी और बच्चे हों। खासकर पुत्र। छठी बार गर्भवती हुई तो उसने बच्चे का लिंग निर्धारण करनेवाला परीक्षण भी कराया (हालाँकि उसका कहना था कि डॉक्टर ने उसके गिरते स्वास्थ्य को नज़र में रखकर भ्रूण को हर हालत में गिरा देने का निर्णय लिया। अब लीला ने डॉक्टरी सलाह के बावजूद जोखिम उठाया क्योंकि परीक्षण में पता चला था कि भ्रूण 'नर' है।

प्रसव समय-पूर्व ही न हो जाए इसे ध्यान में रखकर डॉक्टर ने पूर्व-सावधानी के तौर पर उसके गर्भाशय ग्रीवा (Cervix) में टाँके लगा दिया और इसके बाद उसे घर भेज दिया। लेकिन फिर भी गर्भपात हो गया और इसके बाद भी 8वीं बार गर्भ ठहरने पर उसे गर्भ गिराना पड़ा। यह (एम.टी.जी.) एक निजी-चिकित्सालय में कराई गई। सर्वेक्षकों से बात करते हुए लीला बहुत तनाव में थी और उसे भय लग रहा था। उसने बताया कि मेरे तनाव का कारण एम.टी.पी. नहीं बल्कि बार-बार स्वयं ही गर्भ का गिर जाना था। उसने कहा कि पुत्र होने के लिए वह अब भी कुछ वर्ष इन्तज़ार करना चाहती है—इसके बाद ही वह बन्ध्याकरण कराएगी।

लीला जैसी स्त्रियाँ सैकड़ों-हज़ारों हैं। वे सभी पुत्र जनने के मोह में ही अधिकाधिक दफे गर्भधारण करने का जोखिम उठाती हैं। हो सकता है गर्भपात कराने का निर्णय चोरी-चुपके लिया गया हो और इसमें बस पति-पत्नी की रजामन्दी हो। लेकिन लिंग-निर्धारण और तद्विषयक गर्भपात (एम.टी.पी.) का निर्णय ससुराल के अन्य सदस्यों द्वारा ही किया जाता है। पितृवंश के वृक्ष को वर्धनशील रखना है—यह बात उन सबके अन्दर भजन की टेक की तरह बजती रहती है। दिलचस्प बात यह है कि जो परिवार गर्भवती महिला को पोषाहार देने तथा डॉक्टरी-जाँच करवाने पर पैसे खर्च करने में कोताही और आनाकानी करता है वही परिवार अजन्मे शिशु के लिंग-परीक्षण के लिए भारी कर्ज लेकर भी प्राइवेट नर्सिंग होम में जाने से नहीं कतराता।

एक अन्य रोचक बात जो यह सर्वेक्षण बताता है, यह कि अधिकतर गर्भपात करानेवाली स्त्रियाँ उसके नैतिक पहलू पर नहीं जातीं। स्त्रियों ने स्वीकार किया कि गर्भपात के समय उन्हें अपने स्वास्थ्य की ही चिन्ता ज्यादा रहती है। कुछ ही स्त्रियों ने, (जिन्होंने गिराए हुए भ्रूण को देखा था)—माना कि ऐसा कराके उन्हें ग्लानि अनुभव हुई। अधिकांश महिलाओं ने कहा कि अवांछित स्थिति आन पड़े तो वे आगे भी गर्भपात कराएँगी और दूसरी महिलाओं को भी समान परिस्थिति में ऐसा ही करने की सलाह देंगी। यह बात ठीक है कि बार-बार गर्भपात कराना उन्हें अच्छा नहीं लगता लेकिन अगर पति गर्भनिरोधक की बात न माने तो अनचाहे गर्भ से छुटकारा पाने का एकमात्र विकल्प उनके पास 'गर्भपात' ही बचता है।

विवाहित-स्त्रियों के यौन जीवन के बारे में राष्ट्रीय स्तर पर मान्य सबसे बड़ा 'नमूना' 1992-93 में चुना गया। इसकी तहत 13 राज्यों में राष्ट्रीय परिवार स्वास्थ्य-सर्वेक्षण कराए गए एड्स का भी प्रकोप है। महाराष्ट्र भी इस सर्वेक्षण के दायरे में था। सर्वेक्षण का निष्कर्ष था कि छह में से मात्र एक महिला ने एड्स के बारे में सुना था। राष्ट्रीय एड्स नियन्त्रण संगठन (नाको) द्वारा जारी आँकड़ों के अनुसार (1998) एड्स-रोगियों में 28% महिलाएँ हैं और एड्स-पीड़ितों में महिलाओं का अनुपात बढ़ रहा है।

सन् 1994 में 'मासूम' ने पुणे के 30 गाँवों में एक कार्यक्रम चलाया। इसका उद्देश्य था महिलाओं को उनके यौन जीवन सम्बन्धी बातचीत द्वारा प्रजनन तन्त्र के

रोगों, खासकर एड्स के प्रति जागरूक करना। कार्यक्रम की अन्तर्निहित मान्यता यह थी कि एच.आई.वी./एड्स महिलाओं के प्रजनन-स्वास्थ्य के लिए बड़ा खतरा है और इस रोग का एक वृहत्तर समाजशास्त्रीय-सांस्कृतिक पक्ष है जिसकी जड़ें लैंगिक आचरण में हैं। यौन आचरण के विषय में सिखाने-पढ़ानेवाले किसी भी अन्य कार्यक्रम की तरह उन्होंने इस नई पहल में भी काफी सावधानी बरतने की ज़रूरत पाई।

पुरन्दर इलाके के एड्स-रोगी 'मासूम' के सासवड केन्द्र पर परामर्श के लिए आते हैं। अधिकांश मामलों में देखा गया कि एड्स से पति की मृत्यु के बाद उसके परिवार-जनों ने पत्नी से सम्पत्ति का अधिकार अपने नाम करवा लिया और फिर उसे एड्स की छुतहा रोगिणी करार देकर बच्चों सहित निकाल बाहर किया। दो मामले ऐसे भी थे जहाँ पत्नी जाँच करने पर एच.आई.वी. पॉजिटिव निकली। दोनों ही स्त्रियों के बच्चे थे। 'मासूम' में अभी भी इस बात पर चर्चा चल रही है कि इन मामलों में स्त्रियों की क्या मदद हो और वह कैसे की जाए ? मनीषा ने कहा कि हमें मालूम है कि इन मामलों में सहज विश्वासी पत्नियों को संक्रमण अपने प्रवासी पति से ही लगा। पति शहर में काम करते थे और उन्हें वहीं इस रोग ने पकड़ा। लेकिन अन्ततः स्त्री को ही सबसे ज्यादा कष्ट भोगना पड़ा है। हमारा मानना है कि ऐसे मामलों में हमारे पास बाल-सेवा-केन्द्रों का होना जरूरी है। हमें ऐसे स्वयंसेवी संगठनों से भी तालमेल बनाना होगा जिनके पास एच.आई.वी./एड्स-जाँच की सुविधाएँ हैं। इस इलाके से बहुत सारे पुरुष परदेस-कमाने जाते हैं और ऐसे परिवारों की संख्या आगे भी बढ़नेवाली है।

'इन्हें नयागाँववाले मामले के बारे में बताइए–' आप्टे ताई ने मनीषा को बीच में रोकते हुए कहा।

पुणे की एक झोंपड़पट्टी में एक पति एड्स से काल-कवलित हुआ और कुछ समय बाद पत्नी भी चल बसी। परिवार में अब एक बेटी जीवित बची थी जिसे नयागाँव के उसके रिश्तेदारों के पास भेज दिया गया। एड्स का भय इतना ज्यादा था कि उसे स्थानीय स्कूल से निकाल बाहर किया गया। गाँव में कोई भी उसे छूना तक नहीं चाहता था। नितान्त परित्यक्त और उपेक्षित होने पर इस लड़की के अन्दर अब विद्रोह-भावना घर कर गई है। मनीषा ने कहा आज वह गाँव के बाहरी छोर पर जंगली जानवरों की तरह रहती है। अतः हमें यह भी सिखाना होगा कि ऐसे बच्चों के साथ कैसे निर्वाह किया जाए ? नहीं चलनेवाला। हमें ऐसे चिकित्सकों सलाहकारों की जरूरत है जो करुणाभावी हों और रोग की अलग-अलग अवस्थाओं तथा पक्षों को जानते हों। फिलहाल तो देश में एक प्रचार-तन्त्र ही है जो मीडिया तथा पोस्टरों की मार्फत एड्स को एक लाइलाज बीमारी बताकर भय तथा आतंक बना रहा है। इस वजह से आज हर जगह लोग-बाग चाहते हैं कि पूरा एड्स-पीड़ित परिवार ही गाँव से बाहर चला जाए। भले ही माँ, कोठे पर जा बैठे और बच्चे गलियों में आवारा फिरें।

"आओ तुम खुद भी देख लो इस रोग की अन्तिम स्थिति। मैं तुम्हें एक मरीज के पास ले चलूँगी..." मनीषा ने एक उदास हँसी हँसते हुए कहा, "हमने गाँववालों से

उसकी बीमारी को एक राज की तरह छुपाकर रखा है।''

मालशिरस पहुँचकर हमने भीखू (वास्तविक नाम नहीं) से भेंट की। भीखू अभी तक तो जीवित था लेकिन साफ जाहिर हो रहा था कि वह कुछ दिनों का ही मेहमान है। अपने अन्तिम दिनों में वह घर लौट आया था। कभी वह एक सुगठित देहवाला तगड़ा किसान हुआ करता था। फिर उसे मुम्बई की चमक-दमक लुभा गई और वहाँ टैक्सी चलाने गया। आज वह एड्सग्रस्त देह लिये गाँव की फूल की झोंपड़ी में एक चारपाई पर शिथिल पड़ा है और उसके चारों तरफ मौत का धुँधलका है। भीखू की पत्नी और उसकी भौजाई (बड़े भाई की पत्नी-भाभी) अँगनाई में हमारा इन्तजार करती खड़ी थी। ''मैं उससे कुछ कहती हूँ तो चुप लगा जाता है। कुछ खाता भी नहीं—हर घड़ी छत को टकटकी बाँधकर देखते रहता है,'' पत्नी ने अपनी छलछलाई आँखों को पोंछा और हमें भीतर ले गई।

कभी लम्बा-चौड़ा रहा भीखू चारपाई पर लेटा हड्डियों का एक ढाँचा मात्र रह गया था। उसे गर्दन तक कम्बल उढ़ाया गया था। उसके गिर्द पूरे कमरे में प्याज की लड़ियाँ सूखने के लिए पसारी गई थीं। मनीषा के करुणार्द्र चेहरे को देखकर भीखू के मुख पर एक मुस्कान चमक उठी :

''क्या भीखू भाई—कैसे हो ?''

भीखू ने हमारे चेहरे की तरफ देखा, ''मैं ठीक हूँ—तुम कैसी हो ?''

''ये मेरी दोस्त हैं—दिल्ली से आई हैं,'' मनीषा ने मेरा परिचय करवाया। भीखू चुप रहा—कम्बल के नीचे वह बिना हिले-डुले शान्त पड़ा था। अपने को टटोलती हर निगाह से खुद को बचाने के लिए उसने 'चुप्पी' को अन्तिम हथियार की तरह थाम लिया था।'' ''मेरी पत्नी का खयाल रखना—'' वह टूटती हुई आवाज़ में फुसफुसाया, ''मेरा समय अब आ गया है—उसे छोड़ना मत,'' उसके मुरझाए गाल पर एक बूँद आँसू ढलक पड़ा।

मनीषा के पुणे स्थित कार्यालय में हम अपनी सहकर्मियों समता, सविता, संगीता, स्नेहल, दिलीप और जरूरी के साथ बैठे हैं।

कोख हरी होने से पहले और बेटा बड़ा हो जाए तब—दोनों ही स्थितियों में स्त्री के प्रजनन-स्वास्थ्य की चिन्ता किसी को नहीं होती। स्त्री भय, अनिर्णय और आशंका के माहौल में जीती है। दाई औरत होकर भी ऐसी ही मानसिकता से ग्रस्त होती हैं। मनीषा ने बताया, ''हम दाइयों को पहले तो उनके ही शरीर के बारे में जानकारी देते हैं।''

''वजन तौलने की मशीन आई तो नई दाइयों ने पोषाहार का महत्त्व समझा। पहले वे माताओं को लगभग भूखा रखती थीं। उनका मानना था कि माता जितना कम खाए—प्रसव उतनी ही आसानी से होगा। कैल्शियम की ज्यादा मात्रा ले ली जाए तो हड्डियाँ बड़ी हो जाती हैं और इससे प्रसव में कठिनाई आ सकती है—यह बात सही है और यह

भी सच है कि अधिकांश भारतीय स्त्रियाँ पहली बार माता बनने के समय बहुत कम उम्र की होती हैं और उनके शरीर का पूरा विकास नहीं हुआ रहता। लेकिन माँ को भूखा रखना आगे चलकर शिशु और माता दोनों के लिए घातक साबित होता है। इसी कारण हमारे यहाँ शिशु-मृत्यु दर बहुत ज्यादा है। और लोग इसे भाग्य का दोष मानकर सर पीट लेते हैं। पहले स्त्रियाँ अपने बच्चों का नामकरण चिन्दी, घोंदू, भूला भाई (वह जिसे ईश्वर ने भुला दिया) करती थीं ताकि बच्चे को बुरी नज़र न लगे और वे असमय काल-कवलित होने से बच जाएँ। आज ये स्त्रियाँ अपने बच्चों के नाम फिल्मी और क्रिकेट सितारों के नाम पर रखती हैं क्योंकि अब बेहतर स्वास्थ्य रक्षा के प्रताप से हमारे गाँव में जच्चा और बच्चा दोनों अपेक्षाकृत स्वस्थ्य रहते हैं—उन्हें भरपूर भोजन मिला होता है,'' समता ने हँसते हुए बताया।

हमने पाया है कि बहुत से स्थानीय अन्धविश्वासों की जड़ में उच्च शिशु-मृत्यु-दर है। उदाहरणार्थ, स्थानीय मान्यता है कि सात माताओं (सप्त मातृका) में से पाँचवीं बच्चे का भाग्य लिखती है। इसलिए प्रसव के पाँच दिन बाद अवश्य ही उसकी पूजा होनी चाहिए ताकि बच्चा दीर्घायु हो। लोगों का विश्वास है कि यही देवी नव प्रसूता की दृष्टि को भी लौटा लाती है। यहाँ अधिकांश माताओं को गर्भावस्था के दौरान विटामिन-ए की कमी के कारण अस्थायी रतौंधी हो जाती है। बच्चा होने के बाद वे ठीक हो जाती हैं। आज हम उन्हें रतौंधी से बचाने के लिए विटामिन-ए देते हैं। लेकिन उनके विश्वासों अथवा पारम्परिक स्वास्थ्य-रक्षी व्यवहारों का हम मज़ाक नहीं उड़ाते। इन लोगों को स्थानीय मनोविज्ञान का अन्तर्जात ज्ञान होता है। शायद ही किसी को ध्यान में आता हो कि गाँवों में कितनी सूक्ष्म मनोवैज्ञानिक (Psychosomatic) समस्याएँ होती हैं। 'मासूम' के हर सर्वेक्षण तथा समूह-चर्चा से यह बात सामने उभरकर आई है कि अनेक ग्रामीण स्त्रियों को दुःख तथा उपेक्षा भरा जीवन जीते हुए शारीरिक ही नहीं मानसिक बीमारियाँ भी लग जाती हैं। ग्रामीण युवतियों में अवसाद, चिन्ता तथा 'प्रेतबाधा-ग्रस्त' होने की घटनाएँ इतनी ज्यादा हैं कि आप देखें तो विश्वास न आए। मानसिक रूप से परेशान इन नवयुवतियों पर किए गए अध्ययन से पता चला है कि उनके मन में प्रायः अपने कुंठित यौन जीवन के कटु अनुभव तथा अत्यन्त निजी किस्म की अवसाद भरी स्मृतियाँ लगातार बनी रहती हैं। अधिकांश स्त्रियों का ब्याह 16-17 वर्ष की उम्र में हो जाता है। यदि गर्भधारण में थोड़ी देरी हुई तो बाँझ होने का कलंक लग जाता है। निपूती होने की चिन्ता उनके मन में लगातार गहराने लगती है। बेटा न हो तो भी प्रबल चिन्ता होती है। बहुत से मामलों में बच्चे के साथ-साथ माता भी हिंसा का बर्ताव किया जाता है।

विवाह पूर्व और विवाहेतर सम्बन्ध तथा यौन-दुर्व्यवहार भी गाँवों में खूब होता है। एक बारह वर्षीया बच्ची को उसका पिता 'मासूम' की क्लिनिक में गर्भपात के लिए ले आया था। पता चला कि उसने ही यह 'कुकर्म' किया था। जब डॉक्टर ने उससे इसके बारे में जवाब तलब किया तो पिता का जवाब था, ''जब पेड़ मैंने लगाया है तो पहला

फल भी मैं ही चखूँगा।''

बेटा हो जाए और घर तथा खेत के कामों में स्त्री लग जाए तो स्त्रियों की मानसिक ऊहापोह थोड़ी थम जाती है। लेकिन रजोनिवृति (Menopause) के समय फिर हारमोन परिवर्तन होते हैं तो मानसिक अव्यवस्था में उछाल आती है। हमने पाया कि गाँवों में अक्सर 'देवी' या तो अविवाहित नवयुवतियों के सर पर सवार होती हैं अथवा रजोनिवृत्त स्त्रियों को। दरअसल देव बाधा-ग्रस्त होकर बावला बर्ताव करना स्त्रियों के मन में छिपी बहुत सी भावनाओं को बाहर निकालने का माध्यम है। 'देवी' के बहाने सामाजिक वर्जना तथा चुप्पी का ताला टूट जाता है।

'मासूम' ने एक सत्रह वर्षीया लड़की का मामला दर्ज किया है। लड़की का पिता बड़ा कंजूस था और उसकी शादी नहीं कर रहा था। लड़की की छोटी बहन अभी सयानी नहीं हुई थी और पिता की योजना थी कि दोनों की शादी एक साथ करके पैसों की बचत कर ली जाए। तब एक दिन 'देवी' बड़ी लड़की के सर पर आई और उसने लड़की की मार्फत पिता से कहा कि 'तुमने अपनी बड़ी लड़की का ब्याह नहीं किया और कंजूसी नहीं छोड़ी तो मैं तुम्हारे घर को 'शाप' दूँगी।' जल्दी ही बड़ी लड़की ब्याह दी गई और 'देवी' ने भी उसके सर पर चढ़ना छोड़ दिया।

'मासूम' के कार्यकर्त्ता ऐसी बीमारी का हाल जानते हैं। उन्हें पता है कि 'देवी-सवार' होने का क्या मतलब है। इन कार्यकर्ताओं को पता है कि यहाँ के स्त्री-पुरुषों में रक्षाकारी देवियों को लेकर गहरी श्रद्धा है—यह विश्वास उन्हें ठीक भी करता है और उनका मानसिक सम्बल भी बनता है। जब 'देवी-प्रकट' होती है तो गाँववाले भाड़े पर एक ट्रक लेते हैं और देवाविष्ट व्यक्ति को एक शोभा-यात्रा निकालकर सम्बन्धित देवी (जैसे—सतारा की कादूबाई या गुजराई बाई या जरमाली बाई—जो पुरन्दर किले के आसपास के गाँवों में अचानक ही प्रकट हुई थी—उस समय कुछ जर्मन युद्ध बन्दियों को वहाँ रखा गया था) के मन्दिर ले जाते हैं। यह सामूहिक यात्रा सबके लिए आनन्ददायक तथा विरेचक दोनों होती है। इसमें लोग नाचते-गाते हैं; इकट्ठे भोजन करते हैं और रंग-बिरंगे किस्म के कर्मकांड किए जाते हैं। संक्षेप में—खूब मजे होते हैं। लोग थके किन्तु प्रसन्नचित्त हो घर आते हैं।

मैंने मनीषा से पूछा, ''क्या तुम्हें भी देवी में विश्वास है—क्या देवी में विश्वास रखने से स्त्रियाँ सचमुच ठीक हो जाती हैं ?

मनीषा हँसी—उनका विश्वास है कि जो कोई देवी के पास सच्चे दिल से जाता है—वे उसे ठीक करती हैं, ''यदि यह विश्वास उन्हें शान्ति देता है तो मैं भी उसे मान लूँगी।''

मनीषा बताती है कि इलाके में हर माह पूर्णिमा के दिन गाँववाले देवी-मन्दिर में ठट्ठ के ठट्ठ आते हैं। उनमें जैसा उछाह और उल्लास होता है—वैसा तो शहर के धनी-मानी लोगों में भी देखने को नहीं मिलता। पूरा परिवार ट्रक या टैम्पो पर लद जाता है; वे

एक दूसरे की गोद में बैठते हैं; कन्धे और सर पर चढ़ते हैं—15-20 जने एक साथ जाते हैं। हर कोई अपने सबसे बेहतरीन वस्त्र पहने होता है। औरतें चमेली के फूलों की वेणी लगाती हैं जिनसे मस्त करनेवाली सुगन्ध आती है। आगे-पीछे गाते-झूमते वे सब जब समवेत यात्रा पर निकलते हैं तो एक दूसरा ही संसार नमूदार होता है—पाप-बोध से मुक्त और निश्छलता से लबालब आस्थामय संसार।

मनीषा और मेरे लिए विशेष आनन्द की बात इन ढाई सौ के करीब गाँववालों की यात्रा का, जो भाड़े पर ट्रक लेकर देवी-पूजन को जाती हैं—जीवनगत लालित्य है। इस यात्रा में सैकड़ों वर्षों के किसानी जीवन का सहज प्रेम और उछाह रहता है। एक कुपोषण की शिकार और काम के बोझ से दबी स्त्री का जिसे इतनी बार गर्भ ठहरा हो कि उसे अपने बच्चों के जन्म की तारीख तक न याद हो—उसे जीवन के प्रति आश्वस्ति देने को एक शहरी डॉक्टर क्या कर सकता है। वह तो बहुत करके उसे दूसरे गन्दे और भीड़-भरे अस्पतालों में ही भेज सकता है—जहाँ नर्सें थप्पड़ चलाती हैं और वार्ड-ब्वॉय अपशब्द बोलकर दलाली माँगते हैं। गन्दगी और वैमनस्य-भरे अस्पतालों में सिकुड़े-सिमटे रहने की जगह कष्ट मिटाने को ट्रक पर खुले-खुले वातावरण में यात्रा पर जा निकलना ऐसे में कहीं ज्यादा कारगर चिकित्सा सिद्ध नहीं होगी क्या ?

मैं 'मासूम' के दफ्तर से चली तो मेरे हाथ में भी चमेली का एक छोटे से गमले में रोपा हुआ बिरवा था। मासूम के सरल हृदय लोगों ने यह तोहफा दिया था मुझे। हममें से कोई नहीं जानता था कि इसे हवाई जहाज पर ले जाने की अनुमति मिलेगी या नहीं। लेकिन मुझे लग रहा था कि मैं रास्ता निकाल ही लूँगी। सोचा, यदि कोई युक्ति काम नहीं करेगी तो मैं कहूँगी कि यह पवित्र पौधा है और अपनी रक्षा के लिए मुझे इसे अपने साथ ही ले जाना होगा। चलते-चलते मनीषा और उसकी मंडली ने मुझसे पूछा, "क्या मालशिरस और सासवड आकर तुम्हें अच्छा लगा ?" मैंने यही कहा कि मैं फिर आना चाहूँगी और ऐसा महक से भरा कोई दूसरा बिरवा फिर हाथोहाथ लिये वापस जाऊँगी।"

अध्याय-5

'माँगने और पाने का वह अन्तराल'

'सेवा'-अहमदाबाद

(गुजरात-जुलाई 2001)

धोकर अँगना, लीप दिया माई,
अब माँगू इस पर नन्हे पैरों की छाप।
ओ सूर्यरानी राना दे', माई
बार-बार निपूती का ताना सहा नहीं जाता।

(गुजराती लोरी)

देश राष्ट्रीय-प्रसारक 'दूरदर्शन' में मैं तब बतौर 'एंकर' काम कर रही थी। एक दिन देखा—कच्छ के भयावह भूकम्प में अपनी दो बेटियों को खो देने के दुख से विचलित माँ-बाप टी.वी. पर कुछ कह रहे हैं। गणतन्त्र-दिवस के रोज सुबह तड़के गुजरात में यह भयावह भूकम्प आया था—ये बच्चियाँ विद्यालय की तरफ से आयोजित एक प्रभात-फेरी में गई थीं और सुबह-सुबह उन्होंने शहर की गलियों को अपने देशभक्ति के गीतों से गुंजायमान किया होगा। नई दिल्ली में, सिर्फ राजनेता और सूचना और प्रसारण मन्त्रालय के शीर्षस्थ अधिकारी ही नहीं बल्कि हमारे कैमरामैनों की टोली भी उस दिन राजपथ पर चल रहे गणतन्त्र-दिवस की परेड का मुआयना कर रहे थे। हम क्या जानते थे कि कुछ देर बाद हमें अपने लाखों दर्शकों को इस त्रासदी की सूचना देनी पड़ेगी। मैं उन लड़कियों को नहीं जानती थी न ही मलबे में धँसे उन कुचले शवों से उनकी कोई तस्वीर मेरे मन में बन सकी। फिर भी मैंने उनकी माँ का चेहरा देखा तो अपने आँसू न रोक सकी। दुख के ऐसे अथाह सागर में डूबी माओं को किन शब्दों से धीरज बँधाया जा सकता है ?

पिता ने बड़े साहस के साथ कैमरे की तरफ देखा और कहा, "हम उनका शोक नहीं करेंगे। स्कूल के दूसरे बच्चों के साथ हमारी बेटियाँ भी विद्यालय के गणतन्त्र-दिवस परेड में शामिल थीं। इन बच्चों ने अन्त तक बहादुरी दिखाई; हम कह सकते हैं कि उन्होंने अपने देश के लिए प्राण न्यौछावर कर दिए।"

पर माँ थी कि बस रोए जा रही थी। मैं चाहती थी उस पिता पर बरस पड़ूँ और कहूँ—'क्या तुम पागल हो गए हो ? तुम जानते हो कि यह सच नहीं है। अधिकांश बच्चे तो इसलिए मरे कि नगर के मसीहा कहे जानेवाले लालची लोगों ने भवन-निर्माण के मानकों का सही पालन नहीं किया था, और बचाव में जुटे लोग समय रहते उन तक पहुँचकर उन्हें निकाल न सके।' फिर मैंने बच्चियों की माता के चेहरे को देखा और जाना, कि वह तो मुझसे कहीं ज्यादा बेहतर ढंग से इस सच्चाई को जानती है। वह बिना शब्दों के अपने आँसुओं में दूरदर्शन से, राष्ट्र से विनती कर रही थी, "कृपया यह सब लम्बी-चौड़ी बातें मत कीजिए—अब। उनकी मौत की निजता तो हमसे मत छीनिए। मुझे उनका शोक मनाने दीजिए उन्हें याद करने दीजिए बस।"

मैंने अचानक पाया कि हर तरह की माँएँ एक जैसी ही होती हैं। वे हमेशा अपनी निःशब्द हिकारत से पितृभूमि के वकालतियों को शर्मसार करती हैं। देश प्रेम की भाषा पर पुरुषों ने अपने भड़कीले औदात्त्य से भरे राष्ट्रवादी झंडे गाड़ रखे हैं, 'महत्तर राष्ट्रीय

विकल्प', 'राष्ट्र की सम्प्रभुता', 'राष्ट्र की सेवा में' और 'एक शुभ कार्य के लिए शहीद।' यह सब पुरुषों की रंगारंग लफ्फाज़ियाँ हैं, माँओं की भावनाएँ नहीं, जिन्होंने शहीदों को नौ महीने अपनी कोख में रखा और उनके हरे-भरे यौवन के सपने बुने हैं।

जीवनधात्री माँ आसन्न मृत्यु की ऊर्ध्व साँसों को सबसे पहले भाँपती है और उसे ही सबसे पहले मृत्यु की कठोर दस्तक सुनाई पड़ती है। अलबत्ता माँएँ कभी ऐसी बातों को सीधे-सपाट शब्दों में नहीं कहतीं और पुरुषों को अपनी थोथी मगर महान प्रतीत होती युक्तियों से सच को ढाँपने और राजनीति के रथ दौड़ाने का मौका मिल जाता है। हम सब यह रोज़ देखते-जानते हैं फिर भी जीवन-जननियों को हम कालिदास के नाटकों का वह विदूषक समझते हैं—जो विस्मृति और उन्माद की तनी हुई रस्सी पर अपनी मूर्खतापूर्ण बातों की लाठी से सन्तुलन साधे करतब दिखाता जाता है। इस अध्याय को लिखते हुए अन्त तक यह विचार मुझे घेरे किए रहा। जाने क्यों ?

गुजरात की राजधानी अहमदाबाद की सुबह गर्म और उमस भरी थी। हम लोग 'सेवा' की इमारत के तलघर में फर्श पर बैठे थे। फर्श पर एक सूती दरी बिछाकर उस पर चारखाने की चादर डाली गई थी। 'सेवा' की संस्थापक इला बेन भट्ट और गुजरात सरकार के मुख्य सचिव श्री पी.के. लाहिड़ी को घेरकर रीमा नानावती, पुरी बेन वाघा भाई अहीर, रन बाई रीमा और 'सेवा' की ग्रामीण शाखाओं से आई बीसेक अन्य स्त्रियाँ बैठी थीं। रीमा नानावती 'सेवा' की वर्तमान महासचिव हैं। पुरी बेन वाघा भाई कच्छ-इलाके में कढ़ाई का काम करनेवालियों की नेता है। मजाक-मजाक आस्ट्रेलिया की यात्रा के बाद अब उसका पुकारने का नाम 'पुरी बेन-पथेवाली' भी पड़ गया है। रन बाई रीमा अन्तरनेरा गाँव की है और जंगल से गोंद इकट्ठा कर बेचती है।

बैठक की शुरुआत, ऐसी अन्य बैठकों की तरह शुरुआती कुशल-क्षेम तथा गर्मजोशी भरे आपसी अभिवादन से हुई। आखिरकार सब लोग दरी पर बैठ गए और रनबाई ने बातचीत का क्रम शुरू किया।

रनबाई का सूखा-प्रभावित गाँव पाकिस्तान की सीमा से लगते थे थार मरुस्थल के एक किनारे पर पड़ता है। वह पिछले दस वर्षों से 'सेवा' की सदस्य रही है और आज वह इसकी कार्यसमिति की भी सदस्या है। भयंकर सूखे की चपेट में गाँव के लोगों का जीवन आगे और कैसी कठिनाइयाँ भरा होगा—यह फिक्र उसके सर पर सवार थी, "हर साल हमें सूखे की मार झेलनी होती है। हमारी मिट्टी भी खारी है। लेकिन बेन, इस साल तो गर्मी बहुत ही भयंकर थी। जेठ से हमारे माल-मवेशी मरने लगे। हमने पहले उनको बचे-खुचे डंठल खिलाए क्योंकि घास कहीं थी ही नहीं—लेकिन एक दिन वे डंठल भी खत्म हो गए। पहले गायें मरीं—बछड़े कुछ दिन जीवित रहे, लेकिन फिर उन्होंने भी साँस तोड़ दी। बिना मवेशी के हम पशुपालक कहाँ जाएँ ? फिर रीमा बेन (रीमा-नानावती—सेवा की महासचिव) गाँव आईं और सब देखकर उसने कहा कि

सरकार के साथ मिलकर तुम लोग कुछ करो। 'कुछ करो'—उन्होंने कहा—लक्षण ठीक नहीं जान पड़ते। हमने ऐसे ही काम (सूखा-राहत) की शुरुआत की। पहले हमने एक सहकारी पशुचारा-भंडार डिपो खोला। गाँव में अब बारिश हो रही है लेकिन हमारे बहुत सारे मवेशी मर चुके हैं। हमारे इलाके में पशुचारे की समस्या बहुत पुरानी है। इसलिए हमने जिस तरह का 'पशुचारा-भंडार' खोला है वैसे भंडारों को इस बार हम समय रहते स्थायी बना देना ज़रूरी समझते हैं।''

'सेवा' संगठन की शुरुआत ईला आर. भट्ट ने 1972 में की। 'सेवा' का अर्थ है स्व-रोजगार में लगी महिलाओं का संघ (सेल्फ एम्प्लाएड विमेंस एसोसिएशन) ! आज यह संस्था 2 लाख 20 हजार ऐसी महिलाओं का एक स्वायत्त सहकारी संगठन है जो अनियोजित-क्षेत्र में काम करती है। एक कच्चे आकलन के अनुसार अनियोजित क्षेत्र में भारत के कुल में से 93% मजदूर रोजगार पाए हुए हैं। इसमें अधिसंख्य औरतें हैं। जंगल से उपज बीनने, घर में दूध का धन्धा करने, ठेला, फेरी करने तथा अन्य प्रकार के श्रम में जुटी इन घरेलू कामगार महिलाओं को 'सेवा' में 'स्व-रोजगार-सम्पन्न' कहा जाता है। इन श्रमिक महिलाओं का भी दो तिहाई पुरी बेन तथा रनबाई की तरह ग्रामीण इलाकों से आता है। वे कठोर श्रम करती हैं परन्तु चूँकि काम उनके घर से जुड़ा है, बाहर खटनेवाले पुरुषों के विपरीत उन्हें नियमित वेतन नहीं मिलता है और पेंशन, व्यापक-स्वास्थ्य-सुविधा, प्रसूति-लाभ भत्ता आदि से भी वंचित रहना पड़ता है। इसके बावजूद ये महिलाएँ अनियोजित क्षेत्र की रीढ़ हैं, और देश के सकल घरेलू उत्पाद में इनका बहुत बड़ा अलिखित योगदान है। पेट पालने को अक्सर इन्हें रोज़ कई तरह के काम करने पड़ते हैं और घर के भीतर और बाहर देर तक खटने के बाद भी थोड़ी आमदनी से सन्तोष करना पड़ता है। 'सेवा' का उद्देश्य है ऐसी स्त्रियों को संगठित करना और इन्हें सम्पूर्ण—रोजगार एवं आत्म-निर्भर बनाने की दिशा में प्रवृत्त करना। इस उद्देश्य की पूर्ति के लिए 'सेवा' ने भारत तथा विदेश में 1500 स्वयं-सेवा समूह, सहकारी समितियाँ और संघ खड़े किए हैं। सेवा के सदस्य सामान्यतया निर्धनतम लोग होते हैं और वे आजीवन इसके लिए काम करते हैं। ऐसी श्रमिकों की पहली ज़रूरत होती है—शारीरिक बल। इसी के बूते वे जमकर श्रम कर सकती हैं। इसलिए स्वास्थ्य-रक्षा उनके लिए प्राथमिक चिन्ताओं में से एक है।

पुरी बेन का कहना है कि ''ग़रीब महिला एकमात्र पूँजी उसका स्वास्थ्य ही होता है। स्वास्थ्य ठीक हो तो हम कठोर परिश्रम करके ज्यादा से ज्यादा उत्पादन कर सकते हैं और खुद तथा अपने परिवार को बेहतर ज़िन्दगी दे सकते हैं।

वैश्वीकरण बाजार तथा विभिन्न प्रकार की प्रौद्योगिकी क्रान्तियों के इस युग में पुरी बेन जैसी महिलाओं के स्वास्थ्य तथा आजीविका को जैसा खतरा उत्पन्न हुआ है—वैसा अब से पहले कभी नहीं हुआ। कच्छ जैसे पिछड़े जिले में एक बार सूखा या एक भूकम्प दशकों के किए-धरे पर पानी फेर देता है। पहले मवेशी मरते हैं फिर मनुष्य। मनुष्यों में भी जान प्रायः पहले स्त्रियों और बच्चों की ही जाती है। रन बाई जैसे लोगों का सवाल

फिर वाजिब हो उठता है कि ऐसे में ग़रीब कहाँ जाएँ—क्या करें ?

पी.के. लाहिड़ी ने हामी भरी, ''पशुचारा-भंडार' का विचार अच्छा है। उन्होंने 'सेवा' के कर्मचारियों को सुझाव दिया कि वे महाराष्ट्र के नजदीकी सम्पन्न जिलों से पशुचारा प्राप्त करें और रेलवे को निःशुल्क भारवहन के लिए मनाएँ।'' समय तेजी से बदल रहा है और आगे आनेवाले दिनों के लिए आपको कच्छ तथा बनासकाँठा के हस्तशिल्पों की बिक्री पर भी पुनर्विचार करना होगा, ''उन्होंने अपने बात को तनिक विस्तार देते हुए कहा। बाजार में खरीदार क्या चाहते हैं ? आप्रवासी गुजराती समाज का सर्वेक्षण कीजिए ताकि बाहर के धनी बाजारों से इनकी मार्फत आपका सम्बन्ध सूत्र जुड़े और वहाँ तक पहुँच बने। इसके साथ आपको आधुनिक तरह के नए डिजाइन भी तैयार करने होंगे जिनकी ग्राहकों में माँग है। खादी का जमाना तो अब तेजी से खत्म हो रहा है। सौ में एक उपभोक्ता अब खादी का उपयोग करते हैं। शहर फैल रहे हैं पटरियाँ खत्म हो रही हैं। सो खोमचे और ठेला लगाने की जगह भी अब दूसरा रोजगार कमाने का उपाय सोचना होगा। नगर-नियोजन तथा भू-परिसीमन के नए अधिनियम के कारण अब अनौपचारिक हाट-बाजारों के लिए जगह कम से कम होगी।

इलाभट्ट प्राणपण से गांधीवादी हैं। अर्थात् वे सत्य के प्रति आग्रही तो हैं लेकिन मध्यवर्गीय गलदश्रु भावुकता से परे, खूब व्यावहारिक भी हैं। अपने गांधीवादी सिद्धान्तों के आग्रह के कारण ही उन्होंने हिन्द-मजदूर-किसान सभा से नाता तोड़कर 'सेवा' को स्वायत्त बनाया था। उन्होंने सहमत होते हुए कहा, ''बहुत से नए काम हमें करने होंगे।'' भट्ट बहुत नरमी से और रुक-रुककर बोलती हैं। उन्होंने कहा कि महिलाओं द्वारा जल और पशु-चारा संरक्षण का काम हाथ में लेने से इलाके में आय के नए स्रोत खुल गए हैं और सम्पन्न होने से महिलाओं के लिए परिवार में सामाजिक-सुरक्षा भी बढ़ी है। इन महिलाओं को रोजाना की मजदूरी के रूप में 40 रुपए मिल जाते हैं। इससे परिवारों के भूखों मरने की नौबत नहीं आती और राजस्थान की तरह रोजगार की तलाश में बड़ी संख्या में पूरे कुटुम्ब का दूर-देस जाना भी रुक गया है। इतनी छोटी रकम पाने के बावजूद महिलाएँ महीने में दसेक रुपए बचा ही लेती हैं। स्थानीय लोगों के लिए 'सरदार आवास योजना' के तहत भवन-निर्माण कराया जा रहा है। इला बेन का कहना था कि इसमें भी कमाई की गुंजाइश है। महिलाओं को पूछताछ पड़ताल से मालूम करना होगा कि वे कहाँ फिट होंगी।

महिलाओं के स्वास्थ्य की देखभाल पर इस सबका आपकी राय में क्या असर पड़ेगा—मैंने पूछा।

''यहाँ 'सेवा' में तो हम स्वास्थ्य की सुरक्षा को 'काम की सुरक्षा' से जोड़कर देखते हैं—'' इला बेन ने कहा, ''और स्वास्थ्यपरक कामकाज का मतलब यह नहीं कि ऊपर से कोई चीज लादी जाए बल्कि इसका मतलब है स्थानीय स्त्रियों में खुद अपने स्वास्थ्य संरक्षण की क्षमता विकसित करना। पारम्परिक दाइयों को ही देखें। आज ग्रामीण-समुदायों में ये हमारी माँओं के लिए ये ही चिकित्सक का काम कर रही हैं। ये

अपने-अपने क्षेत्र में महिलाओं को बताती हैं कि पेशागत स्वास्थ्य, प्रजनन-स्वास्थ्य, प्रसूति-स्वास्थ्य तथा मनो स्वास्थ्य—सब एक ही चीज़ के विभिन्न पहलू हैं। दाई का काम सँभालने के अतिरिक्त वे कृषि मजदूर का काम करके अपनी जीविका चलाती हैं। उन्हें गाँव में हर तरह की स्वास्थ्य-सम्बन्धी परेशानियों का ज्ञान होता है। वे जानती हैं कि ग़रीब महिलाएँ गर्भधारण करने योग्य उम्र में स्वास्थ्य-सम्बन्धी किन-किन परेशानियों से गुजरती हैं। पिछले दशक में सेवा से जुड़ी 'दाइयों' और स्वास्थ्य-कर्मचारियों ने अब अपनी एक सहकारी समिति बना ली है। इसे हिस्सेदारों, दाइयों तथा स्वास्थ्य-कर्मियों के चुने हुए प्रतिनिधि चलाते हैं और इसमें जाति-धर्म के बन्धनों की नहीं चलती।

आखिरी बात चलते-चलते नहीं बल्कि जोर देकर कही गई थी। दाइयाँ भारत के लगभग हर हिस्से में दलित जातियों से आती हैं तमाम छुआछूत के बन्धनों के बावजूद प्रसव कराने का जिम्मा परम्परागत रूप से इन्हीं दाइयों का रहा है। भारत के अन्य भागों के समान गुजरात में भी दाई का काम करनेवाली स्त्रियाँ अछूत मानी जानेवाली जातियों की होती हैं। पर 'सेवा' से जुड़ने के कारण इनके आत्मविश्वास तथा कौशल दोनों का विकास हुआ—इनका संगठन बनने से इन्हें गाँवों में एक नई गरिमा और हैसियत मिली है। अब उन्हें स्वास्थ्य-सम्बन्धी मामलों में 'कभी-कभार का पाहुन' नहीं माना जाता जिसे बस प्रसव के समय बुलाया जाए। 'सेवा' के सदस्य के रूप में उन्हें अब अन्य सामुदायिक सेवाओं में भी अग्रणी भूमिका निभाने योग्य समझा जाता है। 'सेवा' ने स्थानीय महिला सहकारी समितियों तथा सरकार-संचालित स्वास्थ्य रक्षण-प्रणाली के बीच केन्द्र, राज्य तथा जिला-स्तर पर महत्त्वपूर्ण सम्बन्ध सूत्र बहाल किए हैं। इससे 'सेवा' के कर्मचारी महत्त्वपूर्ण और बड़े स्वास्थ्य-कार्यक्रमों में भी सरकार के साथ मिलकर काम कर पाते हैं। यक्ष्मा पर नियन्त्रण करने के लिए चलाए गए कार्यक्रम 'डॉट्स' में उनकी अहम भूमिका है।

नीति निर्माताओं के लिए प्राथमिक आँकड़े बहुत जरूरी होते हैं। ये महिलाएँ आँकड़े इकट्ठा करने के लिए आधारभूत सर्वेक्षण का काम भी करती हैं। साथ ही गरीबों को जीवन-रक्षक दवा कम दाम पर उपलब्ध कराने में भी इनसे मदद मिलती है। चल-औषधालय (मोबाईल डिस्पेंसरी) के जरिए ये महिलाएँ मरुप्रदेशों में भी जीवन-रक्षक दवाएँ मुहैया कराती हैं। लेकिन 'सेवा' के लिए यह रास्ता पकड़ना आसान नहीं रहा।

सन् 1987 में, राज्य के स्वास्थ्य-मन्त्री अशोक भट्ट ने 'सुरक्षित-मातृत्व' के सद्विचार के प्रति लोगों को प्रेरित करने के लिए एक रैली आयोजित की। 'सेवा' ने कच्छ, बनासकाँठा, बड़ोदरा, साबरकाँठा तथा सुरेन्द्र नगर नामक पाँच जिलों से 1000 दाइयों का एक जत्था इस रैली में भेजा। इन दाइयों को 'सेवा' ने प्रशिक्षित तथा संगठित किया था। इन दाइयों ने मन्त्री को यह बात समझाई कि गुजरात में प्रसूति-स्वास्थ्य की दयनीय दशा को देखते हुए दाइयों के महत्त्व को रेखांकित करने और सरकारी खर्चे पर उनके कौशल को उन्नत कर उन्हें सरकार की समेकित प्रजनन और बाल-स्वास्थ्य कार्यक्रम की मुख्यधारा से जोड़ने की जरूरत है। 'सेवा' ने पहचान-पत्र,

समुचित मानदेय तथा दाइयों के इस्तेमाल में आनेवाले उपयोगी उपकरणों की भी माँग उठाई ताकि प्रशिक्षित सरकारी स्वास्थ्य-कर्मियों के जत्थे में वे भी आसानी से शामिल की जा सकें।

अगले वर्ष (1998) गांधी-जयन्ती (2 अक्टूबर) के अवसर पर इन माँगों को अधिकाधिक तौर पर स्वीकार कर लिया गया। यह 'सेवा' के लिए विजय भी थी और एक नई चुनौती भी। सरकारी तथा निजी क्षेत्र के स्वास्थ्य-हलकों में बहुतों का मानना था कि ये अर्द्धशिक्षित और अर्द्ध-कुशल दाइयाँ समुचित रीति से नियुक्त एवं प्रशिक्षित ए.एन.एम. (अक्जिलरी नर्स मिडवाईफ) का स्थान कभी नहीं ले सकतीं। उन्हें इस धारणा को निरस्त करना था।

गुजरात भारत में औद्योगिक दृष्टि से सर्वाधिक अग्रणी राज्यों में से एक है। परन्तु जहाँ तक स्वास्थ्य-सम्बन्धी मानकों का सवाल है—गुजरात आश्चर्यजनक तौर पर अभी मध्यवर्ती पायदान पर ही है। यहाँ अपुष्ट मृत्यु-दर प्रति हजार पर 8.5 तथा जन्म दर (अपुष्ट) 27.5 प्रति हजार है जो लगभग राष्ट्रीय औसत के बराबर बैठता है। किन्तु मातृ-मृत्यु-दर (प्रति लाख 400-500) तथा शिशु-मृत्यु दर (पाँच वर्ष से कम आयु) में कमी नहीं आई है। रक्ताल्पता, यक्ष्मा तथा मलेरिया जैसे रोग आम हैं तथा 60 प्रतिशत गर्भवती स्त्रियाँ और छह वर्ष से कम उम्र के 40 प्रतिशत बच्चे रक्ताल्पता के शिकार हैं। दातौन बेचनेवाली एक स्त्री सुमन बेन ने बताया, "हमें कम से कम पाँच-छह बच्चे जनने होते हैं ताकि तीन-चार तो हमारे बुढ़ापे तक जीवित बचे रहें। युवावस्था भर एक बच्चे को कमर पर रखकर, दूसरे को हाथ में टाँगकर तो तीसरे को कोख में रखकर हमें काम पर जाना पड़ता है। हम सब गरीब स्त्रियों की ज़िन्दगी ऐसी ही है।"

उद्योगों की दृष्टि से समृद्ध परन्तु स्वास्थ्य-सूचकांकों के लिहाज से पिछड़े गुजरात में स्वास्थ्य-रक्षा पर सरकार बड़ा कम खर्च करती है। सन् 1991 में प्रति व्यक्ति सरकारी स्वास्थ्य-व्यय का राष्ट्रीय औसत 63.51 रुपया था जबकि गुजरात का मात्र 52.18 रुपए। भारत में सकल घरेलू उत्पाद का 2.18 प्रतिशत स्वास्थ्य-रक्षण पर खर्च किया गया जबकि गुजरात में निवल (राज्य घरेलू) उत्पाद का मात्र 1.63% ही इस मद पर खर्च हुआ।

मजेदार बात यह कि सरकार तो स्वास्थ्य सेवाओं पर पर्याप्त व्यय नहीं करती मगर वहीं राज्य में निजी स्वास्थ्य-सुविधाओं का अभाव नहीं। हाल के स्वास्थ्य-सेवाओं का लगभग सारा विस्तार निजी क्षेत्र में ही हुआ है और वहाँ भी महँगी उच्चस्तरीय सेवाओं पर ही ज्यादा ध्यान दिया गया है। ऐसी सुविधाओं को विकसित करने में पूँजी खूब लगती है। इस कारण अच्छे उपकरणों से युक्त अस्पताल खूब महँगे हैं और ज्यादातर बड़े शहरों में स्थित हैं जहाँ सम्पन्नता अधिक है। सो गुजरात के धनी-मानी लोगों को तो अच्छी से अच्छी स्वास्थ्य-सुविधाएँ प्राप्त हैं जबकि गरीबों के लिए स्वास्थ्य-सुविधाएँ प्रायः उनकी जेब से बाहर हैं। यहाँ जिलावार असमानताएँ भी हैं। मसलन वडोदरा तथा अहमदाबाद जैसे समृद्ध जिलों में सुविधाएँ प्रचुर हैं किन्तु सूखा-ग्रस्त और ग़रीब जिलों

कच्छ तथा बनासकाँठा या पंचमहल जैसे जनजातीय इलाकों में चिकित्सा-सेवाएँ गुणवत्ता और किस्म दोनों ही धरातलों पर दयनीय बनी हुई हैं।

सरकार हो या निजी क्षेत्र, अन्ततः हमारे यहाँ दोनों ही ग़रीब को अपनी अपरिहार्य जिम्मेदारी मानने से बचते हैं। ग़रीबों का अपना अनुभव सरकारी तन्त्र के बारे में यही रहा है कि यह जड़ता की हद तक काहिल होता है। 'सेवा' की स्वास्थ्य प्रकोष्ठ-प्रमुख चटर्जी ने 'हेल्थवाच ट्रस्ट' के लिए 1999 में एक शोध-अध्ययन किया। इसके निष्कर्षों से प्रकट होता है कि सरकारी सहायक नर्स धायों (ए.एन.एम.) को लेकर ग्रामीण महिलाओं के अनुभव मिले-जुले किस्म के हैं। आनन्द जिले की गर्भवती स्त्रियों का कहना था कि प्रसव-पूर्व देखभाल के लिए ए.एन.एम. उपलब्ध तो हैं, परन्तु तभी जब प्राथमिक स्वास्थ्य-केन्द्र पर हम खुद जाएँ। हमारी बीमारी और कमजोरी की हालत में भी ए.एन.एम. हमारे घर नहीं आतीं हमें ही उन तक पहुँचना होता है। प्राथमिक स्वास्थ्य केन्द्र पर भी गर्भवती स्त्रियों को ए.एन.एम. मात्र आयरन की टिकिया या टिटनस रोधी सुइयाँ देती हैं, और उसका वजन तौलती हैं। हर सरकारी औषधालय नजदीक हो—ऐसी भी बात नहीं। दूर के केन्द्र में आने-जाने को बस का भाड़ा भी ज्यादा लगता है। फिर अधिकांश महिलाएँ दिन के समय खेतों में काम करती हैं। इन कारणों से प्रसव-पूर्व जाँच के लिए नियमित रूप से जाना उनके लिए सम्भव नहीं होता। आनन्द जिले में गाँव यातायात के लिहाज से अत्यन्त सुगम सड़कों के किनारे बसे हैं वहाँ भी ए.एन.एम. घरों का दौरा नहीं करतीं। अधिकांश ए.एन.एम. सोचती हैं कि स्त्रियाँ ही खुद उन तक आएँ। इस तरह या तो ज़रूरतमन्द स्त्रियाँ बिना जाँच-परख के घर पर ही प्रसव करने का विकल्प चुन लेती हैं, अथवा जाँच के लिए अन्तिम तिमाही में ही बाहर निकलती हैं। कोई भी प्रसूति-रोग-विशेषज्ञ मानेगी कि गर्भवती की जाँच में इतनी देर खतरनाक होती है।

दोनों ही जिलों में स्त्रियों ने मिराई चटर्जी से कहा कि अपने घर में स्थानीय दाई के सहारे प्रसव कराना हमारे लिए ज्यादा सुविधाजनक है। सरकारी स्वास्थ्य-केन्द्रों पर कार्यरत कर्मचारियों से वे थोड़ा कम कुशल हों तो भी काम चलेगा। "हम गाँव की दाई ही बुलाते हैं—सामूबेन बड़ी अनुभवी है। उसने मेरा भी प्रसव कराया है। बच्चा अगर उल्टा जन्म ले रहा हो तो भी सामूबेन सँभाल लेती है। वह बच्चे की गर्दन में लिपटी नाल भी खोल लेती है। उसके सिवा हमें बच्चों का प्रसव कौन कराएगा ? गाँव में कौन है जो दिन खोजो तो दिन और रात खोजो तो रात—दौड़ा चला आया।" (हीरा-बेन, कृषि-मजदूर, कोदलिया गाँव—अहमदाबाद जिला—रिपोर्ट से उद्धृत)

जो स्त्रियाँ स्वयं ही प्रसव-उपरान्त दी जानेवाली चिकित्सीय-सुविधाओं के लिए प्रयास करती हैं उनको छोड़ दें तो इन महिलाओं को प्रसवोपरान्त की जानेवाली देखभाल से वंचित ही रहना पड़ता है।

"हमें बच्चा हो जाए तो फिर कोई भी हमारे पास आकर हाल-चाल पूछने की जहमत नहीं उठाता। किसी स्त्री को बुखार चढ़ जाए या मरोड़ उठने लगे तो हमें उसे

सारसा ले जाना पड़ता है,'' रासनोल गाँव की जुबैदा बेन ने मीराई चटर्जी को बताया था।

'सेवा' ने जितनी महिलाओं का सर्वेक्षण किया—सबका कहना था कि परिवार-नियोजन की सुविधाएँ और गर्भनिरोधक तो आसानी से उपलब्ध हो जाते हैं। ए.एन.एम. लोग आई.यू.डी. (इंट्रा यूटेराइन डिवाइसेज-कॉपर टी जैसी अन्तगर्भाशयी युक्ति) लगा देती हैं और माँगने पर गर्भनिरोधक गोलियाँ तथा कंडोम दे जाती हैं। एक बार दर्शन देकर दोबारा मिजाजपुर्सी के लिए आना उनकी आदत नहीं। यदि किसी गर्भनिरोधक का इस्तेमाल करने से कोई महिला असुविधा महसूस करे अथवा कोई परेशानी होने लगे तो उसे स्वयं ही प्राथमिक-स्वास्थ्य-केन्द्र जाना होता है।

''दरअसल दिक्कत यह है कि ए.एन.एम. हमारे गाँव में नहीं रहतीं। वे नजदीक के गाँव की भी नहीं होतीं। हम उनसे अतिरिक्त सुविधा की क्या उम्मीदें रखें ?'' सिसवा गाँव की गोमतीबेन ने पूछा। हाँ, बन्ध्याकरण कराना हो तो स्त्री-पुरुष दोनों के लिए वे सुविधाएँ मौजूद हैं। लेकिन ज्यादातर महिलाओं का ही बन्ध्याकरण किया जाता है। पुरुष नसबन्दी नहीं कराना चाहते—शायद ही कभी सुनने में आता है कि 'फला पुरुष ने नसबन्दी कराई।' स्त्रियाँ भी नहीं चाहतीं कि उनका मर्द नसबन्दी कराए। वे कहती हैं कि इससे उनका मर्द कमजोर हो जाएगा। गोमती बेन समझदारी के साथ मुस्कुराकर बोली, ''इससे मर्द कमजोर हो या नहीं हो किन्तु अधीर और शंकालु पति जरूर बन जाते हैं।'' दिल्ली और महाराष्ट्र की तरह यहाँ भी महिलाओं ने कहा कि सुरक्षित गर्भपात की सुविधाएँ बहुत कम उपलब्ध हैं। कुछ ही प्राथमिक स्वास्थ्य-केन्द्रों पर गर्भपात की सुविधा मौजूद है। पहली तिमाही में गर्भपात कराना पड़े तो 100 रुपए लगते हैं और उसके बाद कराना हो तो 400 रुपए। निजी-प्रैक्टिस करनेवाले डॉक्टर 1000 रुपया लेते हैं। अधिकांश महिलाएँ प्राइवेट क्लिनिक को ही सुरक्षित मानती हैं। सरकारी डॉक्टर हो या प्राइवेट-प्रैक्टिस करनेवाला, कोई भी उन्हें गर्भपात कराने के जोखिम के बारे में नहीं बताता किन्तु महिलाओं ने बताया कि गर्भपात ठीक से न कराया गया हो तो बहुत-सी महिलाओं की जान चली जाती है—यह बात हमें पता है। सभी महिलाओं ने सहमति जताई कि गर्भपात कराना बहुत अपमानजनक अनुभव है परन्तु कई बार अपमान सहने के सिवा कोई चारा भी तो नहीं रहता।

स्त्रियों की अन्यान्य स्वास्थ्य—समस्याओं में सफेद-स्राव, अनियमित और कष्टदायी मासिक, प्रजनन-प्रदेश का संक्रमण, गर्भाशय का भ्रंश, चक्कर आना, यक्ष्मा तथा चर्म-रोग प्रमुख पाए गए। महिलाओं ने कहा कि प्राथमिक स्वास्थ्य-केन्द्र में न तो इन रोगों की जाँच की जाती है और न दवाइयाँ दी जाती हैं। अतः उन्हें जबरन प्राइवेट चिकित्सकों को दिखाना पड़ता है।

स्वास्थ्य-सुविधाओं तक पहुँच के मानक को निर्धारित करते हुए मानव-विकास-रिपोर्ट (1998) में बताया गया है कि ''इन सुविधाओं तक पहुँचने में स्थानीय स्तर पर मौजूद परिवहन-साधनों से एक घंटे से अधिक नहीं लगना चाहिए।'' यह भी कहा गया है कि

मैदानों में प्रति 30,000 जनसंख्या पर एक प्राथमिक स्वास्थ्य केन्द्र तथा जनजातीय इलाकों में 20,000 जनसंख्या पर एक प्राथमिक स्वास्थ्य-केन्द्र होना चाहिए। इन मानकों को आधार मानें तो सरकारी स्वास्थ्य-तन्त्र बुरी तरह अपर्याप्त साबित होता है। अहमदाबाद जैसे महानगर में भी आज 55% प्रसव दाइयों के हाथ सम्पन्न होते हैं। ग्रामीण इलाकों में तो 80% प्रसव दाइयाँ ही कराती हैं। और सुदूर मरुप्रदेशों में शतप्रतिशत प्रसव इन्हीं के हाथों सम्पन्न होते हैं।

प्राथमिक स्वास्थ्य केन्द्रों पर चिकित्सा-सेवा प्रदान करनेवाले कर्मचारियों से 'सेवा' के समूहों की बैठक से यह बात सामने आई है कि स्वास्थ्य-कर्मी यह बखूबी जानते हैं कि सरकारी परिवार-नियोजन का नया स्वरूप प्रजनन एवं शिशु-स्वास्थ्य पर समेकित रूप से बल देता है और लक्ष्यपूर्ति के अतिरिक्त आग्रह को कम से कम सैद्धान्तिक तौर पर नकारता है। लेकिन दुर्भाग्य, लक्ष्यपूर्ति के अतिरिक्त आग्रह से बाज आने के आदेशों के बावजूद, कमोबेश हर जगह स्थिति ज्यों की त्यों है। ए.एन.एम. की शिकायत है कि उनका काम श्रमसाध्य तथा समय-खपाऊ बन गया है। उन्होंने बताया कि हमें रोजाना कम से कम 30 घरों का दौरा करना पड़ता है। तिस पर सरकारी बैठकों में भी जाना पड़ता है। साथ ही उनसे अपेक्षा की जाती है कि वे नियमित रूप से स्वयंसेवी संगठनों से मेल-मिलाप करें। सरकार समय-समय पर कुष्ठ रोग या पोलियो निवारण के लिए जो अभियान चलाती है—इसका भी बोझ उनके ही ऊपर आ पड़ता है। उन्हें ही क्षेत्रवार, मातृ एवं शिशु स्वास्थ्य अभियान चलाने पड़ते हैं। इन सब बातों का उनके रोजाना के काम खासकर गर्भवती स्त्रियों की देखभाल तथा प्रसव कराने की क्षमता पर बाध्यकारी असर पड़ता है। सरकारी रजिस्टरों की खानापूर्ति तथा रोगप्रतिरोधी टीका लगाने का काम वर्ष-भर जारी रहता है। नर्सों तथा डॉक्टरों की बातचीत से स्पष्ट था कि उनकी बाबूशाही प्रवृत्ति में न के बराबर बदलाव आया है। जिन नई सेवाओं की उनसे अपेक्षा की जाती है उनके प्रति उनका पुराना अड़ियल रवैया बदस्तूर कायम है। जो लक्ष्यमुक्त समेकित माता-शिशु स्वास्थ्य कार्यक्रम चलाने की बात सरकार के नीति-निर्माताओं ने ठानी थी उसके प्रति उत्साह यहाँ सिरे से नदारद मिला।

इन सब जमीनी सच्चाइयों को नज़र में रखकर 'सेवा' ने अपना ज्यादातर ध्यान परम्परागत दाइयों को कार्यशाला तथा शिविरों के माध्यम से संगठित तथा प्रशिक्षित करने और उन्हें उपकरण मुहैया कराने पर लगाया है। 'सेवा' की स्वास्थ्य-परियोजना की महासचिव मीराई चटर्जी खुद ही तीन सुन्दर, स्वस्थ और शरारती लड़कियों की माता हैं। वह हँस पड़ती है।

"ना, महिलाओं को गर्भनिरोधकों में मनपसन्द चुनाव देने और लक्ष्यमुक्त कार्यक्रमों की बात तो महज सरकारी कागजों पर ही है। महिलाओं को उपलब्ध गर्भनिरोधक विकल्प थोड़े ही हैं। उन्हें या तो नसबन्दी-बन्ध्याकरण करवाना पड़ता है या बच्चेदानी में 'कॉपर-टी' लगाने जैसे उपाय करने होते हैं। एक विकल्प हार्मोन-आधारित दवाइयों की सुइयों का भी है। पर ये सारी पद्धतियाँ सेवा-प्रदान करनेवालों के हाथों से नियन्त्रित

होती हैं। बन्ध्याकरण के लिए प्रकट या ढके-छिपे तौर पर महिलाओं पर खूब दबाव आज भी डाला जाता है। किन्तु नसबन्दी कर देने के बाद दोबारा समुचित रीति से उनकी जाँच-परख शायद ही की जाती हो। मात्र 13 प्रतिशत महिलाओं ने ही ऐसी गर्भनिरोधी पद्धति अपनाई जिसे पुनः हटाया जा सके। महिलाएँ अवरोधी-पद्धति (Barrier method) जैसे 'डाकफ्राम' अथवा 'फीमेल-कंडोम' के बारे में क्या सोचती हैं—इसे जानने में रुचि क्यों नहीं ली जाती अथवा इसके लिए शोध क्यों नहीं करवाए जाते—हमने जब यह सवाल पूछा तो उत्तर मिला—महिलाओं के लिए ऐसे विकल्प अपनाना सांस्कृतिक रूप से निषिद्ध हैं। महिलाएँ गर्भनिरोधकों की बाबत सहायता करनेवालों को सन्देह की नज़र से देखती हैं। वे तो गर्भनिरोधकों के इस्तेमाल को लेकर शोध-कार्य में जुटे लोगों पर भी सन्देह करती हैं।''

''हाँ, ज्यादा से ज्यादा बेटों की चाहत परिवार नियोजन अपनाने में एक बड़ी बाधा है। प्रजनन-स्वास्थ्य से जुड़ी कई तकनीकों का आज खुल्लमखुल्ला दुरुपयोग 'मादा भ्रूण' का पता लगाने और उसे गर्भ से गिराने में हो रहा है। जब मुझे जुड़वाँ बेटी हुई तो हमारी सदस्याओं से बहुत सी मेरे पास अफसोस और सहानुभूति जताने आईं कि 'हाय ! यह तो बहुत बुरा हुआ।' उन्होंने मुझसे कहा कि वे मेरे लिए उपवास करेंगे, और कहा अगली बार कुछ धार्मिक कर्मकांड भी कर लेना तो हम करवा देंगी तुम्हारे लिए।''

''नई समेकित प्रजनन एवं शिशु स्वास्थ्य अभिगम के बारे में क्या कहेंगी ?''

''क्या कहूँ ?''

''क्या यह जमीनी तौर पर काम कर रहा है ?''

''बहुत कम—सरकारी स्वास्थ्य-व्यवस्था स्त्री के स्वास्थ्य को गर्भधारण तथा माता की उसकी भूमिका से जोड़कर देखती है। वे मानते ही नहीं कि वह एक श्रमिक के रूप में पेशे से जुड़े स्वास्थ्य के कितने खतरों से जूझती है। या गरीबों को इतना श्रम करने से गम्भीर मानसिक रोग पूरे हो सकते हैं। इन मसलों पर न तो उनके लिए चिकित्सा उपलब्ध है और न ही परामर्श।''

''बाँझपन के उपचार के लिए सरकारी स्वास्थ्य कल्याण योजनाओं में कुछ होता है ? या इसे भी कोई मुद्दा नहीं माना जाता ?''

''बाँझपन को लेकर कोई चिन्ता नहीं करता। सारा जोर स्थायी-अस्थायी पद्धतियों द्वारा स्त्री की कोख को काबू में करने पर लगाया जाता है। प्रजनन-प्रदेश के गम्भीर से गम्भीर संक्रमण तक की अनदेखी कर दी जाती है। हालाँकि गर्भधारण के उम्र की अधिकांश स्त्रियाँ किसी न किसी संक्रमण से पीड़ित होती हैं। स्वाभाविक ही है कि अचानक इन लोगों की रुचि प्रजनन-स्वास्थ्य में जाग पड़े तो गरीब महिलाओं को सहज ही इन पर विश्वास नहीं आता। वे सोचती हैं कि सरकारी स्वास्थ्य-व्यवस्था को उनके कल्याण की सच्ची चिन्ता-विन्ता नहीं है—वह तो बस उनके कोख पर काबू करना चाहती है। इन महिलाओं को कानूनी तौर पर वैध और सुरक्षित गर्भपात तक पहुँचा पाना हमारे लिए भी मुहाल होता है।''

"सच तो यह है कि हर कामगर ग़रीब महिला अपनी प्रजनन क्षमता पर अंकुश रखना चाहती है—अपनी कोख पर वह अपना अख्तियार चाहती है। पर सरकारी स्वास्थ्य-व्यवस्था न तो उन्हें सही परामर्श देती है और न ही देखभाल। इसके बाद कह दिया जाता है कि महिलाओं को तो इन बातों में रुचि ही नहीं है। यदि बात औरतों के लिए इतनी त्रासद नहीं होती तो मुझे इस झूठ पर हँसी आ जाती।"

"इस विषय में पुरुषों को शामिल किया जाए तो ? क्या इससे कुछ लाभ होगा ?"

"लाभ तो निश्चय ही होगा। लेकिन ऐसे बहुत कम उदाहरण हैं जहाँ यह काम पूरी संवेदनशीलता से किया गया हो। शायद यही वक्त है जब हमें ऐसे कार्यक्रम बनाने होंगे जिसमें पुरुष परिवार-नियोजन तथा दाम्पत्य में ज्यादा भागीदारी कर सकें। सिर्फ मर्दों की ही बात क्यों की जाए ? किशोरों के लिए भी विशेष कार्यक्रम की जरूरत है जिसमें उन्हें स्वास्थ्य, यौन तथा परिवार-नियोजन के बारे में बताया जाए।"

"गाँव के स्तर पर स्वास्थ्य-रक्षी-संरचना में तुम्हें मूलभूत कमी क्या दिखती है ?"

"हमारे परिवार-नियोजन कार्यक्रम सब तरफ से कटे, अपने में सीमित एक टापू की तरह बनकर रह गए हैं। गरीबों के पक्ष में चलाए जा रहे विकास-कार्यक्रमों से उनका आन्तरिक सम्बन्ध न के बराबर है। उदाहरण के लिए अगर एक 20 वर्षीया युवती को यक्ष्मा है और वह स्वास्थ्य-कर्मचारी से दावा माँगे तो उसे दवा के नाम पर गर्भनिरोधक टिकिया मिलेगा न कि टी.बी. की दवा। अब उस बेचारी नर्स के पास तो यही गोली है। टी.बी. की दवा बाँटने का काम किसी अन्य सरकारी कर्मचारी को सौंपा गया है और उसके विभाग का ए.एन.एम. से कोई विभागीय नाता नहीं होता। ऐसे खूब फिजूलखर्ची होती है और दवाएँ सही व्यक्ति तक नहीं पहुँच पातीं। क्या तुम्हें मालूम है कि औसतन हर गाँव के लिए अलग-अलग तरह के सत्रह विकास कार्यक्रम होते हैं, पर ये कार्यक्रम किसी एक विभाग तले नहीं चलते, न ही विभागों में आपसी तालमेल होता है। सो जो कार्यक्रम प्रजनन-स्वास्थ्य को दृष्टि में रखकर चलाया जा रहा है—वह मलेरिया या यक्ष्मा-निवारण के लिए कुछ नहीं करेगा। जो मलेरिया उन्मूलनवाला है उसे पोलियो कार्यक्रम से क्या मतलब ? पूरा जोर कार्यक्रमों पर ही है। उन पर खूब पैसा खर्च किया जाता है, लेकिन कार्यकर्ताओं के बीच तालमेल, उनके प्रशिक्षण और शोध-कौशल को बढ़ावा देने की बात हो तो फंड ग़ायब ! हम यानी डॉक्टर रेणु बेन पारिख, मीराई चटर्जी तथा मैं—अगली सुबह शीशा गाँव पहुँचे। पंचायत-भवन के एक कमरे में लगभग एक सौ दाइयाँ बैठी थीं। 'सेवा' द्वारा प्रशिक्षित ये दाइयाँ अपने काम और अपनी समस्याओं पर चर्चा में मशगूल थीं। कमरे में पंखा नहीं था और गरमी खूब थी।"

हम बैठे, रकाबी में दी गई चाय पी और फिर अपना-अपना परिचय दिया।

पाँच पुत्रों की माँ गोमती बेन पुराने अन्दाज की राजमाता लगती है। नारंगी रंग की

उसकी साड़ी खूब चटख थी। कर्ण-पुटों से दर्जनों बालियाँ लटक रही थीं; मोटी गर्दन में सोने की भारी चेन लिपटी थी और बाँहों पर ढेर सारी चूड़ियाँ झनझना रही थीं। गोमती बेन ने हमें बताया कि सेवा से जुड़ने से पहले वह कृषि-मजदूर के रूप में सारे समय काम करती थी और समय मिल जाए तो 'दाई' का काम भी कर लेती थी। उसने 'सेवा' से जुड़ने से पहले न तो बैंक देखा था, न ही जिला-मुख्यालय। उसने फोड़े-फुंसी और मलेरिया जैसी सामान्य बीमारियों का घरेलू नुस्खों से इलाज किया था और उसे 'स्वास्थ्य' के बारे में और जानने की रुचि थी। अब वह 'सेवा' की बैंकिंग और स्वास्थ्य-परियोजना—दोनों के लिए काम करती है। उसने देखा था कि गाँवों में स्त्रियों की बीमारी को लेकर कोई कुछ नहीं कहता हालाँकि सभी महिलाओं को पता होता है कि प्रजनन-स्वास्थ्य से जुड़ी बीमारियाँ जैसे सफेद-स्राव और गर्भाशय खिसकना गाँव की महिलाओं में आम बात है। गर्भाशय-खिसकने का मुख्य कारण खेती के काम में खास तरह से खटना था। गर्भवती महिला तक को भारी बोझ उठाना होता है और जिन कामों में झुकना अथवा उँकड़ू बैठना पड़े वे काम उन्हें प्रसव करने तक करने होते हैं—प्रसव के तुरन्त बाद फिर यही चक्र चलता है।

गोमती बेन जब युवती थी तो प्रसव एक दुःस्वप्न की तरह था। परम्परागत तरीके में दो या अधिक महिलाएँ गर्भाशय के ऊपर दबाव डालकर प्रसव कराती थीं। इसे 'कालो' कहा जाता था। प्रसव अगर कठिन हो और उसमें कहीं रुकावट आ रही हो तो यह तरीका जानलेवा साबित होता था। पर उन दिनों प्रसव-क्रिया में एक युवा माँ का मरना एक सामान्य बात थी। अभी भी गर्भवती माताओं को पोषण के लिहाज से अच्छा भोजन नहीं मिलता। निजी साफ-सफाई की पुरानी आदतों में भी दोष है। इसी की वजह से अधिकांश ग्रामीण माताएँ दीर्घ अवधि के रोगों की शिकार रहती हैं।

जस्सी बेन भी इस बात से सहमत थी। वह माधव नगर गाँव की है तथा 5 वर्षों से 'दाई' का काम कर रही है। वह अपनी बहू को अपने काम में साथ रखती है। ऐसा अक्सर गाँवों में होता है। 'चार्ट देखने, अंगों की स्थिति को समझने तथा डॉक्टर से स्वास्थ्य-गत जानकारी हासिल करने में इससे हमें बहुत मदद मिलती है—जस्सी बेन ने बताया। हममें अधिकांश जने अब महसूस करते हैं कि हमें बहुत सी बातें पता नहीं थीं और हम लोग पुराने तरीकों तक ही सीमित थे। मौजूद कुल दाइयों में से मात्र 10 ने कहा कि उन्होंने यह काम अपनी सास से सीखा है। गाँवों में सारे प्रसव दाई की देखरेख में ही होते हैं—बुजुर्ग महिलाएँ इसमें सहायता करती हैं।

जस्सी बेन ने हमें कुछ स्थानीय अन्धविश्वासों के बारे में भी बताया। उसने कहा, "पहले हम मानते थे कि गर्भवती स्त्री को केला, दूध अथवा मलाई नहीं खानी चाहिए। माना जाता था। ऐसे आहार लसलसे होने के कारण भ्रूण से चिपक जाएँगे और उसे कमजोर कर देंगे। पपीते को 'गर्म' तासीरवाला समझकर गर्भवती स्त्री को नहीं खिलाया जाता था कि इससे गर्भ गिर जाएगा। जबकि पपीता इलाके में खूब मिलता है और सस्ता भी है परन्तु बावजूद इसके गर्भवती स्त्री को पपीता खाने की मनाही थी। यह भी

मान्यता थी कि गर्भवती महिला को बार-बार नहीं खाना चाहिए। कहा जाता था कि भरपूर भोजन कर लो तो 'अजन्मे शिशु' पर भारी पड़ेगा। प्रसव के बाद नवजात शिशु को एक से तीन दिन तक माँ का दूध नहीं पिलाते थे। इसकी जगह उसे मीठे पानी में जड़ी घोलकर पिलाई जाती थी। प्रसूतिकक्ष अँधेरा, गन्दा और बदबूदार होता था। प्रसव के बाद 'भीतरी तौर से' माता को कोख साफ रखने के लिए उसे 'राब' (घी, गुड़ तथा बाजरे का मिश्रण और लप्सी) खिलाई जाती थी।''

प्रशिक्षण के बाद उन्हें पता चला कि पोषणदायी आहार और साफ-सफाई बच्चे और माता के लिए कितने महत्त्वपूर्ण हैं। अब दाइयाँ प्रसव कराते समय 'सेवा' द्वारा प्रदत्त दस्ताने (हाथ-मोजा) का व्यवहार करती हैं। जन्म के तुरन्त बाद बच्चे को गुनगुने-गर्म पानी से नहलाया जाता है और अँगुली में साफ, भीगा हुआ कपड़ा लपेटकर उसका मुँह साफ किया जाता है। फिर उसे स्तनपान कराया जाता है। उन्हें जो साज-सामान दिए गए हैं उसमें साफ रुई, एंटीसेप्टिक द्रव तथा नाल काटने के लिए नया ब्लेड भी होता है।

''प्रसव अक्सर लिटाकर ही कराया जाता है, ''डॉक्टर उषा बेन ने बताया। प्रसव के बाद माता को गर्म पानी में अथवा अल्कोहल में कपड़ा भीगाकर पोंछा जाता है। घाव सुखाने की दवा तैयार करने के लिए नीम और बबूल के छाल को उबाला जाता है। हम लोगों में से कुछ का जिन्होंने दाइयों को प्रशिक्षित किया है—मानना है कि कुछेक दाइयों के हाथ एकदम सधे हुए हैं। साथ ही दाइयों के उपयोग में आनेवाले बहुतेरी चीजें गाँव में ही मिल जाती हैं—उसमें खर्च भी ख़ास नहीं होता अतः उन्हें इस काम को जारी रखना चाहिए।

फिर डॉक्टर उषा बेन सती बेन की तरफ मुखातिब होकर बोली, ''इन्हें बताओ—तुमने और क्या-क्या सीखा है ?''

सतीबेन बाबूलाल राजपुर बिछिया गाँव की है। उसने अपनी सीखी हुई चार मूलभूत बातें बताईं—'चोखो (साफ) छुरी, चोखो हाथ, चोखो धागा, चोखो जगह।' इन चार बातों पर हमें हमेशा ध्यान देना है—यह बात प्रशिक्षण में समझाई गई थी। साफ-सफाई बहुत जरूरी है। पहले हम हँसिया या फल-सब्जी काटने की छुरी से बच्चे की नाल काट देते थे और नाभि को संक्रमण से बचाने के लिए उस पर राख या गोबर मल देते थे। बहुत से बच्चों को इस कारण धनुष रोग (टिटनेस) हो जाता था और वे मर जाते थे। अब हम नियमित अन्तराल पर माता को प्राथमिक स्वास्थ्य-केन्द्र से टिटनेसरोधी दवा देते हैं। इससे गाँवों में माता और शिशु दोनों का मरना घटा है।

बिछिया गाँव की चाँदी बेन शारीरिक रूप से अपंगता की शिकार है और कूबड़ निकलने के कारण खेतों पर काम नहीं कर सकती। उसने कहा कि सेवा के कार्यकर्त्ताओं ने उससे गाँव आकर दाई का प्रशिक्षण लेने के लिए पूछा और वह भीतर से डर गई। वह अपढ़ थी। उसे किसी ने कह दिया था कि ये शहरी औरतें तुम्हें पकड़ ले जाएँगी और बड़े शहर में भटकने के लिए छोड़ देंगी। वह डर के मारे एक खेत में जा छुपी

कि ये औरतें किसी तरह टलें तो वह फिर लौटे। लेकिन सतीबेन और उसके बेटे ने उसे इस भ्रम से उबारा और प्रशिक्षण दिलाने के लिए केन्द्र पर ले आए। केन्द्र पर उसे धाय-कर्म की मूलभूत बातें सिखाई गईं। अब वह 40 तक गिनती गिन लेती है और रिपोर्ट तैयार करना जान गई है। उसे इस बात का गर्व है कि वह अब किसी की मुँहताज नहीं रही।

''सरकारी स्वास्थ्य-प्रणाली को लेकर दाइयों के मन में कई शिकायतें हैं,'' मणिबेन का कहना था, ''एक तो यही कि नर्स (ए.एन.एम.) शायद ही कभी उनके पास आती है। कठिन प्रसव की पीड़ा झेलती स्त्रियों को कहीं ले जा पाना बहुत मुश्किल होता है। पैसे की कमी के कारण हमलोग अक्सर कोई गाड़ी (छाकड़ो) भी तय नहीं कर पाते। अगर हमारा मरीज अस्पताल में भर्ती कर भी लिया जाए, तो भी यथासमय कर्मचारियों का ध्यान उसकी ओर कर पाना बड़ा ही मुश्किल होता है। सरकारी लोगों को गरीबों से नफरत होती है—वे चाहते हैं कि गरीब सरकारी अस्पताल से दूर कहीं और जाकर अपने बच्चे जनें। वे हम औरतों की तकलीफ की भी परवाह नहीं करते। लेकिन क्या किया जाए ? कभी-कभी प्रसव कराना बड़ा कठिन हो जाता है और ऑपरेशन की जरूरत आन पड़ती है—फिर तो हमें वहाँ जाना ही पड़ता है। सीसा गाँव की लक्ष्मीबेन ने उन लक्षणों को बताया जिससे बताया जा सकता है कि प्रसव में किसे कठिनाई आएगी और प्रसव के लिए किस माता को निश्चित ही अस्पताल जाना पड़ेगा। यदि जरायु (प्लेंसेंटा) नीचे उतरा हो, कद छोटा हो, माता को पीलिया हो, जुड़वाँ बच्चे हों, बच्चे का उल्टा जन्मने की सम्भावना हो, माता की उम्र 45 से ज्यादा हो, माता कुपोषण की शिकार लगे, श्रोणि-प्रदेश छोटा हो या उच्च रक्तचाप हो तो प्रसव में जोखिम बढ़ जाता है। यह बात ठीक है कि अनुभवी दाई पहले ही बता सकती है किसे जुड़वाँ बच्चा होगा और किसे माह पूरे होने से पहले बच्चा हो सकता है परन्तु ठीक प्रसव-काल में कौन सी जटिलताएँ पैदा होंगी—इसका अनुमान तो वे भी नहीं लगा सकतीं।''

लीलाबेन खेतों में मजदूरी करने के साथ-साथ आरोग्य सेविका का काम भी करती है। उसने कहा कि मैं अनपढ़ थी लेकिन प्रशिक्षण के बाद लेबल देखकर जरूरी दवाइयाँ बताना सीख गई हूँ। ताप (बुखार) के लिए हमलोग पारासिटामोल देते हैं और डायरिया के लिए दो पीली टिकिया। यदि बीमारी तीन दिन से ज्यादा रहती है तो हम मरीज को सरकारी अस्पताल जाने के लिए कहते हैं। गाँववाले अब हमारे साथ पहले से कहीं अच्छा व्यवहार करते हैं। पहले तो वे हमें देखते ही दरवाजा बन्द कर लेते थे लेकिन अब चाय पिलाते हैं और कहते हैं कि हमें चार-पाँच आरोग्य सेविकाओं की ज़रूरत है। हम 'सेवा' के लोग उन्हें धीरज देते हैं कि चिन्ता मत करो—हम तुम्हें सिखाएँगे-पढ़ाएँगे। 'सेवा' की आरोग्यसेविकाओं के पास मौजूद गर्भनिरोधकों में 'माला-डी' को 'आँकड़ी' (या कॉपर-टी) की जगह ज्यादा पसन्द किया जाता है। ऐसे अन्तः गर्भाशयी तरीकों को महिलाएँ पसन्द नहीं करतीं—उन्हें लगता है कि इसे भीतर लगाकर बाद को दर्द होगा।

कुछ महिलाओं का खयाल है कि यह उनके शरीर के अन्दर तैयार हुए यह गर्भनिरोधी उपकरण ऊपर चढ़कर कहीं दिमाग में न फँस जाएँ।

"पहले स्त्रियाँ हमें अपनी प्रजनन अंगों की तकलीफ़ बयान करने में सकुचाती थीं। हम पहले स्त्रियों को योनि-स्राव की गन्ध तथा बनावट के आधार पर खुद की जाँच करना सिखाते हैं। वे बड़ा संकोच करती थीं। कुछ तो हमें अपशब्द तक कहती थीं। लेकिन थोड़े समय के बाद उन्हें लगने लगा कि परामर्श लेने से फायदा हो सकता है। उदाहरणार्थ पहले वे पॉलिस्टर कपड़े का बना सैनिटरी नैपकीन इस्तेमाल करती थीं। इससे फफूँद-संक्रमण हो जाता था (चाँदी पड़ जाती)।"

"गरीब को अस्पताल में भर्ती कराना भी बड़ी मशक्कत और तनाव भरा काम है। एक बार मैं अपनी बहन को प्रसव कराने ले गई। उसकी जल-थैली (Water-Bag) घर पर ही फूट गई थी। मैंने एक रिक्शेवाले को आवाज़ दी। बेचारा उस समय आमलेट खा रहा था लेकिन छोड़कर दौड़ा आया। बेटा हुआ। जल्दी में हम बच्चे का कपड़ा घर छोड़ आए थे। 'सिस्टर' ने उसे थामा और कहा कि अपनी साड़ी फाड़कर मुझे दो। हमारी जाति में परिवार के लोग शिशु को पहले नहीं पकड़ते। लेकिन मैंने शिशु को थामा और कहा कि मुझे सामान लाने के लिए घर जाना है—किधर से जाऊँ—दरवाजा बताओ। मैं भी यह काम जानती हूँ तुम मुझे कानून सिखानेवाली कौन होती हो ? वह बच्चे को थामने की एवज में पैसा ऐंठना चाहती थी। मैं जब चली गई तो नर्स ने मेरी बहन से पूछा कि 'कौन थी एकदम अड़ियल यह औरत ?' मैं जब लौटी तो बहन ने कहा कि अब नर्स मुझसे पैसा निकाल लेगी। मैंने कहा—मेरे होते तो ऐसा नहीं होगा। सोचिए जरा—सेवा की आरोग्यसेविकाएँ जब कुछ साल पहले आती थीं तो हम भागकर कहीं छुप जाते थे। आज हम सरकारी अस्पताल की नर्सों को मुँहतोड़ जवाब दे सकती हैं। वो हमसे रुपया नहीं ऐंठ सकतीं।"

लीला बेन के चेहरे पर बड़ी गहरी मुस्कान दौड़ गई। गुजरात में अमूमन पहला प्रसव पीहर में होता है—दूसरी बार ससुराल में लेकिन सास अड़ियल न हो—तब ही। लड़की जब पिता के घर आती है तो मायकेवालों को जिम्मेदारी उठानी होती है और ससुरालवालों को उपहार देना पड़ता है लेकिन मायकेवालों के हाथ तंग हों तो देना—न देना उन पर निर्भर करता है। नवमाता को 6 से 20 दिन तक का आराम दिया जाता है। यह इस बात पर निर्भर करता है कि परिवार की माली हालत कैसी है। नव-प्रसूता को 'अपवित्र' समझा जाता है—उसे अलग रखा जाता है और उसे ही अपने कपड़े-लत्ते साफ करने होते हैं। कुछ परिवारों में देवरानी-जेठानी भी हाथ बँटाती हैं।

एक दाई ने बताया कि उसकी बेटी को प्रसव के लिए शल्य-क्रिया की ज़रूरत थी—वह अपनी बेटी को घर ले आई। शल्य-क्रिया में 35,000 का खर्च था लेकिन ससुरालवाले इसमें फूटी कौड़ी देने को तैयार नहीं थे। उनका कहना था कि बच्चा जनने में यह मर गई तो हम अपने बेटे की कभी भी दूसरी शादी कर सकते हैं। गाँव में कमोबेश सभी औरत की जान को लेकर ऐसा ही सोचते हैं। गाँव में कोई एक जगह

ऐसी ज़रूर होनी चाहिए जहाँ सबका प्रसव कराया जा सके। हमें इसकी सबसे ज्यादा ज़रूरत है।

"यह जगह कहाँ होगी—और इसकी देखभाल कौन करेगा ?" मैंने पूछा।

औरतों के बीच परामर्श का गुनगुनाहट-भरा शोर उठा।

—कुछ का कहना था कि पंचायत-भवन में ही एक कमरे को साफ-सुथरा करके प्रसूति-कक्ष बनाया जाए। "लेकिन हमारे गाँवों में चाबी देने के लिए किसी विश्वासी आदमी को ढूँढ़ना जरा मुश्किल का काम है," गोमती बेन ने चटखारे लेने के अन्दाज में कहा, "मर्द इसे दारू पीने का अड्डा बना लेंगे फिर प्रसव-पीड़ा में छटपटाती औरतों को लेकर कहाँ जाएँगे ?"

हाँ—कहाँ ले जाया जा सकता है ?

प्रजनन और शिशु-स्वास्थ्य के मसले में पुरुषों की भागीदारी ज़रूरी है या नहीं—बातचीत यहाँ से इसी तरफ मुड़ गई। सारी औरतों ने बात निकलते ही शंकर भाई की तरफ देखा। वह लम्बा और साँवले रंग का मुकामी आदमी लग रहा था। उसके सर पर परम्परागत पगड़ी थी। उसकी अँगुलियों में दो अँगूठियाँ थीं। उसकी एक कलाई पर घड़ी बँधी थी और दूसरी कलाई पर काला कड़ा था। उसके चेहरे पर अनुभवी और समझदार होने की झलक थी। वह अब तक चुपचाप बैठा था। उसने बताया कि मैं दो वर्षों से स्त्री-स्वास्थ्य के मुद्दे पर पुरुषों से चर्चा करने में जुटा हूँ। उसका दावा था कि ऐसे विमर्श से स्थानीय मर्दों को बेहतर समझ आई और वे गर्भ निवारक उपायों के बारे में सोचने लगे हैं। अब मूल-समूह (Original Group) के कुछ सदस्य भी प्रशिक्षु हो गए हैं।

बैठक में एक और पुरुष शामिल था—अनिल भाई व्यास। वह मोहदासर गाँव का है तथा प्रखंड का आई.सी.एच. अधिकारी है। उसने बात को स्पष्ट करते हुए कहा कि अगर दाई प्राथमिक-स्वास्थ्य-केन्द्र में अक्ज़िलरी नर्स मिडवाईफ के रूप में पंजीकृत है तो उसे प्रति प्रसव 20 रुपए देने का विधान है। यह सुनते ही मोटी-थुलथुली, साँवली और गहनों से लदी-फँदी मक्कीबेन उठ खड़ी हुई। उसने कहा, "बात को कह देना तो बड़ा आसान है—लेकिन मुझे एक शिकायत है। हम दाइयों को समय पर तथा नियमित रूप से प्रसव कराने का पैसा नहीं मिलता—इस मामले को कौन निपटाएगा ?"

उसने दाइयों की कुछ और परेशानियाँ भी गिनाईं। मक्कीबेन ने कहा गर्भवती होने पर बेटियों का पंजीकरण पहले ससुराल के गाँववाली डिस्पेंसरी में होता है। फिर 7 या 8 माह बाद प्रसव के लिए वे मायके आती हैं। कुछ गाँवों में प्राथमिक-स्वास्थ्य-केन्द्र ऐसे मामलों को देखने से इनकार कर देते हैं।

अक्सर परिवार इतना ग़रीब होता है कि दाई को नकदी नहीं दे पाता। कभी-कभी बेटा हो जाए तो उपहार में उन्हें भोजन दिया है। लेकिन बेटी हुई तो परिवार को साँप सूँघ जाता है—कुछ तो नवजात शिशु को गाली तक देते हैं—'यह राँड कहाँ से आ गई' ? माता रोती है और ऐसा ही होता है। मक्कीबेन ने थोड़ा तुर्श होते हुए कहा कि 'पैसा

ही हर जगह मायने रखता है।' अब मुझे ही देखो—सरकारी खाते में मेरा 2000 बकाया है। भले ही मुझे पाँच-साढ़े पाँच सौ कम दो लेकिन बाक़ी के 1450 तो मुझे मिलने ही चाहिए।

एक लम्बी और गर्मी से तपती दोपहर की यात्रा के बाद हम अहमदाबाद लौटे। अगली सुबह 'सेवा' की स्वास्थ्य-सहकारी समिति के बोर्ड के कुछ सदस्याओं से हमारी भेंट हुई। जदीबाई सोलंकी अपने घर में ही कपड़े सिलने का काम करती है। वह 8 वर्षों से 'सेवा' की सदस्य है और आज वह सहकारी समिति की चयनित सचिव है।

"पहले गाँवों में हमें बहुत ताने-उलाहने सुनने पड़ते थे," उसने कहना शुरू किया, "लोग हमारे आने-जाने के रास्ते में काँटे बिछा देते थे। हमारे पड़ोसी सवाल पूछ-पूछकर तंग कर देते थे। राज्य की राजधानी की तो बात ही क्या—हममें से अधिकांश ने जिला-मुख्यालय तक न देखा था। धीरे-धीरे हमने सीखा। अब हमें 'गाँव का डॉक्टर' पुकारा जाता है और हम 'सेवा' की बैठक में भाग लेने खुद ही बस से अहमदाबाद आते हैं।"

कालीबेन दाई है और विगत 16 वर्षों से 'सेवा के साथ जुड़ी है। पहले उसे प्रशिक्षण के नाम से ही डर लगता था। पहले मैं डरी हुई थी कि वे मुझे बहाल करके शहर की वेश्यामंडी में बेच देंगे। गाँववाले ऐसा ही कहते थे। एक दिन जब मैं खेत पर काम कर रही थी तो मेरी सास ने प्रशिक्षण के लिए मेरा नाम दर्ज करा दिया। अब हमारे गाँव में बड़ी कम उम्र में स्त्रियाँ 'माँ' बनती हैं—इसलिए प्रसव कराना बहुत कठिन होता है। उच्च जाति के ठाकुरों और पटेलों में बाल विवाह आम बात है। आप उनसे कहें भी कि कम उम्र लड़कियों को ब्याहना ठीक नहीं तो वे एक न सुनेंगे। वे कहते हैं यह हमारी परम्परा है।

नन्दूबेन श्रीमाली भी दाई का काम करती है। 'सेवा' से उसका जुड़ाव एक दुग्ध-सहकारी समिति के जरिए हुआ।

उसने बताया कि कम उम्र युवतियाँ बहुत संकोची होती हैं। वे आन्तरिक जाँच-पड़ताल नहीं करने देतीं। उन्हें प्रजननांगों की जाँच से डर लगता है। भय के कारण उन्हें बड़ी देर से प्रसव होता है और इस बीच वे दर्द उठने पर खूब गालियाँ बकती हैं। मैंने देखा है कि तकलीफ़ के वक्त पढ़ी-लिखी और अनपढ़ माँओं की बात-व्यवहार में बड़ा अन्तर होता है। पढ़ी-लिखी लड़कियाँ भले शरीर से कमजोर हों पर उन्हें शिशु-जन्म के बारे में काफी कुछ पहले से पता होता है इसलिए उनमें ज्यादा डर नहीं होता। गाँव की लड़कियाँ देह से मजबूत भले हों लेकिन पहले प्रसव में बच्चे जनना जरा भी नहीं जानतीं और थोड़ी ही में बड़ा हल्ला-हंगामा करने लगती हैं। बेटे की चाहत भी खूब बढ़ी-चढ़ी है। लड़की जन्म ले तो लोगों पर मुर्दनी छा जाती है। एक पति ने कहा कि वह अपनी पत्नी को बेटी जनने पर घर से निकाल देगा। फिर मैंने उसे x और y

क्रामोसोम के बारे में समझाया और बताया कि कैसे तुम्हारे वीर्य के क्रोमोसोम से ही तुम्हारे बच्चों का लिंग निर्धारित होता है। फिर भी लोगों के मन में औरतों के खिलाफ पूर्वग्रह की जड़ें इतनी गहरी हैं कि निकालना मुश्किल है। लड़की को जन्म देने का सारा दोष हर जगह माँ की ही कोख को लगाया जाता है—पिता के 'बीज' को कोई कुछ नहीं कहता।

इसके बाद हमलोग शहर में 'सेवा' द्वारा संचालित एक स्वास्थ्य-केन्द्र देखने गए। सन् 1998 तक सेवा के शहरी सदस्यों की कुल संख्या—43,552 थी। 'सेवा' ने अपना पहला शहरी स्वास्थ्य-केन्द्र सन् 1986 में शंकर-भुवन इलाके (झोंपड़पट्टी) में खोला। आज ऐसे 25 केन्द्र खुल चुके हैं। इसके जरिए 'सेवा' 24 घंटे खुले रहनेवाले मेडिकल स्टोर चलाती है : यक्ष्मा-नियन्त्रण के काम करती है। इसके साथ स्वास्थ्य-शिक्षा प्रदान करने एवं स्वास्थ्य-कर्मियों को प्रशिक्षण देने का काम भी होता है।

हमें गाड़ी कुछ दूर खड़ी करनी पड़ी। खुली हुई नालियों तथा कूड़े-कचरे के ढेर के बीच से हम आगे की तरफ चले। हर तरफ लोग अपने घरों की सफेदी करा रहे थे। ये लोग 'मॉनसून' के समय में यह सब क्यों कर रहे हैं ? यह काम तो दशहरे-दीवाली के आसपास होता है, मैंने पूछा।

मुझे बताया गया कि 'दशा-माता' का पाँचदिनी त्यौहार आ रहा है। यह दशमी से अमावस तक चलता है। मित्तल बेन ने हँसते हुए कहा, ''सबकी दशा खराब है इसलिए लोग खूब व्रत-नेम से उपवास करते हैं और प्रार्थना गाते हैं।''

शंकर-भुवन इलाका (इसका एक पुराना नाम 'मास्टर नी चाली' भी है) शाहपुर इलाके में है। अहमदाबाद हमारे बड़े शहरों में अनोखा है। अधिकृत आवासों में जितने लोग रहते हैं ठीक उतने ही लोग यहाँ अनधिकृत इलाकों में काबिज हैं। अनधिकृत इलाकों में रहनेवालों में लाखों लोग ऐसे हैं जो अपना गाँव-देहात छोड़कर पिछले 50 वर्षों में कभी यहाँ आ बसे हैं। एक ऐसे भीड़ भरे शहर में, जिसने उन्हें न रहने के लिए पर्याप्त जगह दी है और न ही ठीक-ठाक रोजगार। उन्हें यहाँ किसी ने नहीं बुलाया, कोई नहीं चाहता था कि वे यहाँ आएँ। इसलिए वे कभी एक काम पकड़ते हैं तो कभी दूसरा छोड़ते हैं—खासकर महिलाएँ। गली में थोड़ा-सा कोई मजमा हो जाए—कोई लड़ पड़े या किसी को चोट-चपेट लग जाए या चोरी का हल्ला हो तो लोग तुरन्त आ जुटते हैं। अधभूखे या दो जून रोटी को तरसनेवाले ये लोग हमेशा स्वयं को खतरे से घिरा महसूस करते हैं—दूसरी संस्कृति, धर्म और भाषा के लोगों के बीच उनका भय और परवान चढ़ता है। मुझे बताया गया कि इस इलाके में भी दंगा भड़कने का डर सदा लगा रहता है।

हम पहले-पहल जिस झोंपड़पट्टी में गए वहाँ मिली-जुली जातियों (पंचरंगी जात) के लोग बसे थे। बातचीत से मुझे पता चला कि यह सबके सब समान रूप से ग़रीब हैं। ये लोग दातून, सब्जी, पका हुआ भोजन, पुराने कपड़े तथा ऐसे ही अन्य छिटपुट सामान बेचते हैं। 'सेवा' ने यहाँ जब पहला स्वास्थ्य-केन्द्र खोला तो इसके पीछे सोच

यह थी कि किसी ग़रीब और जरूरतमन्द 'बस्ती' में जहाँ नजदीक में कोई सरकारी अस्पताल नहीं है—स्वास्थ्य-केन्द्र खोला जाए। 'सेवा' के स्थानीय सदस्य चुने गए और उन्हें स्वास्थ्यकर्मी के रूप में यहाँ काम करने के लिए प्रशिक्षित किया गया। उन्हें 'वृत्तिका' भी देने की बात तय की गई। इसे समुदाय-आधारित काम माना गया। सेवा के जो स्वास्थ्यकर्मी इस इलाके में काम करते हैं उन्हें परामर्श देने, दावा बताने, रोगरोधी टीका लगाने तथा प्रसव-पूर्व और प्रसवोपरान्त सहायता पहुँचाने का प्रशिक्षण दिया गया है। प्रत्येक शिविर के दो-तीन दिन पहले स्वास्थ्यकर्मी आते हैं। स्थानीय लोगों को शिविर के बारे में बताने के लिए बैठक करते हैं। उन्हें बताते हैं कि शिविर में किन बातों के लिए सहाल या सेवा माँगी जा सकती है। नियत तिथि को एक चिकित्सक तथा एक पर्यवेक्षक शिविर में आकर चिकित्सा का काम सँभालते हैं। अन्य दिनों में सामुदायिक-भवन का उपयोग शिशुगृह तथा विद्यालय चलाने के रूप में किया जाता है। हम जब वहाँ पहुँचे तो स्वास्थ्यकर्मी फर्श पर बिखरे हुए मूढ़ी के दाने बुहार रहे थे। हमारे लिए एक दरी बिछाई गई। हम बैठकर महिला-स्वास्थ्यकर्मियों से बातचीत करने लगे। शारदा बेन की देह पर नीली साड़ी और बालों में नीला फीता था। उसने एक बड़ी सी बिन्दी लगा रखी थी। उसने कहा कि मैं सीमेंट-फैक्टरी के लिए बोरे सिलने का काम करती थी। 'सेवा' के लोगों ने आकर बताया कि मुझे स्वास्थ्यकर्मी का काम करना चाहिए। ''पहले मेरे मन में शंका थी कि कहीं मैंने ग़लत दवा दे दी तो क्या होगा ? लोग तो मुझसे उम्मीद बाँधेंगे। फिर मैं मान गई। हमें औरतों के साथ काम करना पड़ता है परन्तु हमारे साथ पुरुष भी जरूर होने चाहिए क्योंकि वे ही यहाँ सारा निर्णय करते हैं।

क्या शुरुआत में कुछ कठिनाई हुई ? क्या बात कहने पर पुरुष मान जाते थे ?

पहले उन लोगों ने कहा कि इन बातों को बढ़ावा देने की एवज में हमें सरकार से वेतन (पगार) मिलना चाहिए—उन पर विश्वास नहीं जमता था। अब वे समझने लगे हैं कि हम तन्दुरुस्ती को बढ़ावा दे रहे हैं। हम मर्दों को दवा के बारे में बताते हैं और समझाते हैं कि सानन्द तालुका में ये दवाइयाँ कम कीमत पर दी जा रही हैं। जब खेती-बाड़ी का समय चल रहा हो तो हम माह में एक बार रात को मिलते हैं। खेती के दिन नहीं चल रहे हों तो दिन में ही मिलते हैं। 20-30 पुरुषों के समूह से हमारी बातचीत होती है। अमूमन मेरे घर में 40-50 लोग अँट सकते हैं। हमलोग किशोरवय लड़कों के एक विशेष समूह को भी प्रशिक्षित कर रहे हैं। यहाँ हिंसा भी एक बड़ी समस्या है। हम प्रजनन-स्वास्थ्य के अलावा घरेलू अनबन और मारपीट के बारे में भी किशोरों को ताकीद करते हैं। हम उन्हें समझाते हैं कि मारपीट का बच्चों और माँ दोनों पर बुरा असर पड़ता है। यहाँ मर्दों को गुटखा खाने और दारू पीने की बुरी लत ने जकड़ रखा है। हम लोग समझा-बुझाकर इस लत से उन्हें छुड़ाने की कोशिश कर रहे हैं—इसमें हम धर्म का भी उपयोग करते हैं। हमने देखा कि नेम-धर्म की बातों का उन पर अच्छा असर पड़ता है। लेकिन यहाँ धर्म की आतें आग भड़काने का भी काम करती हैं—स्थिति बदल रही है लेकिन उसकी गति धीमी है—शारदा बेन ने रागहीन हँसी हँसते हुए अपनी बात

समाप्त की।

अमराईवाडी के 'रऊफ की चाली' में हमने प्रजनन और शिशु-स्वास्थ्य के विषय पर कक्षा आयोजित करनेवाले एक केन्द्र का दौरा किया। 'रऊफ की चाल्ली' में कभी मध्यवर्ग के लोग रहते थे लेकिन अब पिछड़े तबके के लोग आबाद हैं। यहाँ अधिकांश मर्द बेकाम पड़े हैं क्योंकि जिन कपड़ा मिलों के कारण वे यहाँ आए—वे अब बन्द हो चुकी हैं। आज अधिकांश बाशिन्दे या तो कूड़ा-कबाड़ उठाने का धन्धा करते हैं या अगरबत्ती बनाने के काम में लगे हैं। कुछ लोग हीरा तराशने के काम में भी लग गए हैं। अधिकांश लोग हिन्दू हैं अथवा ईसाई। यहाँ मुसलमान नहीं हैं यद्यपि यहाँ इलाका पहले एक मुसलमान, रऊफ की मिल्कियत थी। लेकिन उसको गुजरे बरसों हुए। अब यह 'चाल्ली' नगर निगम के जिम्मे है।

चाली में एक छोटे से कमरे में 'सेवा' की किशोरों के लिए कक्षाएँ चलती हैं। इस कमरे में देवताओं तथा फिल्मी-सितारों की कई तस्वीरें थीं। दीवारों पर नीले रंग का डिस्टेम्पर चढ़ा था। किसी स्वर्गवासी प्रियपात्र की तस्वीर एक कोने में तनिक तिरछे टँगी हुई थी। उस पर चढ़ी गेंदे की फूल की माला कब की सूख चुकी थी। एक खूँटी पर ट्रांजिस्टर टँगा था। जमुनाबेन तथा मंगला नाम की यहाँ दो शिक्षिकाएँ पढ़ाती हैं। वे लड़कियों को रजोस्राव तथा किशोर देह में होनेवाले परिवर्तनों के बारे में बता रही थीं। वे समझा रही थीं—उपयोग हो चुके 'पैड' कहाँ फेंके जाएँ ? उन्हें कैसे धोना चाहिए ? उन्हें कहाँ सुखाना चाहिए ? एक ही कपड़े का कितनी दफे इस्तेमाल किया जा सकता है—पॉलिस्टर का उपयोग किया जाए या नहीं—नहाना चाहिए या नहीं ?

शिक्षिका की आवाज तीखी थी और कुछ किशोरवय लड़के दुबके हुए इन बातों को सुन रहे थे—कनखियाकर इस तरफ झाँक रहे थे।

इनमें से हर सवाल पर किशोरवय लड़कियों की कक्षा समवेत स्वर में उत्तर देती फिर सबके मुँह से खिलखिलाहट निकल पड़ती। लड़कियों को पता था बाहर कौन दुबका है और क्यों दुबका है ?

लड़कियाँ अपनी उम्र से कहीं ज्यादा दिख रही थीं। अधिकांश ने मेकअप कर रखा था और उनके कपड़े भी सलीके के थे। सबने चमकदार बिन्दी लगाई थी। उनके बालों में तरह-तरह के क्लिप और फीते थे। निश्चय ही उन्होंने लोकप्रिय टी.वी. धारावाहिकों की देखादेखी यह सब किया था। अधिकांश लड़कियों ने बताया कि कक्षा के बाद हमें घर पर ही बैठे रहना होता है—बाहर जाने की अनुमति नहीं है इसलिए हम दोपहर-साँझ टी.वी. देखते गुजारते हैं। कुछ से तो स्कूल छुड़ा दिए गए थे और उनके लिए ये कक्षाएँ एक 'वरदान' की तरह थीं। कम से कम इसी बहाने वे घर की दमघोंट चारदीवारी से बाहर आ पाती थीं।

लड़कियों की प्रतिक्रिया से स्पष्ट था कि अधिकांश लड़कियाँ प्रजनन-स्वास्थ्य की समस्याओं से वाकिफ़ नहीं थीं। उन्हें किसी अजनबी से इस बारे में बात करते हुए संकोच भी हो रहा था। हमने बस्तियों में काम करनेवाले स्वास्थ्यकर्मियों से बात की

तो पता चला कि रजोधर्म, गर्भधारण तथा शिशु-जन्म के बारे में बातचीत करना अधिकांश घरों में वर्जित है। इस वजह से सभी किशोरों को अपनी लैंगिकता के बारे में बहुत कम जानकारी होती है और इस पर चर्चा करते हुए उन्हें झिझक होती है। दूसरी तरफ घिरे हुए वास स्थान, एकान्त की कमी और यौन-भड़काऊ फिल्मों और टी.वी. धारावाहिकों को दिन-भर देखना—इन सबसे एक वहशी किस्म की समझ पनपी है। लड़कियों को घर पर विनम्रता और आज्ञापराणता की सीख दी जाती है किन्तु इन लड़कियों में से कई यौन के लिहाज से सक्रिय हैं और उन्हें निरन्तर परामर्श तथा निर्देश की ज़रूरत है। किशोरों को प्रजनन-स्वास्थ्य से जुड़े रोगों का उपचार विवाह के बाद ही उपलब्ध होता है—क्योंकि तब उन्हें 'योग्य' मान लिया जाता है किन्तु कई बार तब तक बहुत देर हो चुकी होती है।

अगली बस्ती 'सराफ नी चाली' में एक माह चलनेवाला 'प्रजनन एवं शिशु स्वास्थ्य-शिविर' लगाया गया था। मुझे बताया गया कि यहाँ प्रतिदिन 100-115 जने आते हैं। बाहर दवाओं की एक चलती-फिरती दुकान लगाई गई थी। उसमें कम दाम पर गर्भनिरोधक भी बेचे जा रहे थे। स्वास्थ्य-प्रबोधक रामोला बेन स्त्रियों के एक समूह को यौन संक्रमित रोगों के बारे में समझा रही थी। ये महिलाएँ विवाहित हैं और कुछ तो माँ बन चुकी हैं। उन्हें देखते ही पता चल जाता है कि इनमें पूछने और जानने की ललक है। किन्तु विरोध की हल्की सी भी झलक मिले तो वे चुप लगा जाती थीं।

पर्यवेक्षक का काम देख रहे डॉक्टर विनोद चौधरी ने बताया कि अधिकांश माताएँ पुत्र जनने के मोह में बार-बार गर्भधारण करती हैं। हर किसी को कम से कम दो बेटे चाहिए। इसके अतिरिक्त बस्ती की ये औरतें रक्ताल्पता तथा कुपोषण का शिकार होती हैं—उनमें रुग्णता-दर ज्यादा है। युवा-चिकित्सक अनीता पटेल को चिन्ता हो रही थी कि बन्ध्याकरण के औजारों पर धूल पड़ी है। उसने बताया कि ज्यादातर महिलाओं को सफेद स्राव, पति द्वारा संक्रमण, गर्भपात (जल्द विवाह, ज्यादा गर्भधारण के कारण) रक्ताल्पता तथा बाँझपन की शिकायत है। औरतों के हाथ में जब पैसा होता है तभी उन्हें दवा मिलती है। निःशुल्क दवा लोग आधे-अधूरे मन से लेते हैं। प्रायः बीच में ही छोड़ भी देते हैं।

इस मलिन बस्ती में बाहरी साफ-सफाई की भी बड़ी समस्या है। दोनों ही चालियों में गलियाँ गन्दगी और बदबू से भरी थीं। यद्यपि घर भीतर से बहुत साफ थे। स्त्रियाँ गलियों में अनाज बीनती-चुनती गप-शप कर रही थीं और अनाज का कचरा इधर-उधर फेंक रही थीं। उन्होंने हमें जाते हुए देखा और कुछ देर तक घूरती रह गईं।

गरीब और ज़रूरतमन्द महिलाओं को सामाजिक सुरक्षा-सेवा मुहैया कराने के 'सेवा' के लम्बे अनुभव से एक तथ्य उभरता है कि महिलाओं, खासकर गरीब परिवार की महिलाओं को अपने जीवन में बहुत सी स्वास्थ्य विपदाओं का हठात् सामना करना पड़ता

है। स्वास्थ्य के ऐसे जोखिमों से बचने के लिए उन्हें बीमा-सुरक्षा की निहायत ज़रूरत है। गरीब अपनी स्वास्थ्य-रक्षा पर जितना व्यय करते हैं उसका तीन-चौथाई निजी जेबों के हवाले हो जाता है। एक आकलन के अनुसार गाँव में रहनेवाले परिवार भी बीमारी पर बहुत ज्यादा रकम (सम्भवतः ऊँची सूद-दर पर कर्ज लेकर) खर्च कर रहे हैं। यदि इन लोगों को बीमा-सुरक्षा मिल जाए तो लागत भी एक बड़े क्षेत्र पर बँट जाएगी और उन्हें चिकित्सा सुविधा की भी गारंटी हो जाएगी। जो बहुत ग़रीब हैं उनके लिए दोहरा-तिहरा अनुदान जरूरी होगा, आरोग्यकर्त्ताओं को दोबारा बहाल करना होगा और स्वास्थ्य सेवा मुहैया करनेवालों के बीच गहरा तालमेल बैठाना जरूरी होगा। लेकिन अब समय आ चुका है कि इस विचार को व्यवहार में परिणत किया जाए।

स्त्रियों के प्रजनन-स्वास्थ्य के समेकित अभिगम में 'सेवा' ने एक नई पहल के तौर पर समेकित बीमा-कार्यक्रम को जोड़ा है। सेवा बैंक 'कार्य-सुरक्षा-कार्यक्रम' चलाया जा रहा है। अन्य लाभों के अतिरिक्त इसमें बराबरी का ध्यान रखे बग़ैर सभी गर्भवती स्त्रियों को बीमा सुरक्षा प्रदान की गई है। सन् 1999 में 35,000 महिलाओं ने 60 रुपए की वार्षिक प्रीमियम-भुगतान करके इस कार्यक्रम को अपनाया ताकि स्वयं को बीमा-सुरक्षा-चक्र में रख सकें। पति-पत्नी दोनों को अगर यह बीमा करानी हो तो 75 रुपए की प्रीमियम भरनी होती है। जीवन-बीमा के लिए भी यही बात है। अधिकांश महिलाएँ 500 रुपया बचाकर सेवा-बैंक में 'फिक्स्ड-डिपॉजिट' कर देती हैं। इससे प्राप्त सूद का एक हिस्सा बीमा करनेवाली कम्पनी (भारतीय जीवन बीमा निगम तथा न्यू इंडिया इंश्योरेंस कम्पनी) को जाता है तथा शेष सेवा के आपातकालीन चिकित्सा-कोष (1994) में। इस चिकित्सा-कोष के दायरे में सभी सदस्य आते हैं। इस तरह अधिकांश महिलाओं को स्थायी तौर पर बीमा-सुरक्षा प्राप्त हो जाती है।

जिस बात को सरकार ने अभी तक नहीं समझा है, सेवा ने उस बात को समझकर अंगीभूत कर लिया है। 'सेवा' को पता है कि स्वास्थ्य-क्षेत्र में निवेश करने का मतलब है सतत आर्थिक प्रगति को सुनिश्चित करना और इससे गरीबों के सशक्तीकरण में मदद मिलती है। गोमती बेन ठीक ही कहती हैं, "हम गरीब लोगों के लिए हमारा स्वास्थ्य ही सबसे बड़ा धन है। हमें यथासम्भव इसे जुटाना और बचाए रखना पड़ता है। इसके बिना बड़ी से बड़ी पूँजी बेकार है।"

अध्याय-6

देखो देखो इन कोखों का उजाड़
(तमिलनाडु)

पूछते हो तुम, कि कहाँ है तेरा बेटा ?
नहीं जानती मैं कहाँ होगा मेरा बेटा।
पर जानती हूँ इतना कि वह कोख,
ढोया था जिसने महीनों तक उसको,
अब एक सूनी पथराई गुफ़ा भर है,
कभी रहता जिसमें एक बाघ।...

(तमिल से : संगम कवयित्री कावरपेंटु)

बात सन् 1950 की है—तब मेरी उम्र रही होगी कोई पाँच साल। मेरे रिश्ते के भाइयों में से एक का 'अक्षरारम्भ-संस्कार' होना था। उसकी भी उम्र लगभग मेरी ही जितनी थी। बड़ी धूमधाम से पठन-पाठन की दुनिया में बालक के प्रथम-प्रवेश का औपचारिक ब्राह्मणी-अनुष्ठान, अक्षरारम्भ, शुरू हुआ।

'ॐ नमः सिद्धम्'—परिवार के पुरोहित ने मन्त्रपूत खड़िया से भाई की काली स्लेट पर लिखा और उसकी नन्ही-गुदगुदी अँगुलियों को बड़ी शाइस्तगी से पकड़कर उससे वर्णमाला का प्रथम 'स्वर' लिखवाया—'अ'। भाई एक चित्रसज्जित पीढ़े पर बैठा था। हम बहनों ने उसके पुरुष ललाट के ऊपर हल्दी रँगा कपड़े का वितान थाम रखा था। कपड़े पर रोली से तरह-तरह के मांगलिक पवित्र प्रतीक-चित्र बनाए गए थे। बुजुर्ग स्त्रियाँ गा रही थीं कि वंशवृक्ष का यह नन्हा बिरवा अब एक दिन काशी जाएगा और कई शाखाओंवाला वटवृक्ष सरीखा सचमुच का विद्वान बनेगा।

हम बहनें दूर से भाई को एक अद्भुत पवित्र और विस्मय-भरे एक ज्ञान-संसार में प्रवेश करते देख रही थीं। अनुष्ठान पूरा हुआ। उत्सव पर और भी रंग आ गया और सब ताबड़-तोड़ मिठाइयों पर टूट पड़े। पर खुशी के उन कुछ पलों बाद मुझ पर जाने क्यों अचानक अपनी शक्तिहीनता और बुद्धि के क्षेत्र में परिवार के बीच अपनी तुच्छ नगण्यता का एक गहरा अहसास तारी हो गया। मैंने सोचा कि चाहे कितनी भी मेधावी क्यों न होऊँ मैं इन सबों के लिए तो मैं बस एक 'बहन' ही रहूँगी—भाइयों के कपाल पर सजे ज्ञान के मुकुट पर चँदोवा ताननेवाली एक आज्ञाकारी बेटी, और इतना सोचना था कि मुझे रोना आ गया। मुझसे बड़ी बहन मुझे एक तरह से ठेलकर बाहर आँगन में ले आई। वह भी ख़ासी उदास नज़र आ रही थी, पर वह समझदार थी। उसे डर था कि कहीं अपने औद्धत्य के कारण मैं कुछ उल्टा-सीधा बककर हमेशा की तरह दंड की भागी न बनूँ। उसने मेरा चेहरा पोंछा—अलग से कुछ मिठाइयाँ खाने को मुझे दीं, और अपने सबसे पसन्दीदा खिलौने के साथ खेलने भी दिया। जल्द ही मेरा बाल-मन अवसाद और गुस्से से उबर आया। गो हम बहनों के बीच इस घटना को लेकर कभी दोबारा कोई चर्चा नहीं चली।

कुछ वर्ष पहले मैंने अपने एक भतीजे का यज्ञोपवीत संस्कार होते देखा। घर की लड़कियाँ आज भी बाहरिया थीं। कचोट का अहसास इस बार भी था, लेकिन इस बार पहले की अपेक्षा मेरा मन कहीं मजबूत था और मेरा बौद्धिक अन्तर्द्वन्द्व इतने वर्षों में भले सुलझ न पाया हो परन्तु मैं पुरानी हीनभावना से उबर गई थी। जीवन की पाठशाला

में टाटपट्टी पर जमकर पालथी मारे मैंने इस बीच जान लिया था, कि अँगुली उठाकर दूर रहने के लिए खबरदार करते हुए अनुष्ठानों को आप एक बार भूल जाएँ तो कैसे विवेक आपकी व्यवस्था को धो-माँज डालता है। फिर स्नेह भरी बड़ी बहन की तरह ज्ञान आपको सूर्यरश्मियों से दपदपाते आँगन में हाथ थामकर ले जाता है, जिसके बाद आप पीछे मुड़कर नहीं देखतीं। आश्चर्य कि जो मैंने अपने जीवन में सीखा, ठीक वही सुदूर तमिलनाडु के एक गाँव में भी स्त्रियों ने जिया और सीखा। यह देखकर मुझे बड़ा सन्तोष हुआ।

पहले उन स्त्रियों की संख्या मात्र तेरह थी—चेंगलपट्टू (कांचिपुरम) जिले के स्थानीय गाँवों की वे 12 दलित महिलाएँ थीं, और साथ में तेरहवीं थी, एक गैर-दलित बाहरिया, सुन्दरी-रवीन्द्रन। 1978 का साल था। ये सभी स्त्रियाँ राष्ट्रीय वयस्क शिक्षा कार्यक्रम (एन.ए.ई.पी.) से आपस में आ जुड़ी थीं। तीन वर्ष बाद, यानी 1981 तक, कार्यक्रम के पाँव जम गए, तो सुन्दरी रवीन्द्रन ने एक पाँच दिवसीय कार्यशाला की योजना बनाई। कार्यशाला खूब सफल रही और अब दूसरों ने भी नियमित रूप से यह क्रम जारी रखा।

स्त्रियाँ यदि गोष्ठी आयोजित करें, तो उनका पहला प्रयास प्रायः सहमते-हकलाते हुए शुरू होता है। तालिकाओं और चित्र प्रदर्शनियों के बावजूद इस शिविर में पहले-पहल उठाई गई चर्चाओं में भी भागीदारों की हिचकिचाहट और सहमापन स्पष्टता से उभरा। सदियों से जड़ी गई चुप्पी का ताला रातोरात तो इतना नहीं। पर शिविर लगातार लगने लगे तो यह बन्धन भी अन्ततः टूटा और महिलाएँ अब एक-दूसरे को खुलकर बताने लगीं कि घर-बाहर वर्षों से उन्हें अपने बारे में कितनी अपमानजनक बातें सुननी पड़ी हैं। जल्दी ही सबको लगने लगा कि यहाँ तो हर किसी की व्यथा-कथा एक जैसी है, कि पुरुषों ने 'आदर्श स्त्री' कहकर जो भूमिका स्त्रियों के लिए तय की है उसे असली जिन्दगी में निभा पाना स्त्रियों के लिए कैसा असम्भव है। गोष्ठी के दौरान अनेक प्रकारणों से स्पष्ट हुआ कि तमिल पुरुष कवियों और लेखकों ने भी स्त्री की कितनी भ्रामक तस्वीर प्रस्तुत की है। और किस तरह उस साहित्य के असर को असमानता से भरे वैवाहिक सम्बन्धों ने तमिल स्त्रियों के मनों में पैठे असुरक्षा के भाव को पाटने की जगह किस तरह और गहरा कर दिया है ! यही नहीं, स्त्रियों ने यह भी परस्पर स्वीकार किया कि कैसे झोला-छाप डॉक्टरों द्वारा भोंडे तरीके से कराए गए गर्भपात ने उनमें से कइयों को चिररुग्ण या अपंग बनाया है और कितनों के प्राण ले लिए हैं—कैसे भय या संकोच के कारण परिवारों में स्त्रियों की बीमारियाँ या तो खुद स्त्रियों द्वारा छुपाई जाती हैं या फिर उनकी लगातार अनदेखी की जाती है, जब तक स्थिति लाइलाज न हो जाए।

शनैः-शनैः तमिलनाडु के उस सुदूर देहात में दलित महिलाओं के आगे एक नया संसार उजागर होने लगा, जिसकी उपस्थिति वे महसूस करती रही थीं, लेकिन जिसके सचमुच होने को लेकर उनके मनों में काफी संशय था। इन बैठकों में अनुभवों का

आपसी संसार और अज्ञान की मोटी परतें जिस तरह खुलकर सामने आईं वह आश्चर्यचकित करनेवाला था। इसके बाद तो बातें औरत के रूप में की जा रही उनकी ज़िन्दगी की तरफ सहज ही मुड़ गईं। उन्होंने बताया कि कैसे उनकी कम-उम्र बेटियों में स्त्री होने की भारी जाँत बेपूछे बाँध दी गई। अपनी देह, उसके कष्ट और कष्टनिवारण के बारे में इन औरतों का अज्ञान थर्रा देनेवाला था।

"मैं तो सन्तान पैदा करना रोकने के लिए सिर्फ एक ऑपरेशन के बारे में जानती हूँ जिसके बाद हमेशा के लिए बच्चा होना रुक जाता है,"—तीन बच्चों की एक माता ने बताया। उसे इस बात को जानकर विस्मय हो रहा था कि गर्भनिरोध की बहुत सी विधियाँ हैं और उनको अपनाने में कहीं ज्यादा आसानी है। अब तो दूसरे गाँवों में भी छोटे-छोटे 'महिला-संघम' बनने शुरू हो गए। क्योंकि पहले शिविर के प्रतिभागी लौटकर अपने गाँव गईं तो उन्होंने आस-पड़ोस को बताया कि हम सबने अपने मन का बोझ एक-दूसरे से कहकर खूब हल्का कर लिया और हमारा शिविर में जाना इतना बढ़िया अनुभव साबित हुआ कि—अब हमने उन बातों को खुद अपने जीवन में बरतने का प्रण कर लिया है।

राष्ट्रीय मानकों के लिहाज से तमिलनाडु एक प्रगतिशील राज्य ठहरता है। महिलाओं के बीच साक्षरता तथा काम में भागीदारी के लिहाज से तमिलनाडु का स्थान भारत के राज्यों में चौथा है। इस राज्य में कुल प्रजनन-दर (2.2) निर्धारित आदर्श सीमा के पास पहुँची है। इस अग्रगामिता के चलते सन् 1995 में तमिलनाडु के सभी राज्यों को परिवार-नियोजन के लक्ष्यों से मुक्त कर दिया गया, जबकि देश के अन्य राज्यों की तुलना में यह नया लक्ष्य मुक्त कार्यक्रम एक वर्ष बाद लागू हुआ। उत्तर भारत के राज्यों में तमिलनाडु में स्वास्थ्य और परिवार-कल्याण की सेवाएँ कहीं ज्यादा सघन और सुव्यवस्थित दीखती भी हैं। भारत की जनसंख्या-परिषद् द्वारा प्रस्तुत एक रिपोर्ट में विशेष प्रशंसा के साथ यह रेखांकित किया गया है कि तमिलनाडु में बच्चों को रोगप्रतिरोधी टीका लगाने के कार्यक्रम के तहत 1998 तक 90.1 प्रतिशत बच्चों को टीका लगा दिया गया जबकि 1993 तक मात्र 64.9% बच्चों को ही टीका लग सका था। राज्य में सुरक्षित-प्रसव की दर 80.9% है जबकि 1993 में यह महज 71.2% ही थी। जन्म-दर 1993 में 23.5% थी जो 1998 में घटकर 19.0% हो गई।

किन्तु तमिलनाडु के कुछ अन्य स्वास्थ्य-संकेतक चिन्ता जगानेवाले हैं। सन् 1992 में यहाँ न सिर्फ शिशु-मृत्यु-दर ऊँची (58 प्रति हजार जीवित जन्म) थी बल्कि जनसंख्या में स्त्री-पुरुष अनुपात की तुला का पलड़ा भी पुरुषों के पक्ष में झुका हुआ था। राज्य में कार्यरत स्वयंसेवी संस्थाओं ने इस तथ्य को रेखांकित किया है कि विभिन्न इलाकों में गर्भस्थ या नवजात मादा शिशु को मार देने की घटनाएँ बढ़ रही हैं और राज्य में लड़कियों की तादाद के घटने का मूल कारण है। यह बात खासकर अनुसूचित जाति की स्त्रियों के मामले में और भी स्पष्ट है। ताजा जनगणना से प्राप्त आँकड़ों से कन्या-दर घटने के निष्कर्ष की पुष्टि होती है। भले ही तमिलनाडु देश

का अपेक्षाकृत विकसित राज्य हो परन्तु बारीकी से देखें तो विकास और स्त्रियों की स्थिति के लिहाज से राज्य के प्रजनन स्वास्थ्य की तस्वीर का यह सफेद-स्याह पहलू भी सामने आ जाता है।

साबू जार्ज उत्तरी आरकट जिले के एक गाँव में 1986 से, समेकित ग्रामीण विकास के क्षेत्र में कार्यरत एक स्वयंसेवी संस्था के सदस्य के रूप में कार्य कर रहे हैं। उन्होंने कन्या शिशु को मार देने की घटनाओं के बारे में व्यापक प्रमाण जुटाए हैं। उनकी राय है कि तमिलनाडु में मादा शिशु की हत्या आज किसी एक जाति तक सीमित नहीं है। वन्नियार, थीवर और कोंगू वेल्ला कोई भी जाति इस पाप से मुक्त नहीं। जिस राज्य में आधी सदी पहले पेरियार जैसे उदारमना नेता ने जातिगत और लिंगगत भेदभाव के खिलाफ़ लड़ाई लड़ी हो, वहाँ ऐसी शर्मनाक घटनाएँ समाप्त हो रही हों यह विस्मयकारी है। किन्तु साबू जार्ज ने देखा है कि तमाम आर्थिक-शैक्षिक तरक्की के बाद भी लड़कियों और दलितों के खिलाफ़ हिंसा को अब भी राज्य व्यापारी वैधता प्राप्त है। कभी ऐसी कुप्रथाओं को चुनौती देनेवाले राजनीतिक दल जनता के समाजसुधार की पहल करने की बजाय जाति-विशेष के वोट हथियाने के लिए इन घटनाओं की सार्वजनिक निन्दा करने से भी कतराते हैं। कैसी विडम्बना है कि लड़कियों को दी जानेवाली वित्तीय सहायता आज परिवारों द्वारा गैरकानूनी दहेज की रकम के रूप में स्वीकार की जा रही है और कई बार साख-समितियों द्वारा महिलाओं को दिए गए ऋण का इस्तेमाल भी या ताम-झामवाली शादियों में होता है, या लिंग-निर्धारक जाँच और मादा-भ्रूण की हत्या में। यानी स्त्री-सशक्तीकरण के लिए आवंटित सुविधाएँ धड़ल्ले से स्त्रियों के अस्तित्व को छोटा बनाने या नष्ट करने को इस्तेमाल की जा रही हैं।

सुन्दरी रवीन्द्रन ने इस बात पर गौर किया है कि जातिगत भेदभाव से भरे अन्धविश्वासी और अन्तर्मुखी ग्रामीण इलाके में ऊँची जाति की स्त्री को एक विडम्बनात्मक फायदा यह मिलता है कि पुरुषों की तुलना में सभी स्त्रियों को कमजोर और अकुशल माननेवाला ग्रामीण तन्त्र, एक पढ़ी-लिखी सवर्ण स्त्री की प्रतिष्ठा को भी बुनियादी तौर पर छोटा करके आँकता है और उन्हें अपने (दलित-समुदाय की) स्त्रियों की बराबरी में ही रखने का उपक्रम करता है। यानी औरत होना ऊँची जाति में पैदा होने के 'लांछन' को कहीं धो डालता है। इसलिए सुन्दरी रवीन्द्रन को एक सवर्ण स्त्री होते हुए भी बाक़ी दलित स्त्रियों ने स्वीकार किया। उनसे वे खुलकर अपनी बात कहती हैं और अपनी भलाई के बारे में उनसे ज़रूरी सूचनाएँ या सलाह भी सहर्ष स्वीकार करती हैं। इस तरह गाँवों में समय बीतने के साथ एक शहरी सवर्ण स्वास्थ्यकर्मी स्त्री तथा स्थानीय स्त्रियों के बीच स्नेह भरा सम्बन्ध कायम होना सम्भव हो जाता है। कोमला के मामले पर गौर करें तो यह बात और भी स्पष्ट हो जाएगी।

गाँव में रहनेवाली लाखों दलित लड़कियों की तरह कोमला भी प्राथमिक पाठशाला तक तो पढ़-लिख गई थी, लेकिन माध्यमिक कक्षाओं का मुँह देखना उसे नसीब न हुआ। उसे चूल्हा-चौकी सँभालने के लिए घर बैठना पड़ा। फिर 1981 का साल आया जब उसे

राष्ट्रीय वयस्क-शिक्षा-कार्यक्रम के तहत शिक्षक के रूप में प्रशिक्षण के लिए चुना गया। जल्द ही कोमला अपनी नई सवर्ण-असवर्ण सभी सहपाठियों के समूह के साथ हिलमिल गई। उन्होंने समवे रूप से जाना, कि उनके पेशेवर सरोकार ही एक जैसे नहीं हैं बल्कि अपने समुदाय के विभिन्न भीतरी संघर्षों की वे एक जैसी चश्मदीद गवाह भी हैं। अपने अधिकार, स्वास्थ्य तथा लिंगमूलक समस्याओं पर अन्य महिला-समूहों से चर्चा करने के बारे में उन सबने कुछ न कुछ करने का निर्णय ले लिया। सुन्दरी, कोमला तथा अन्य ग्यारह साथियों को (रूवसेक) RUWSEC नामक स्वयंसेवी संस्था स्थापित करने का श्रेय प्राप्त है। इस संगठन का विचार है कि गाँव में सभी स्त्रियों को स्वास्थ्य-कल्याण की सेवाएँ सरकारी डॉक्टर तथा स्वास्थ्य तन्त्र प्रदान करें और उसमें जातीय भेदभाव न बरता जाए। साथ ही उनका विश्वास है कि स्थानीय लोगों को संगठित होकर बेहतर स्वास्थ्य सुविधाओं की सरकार से माँग करनी चाहिए। तभी सरकार इस दिशा में चेतेगी।

समाज में कामकाज शुरू करने से पूर्व स्थानीय जरूरतों का वैज्ञानिक आकलन करने के लिए रूवसेक (RUWSEC) के सामुदायिक स्वास्थ्यकर्मियों ने 1988-89 में पहले एक बुनियाद (बेसलाईन) सर्वेक्षण किया। जिस बात की शंका थी वही इस सर्वेक्षण से प्रमाण-पुष्ट होकर उभरी। सर्वेक्षण का निष्कर्ष था कि भूमिहीन, सम्पत्तिविहीन परिवारों में जन्मी लड़कियाँ परिस्थितियों से मजबूर होकर बलात् कम उम्र में ही कठोर शारीरिक श्रम के कामों में जोत दी जाती हैं। सोलह साल की उम्र तक आते-आते उनका ब्याह हो जाता है। जिसके बाद पारिवारिक दबावों से जल्द ही उन्हें 'माँ' बनना पड़ता है। यह हुआ नहीं कि सभी समुदायों की स्त्रियों की ललाट पर मानों उच्च-शिशु एवं बाल मृत्युदर का विधान ब्रह्मा के अटल लेखों की तरह खुद जाता है। चेंगलपद्दु जिले में मृत शिशु के जन्म की दर प्रति हजार जीवित प्रसव में 29.8 है। यह ग्रामीण भारत के राष्ट्रीय औसत से दोगुनी से भी ज्यादा है, और तमिलनाडु के शेष ग्रामीण इलाकों से भी 1.5 गुनी ज्यादा। इसी तरह पाँच वर्ष से कम उम्र के बच्चों की मृत्युदर भी जिले में राज्य के औसत (118 प्रति हजार) से कहीं ज्यादा (184 प्रति हजार) ठहरती है।

सन् 1992 तक जमीनी स्तर के काम करनेवालों के हवाले से यह बात निर्विवाद रूप से स्पष्ट हो गई कि सरकारी और निजी दोनों ही तरह के अस्पतालों में लोगों को समस्याओं का सामना करना पड़ता है कि उनका कामकाज का ढर्रा काफी दोषपूर्ण है।

"हमारा लक्ष्य स्वास्थ्य-अधिकारों तथा मृत-स्वास्थ्य पर ध्यान केन्द्रित करना और उसे समझना तथा मातृ-रुग्णता और बाल-मृत्यु दोनों की दर कम करने की कोशिश करना था। साथ ही (RUWSEC) 'रूवसेक' की इच्छा थी कि घर-बाहर महिलाओं के आर्थिक अधिकारों की बहाली को बढ़ावा दिया जाए और क्षेत्र में प्रचलित उन कुप्रथाओं और अन्धविश्वासों को कम किया जाए। जो स्त्रियों के शारीरिक मानसिक स्वास्थ्य पर बुरा असर डालती हैं। कामकाज के बारे में हमारा नजरिया बड़ा सरल

था,'' कोमला ने बताया, ''हमलोग उन घरों में गए जहाँ पाँच वर्ष से कम आयु वर्ग के बच्चे थे और परिवारों से बाल स्वास्थ्य एवं रोगप्रतिरोधी टीकों के बारे में बात की। हम लोग गर्भवती महिलाओं से मिले और नियमित अन्तराल पर उनके स्वास्थ्य की जाँच की। जैसा कि हमेशा होता है—पैसा कम थे लेकिन संस्था ने प्रयोग के तौर पर काम करना शुरू किया।

कोमला का साँवला सुन्दर चेहरा जान पड़ता था, मुलायम कसौटी पत्थर से गढ़ा गया हो। उसकी साँवली लोचदार देह पर पीली साड़ी और नारंगी ब्लाउज फब रहे थे। कानों में सोने की बालियाँ और नाक में सोने की कील पहने कद काठी से लम्बी कोमला चेहरे से गम्भीर और सौम्य है। उसके हावभाव में एक गरिमा और खुशगवार स्वागत-भाव थे। प्रारम्भिक कुशल-क्षेम और अभिवादन के बाद उसने उपस्थित सभी स्वास्थ्यकर्मियों के लिए छाजन-छप्परवाला एक सुन्दर कमरा खोला और उनसे फर्श पर अभ्यागतों के लिए चटाई बिछाने को कहा।

''हमारा विश्वास है कि सभी स्त्रियों को अपने शरीर तथा सार्वजनिक और निजी-जीवन पर जन्मसिद्ध अधिकार होना चाहिए। हमारा सन्देश बिल्कुल साफ था। ग्रामीण स्त्रियों में भी गुणवत्तापूर्ण स्वास्थ्य-कल्याण की सेवाओं की माँग उठाने की सामर्थ्य होनी चाहिए। ठीक इसी तरह समाज में आर्थिक और सामाजिक रूप से सर्वाधिक पिछड़े महिला-समूहों को भी संगठित होकर अपने जीवन को बदलने तथा अपनी स्थिति सुधारने के लिए साथ-साथ काम करना चाहिए,'' कोमला ने कहा।

''क्या महिलाओं को संघम की मार्फत आपस में जोड़ना साथ लाना आसान था ?''

''नहीं, शुरू में महिला-संघम बनाना कतई आसान नहीं था—''कोमला हँसी, ''बाक़ी जगहों की तरह यहाँ भी लोग नहीं चाहते थे कि महिलाएँ पुरुषों की तरह बाहर निकलकर अपनी कोई जमात बनाएँ। जब भी राह चलते मर्दों से हमारा सामना होता वे हम पर ताना कसते वाह, ये संघम बनाएँगी। पुरुषों से अनुमति हासिल करना बड़ा सर खपाऊ काम साबित हुआ। अपने घर की स्त्रियों को दूसरी औरतों से मिलने की अनुमति देने के बाद भी, पुरुष आसपास मँडराते थे। हमारी बैठकों के दौरान वे खिड़कियों से झाँकते और कोने में खड़े रहते, और वे लगातार ताने कसते थे कि इन औरतों से कुछ नहीं होनेवाला। कभी वे हमसे व्यंग्यपूर्वक कहते, ''जब चार पगड़ियाँ इकट्ठा होती हैं तो देखते-देखते काम बन जाता है लेकिन चार चोटियाँ साथ आ जुटें, तो बखेड़ा शुरू हो जाता है।'' वे संघम के माथे पर प्राकृतिक आपदाओं तक का दोष तक मढ़ देते थे। ''दस औरतें साथ बैठकर भला क्या बना-बिगाड़ सकती हैं ?'' वे कहते, ''बस बैठकर गप्पें ही हाँकेंगी। स्त्रियाँ ऐसा अजब-गजब कर रही हैं इसलिए गाँव में इस बार बारिश नहीं हुई।'' कभी औरतों को घिड़की दी जाती कि दूसरी औरतों के साथ गप्पें मारके वे परिवार के लिए उपयोगी समय व्यर्थ क्यों गँवा रही हैं। औरतों से कहा जाता, ''क्या इन बैठकों से परिवार के लिए रोज का दाना पानी जुट जाएगा ? संघम में जाने से दिहाड़ी नहीं मिलती, मालिक के खेत पर

खटने से मिलती है।''

''एक पति ने बड़े व्यंग्य से पूछा, ये औरतें आखिर क्या पाना चाहती हैं ?'' क्या खाकर ये मर्दों की बराबरी करेंगी ? मुर्गी के बाँग देने से क्या सबेरा हो जाता है ?

''पत्नी ने क्या जवाब दिया ?'' मैंने पूछा। कोमला धीरे से मुस्कुराई, ''पत्नी से जवाब दिया तो मुर्गे से पहले कौन आया ?—उसको जननेवाली मुर्गी ही तो न ?''

जल्दी ही 'संघम' महिलाओं और किशोरियों का मनचीता बैठक स्थल बन गया। अकेली या विवाहित—हर उम्र की महिला तथा युवा और वृद्ध पुरुषों के लिए आज रूवसेक (RUWSEC) द्वारा समुदाय-आधारित समावेशी कार्यक्रम चलाए जाते हैं।

समायोजकों के साथ हुई बैठक में महिलाओं ने उन आरम्भिक दिनों के अपने अनुभवों को याद किया जब RUWSEC जमीनी सर्वेक्षण कर रहा था और ग्रामीणों को उनकी स्वास्थ्य सम्बन्धी ज़रूरतों के बारे में आगाह कर रहा था। न सिर्फ गाँववासियों बल्कि सरकारी स्वास्थ्यकर्मियों में भी नए विचारों को लेकर बड़ा विरोध था। अस्पताल के कर्मचारी भी नए विचारों को स्वीकार नहीं कर पा रहे थे। शक्की गाँववाले नहीं चाहते थे कि कोई उनके बारे में पारिवारिक सूचनाएँ इकट्ठी करे। उनमें शंका जाग गई थी और उनके अन्दर एक तरह का वैमनस्य भी पनपने लगा था।

सन् 1983 में एक 17 वर्षीया सदस्य डी.सिल्वी को अचरापक्कम् गाँव का सर्वेक्षण करने को कहा गया। उसने पारिवारिक जानकारियों को पहले इकट्ठा करना शुरू किया यानी किसको कितने बच्चे हैं—उनके जन्म का क्रम और अन्तराल कितना है—उन्हें कौन सी बीमारियाँ हैं आदि। एक स्त्री जिसे कई बच्चे थे, बड़ी नाराज हो गई। कि तुझे क्या ? तू कौन है मेरे बच्चों को नज़र लगानेवाली ? सौभाग्य से वरिष्ठ समायोजक ने उसे मना लिया और सिल्वी से कहा कि संवेदनशील मुद्दों पर सवाल न पूछे। चार-पाँच वर्ष बीत जाने के बाद भी सिल्वी जब इस महिला के घर के बगल से गुजरती यह महिला उस पर ताने कसती थी।

एक हद तक विगत में गाँवों में जबरिया परिवार-नियोजन करने या बन्ध्याकरण के भय से लोगों में वैमनस्य के भाव बने रहते ही हैं—तिसपर गाँववालों के मन में यह बात भी बैठी हुई थी कि सरकार हमसे कुछ जानकारी चाहती है, तो इस एवज में हमें किसी न किसी तरह का भुगतान करे। स्वास्थ्यकर्मियों में से एक (जे. रानी) जब सर्वेक्षण को गई तो गाँववासियों ने उससे सबसे पहला सवाल यही पूछा कि इससे हमें क्या मिलेगा ? क्या हमें बिना ब्याज का ऋण दिया जाएगा या मकान का पट्टा ? उसने बताया कि मैं तो आप लोगों के स्वास्थ्य के बारे में जानकारी इकट्ठी करने आई हूँ तो लोगों की रुचि जाती रही और वे सहयोग करने से बिदक गए।

इसके बाद रूवसेक (RUWSEC) ने मेल-मिलाप बढ़ाने के लिए गाँवों में शिविर लगाए। रात में आठ बजे के बाद रात्रि-शिविर चलाए गए ताकि महिलाएँ घर के कामकाज निबटाकर सहूलियत से वहाँ बैठने को आ सकें। लेकिन कई बार उनके पति उन्हें आने से रोकते। वे अपनी बीवियों से कहते कि इन औरतों को तो शिविर चलाने

के लिए पैसा मिलता है। तुम क्यों जा रही हो ? तुम्हें तो कुछ नहीं मिलेगा। इसके बावजूद रूवसेक के समायोजकों ने, जो दो रात रुककर गाँव आए थे, स्त्रियाँ उनसे बातचीत कीं। चले जाने पर उनके बारे में तरह-तरह की बातें होने लगीं। 'कौन जानता है ये लोग क्यों आई थीं ?' गाँववाले पुरुषों ने अपनी स्त्रियों से कहा, 'उनके पास मत जाना—वे स्त्रियाँ तुम्हें भी अपनी तरह आवारा बना देंगी। किन्तु जल्दी ही महिलाओं को समझ में आ गया कि जिस तरह की स्वास्थ्य-सेवाओं की बात यह स्वास्थ्यकर्मी कर रही थीं, उसकी तो उन्हें बेहद ज़रूरत है। उन्हें समझ में आ गया कि शिविर में जाने का मतलब है अपने स्वास्थ्य के बारे में मूल्यवान जानकारी हासिल करना। धीरे-धीरे मनोभाव बदलने लगे। लोगों का विश्वास हासिल करने में जे. रानी को पहली सफलता तब मिली जब उसने एक स्थानीय स्त्री की जान बचाई। जब वह प्रसव-पीड़ा से छटपटा रही थी, तो रानी ही उसे 4 कि.मी. की दूरी पारकर अस्पताल लाई। डॉक्टर ने उससे कहा कि अभी प्रसव होने में थोड़ी देर है, किन्तु वह महिला की बगल में बैठी रही। उसने डॉक्टर को बाध्य किया कि वह मरीज को अपनी देखरेख में रखे और उसे प्रसूति-कक्ष में ले गई। प्रसूति-कक्ष में जाने के तुरन्त बाद उक्त महिला को प्रसव हो गया। इस घटना के बाद गाँववाले रानी पर विश्वास करने लगे।

मल्लिगा एक अन्य स्वास्थ्यकर्मी है। उसके बड़े से काले जूड़े में लाल फूल खुँसे हुए थे और कानों में सोने के झुमके थे। वह बहुत सुन्दर दिखती है। उसने कहा, "एक घटना मुझे भी याद रह गई है। पहले हम बारी-बारी से 12-14 गाँव जाते थे। हर बार हम एक नए गाँव में जाते और वहाँ रात्रि-बैठक बुलाते थे। 'मीलीपुर' गाँव में साँझ होते-होते हमारी बैठक समाप्त हो गई। हम लोग खेतों के रास्ते लौट रहे थे। हमारे हाथों में कुछ चार्ट थे और चलते हुए हम उन्हें देखते भी जा रहे थे। इतने में किसी ने जोर से कहा, "अरे, ये तो कोई नौटंकीवाले लगते हैं।"

उन लोगों ने हमें घूमती-फिरती 'नाटक मंडली' की सदस्याएँ समझ लिया। हमारे तो होश फाख्ता हो गए। हम जल्दी-जल्दी कदम बढ़ाने लगीं। रास्ते में धान के एक खेत से गुजरने के लिए रास्ता बड़ा सँकरा था। दोनों तरफ कमर तक गहरा पानी था। हमने आधा रास्ता पार किया तो देखा कि एक सैन्य-टुकड़ी आ रही है। हम लोग और भी डर गईं। इतनी जगह नहीं थी कि वे हमारे बगल से गुजर जाएँ। हम लोग फिर उल्टे पैरों पीछे लौटीं। जब सैन्य टुकड़ी आगे निकल गई तो हम पुनः आगे बढ़ीं। दरअसल हम अपना काम पूरा करना चाहती थी, पर डरती थीं कि कोई अप्रिय वारदात न घट जाए।

"उस रात हम सब एक स्कूल की इमारत में सोए। अपनी बचकानी डरपोक हरकतों को याद करके हम पागलों की तरह हँस रही थीं तभी बाहर एक बस रुकी और यात्रियों ने आकर दरवाजे पर दस्तक दी। उन लोगों ने कहा कि हम लोग यह सोचकर डर गए थे कि भीतर से इतनी सारी महिलाओं की हँसी की आवाज क्यों आ रही हैं। दरवाजा बन्द करके हँसने का क्या मतलब है ? कहीं यहाँ डायनों का बसेरा तो नहीं ?"

कमरे में मौजूद सारी महिलाएँ ठहाका मारकर हँस पड़ीं। अय्यो ! सच कहती है मल्लिगा ! गाँव में मर्द-औरत कोई भी बाहरी हो तो गाँववाले शंका करते हैं। छोटी-छोटी बातों का बतंगड़ बन जाता है—फिर विश्वास जमाने में बड़ा वक्त लगता है—महिलाओं ने अपनी आँखें पोंछते हुए बताया।

सिल्वी ने बताया कि हमने 1986 में किशोरियों के लिए कक्षाएँ लगानी शुरू की। कक्षाएँ दो हफ्ते के लिए लगाई गई थीं और दोपहर ढले शुरू होतीं। लड़कियाँ हफ्ते में पाँच दिन कक्षाओं में आती थीं। एक लड़की का दलित जाति के एक लड़के से प्रेम-सम्बन्ध था। वह कक्षा में आने का बहाना करके उससे मिला करती थी। फिर वे दोनों साथ जा भागे। पुलिस आई, लड़का पकड़ा गया और सबके सामने उसकी पिटाई हुई। लोग रूवसेक की कक्षाओं को दोष देने लगे कि यहाँ लड़कियों को बुरी बातें बताई जाती हैं। और कुछ लोगों ने कक्षा और स्वसेक RUWSEC के बहिष्कार की बात भी कहीं। पुनः विश्वास जमाने में हमें फिर एक अरसा लग गया।

सिरीदाऊर गाँव में महिलाओं को संगठित करने के क्रम में सुश्री पंजाम्मल को कुछ दूसरे ही अनुभव हुए थे। उन्होंने अपने उन अनुभवों के बारे में बताया। महिलाओं को भागीदारी के लिए उत्साहित और प्रेरित करने के लिए उन लोगों ने नाटकों का सहारा लिया था। पहले एक समूह के साथ इसका रिहर्सल किया गया किन्तु समूह के कुछ जने नहीं आ पाए। परिणामस्वरूप उन्हें दूसरे समूह को साथ लेना पड़ा। जिस दिन नाटक खेला जाना था उस दिन दोनों समूह के लोग आ पहुँचे और आपस में भिड़ गए। महिलाओं के मेल-मिलाप का यह नाटक अन्ततः स्त्री-पुरुष की भिड़न्त का छुट्टा मंच बन गया। गाँव के दो धड़े आपस में आ भिड़े और होते-होते झगड़ा पूरे गाँव में फैल गया। दोबारा बैठकों का सिलसिला चालू करने में कई माह लग गए।

ललिता ने बताया कि अपने यहाँ हम लोगों ने पाँच-पाँच रुपए राशि का योगदान देकर आरम्भ में दस सदस्यों के साथ एक 'संघम्' बनाया था। उन लोगों के सामने सबसे पहली चुनौती थी मेरे घर के नजदीक स्थित दलितों की श्मशान भूमि को मुक्त कराना। अन्य पिछड़ी जाति के कुछ लोगों ने इस पर बलात् कब्ज़ा कर रखा था। पहले हमने जिलाधीश को एक अर्जी दी। कोई सुनवाई नहीं हुई। हमने दोबारा अपील की। अब तक बीस दलित महिलाएँ हमारे 'संघम्' की सदस्य बन चुकी थीं। हम सब शिकायत लेकर एक साथ गए। जिला दंडाधिकारी ने आकर जमीन खाली करवा दी। जब अन्य पिछड़ी जाति के लोगों ने यह जाना तो वे हमें धमकियाँ देने लगे। यह इलाका बड़ा निर्जन है। मुझे अपने जीवन और परिवार का भय सता रहा था। सौभाग्य से गाँव के कुछ युवा भी हम महिलाओं के साथ आ जुटे और हमने इस इलाके की 6-7 दिनों तक निगहबानी की। इस घटना के तुरन्त बाद अन्य पिछड़ी जाति के एक आदमी की मृत्यु हुई। आठ गाँवों से इस जाति के लगभग 3000 लोग इकट्ठे होकर हम पर दबाव डालने लगे कि तुम्हारी श्मशान भूमि में ही हमारी चिता फूँकी जाएगी। हमारे इलाके में पिछड़ी जातियों और अनुसूचित जातियों के बीच तनातनी आम बात है। पिछड़ी जाति के लोग

हमसे अपने को ऊँचा समझते हैं। एक बार इस समुदाय के लोगों ने मुझे झाड़ू से पीटा था। लेकिन अब गाँववाले दलितों के महत्त्व को स्वीकार करने लगे हैं। उनकी सहायता से हमने इस समस्या का समाधान ढूँढ़ा।

सन् 1991-92 में रूवसेक ने 34 गाँवों से पुरुषों को इकट्ठा किया ताकि महिलाओं के बीच पुरुषों की भागीदारी का मार्ग भी प्रशस्त हो।

जल्दी ही ढेर सारे सवाल उठ खड़े हुए और संघम में हमारे बीच गर्मागर्म बहस हुई। किसे लाया जाए ? किस उम्र का पुरुष हो ? उसकी शैक्षिक योग्यता क्या होनी चाहिए ? तय पाया कि रूवसेक के 40 कार्यकर्ताओं में से प्रत्येक को अपने परिवार से एक पुरुष बुलाना होगा। लैंगिक भेदभाव तथा महिला-स्वास्थ्य के बारे में इन्हें प्रशिक्षित गाँव के दूसरे पुरुषों के बीच संवाद की एक कड़ी के रूप में इन्हें भेजा जाना था। हमेशा की तरह महिलाओं ने डरते-डरते शुरुआत की। वे तय नहीं कर पा रही थीं कि पुरुषों पर इसकी क्या प्रतिक्रिया होगी। पहले तो वे बहाना करके बैठक में जाती थीं कि हम टोकरी लेकर बाजार जा रहे हैं। धीरे-धीरे सवाल पूछने का क्रम शुरू हुआ और पुरुष आने लगे। साक्षरता और जागरूकता के स्तर के बीच एक सम्बन्ध है—यह बात सभी स्त्री-पुरुष समझ गए। सबने मेल-जोल के अपने काम के बाद कहा कि परिवार में अब अपनी कहने और दूसरों की सुनने पर जोर दिया जा रहा है। इससे फायदा हुआ है। मसलन इलाके में बाल विवाहों में कमी आई है। लोग पौष्टिकता लिहाज से सन्तुलित भोजन लेने लगे हैं, और दम्पतियों के बीच संवाद-सूत्र भी ज्यादा मजबूत हुए हैं। पुरुषों ने अपने प्रशिक्षकों से कहा कि हमें यौन जीवन के बारे में जानकारी चाहिए। जो पुरुष पिता बन चुके थे उन्हें भी इस बारे में ठीक-ठीक जानकारी नहीं थी कि गर्भ कैसे ठहरता है ? गर्भनिरोधक क्या होते हैं ? गर्भनिरोधक किन नामों से उपलब्ध हैं ? दो बच्चों के जन्म के बीच अन्तराल रखने तथा यौन-संक्रमित-रोगों से बचने के लिए कंडोम का इस्तेमाल कैसे किया जाए ? यौन- संक्रमित-रोग/एच.आई.वी./एड्स कैसे होता है ?

मादक-द्रव्यों की लत, शराबखोरी तथा पत्नियों पर हिंसाचार जैसे मुद्दों पर भी चर्चा का रुख मुड़ा। माना जाता है कि पुरुष स्वाभाविक रूप से हिंसक होते हैं। लोगों के मन में यह बात जमकर बैठी हुई है खासकर पंचायतों में। पुरुष सोचते हैं कि स्त्रियाँ निकृष्ट कोटि की प्राणी हैं। किन्तु महिलाओं को अनुभव था कि पुरुष के लिए स्त्रियों के प्रति नरमी दिखाना, समाज में उपहास की बात बन जाती है। यदि कोई पुरुष महिलाओं के प्रति दयालु होने की ज़रूरत की बात गम्भीर होकर कहने लगे तो दूसरे मर्द उसका मज़ाक उड़ाते हैं कि वह तो पुरुष-वेश में औरत है। दरअसल सदियों से पुरुष हुकुम चलाते रहे हैं, औरतें खटती रही हैं, सो गाँववासियों के मन में स्त्री-पुरुष के बीच भेद की खाई बहुत गहरी है। पंचायतों के कामकाज में भी यह भेद साफ नज़र आता है। यदि सरपंच पुरुष हुआ तो वह महिलाओं से मशविरा करने में अपनी हेठी समझता है। महिला निर्वाचित होकर भी आई हो तो उसकी ओट में असल फैसले पुरुष ही करना चाहते हैं। इलाके के एक सवर्ण भूस्वामी ने तो अपनी दलित नौकरानी को चुनाव

जितवाया क्योंकि पंचायत की वह सीट दलित के लिए आरक्षित थी। यह दलित महिला अब कागजों पर अपने अँगूठे का निशान लगाती है और सत्ता की बाग सवर्ण भूस्वामी के हाथ है—हर कोई इस बात को जानता है। गुनासेली ने कहा कि "इसका अपवाद भी है, जैसे—ममपक्कम पंचायत में। वहाँ महिला सरपंच का नाम मेरी है। वह हमेशा महिलाओं से परामर्श करती है—करती है न ?" महिलाओं ने सहमति में सर हिलाया। वैनिला इस बात से सहमत नहीं थी। उसने कहा कि मैं तो खुद वार्ड-मेम्बर रह चुकी हूँ लेकिन मुझे बैठकों में नहीं बुलाया जाता था क्योंकि मर्द कहते थे तू बहुत ज्यादा सवाल करती है। आखिरकार वैनिला ने स्वयं 'संघम्' का निर्माण किया और जब संघम् ने उसके सर पर हाथ रखा तो गाँववालों को भी मजबूरन उसका साथ देना पड़ा। वह बेहतर प्रशासक साबित हुई। उसने सबके लिए गाँव में बुनियादी सुविधाएँ जुटाईं। पहले हैंडपम्प खराब हो जाता था तो सरपंच इसे अपने घर उठा ले जाता था। फिर तो हैंडपम्प के दर्शन ही दुर्लभ हो जाते थे। वैनिला ने प्रखंड विकास पदाधिकारी से इसकी शिकायत की और हैडपम्प की उठा ले जाने जैसी घटनाओं पर रोक लग गई।

"इसके अतिरिक्त संघम् में तुम लोगों के बीच क्या चर्चा होती है ?"

"संघम् में बहुत सी बातों पर चर्चा होती है, जैसे—महिलाओं पर हिंसा, बाल-विवाह, आत्महत्या (इसकी दर बहुत ऊँची थी, अभी कमी आई है), शराबखोरी, पुराने रीति-रिवाज और अन्धविश्वास, स्त्री-देह और इसकी नानाविध क्रियाएँ, रजोधर्म में कठिनाई तथा अन्यान्य स्त्री रोग जैसे—यू.टी.। आर.टी.आई. रक्ताल्पता, प्रसवपूर्व एवं प्रसवोपरान्त देखभाल, परिवार नियोजन के तरीके, गर्भपात/भ्रंशोत्थ, कैंसर (ख़ासकर गर्भाशय और स्तन के)। इन विषयों के अतिरिक्त प्रजनन-अंग के कैंसर, रजोनिवृत्ति, गर्भावस्था के दौरान होनेवाले विविध हार्मोनों के स्राव आदि पर भी चर्चा होती है। केन्द्र पर इसके लिए फ्लिप चार्ट, गीत, स्लाइड तथा विषयवस्तु को ध्यान में रखकर नाटक तैयार किए जाते हैं।"

रूवसेक के एक सर्वेक्षण से पता चला कि महिलाओं को कुछ बीमारियाँ जैसे—सफेद स्राव—कई सालों से हैं और अधिकांश महिलाएँ इससे पीड़ित हैं। इस वजह से रात्रि-बैठक और स्वास्थ्य-शिविर के दौरान मरीज की जाँच के लिए डॉक्टर बुलाया जाता है और बाद के उपचार के सम्बन्ध में निर्देश दिए जाते हैं। इस तरह के बहुत से शिविरों के बाद प्रजनन-प्रदेश के संक्रमण से पीड़ित महिलाओं की संख्या में कमी नहीं आई। उन्हें बार-बार यह रोग हो जाता था। इस बात को भाँपकर स्वास्थ्य-कर्मियों ने पुरुषों को साथ लेने की बात सोची। उन्होंने महसूस किया कि यदि स्त्रियों को पूरी तरह से निरोग बनाना है तो उनके पतियों को भी इस कार्यक्रम में शामिल करना पड़ेगा क्योंकि महिलाओं को ये संक्रमण अक्सर उन्हीं से लगते हैं। उन्होंने सोचा कि पुरुषों से मिलकर उन्हें स्त्रियों के रोग के प्रति जिम्मेदार बनाना ज़रूरी है।

इस अवधि में बहुत सी बातों का पता चला। यह बात भी समझ में आई कि गाँव में काम करनेवाले सरकारी कर्मचारी यानी ए.एन.एम. (अक्ज़लरी नर्स मिडवाइफ) तथा

रूवसेक बेज़रूरत एक-दूसरे की भूमिका को दोहरा रहे हैं। ज़रूरत दरअसल दोनों में बेहतर तालमेल की है। इस कारण तिरुकलावुन्द्रम तथा तिरुपोरल नाम के दो प्रखंडों में यह जानने के लिए सर्वेक्षण किया गया कि स्वास्थ्य-कल्याण की कौन सी बातें सर्वाधिक ज़रूरी हैं। पता चला कि दोनों ही प्रखंडों में गाँवों का दौरा करने के नाम पर ए.एन.एम. महज बस-पड़ाव या स्थानीय बालवाडी तक जाकर चली आती थीं। दूसरी तरफ, रूवसेक के कार्यकर्त्ता गाँव-गाँव जाते थे और गृहस्थों से सीधे सम्पर्क करते थे। सर्वेक्षण से पता चला कि लोग प्राथमिक स्वास्थ्य केन्द्र पर चिकित्सीय-जाँच के लिए नहीं जाते क्योंकि उन्हें लगता है वहाँ स्वास्थ्य-कल्याण की सेवाओं की गुणवत्ता अपेक्षानुरूप नहीं है।

अमूमन एक प्राथमिक स्वास्थ्य केन्द्र 5000 लोगों को स्वास्थ्य-सेवा देने की जिम्मेदारी सँभालता है। चूँकि वहाँ स्वास्थ्य सेवाओं का स्तर ठीक नहीं है इसलिए गाँववाले मजबूरन चेंगलपट्टू के जिला मुख्यालय आते हैं। बस-सेवा भी ठीक नहीं इसलिए उनकी परेशानी और बढ़ जाती है। ऐसे भी मामले प्रकाश में आए जब स्त्रियों को बस में ही प्रसव हो गया। रूवसेक ने एक संगोष्ठी आयोजित की ताकि सर्वेक्षण के निष्कर्षों पर नीति-निर्माता, प्रशासनिक अधिकारी, स्वास्थ्य-अधिकारी और शोधकर्ता अपने विचार बता सकें—उसकी मूल्यांकन कर सकें। उम्मीद के अनुरूप सरकारी अधिकारियों तथा शिक्षाविदों का रवैया नकारात्मक ही रहा। वे न तो पाठ्यक्रम बदलना चाहते थे, न ही सरकारी नीति। इस वज़ह से बिना विलम्ब रूवसेक ने प्राथमिक-स्वास्थ्य-केन्द्रों का सर्वेक्षण करना आरम्भ कर दिया।

इसके बाद चेंगलपट्टू जिले के सभी प्राथमिक स्वास्थ्य-केन्द्रों का अध्ययन किया गया। अध्ययन का निष्कर्ष था कि स्वास्थ्य सुविधाओं, आपूर्ति, कर्मचारी तथा सेवाओं में व्यापक सुधार की ज़रूरत है।

महज दो साल पहले तक महिलाओं के बीच प्राथमिक स्वास्थ्य केन्द्र को लेकर खास रुचि नहीं थी। रूवसेक के साथ मेल-जोल होने से स्थिति में सुधार आया है। पहले महिलाएँ प्रजनन-स्वास्थ्य या उसकी समस्याओं पर बात नहीं करती थीं। सफेद-स्राव हो रहा हो तो नामालूम दर्द की शिकायत करती थीं और दर्दनिवारक दवा माँगती थीं। आज परामर्शदाता के रूप में स्त्री और पुरुष दोनों ही उनकी सेवा में मौजूद हैं और उन्हें जिला-अस्पताल में माकूल चिकित्सक के पास जाने की सलाह देते हैं। सन् 1997 में 40 महिलाओं का अध्ययन करने के बाद प्रजनन-प्रदेश के संक्रमण/यौन संक्रमित रोग तथा कैंसर और भ्रंशोत्थ को नज़र में रखते हुए विशेष शिविर लगाए गए। देखा गया कि उम्रदराज महिलाओं और पुरुषों तक की समान रूप से उपेक्षा की जाती है। उन्हें कहा जाता है—'जल्दी खाओ और जल्दी सो जाओ।'

अब प्राथमिक स्वास्थ्य केन्द्र के स्वास्थ्यकर्मी चिकित्सा-अधिकारियों के साथ हफ्तावार बैठक करते हैं। इन बैठकों में स्वास्थ्यकर्मी अपने से वरीय अधिकारियों को परिवार-नियोजन के कार्यों के बारे में ही नहीं बल्कि रोगप्रतिरोधी टीकाकरण, गर्भवती

स्त्रियों के पंजीकरण तथा प्रसव-पूर्व देखभाल के सिलसिले में किए गए कार्यों का ब्योरा प्रस्तुत करते हैं। स्वास्थ्यकर्मियों को नए अभिगम का प्रशिक्षण दिया गया है। इस अभिगम में चिकित्सीय देखभाल की गुणवत्ता, सामुदायिक ज़रूरतों के आकलन तथा विकल्प चुनने के बारे में लोगों को जागरूक बनाने पर जोर दिया गया है।

आज तमिलनाडु की इसलिए तारीफ की जानी चाहिए कि राज्य में प्राथमिक स्वास्थ्य केन्द्रों का रवैया महिलाओं के लिए ज्यादा दोस्ताना हो चला है। इसका एक कारण यह भी है कि यहाँ प्राथमिक स्वास्थ्य केन्द्रों में 40% चिकित्सक महिलाएँ हैं। उचित खर्चे पर यहाँ उन्हें गर्भपात की सुविधा भी मुहैया कराई जाती है जबकि उत्तर भारत के राज्यों में ऐसा देखने में नहीं आता। कनजी क्लिनिकों में गर्भपात कराने का खर्चा ज्यादा बैठता है (गर्भ के प्रत्येक माह के 300 रुपए)। लेकिन सार्वजनिक यातायात की सुविधा बढ़िया होने के कारण महिलाएँ चाहें तो सुरक्षित गर्भपात के लिए शहर के क्लिनिक जा सकती हैं।

भूमिहीन दलित-परिवार में पलने-बढ़नेवाले गरीब बच्चों, विशेषकर लड़कियों की पढ़ाई बहुत जल्द छूट जाती है और वे मजदूरी में जुट जाती हैं। सोलह वर्ष की उम्र तक आते-आते लड़कियों की शादी हो जाती है और अधिकांश जल्द ही गर्भवती हो जाती हैं। कुपोषण की मारी देह, कठिन शारीरिक श्रम, बार-बार गर्भधारण तथा प्रसव-पूर्व और प्रसवोपरान्त देखभाल की कमी के कारण शिशु-मृत्यु दर ऊँची हो जाती है। सन् 1990-91 में स्वास्थ्यकर्मियों ने 20 मुहल्लों (उपग्राम) से आँकड़े एकत्र किए। इन आँकड़ों से पता चला कि महिलाओं का एक ही रोग बार-बार धर लेता है। जिन महिलाओं का सर्वेक्षण किया गया उनमें से 45% का कहना था कि गर्भ के आठवें माह में कम से कम तीन बार वे बीमार पड़ती हैं। आधी बीमारियों को सम्बन्ध प्रजनन-प्रदेश से था और बाकी बीमारियाँ या तो रजोस्राव की अनियमितता से जुड़ी थीं या मूत्रनली के संक्रमण से।

रूवसेक के कार्यकर्त्ताओं का मेलजोल दाइयों से बढ़ा तो पता चला कि पारम्परिक रूप से प्रसव के काम से जुड़ी इन दाइयों पर ध्यान देने तथा उनके कौशल को विस्तार देने की ज़रूरत है। गाँवों में दाई का दर्जा प्रसव में सहायक एक व्यक्ति भर का नहीं है। उसे प्रसव पूर्व तथा प्रसवोपरान्त देखभाल में सहायक, स्वास्थ्यसाधक, जड़ी-बूटी का जानकार, वैद्य, स्त्री रोग विशेषज्ञ तथा प्रसव कराने में दक्ष व्यक्ति के रूप में देखा जाता है। भले ही आधुनिक चिकित्सा-विज्ञान उनके काम को स्वच्छता के लिहाज से अस्वास्थ्यकर माने, उनकी सोच को पिछड़ा तथा काम करने के तरीके को खतरनाक समझे, (जो एक सीमा तक सच भी है) किन्तु तब भी यह बात बच रहती है कि सुदूर देहात में रहनेवाली महिलाओं के लिए दाई को छोड़कर प्रसव कराने के लिए कोई दूसरा विकल्प चिराग ढूँढ़े नज़र नहीं आता। यह बात सच है कि भारतीय समाज प्रसवकर्म को अपवित्र मानता है और यही उचित समझता है कि यह 'गन्दा-काम' अँधेरे बन्द कमरे में 'अछूत' जाति की एक स्त्री के हाथों सम्पन्न हो परन्तु यह भी सच है कि दाई के

कौशल और बुद्धिमता के प्रति लोगों में सराहना भाव होता है। उनके पास अपने ज्ञान को औचित्यपूर्ण ठहराने के लिए चिकित्सा-जगत की चतुर भाषा नहीं है। अशिक्षा और गरीबी के कारण बुनियादी उपकरण भी उन्हें उपलब्ध नहीं और काम को स्वच्छतापूर्ण तरीके से निपटाने में कई बार उनके आगे बाधाएँ खड़ी हो जाती हैं किन्तु रूवसेक का अनुभव है कि दाइयों को सघन प्रशिक्षण देने से उनका कौशल बढ़ाया जा सकता है और साफ-सफाई के बारे में उनके अन्दर जागरूकता भी पैदा की जा सकती है।

रूवसेक ने 64 दाइयों को सैद्धान्तिक बातें बताने के लिए 25 दिनों की कक्षाएँ चलाई। फिर इन्हें बारी-बारी से क्लिनिक में प्रशिक्षित किया गया। प्रशिक्षण पूरा करनेवाली हर दाई को एक प्रमाणपत्र तथा एक 'किट' (उपकरण-पेटी) दी गई। इसमें दस्ताने, साबुन, चिलमची, रबड़ की एक तह, नाखून साफ करने का औजार और साथ सुरक्षित-प्रसव की जानकारी देता एक पर्चा था। सरकार की तरफ से दाई को प्रति प्रसव दस रुपए मिलते हैं।

''हम कोशिश करते हैं कि दाई को पैसे मिलने में विलम्ब न हो। दाइयों को भी मना करते हैं कि नाभि-नाल काटने से पहले रुपए न माँगे। हम सरकारी अधिकारियों से कहते हैं कि आप क्षेत्र में काम करनेवाले या क्लिनिक में कार्यरत कर्मचारियों का पैसा भले थोड़ी देर से दें लेकिन दाइयों के मामले में ऐसा मत करें,'' मुझे बताया गया।

यह दिलचस्प बात है कि यद्यपि केन्द्र सरकार ने परिवार नियोजन कार्यक्रम को इनाम या लक्ष्य से मुक्त कर दिया है, तब भी बन्ध्याकरण अपनानेवाले स्त्री-पुरुषों को नकद मुआवजा देने के चलन को तमिलनाडु सरकार ने जारी रखने का फैसला किया है। यदि किसी स्त्री को बन्ध्याकरण के लिए राजी करना हो तो पहले स्वास्थ्यकर्मियों को बहुत मान-मनौवल करना पड़ता था। जिन स्त्रियों को पुत्र न हो उन्हें मनाना तो और भी मुश्किल था। लेकिन नकद मुआवजा देने के फैसले तथा बालिका-कार्यक्रम को सफलतापूर्वक चलाने के बाद जिन माताओं को मात्र बेटियाँ हैं वे भी बन्ध्याकरण के बारे में सोचने लगी हैं। राज्य सरकार का तर्क होता है कि दो बच्चियों के बाद आप बन्ध्याकरण करवाएँ तो सरकार की तरफ से आपको 20,000 रुपए मिलेंगे। अलबत्ता कुछ मामलों में देखा गया कि पति ने अपनी बीवी का बन्ध्याकरण करवाकर मुआवजे की रकम खुद हथिया ली और उसे भगाकर दोबारा शादी कर ली। ऐसे मामलों की सूचना रूवसेक पुलिस को दे देता है। इस कारण ऐसी घटनाएँ अब बहुत कम होती हैं।

इरूम्बुलिचेरी गाँव जाने का रास्ता ऊबड़-खाबड़ और टूटा-फूटा है। रास्ते-भर हम गाड़ी में उछाल खाते रहे। मुझे बताया गया कि कभी यह रास्ता एकदम दुरुस्त था लेकिन स्थानीय विधायक के चुनाव हार जाने के बाद पहले इलाके में बसों का आना कम हुआ, फिर सड़क की दुर्दशा शुरू हो गई। आप अपनी आँखों को बन्द कर लें तभी आपको पता चल जाएगा कि सत्ताधारी दल के विधायक का इलाका कहाँ खत्म होता है और पराजित प्रत्याशी को वोट देनेवाले खंड कहाँ से शुरू होते हैं।

नारंगी आभा लिये अस्ताचलगामी सूर्य कभी भी डूब सकता था। इसके तुरन्त बाद

रात आएगी–अचानक और बिना पूर्वाभास के जैसा कि भारतीय गाँवों में होता है। कोई रोशनी पहले दिखाई नहीं देगी–सड़कों पर बत्तियाँ नहीं होतीं यहाँ। मैंने नज़र की कोर से देखा कि मेरे साथी बाहर चिन्तातुर होकर देख रहे हैं। उनके चेहरे तन गए हैं और भाव-भंगिमा से भी चिन्ता झलक रही है। मेरे लिए रात होने का सीधा-सा मतलब है–अँधेरा, उमस और मच्छर। लेकिन मेरे साथियों के लिए रात होने का मतलब है–यादों का डरावना मुँह खुल जाना। मैं इस बारे में उनसे न पूछती हूँ, न ही समझ पाती हूँ। पर दिन के समय ग्रामीण स्त्रियाँ डटी रहती हैं, अपने दमखम पर हम शहरियों से कहीं ज्यादा सहती भी जाती हैं लेकिन रात उन्हें निस्सहाय बना जाती है। कुछ जनी एक साथ हुईं तो तनिक अपने पर विश्वास बना रहता है। मालती ने मात्र इतना बताया कि इस इलाके में उन्हें 'बुरे' अनुभव हुए हैं। उसने इतना ही बताकर बात रोक दी। मैंने भी आगे नहीं कुरेदा।

इरूम्बुलिचेरी गाँव तक पहुँचते-पहुँचते गोधूलि की वेला समाप्त हो चली थी। गाँव का नाम जितना प्यारा है यह गाँव उतना ही सुन्दर है। यहाँ तक आनेवाली सड़क के दोनों तरफ जितनी दूर नज़र दौड़ाइए लहलहाते हरियाले खेत और नारियल के पेड़ दिखाई देंगे। हमारी गाड़ी हालाँकि हर तरह की सड़क पर चल सकने का दमखम रखती थी लेकिन काली और चिपचिपी सड़क पर एक कोने होकर अड़ गई। हम गाड़ी से उतरे तो देखा कि कमीज और फ्रॉक की कॉलर चबाते बच्चों का एक झुंड हमें सतर्क भाव से परख रहा है। उनके पीछे बालों में फूल खोंसे साँवली-सुन्दर स्त्रियाँ खड़ी थीं। ये सभी रूवसेक संघम् की सदस्याएँ थीं। कुछ देर तक चुप्पी रही–बीच-बीच में जानवरों के गले की घंटी की टुनटुनाहट और दूर तालाब में एक सुर टर्राते मेढकों की आवाज़ से यह चुप्पी भंग हो जाती। फिर माहेश्वरी प्रकट हुई, मुस्कुराती हुई, हाथ अभिवादन में जोड़े। पंचायत में साक्षरता-कार्यक्रम चलाने का प्रभार महेश्वरी के जिम्मे है। तिरूकाज़ुकुन्द्रम प्रखंड के इरूम्बुलिचेरी गाँव की वह वार्ड-मेम्बर भी है। उसने आगन्तुकों के लिए कुर्सी-चटाई बिछवा रखी थी और उनके स्वागत के लिए ताजा-नारियल पानी भी तैयार कराया था। एक शाखा से बिजली का नंग-धड़ंग बल्व लटककर मद्धिम रोशनी फैला रहा था। धान और गन्ने के घने खेत तथा चारा खाते पुष्ट-बलिष्ठ पशुओं को देखकर लग रहा था कि गाँव समृद्ध-सम्पन्न है। बैठक स्थल तक बच्चों और बकरियों ने हमारा साथ न छोड़ा। साँझ अपने को जैसे-जैसे समेट रही थी चिड़ियों का कोरस बढ़ता जा रहा था। मद्धिम जलते बल्ब में रोशनी तेज हुई और वह जगह आलोकित हो उठी। कान, गले, नाक और कलाई में पहने हुए महिलाओं के गहने चमक उठे।

लम्बे कद की कन्नम्मा की मुस्कुराती आँखों में काज़ल की धारी थी। वह पान चबा रही थी और उसके रस का जायका बड़े मज़े से ले रही थी। उसने बताया कि अपनी गूँगी-बहरी बेटी को प्रसव के लिए मैं रूवसेक के अस्पताल ले गई तो पहली बार इस संस्था से मेरा जुड़ाव हुआ। उसे सरकारी अस्पताल की जगह रूवसेक के अस्पताल आना बेहतर प्रतीत हुआ। उसने सहज मुस्कान के साथ कहा कि ये लोग ज्यादा भले हैं इसलिए

मैंने सोचा कि सदस्य ही बन जाऊँ। उसके साथ रूवसेक की पुरानी सदस्य विमला और अंजलि बैठी थीं। अंजलि कई रोगियों के साथ 4 कि.मी. दूर स्थित शहर गई है। "सड़क की हालत आपने देखा होगा कितनी गई-गुजरी है। बसों की संख्या भी घटकर 22 से 6 हो गई है। प्रजनन-स्वास्थ्यकर्मी के रूप में लोगों का विश्वास मुझ पर जम गया है इसलिए वे महिलाओं को बिना किसी के संरक्षण के मेरे साथ भेज देते हैं। अगर स्थिति नाजुक हुई तो गाँव के PCO से मैं एम्बुलेंस मँगाने के लिए फोन करती हूँ। इसमें एक घंटा लग जाता है। रूवसेक का अस्पताल मेरे लिए घर जैसा है। एक चेंगलपट्टू मेडिकल कॉलेज है जहाँ हर बात के लिए नज़राना देना पड़ता है। उनका शौचालय भी गन्दा है और हमेशा पानी की किल्लत रहती है। वे लोग रोगिणी के साथ स्वास्थ्यकर्मियों को रहने भी नहीं देते। शहर के अस्पताल में हमारी महिलाओं को अकेले रहने में डर लगता है। दलाली की तो पूछिए मत ! ऐसा होता है कि अगर बेटी हुई तो 150 रुपए देने होंगे और बेटा हुआ तो 200 रुपए। प्रसूति कक्ष में यह रुपया दाई लेती है। सरकारी अस्पताल में 3 दिन रहने का खर्चा ग्रामीणों से 800 रुपया वसूला जाता है। लेकिन रूवसेक एम्बुलेंस भेजने का प्रति कि.मी. किराया एक रुपया लेता है और प्रसव का कुल खर्चा 150 रुपए लगता है। स्वाभाविक ही है कि हम रूवसेक के अस्पताल जाना पसन्द करते हैं। अस्पताल से छुट्टी मिलने पर हर माता को एक कार्ड दिया जाता है ताकि वे शेष उपचार के लिए बच्चे के साथ आकर जाँच करा सकें। अगर महिला न आ सकी तो एक स्वयंसेविका जाकर जाँच करती है," अंजलि ने बताया।

यदि उनके पास धन नहीं हो तो उनके कर्ज की भी व्यवस्था है। बाद में ग्राम स्वास्थ्यकर्मी को पैसे लौटाने होते हैं।

कन्नम्मा ने चबाए हुए पान की लुगदी अपने मुँह में इस तरफ से उस तरफ करते हुए कहा कि अब हमें ऐसे अनुभवी डॉक्टरों और नर्सों की जरूरत है जो आवश्यकता पड़ने पर शल्यक्रिया द्वारा प्रसव करवा सकें। आने-जाने की भी ज्यादा सुविधा होनी चाहिए और जाँच-परख के लिए भी कुछ और उपकरणों की जरूरत है। हम सबको इन्तजार है कि करमारपक्कम् का नया क्लिनिक जल्द बनकर तैयार हो जाए। इससे अस्पताल जाने की दूरी आधी हो जाएगी। यहाँ की सड़कें तो ऐसी ख़स्ताहाल हैं कि बीमार शरीर से प्राण ही निकल जाएँ। फिर अकेले जाने में भी खतरा रहता है।

"क्या महिलाओं पर प्रत्यक्ष हिंसा होती है ?"

कुछ देर चुप्पी छाई रही फिर खिलखिलाहट उभरी।

गुरबत के इस जहान में कइयों को साल-दर-साल हिंसा सहनी होती है और कुछ हिंसा का अपराध करने पर मजबूर हो जाते हैं। एक आदमी ने कहा कि सब कुछ इस बात पर निर्भर है कि दिन का कौन सा समय चल रहा है।

फिर एक खोखली हँसी उभरी।

देखिए, बात ऐसी है—उस पुरुष ने समझाते हुए अन्ततः कह ही दिया, "सबेरे पुरुष विनम्र और आज्ञाकारी पति की तरह व्यवहार करता है। साँझ के समय, काम

के बाद सभी शराब पी लेते हैं और घर लौटते हैं तो चिल्ल-पों मच जाती है। सो गाँव में समय और हिंसा में जरूर ही कोई रिश्ता है। सवेरे तो पुरुष अपनी पत्नियों के सामने साष्टांग दंडवत करते हैं और फिल्मी डायलॉग मारते हुए कसमें भी खाते हैं कि फिर कभी हाथ नहीं उठाएँगे, किन्तु रात में शराब पीने के बाद मुक्केबाजी का मुकाबला फिर शुरू हो जाता है। हाँ, लेकिन बलात्कार और यौन-दुष्कर्म की घटनाएँ यहाँ कम ही घटती हैं। आप देखिए कि हमारे गाँवों में स्त्रियाँ एकदम अनुशासित हैं। हमारी औरतों को हर हाल में छह बजे तक घर लौटना होता है। हम लगातार उन पर नज़र रखते हैं,'' उसने पौरुष के दर्ज से भरे गले से ढेर सारा बलगम खखारकर पीछे थूक दिया।

अब हमने किशोरियों से बात शुरू की। यह उम्र ऐसी है कि बच्चों के साथ रहो तो उम्रदराज दीखे और नवविवाहित स्त्रियों के साथ रहो तो बच्ची लगें। यह दो पाटों के बीच आ फँसने की उम्र है और इस सचाई के कारण बहुत से शैक्षिक और स्वास्थ्यसम्बन्धी कार्यक्रम इन तक नहीं आ पाते हैं। रूवसेक ने परिवार-आधारित अपने एक सर्वेक्षण में पाया कि इलाके में 11-18 आयु वर्ग की 60-80% लड़कियाँ निरक्षर हैं और कमोबेश घर ही तक महदूद रहती हैं। इसलिए लगभग दस वर्ष पहले रूवसेक ने 'मंगलियर चुदार कली' नामक एक विशेष साक्षरता सह सशक्तीकरण कार्यक्रम शुरू किया। इस कार्यक्रम से लाभान्वित लड़कियाँ जो अपनी पढ़ाई आगे भी जारी रखना चाहती हैं—रूवसेक से जुड़ी रहें इसके लिए उनकी बदलती हुई आवश्यकताओं को देखते हुए स्वतः ही एक नया सम्पर्क कार्यक्रम आरम्भ हो गया।

रूवसेक के परियोजना क्षेत्र में किशोरवय लड़के-लड़कियों की संख्या कुल जनसंख्या का 22% है। इसमें लड़कियों के बीच लड़कों की अपेक्षा दोगुनी निरक्षरता है। विद्यालय जानेवाले किशोरों में मात्र 33% और किशोरियों में मात्र 22% की ही उम्र 14 वर्ष से ज्यादा थी। शेष ने अपने कैशोर्य के बीच ही पढ़ाई छोड़ दी। विद्यालय छोड़नेवाले 90% लड़के कृषि-मजदूर का काम करते हैं और इनमें तीन चौथाई लड़के दिहाड़ी पर खटते हैं।

रूवसेक ने इन काम के बोझ से दबे, अर्द्धशिक्षित और संकोची किशोर-किशोरियों को कुछ 'व्याख्यान' अथवा ऐसी ही छिटपुट चर्चाओं से जोड़ने का प्रयास किया। रणनीति यह रही कि इनको रोचक समूह-चर्चाओं, नाटकों तथा ऐसे ही भागीदारी परक कामों में लगाया जाए। इस तरह के एक कार्यक्रम में किशोरियों से कहा गया कि वे किसी अनाम रिश्तेदार को अपने दुखी मन की बात एक चिट्ठी में लिखें और उसे बन्द पेटी में डाल दें। इनमें से एक पत्र एक ग्रामीण किशोरी के निःशब्द भय तथा पीड़ा का संकेत करता है :

''प्रिय 'क'—परिवार की तीन बेटियों में मैं सबसे छोटी हूँ। पिछले साल मेरी बहन

का ब्याह हुआ। उसका पति बड़ा दयालु और सुन्दर है। जब वह हमारे घर आता तो उसका मुझ पर ध्यान देना मुझे अच्छा लगता। तीन माह पहले मैं अपने बहन के ससुराल कुछ दिन रहने गई—कड़ी से कड़ी जुड़ती चली गई और जीजा से मेरे शारीरिक सम्बन्ध बन गए। वह इस रिश्ते को जारी रखना चाहता है—लेकिन मैं नहीं चाहती। वह धमकी देता है कि लोगों से कह देगा कि मैंने उसे बहकाया। मैं लगातार इस फिक्र में डूबी रहती हूँ—मैं अपने जीवन का अन्त कर लेना चाहती हूँ।

गाँव के बहुत से मर्दों को शराबखोरी की लत है। किशोर लड़कों को भी इसकी लत लग जाती है। एक कार्यशाला के बाद एक किशोर ने शिक्षक को दबी ज़ुबान से बताया कि उसकी स्कूली पढ़ाई कब की छूट चुकी है और वह अब बर्बादी की राह पर है। वह तो संयोग से ही इस कार्यशाला में आ गया था। कार्यशाला के आयोजनों ने मुफ्त बस यात्रा की व्यवस्था की थी—इसी से उसे लालच हो आया। उसने बताया कि उसका पिता अक्सर शराब लाने के लिए उसे भेजा करता था। उसने इसी वजह से शराब पीना सीखा। 16 वर्ष की उम्र तक आते-आते वह पक्का शराबी बन गया और गाँव के लड़के उसकी साथ संगत को बुरा समझने लगे। वह उम्रदराज लोगों के साथ उठने-बैठने लगा। आदत परवान चढ़ने लगी हालाँकि वह इसे छोड़ना चाहता था। आदत छूट न सकी। रूवसेक की क्लिनिक में ऐसे मरीजों की संख्या 5% है।

रूवसेक के कार्यकर्त्ताओं को लगने लगा है कि इन कक्षाओं में जीवन-शैली तथा लैंगिक मुद्दों पर बात करना जरूरी है। समुदाय-आधारित स्वास्थ्य-जाँच के भी बेहतर परिणाम आए हैं। 60 से 70 प्रतिशत लड़कियों ने स्वेच्छा से जाँच करवाई। गाँवों में अक्सर लड़कियों में जिन बीमारियों की अनदेखी की जाती है—बहुत सी लड़कियों को वैसी बीमारियाँ थीं, जैसे—रक्ताल्पता, नज़र की कमजोरी और रजोधर्म के दौरान स्वच्छता का ध्यान न रखने के कारण प्रजनन-प्रदेश एवं मूत्रवाहिका नली के संक्रमण।

पुरुषों के सामाजिक-सांस्कृतिक एकाधिपत्य पर नौउम्र लड़कियों की नज़र न जाती हो—ऐसी बात नहीं। मुझे बताया गया कि लैंगिक मुद्दों का मूल्यांकन करनेवाली एक प्रश्नतालिका से आश्चर्यजनक परिणाम आए हैं। लड़कियाँ (88%) इस बात से सहमत नहीं थीं कि लड़कों को उनकी अपेक्षा बेहतर पढ़ाई मिलनी चाहिए जबकि 60% लड़के इसके पक्ष में थे। 50% लड़कों का कहना था कि स्त्रियों को सीमित आजादी दी जानी चाहिए जबकि 80% लड़कियाँ इससे सहमत नहीं थीं।

शशिकला ऐसी ही एक जागरूक तथा मेधावी लड़की है। सात सन्तानों के बीच छठी शशिकला साँवली है और उसकी उम्र 22 वर्ष है। उसकी देह पर चटख पीली साड़ी और गर्दन में मोतियों की लड़ी थी। देखने में वह उतनी आकर्षक नहीं है परन्तु उसमें एक आत्मविश्वास है। वह जिस तरह अपने सर को सगर्व ताने रहती है उससे लगता है, कह रही हो—'देखो, मैं भी हूँ। मेरे साथ पंगा मत करो—समझे ?'

''तुमने सुना कि हिंसा, शराबखोरी और नियन्त्रण पर यहाँ क्या बातचीत हुई—तुम्हें कुछ कहना है,'' मैंने पूछा।

"इतने नियन्त्रित माहौल में किशोर लड़कियों को खुलने में थोड़ा समय लगता है," उसने निष्कवच सचाई बयान की।

"हमने किशोरियों के लिए कथाएँ शुरू कीं तो प्रत्यक्ष विरोध नहीं हुआ लेकिन आरम्भ में किशोरियों के माता-पिता उन्हें हमारे पास भेजने में रुचि नहीं ले रहे थे। धीरे-धीरे माता-पिता इक्का-दुक्का हमारी कक्षाओं में आए और उन्होंने हमारी बात समझी। फिर उन्होंने बाहर हमारे कार्यक्रम के बारे में लोगों से बतियाना शुरू किया। दूसरे लोग भी आए। हमने उनसे यौन, लैंगिक समानता और किशोरावस्था की समस्याओं पर साफ-साफ बात की। यदि हमने यहाँ अपना काम किया है और उन्हें ठीक तरह से बताया तो वे जरूर सुनेंगे।"

उसने आगे कहा, "एक बात लड़कियों को उच्च शिक्षा से रोकती है वह यह कि गणित और विज्ञान उनके लिए कठिन विषय हैं। यदि हमें ट्यूशन मिल जाए तो हम भी इस मामले में लड़कों की बराबरी कर लें। हमारे समूह में मात्र दो लड़कियों ने कम्प्यूटर देखा है। यदि हमारे पास टी.वी. हो सकता है—तो कम्प्यूटर क्यों नहीं," शशिकला ने संकोची मुस्कान के साथ पूछा।

शशिकला की उम्र दस वर्ष थी जब उसकी चाची उसे इस कार्यक्रम में ले आई थी। अब वह रूवसेक की लोकप्रिय कार्यकर्त्ता बन चुकी है। जल्द ही एक शिक्षक से उसकी शादी होनेवाली है—वह शहर में एक नौकरी करती है और रोज बस से आती-जाती है।

शशि कभी स्कूल नहीं गई। चाची ने उसे घर पर ही पढ़ाया क्योंकि परिवारवाले नहीं चाहते थे—शशि स्कूल जाए। चाची महेश्वरी ने उसे प्राइवेट ही आठवीं कक्षा का इम्तहान दिलवाया। फिर उसने दसवीं और उच्चतर माध्यमिक कक्षा के इम्तहान पास किए। शहर के अपने कार्यालय में वह पर्यवेक्षकों के दल में है। वह अच्छी वक्ता है और रूवसेक ने दस गाँवों का उसे प्रभारी बनाया है। उसकी छह बहनें और हैं। एक बहन रेणुका बी.एड. कर रही है और बड़ी बहन के रूप में शशि उसकी पढ़ाई का खर्च उठाती है। उसने गर्व के साथ मुझे बताया कि रेणुका विद्यालय जाती है।

"अपनी माँ की तुलना में हम दोनों साहसी हैं। वह घर-बन्द रहती है और संकोची भी है—लेकिन हम ऐसे नहीं हैं। हम कहीं भी जा सकते हैं," शशि ने मुस्कुराते हुए कहा।

सबसे बड़ी बात यह है कि शशिकला जानती है अगर किसी महिला को आगे बढ़ना है तो शिक्षा पाना उसके लिए सर्वाधिक जरूरी है। "हमारी ठीक तरह से शिक्षा नहीं हुई—" उसने अफसोस के साथ कहा, "लेकिन मैंने अपनी बहन को, भाई के समान ही औपचारिक विद्यालय में दाखिला दिलाया। उच्च शिक्षा के लिए मैंने अपनी बहन को होस्टल में रखा है ताकि वह घरेलू पचड़ों में न फँसे।

मैं कह सकती हूँ कि शिक्षा ने तमिलनाडु की लड़कियों के मन में आलोक जगाया है—महेश्वरी, शशि, रेणुका और ऐसी ही न जाने कितनी और इस आलोक में राह खोज रही हैं।

ठीक मेरी अपनी बड़ी बहन की तरह शिक्षा ने बड़े प्रेम से इन किशोरियों का हाथ थाम लिया है। अब उनकी पुरानी शिकायतें और आक्रोश धीमे-धीमे जीर्ण पत्तों की तरह झड़ जाएँगे, और उनके भीतर आत्म-सम्मान की नई कोंपलें फूटेंगी, जो उनके जीवन में वसन्त का पहला सन्देश सुनाएँगी। फूलने-फलने, रंग, गन्ध और पराग बिखेरने का सन्देश।

अध्याय-7

ये है बॉम्बे मेरी जाँ...

('सेहत' मुम्बई)

7-8 नवम्बर, 2000

ऐ दिल, मुश्किल है
जीना यहाँ,
ज़रा हटके ज़रा बचके
ये है बॉम्बे मेरी जाँ !

(एक लोकप्रिय हिन्दी फिल्मी गीत)

सवेरे 9 बजे हवाई जहाज मुम्बई पहुँचा। यात्रियों की आँखें अभी भी नींद से बोझिल थीं। मेरे नाम की पर्ची थामे ड्राइवर मेरा इन्तज़ार कर रहा था। बैग को कार में रखा, और हम तुरन्त 'सेहत' संस्था के दफ्तर के लिए रवाना हो गए। 'सेहत' का दफ्तर हवाई अड्डे के बहुत पास है।

'सेहत' (CEHAT)–सेंटर फॉर इंक्वायरी इन टू हेल्थ एंड एलायड थीम्स) 'अनुसन्धान' ट्रस्ट की तहत स्थापित एक शोध केन्द्र है। यह एक स्वयंसेवी संगठन है और इसके कार्यकर्त्ताओं के दल में समाजविज्ञानी ही नहीं, कानून, अर्थशास्त्र तथा पत्रकारिता जैसे बहुविध अनुशासनों के लोग शामिल हैं–जिनमें अधिकांश महिलाएँ हैं। मातृशाखा 'अनुसन्धान ट्रस्ट' की स्थापना 1994 में हुई थी। इस ट्रस्ट की स्थापना का उद्देश्य था–प्रजनन-स्वास्थ्य, स्वास्थ्य-कल्याण की सेवाओं की गुणवत्ता और स्वास्थ्य के क्षेत्र से जुड़े हमारे कानूनों के बारे में प्रामाणिक शोध करना। अपनी स्थापना के पहले छः वर्षों के दौरान 'सेहत' ने 12 परियोजनाएँ चलाई और बहुत से शोध-रिपोर्ट, आलेख तथा वैज्ञानिक रचनाएँ भी प्रकाशित कीं। इसकी पहली परियोजनाओं में से एक महिला-स्वास्थ्य के अध्ययन से भी सम्बन्धित थी। और इसी सम्बन्ध में मैंने संस्था से सम्पर्क किया था।

समाजविज्ञानी, पत्रकार तथा 'सेहत' की न्यासियों में से एक, डॉक्टर पद्मा प्रकाश, के शब्दों में, ''प्रजनन-स्वास्थ्य की अवधारणा तथा सरोकार दरअसल 'मातृत्व' के बजाय 'स्त्री' के पूरे जीवन पर केन्द्रित होने ज़रूरी हैं। प्रजनन-स्वास्थ्य की दृष्टि से स्त्रियाँ सेहतमन्द तभी बन सकती हैं, जब उनकी ताउम्र साथ चलनेवाली बीमारियों और स्वास्थ्य समस्याओं का उन्मूलन हो जाए। परिवार नियोजन कार्यक्रमों के लक्ष्यों में मातृ और शिशु-स्वास्थ्य परिचर्या की घोर उपेक्षा एक ऐसा सबक है जिसे भुलाया नहीं जाना चाहिए।''

सन् 1998 में 'सेहत' ने बीमारियों, स्वास्थ्य-कल्याण, महानगरों के अपेक्षाकृत गरीब इलाकों में स्वास्थ्य-सेवाओं के उपयोग और उन पर किए जानेवाले कुल खर्च से सम्बन्धित एक मुम्बई-आधारित अध्ययन किया। दो झोंपड़पट्टियों, निम्नमध्यवर्ग की दो चालों और एक मध्यवित्त रिहाइशी इलाके का यह अध्ययन अपने आप में अनोखा तथा नई दिशाएँ खोलनेवाला साबित हुआ। इस अध्ययन का उद्देश्य था–महिला-स्वास्थ्य की स्थिति तथा परिवारों द्वारा स्वास्थ्य-कल्याण की सेवाओं के उपयोग को समझना। वृहत मुम्बई सात टापुओं (कोलाबा, माहिम, मँझगाँव, परेल, वर्ली, गिरगाँव और डोंगरी) का

शहर है। मछुआरे इसके मूल निवासी थे और उन्होंने अपनी आराध्य-देवी—'मुम्बा' के नाम पर इस शहर का नाम मुम्बई रखा। वे 'मुम्बा देवी' को 'मुम्बा-माता' या 'मुम्बा-आई' भी पुकारते हैं। स्पेन की राजकन्या कैथरीन ऑफ ब्रेगांजा के दहेज के रूप में यह द्वीप अंग्रेजों को हासिल हुआ। उन्होंने इसका नाम बदलकर 'बॉम्बे' कर दिया। आज यह शहर एक बार फिर अपने पुराने परम्परागत अस्तित्व को याद कर रहा है सो इसने अपना पुराना नाम 'मुम्बई' पुनः धारण कर लिया है। सेहत के दल ने खोजबीन के बाद महानगर पालिका के 'एल' वार्ड (इसे बैल बाजार के नाम से भी पुकारा जाता है) में काम शुरू किया।

हालाँकि 'सेहत' द्वारा इलाके की महिलाओं से साक्षात्कार का काम महिलाओं द्वारा करवाया जा रहा था, और साक्षात्कार करनेवाली स्त्रियों को विशेष रूप से प्रशिक्षित भी किया गया था कि महिला-स्वास्थ्य के विषय में पूछताछ कैसे पूरी सावधानी और नरमी से की जाए और नियमित सर्वेक्षण-बैठक हो तथा समुदाय की महिलाओं से लगातार सम्बन्ध भी बने रहें। फिर भी शहरी झोंपड़पट्टियों में रहनेवाली संकोची और मुँहबन्द महिलाओं से प्रजनन-स्वास्थ्य जैसे संवेदनशील मुद्दे पर सचाई-भरे उत्तर उगलवा पाना आसान काम नहीं था।

बैल बाज़ार के इलाके की अपनी आराध्या देवी ज़री-मारी का मन्दिर हवाई अड्डे के अहाते से बाहर उसी की जमीन पर बना हुआ है। बैल बाजार की झोंपड़पट्टियाँ इसी ज़मीन पर स्वयं भू वनस्पति सरीखी उगती चली गईं। सन् 1991 में मुम्बई उच्च-न्यायालय ने आदेश सुनाया कि सार्वजनिक भूमि अधिनियम के तहत विकास कार्यों के लिए इस जमीन की जरूरत है—इसलिए इस जगह पर अवैध रूप से काबिज लोग (जिनकी तादाद लगभग 5-6 लाख थी) जगह खाली कर दें। जल्द ही सरकार ने इलाके की 'सफाई' की कमान थाम ली और मुम्बई की मेरी इस यात्रा तक इलाके की लगभग 2200 झोंपड़ियों को गिराया जा चुका था। मुझे बताया गया कि स्थानीय लोगों ने इस कदम का भारी विरोध किया और कुछ खून-खराबा भी हुआ।

हम लोग सीढ़ियाँ चढ़कर अवैध आवासीय इलाके की एक बहुमंजिला इमारत में घुसे जहाँ 'सेहत' का दफ्तर है। इस इमारत को मूलतः वृहनमुम्बई निगम के एक प्रसूति-गृह की बतौर बनाया गया था, पर मरीजों की अरुचि के कारण आज इमारत वीरान पड़ी है। मुझे बताया गया कि दरअसल इस इलाके के लोगों के लिए यह जगह आने-जाने के लिहाज से बहुत सुगम नहीं है। बहुत से लोग दूसरे अस्पताल जाना पसन्द करते हैं, क्योंकि गर्भवती या नवप्रसूता स्त्री को उपचर्या के लिए बहुत दूर लाना-ले जाना न सम्भव होता है, और न ही वांछनीय।

'अनुसन्धान' के आठ न्यासियों में एक हैं, रवि-दुग्गल। दुबले और मधुरभाषी सिख रवि दुग्गल ने समाजशास्त्र में एम.ए. किया है और भारत की स्वास्थ्य-आर्थिकी के क्षेत्र में उन्होंने पथ-प्रवर्तक शोध किए हैं। मैंने सरकारी तथा गैर-सरकारी स्वास्थ्य-क्षेत्र के वित्तीय पहलुओं पर लिखे उनके कई प्रभावशाली आलेख पढ़े थे। रवि कसी हुई वैज्ञानिक

भाषा में तथ्यों को बहुत सहज तरीके से प्रस्तुत करते हैं। उनका अधिकांश लेखन पाठक के मन में लेखक के अटूट नैतिक आग्रहों और तेजी से अमानवीय होते विश्व में मानवीय मूल्यों के लिए छटपटाहट की छाप छोड़ता है।

"लोग इस प्रसूति-गृह का इस्तेमाल क्यों नहीं करते ? मुम्बई जैसे महानगरी में तो एक सस्ते सरकारी अस्पताल के लिए मरीजों की कमी नहीं होनी चाहिए ?" मैंने उनसे पूछा।

"दरअसल अब लोगों को लगने लगा है कि सरकारी स्वास्थ्य-क्षेत्र की मुख्य चिन्ता है—परिवार नियोजन कार्यक्रमों की मार्फत गरीब स्त्रियों की कोख पर काबू करना। इसलिए गरीब लोग भी पैसा देकर निजी क्षेत्र की स्वास्थ्य-सुविधाओं की शरण में जाना पसन्द करते हैं। विडम्बना देखिए, कि वहाँ भी प्रजनन स्वास्थ्य के क्षेत्र में मुख्यतः लोगों की बेटे की चाह या सन्तानोत्पत्ति की अपूर्ण जरूरतों को भुनाकर ज्यादा से ज्यादा लाभ कमाने पर ही ध्यान दिया जाता है उनके सर्वांगीण स्वास्थ्य सुधार पर नहीं। दरअसल हमारा पूरा स्वास्थ्य-क्षेत्र ही ऐसी विचित्र असंगतियों से भरा पड़ा है। मसलन भारत में कुल मिलाकर 8 लाख अस्पताली-शैया तथा 10 लाख समुचित शिक्षा प्राप्त चिकित्सक हैं। इसका मतलब हुआ कि प्रति एक लाख जनसंख्या पर 85 अस्पताली शैया तथा 110 चिकित्सक हैं। अगर कायदे से इनको वितरित किया जाता तो इतनी संख्या पर्याप्त होती। लेकिन हकीकत यह है कि इनमें से 80 प्रतिशत योग्यताधारी चिकित्सक निजी क्षेत्र में काम करते हैं। लिहाजा भारत में स्वास्थ्य का क्षेत्र आज जनकल्याण से जुड़ने की बजाय एक नया बाज़ार बनता गया है जहाँ आपूर्ति के बाजारी नियम चलते हैं और मरीज, खासकर गरीब पूरी तरह गाहक होते हुए भी अपने उपभोक्ता, अधिकारों का इस्तेमाल नहीं कर पाते और डॉक्टर की दया पर ही निर्भर हो रहते हैं।

औपचारिक निजी क्षेत्र को अपनी सेवाएँ देनेवालों में 60% डॉक्टर, अन्य चिकित्सा-पद्धतियों मसलन-होम्योपैथी, आयुर्वेद अथवा यूनानी—में प्रशिक्षित हैं। लेकिन इनके बारे में विचित्र बात यह है कि इनमें से अधिकांश अपने मरीजों का इलाज अपनी चिकित्सा पद्धति के बजाय उस एलोपैथिक पद्धति से करते हैं, जिसका विधिवत प्रशिक्षण उन्होंने नहीं पाया है। अन्य गौरतलब बात यह है कि हमारी 70% जनसंख्या आज भी ग्रामीण इलाकों में रहती है, जबकि हमारे लाइसेंस प्राप्त प्रशिक्षित चिकित्सकों में से दो-तिहाई शहरी इलाकों में ही काम करते हैं। हमारा सार्वजनिक-स्वास्थ्य-क्षेत्र भी शहरी-पूर्वग्रहों से बोझिल है। इस क्षेत्र का 80% बजट और सेवाएँ शहरी लोगों के हिस्से में जाती हैं। ग्रामीण क्षेत्रों के प्राथमिक स्वास्थ्य केन्द्र वहाँ महज रोग निवारक तथा पूरक सेवाएँ (मसलन टीकाकरण, प्रसव-पूर्व देखभाल तथा ग्रामीण गरीबों के लिए नगण्य-सी परिवार-नियोजन) ही मुहैया कराते हैं। उधर सरकारी अस्पतालों और रोगी-शैया का 4/5 हिस्सा शहरी इलाकों में सिमटा हुआ है। यानी ग्रामीण लोग बीमार पड़ें, तो भरपूर पैसा खरच कर शहर आने के अलावा उनके लिए कोई चारा नहीं।

देश में एक विशाल अनियोजित-क्षेत्र भी है, जो स्वास्थ्य-कल्याण की सेवाएँ प्रदान

करता है लेकिन कायदे से इसकी दशा पर कभी न शोध हुआ और न ही इसके विषय में कोई भरोसेमन्द आँकड़े एकत्र किए गए हैं। इसमें परम्परागत रूप से प्रसव करानेवाली दाइयाँ, भगत, जड़ी-बूटी के जानकार, ओझा-गुनिया या ऐसे ही लोग शामिल हैं जो लाखों ग़रीबों के लिए चिकित्सक का इकलौता विकल्प हैं।

"खासतौर से महिलाओं के लिए कितने कार्यक्रम चलाए गए हैं ?"

"सार्वजनिक क्षेत्र में चलाया जा रहा इकलौता महिला-केन्द्रित कार्यक्रम सरकार का प्रजनन-स्वास्थ्य तथा शिशु स्वास्थ्य-कल्याण कार्यक्रम (आर.सी.एच.) है। लेकिन इस कार्यक्रम को भी हमेशा धन की किल्लत बनी रहती है। स्वास्थ्य-बजट का सिर्फ 2% ही इसे दिया जाता है। फिलहाल देश में पूरे स्वास्थ्य-क्षेत्र को सकल घरेलू उत्पाद का मात्र 2% पैसा ही आवंटित किया जाता है (जबकि विश्व स्वास्थ्य संगठन के अनुसार न्यूनतम 5% राशि आवंटित की जानी चाहिए) सो आश्चर्य नहीं कि हमारे यहाँ सार्वजनिक स्वास्थ्य-सेवाओं का उपयोग बहुत कम लोग करते हैं। प्राथमिक स्वास्थ्य केन्द्रों में साधारण नसबन्दी भी बुनियादी सुविधाओं के अभाव में नहीं हो पाती हालाँकि हर परिवार-कल्याण केन्द्र में से इसका जोर-शोर से प्रचार सालों से होता आया है। बहरहाल अब आपको पता चल गया होगा कि यह इमारत क्यों वीरान पड़ी है," रवि दुग्गल ने हँसते हुए कहा।

"मुम्बई की झोंपड़पट्टियों के सर्वेक्षण से और कौन से महत्त्वपूर्ण ब्योरे आपके सामने आए ?"

"हमने पाया कि प्रजनन स्वास्थ्य से जुड़ी बीमारियाँ मुम्बई की झोंपड़पट्टियों में रहनेवाली महिलाओं की मुख्य समस्या है। उनकी कुल में से 28.2% बीमारियाँ प्रजनन-स्वास्थ्य से सम्बन्धित थीं। यूँ अन्य गरीब राज्यों, मसलन उड़ीसा की तुलना में मुम्बई में कहीं बेहतर स्वास्थ्य सुविधाएँ मौजूद हैं। प्रति व्यक्ति सरकार द्वारा स्वास्थ्य के मद में यहाँ 250 रुपए खर्च किए जाते हैं, जबकि राष्ट्रीय औसत 90 रुपए है। लेकिन मुम्बई के गरीब लोगों के लिए अपने लिए यह स्वास्थ्य-सुविधाएँ हासिल कर पाना टेढ़ी खीर है। 43% गर्भवती महिलाओं ने हमें बताया कि गर्भावस्था के दौरान बीमार पड़ने पर भी हम कभी सरकारी अस्पताल नहीं जाते। उनमें से 85% महिलाएँ निजी चिकित्सकों को दिखाती हैं। मात्र 10% महिलाएँ सरकारी अस्पताल जाती हैं क्योंकि उनकी राय में सरकारी अस्पतालों में गरीबों के लिए कोई जगह या तवज्जो नहीं है।

"कश्मीर से लेकर कन्याकुमारी और अरुणाचल से लेकर पंजाब तक, भारत की सार्वजनिक स्वास्थ्य कल्याण प्रणाली अपने कर्मचारियों को सीमित बजट में वेतन देने में ही बेदम हो जाती है। जरूरी मदों, जैसे—दवाइयों, चिकित्सीय उपकरणों तथा चल स्वास्थ्य वाहन और एम्बुलेंस के लिए ईंधन की खरीद पर इसका बुरा प्रभाव पड़ता है। यदि वायदे के मुताबिक सेवाएँ ही न मुहैया हो सकें, तो फिर स्वास्थ्य कल्याण के लिए इतने बड़े फौज-फाटे का क्या मतलब ? लेकिन कर्मचारियों की फौज कायम है और मजे में पैसा हड़प रही हैं, जबकि अस्पताल उपचार रहित होते जा रहे हैं।

''हमने यह भी पाया, कि मुम्बई की आर्थिक संरचना में हाल में हुए ढाँचागत परिवर्तनों का गरीबों इलाकों में महिला-स्वास्थ्य पर दुष्प्रभाव पड़ा है। सेवा-क्षेत्र तो बढ़ रहा है लेकिन नई नौकरियों का आधार इस महानगर में कम होता जा रहा है। बहुत सी फैक्ट्रियाँ थी, जो बन्द हो रही हैं, और झोपड़पट्टियों में रहनेवाले मजदूरों को भीषण छँटनी का सामना करना पड़ रहा है। पिछड़े समुदाय के लोग खासकर स्त्रियाँ तथा मुसलमान नए सेवा-क्षेत्रों में घुसने में असमर्थ हैं, क्योंकि उनके पास इसके लिए अपेक्षित प्रशिक्षण और हुनर का अभाव है। झोंपड़पट्टियों में जाने पर यह सब आप खुद अपनी आँखों से देख लेंगी, '' रवि दुग्गल ने एक उदास मुस्कान के साथ कहा।

अगले दिन हमने जिस झोंपड़पट्टी का दौरा किया वह एक मृतप्राय 'मीठी नदी' कहलानेवाले नाले के नज़दीक पसरा हुआ है। मुम्बई के सहार हवाई अड्डे से लगते अँधेरी-कुर्ला रोड से सटे इस इलाके में उजाड़े जाने के बाद भी लगभग 50 हजार लोग रहते हैं। यह इलाका मुम्बई के पश्चिमी तथा मध्यवर्ती उपनगरीय क्षेत्र को जोड़ता है। यहाँ रिहाइश बहुत सघन है क्योंकि बहुत सी गन्दगी फैलानेवाली लघु-उद्योग-इकाइयाँ तथा फैक्ट्रियाँ यहाँ पर हैं। 1980 के एक सर्वेक्षण के अनुसार तो मुम्बई की एक चौथाई रासायनिक इकाइयाँ यहीं अवस्थित हैं। पर पानी और मल-निकास की व्यवस्था यहाँ खस्ताहाल है और हर तरह के प्रदूषण—वायु-जल एवं ध्वनि प्रदूषण से स्थानीय गरीबों का जीना मुहाल हो गया है। इस क्षेत्र में बहनेवाला बदबूदार खुला नाला कभी एक नदी हुआ करता था। इसे आज भी 'मीठी नदी' कहते हैं। लेकिन अब नदी एक बजबजाते डबरे में तब्दील हो गई है। औद्योगिक इकाइयाँ इसमें लगातार अपनी गन्दगी बहाती हैं। मुझे बताया गया कि इतनी गन्दगी के बीच भी आज यहाँ किसी को झोंपड़ी खड़ी करनी हो, तो पाँच से सात हजार खर्च बैठेगा। लेकिन यहाँ जाने से पता चलता है कि चाहे रहने की जो कीमत अदा करनी पड़े—निवासियों के बीच ज़िन्दगी की चाह हमेशा जमी रहेगी। इलाके की लगभग दो हजार अवैध झोंपड़ियाँ ढहाई जा चुकी हैं और इन लोगों से कहा गया है कि उन्हें गोरेगाँव ले जाकर बसाया जाएगा। इतने दिनों तक इन अवैध झोंपड़पट्टियों के आबाद रहने का कारण यह है कि यहाँ रहनेवाले सेवा-क्षेत्र के कामगार, श्रमिक तथा छँटनीकृत मजदूर एक बड़े वोट बैंक का हिस्सा माने जाते रहे हैं, और उन्हें इसी कारण राजनीतिक सरपरस्ती हासिल रही। सेवकनगर जैसी बस्तियों के अधिकांश निवासी मुसलमान हैं और परम्परागत रूप से कांग्रेस-पार्टी के समर्थक रहे हैं। वर्तमान विधायक नसीम खान भी कांग्रेस-पार्टी से टूटे एक धड़े शरद पवार की नेशनलिस्ट कांग्रेस पार्टी से सम्बन्धित हैं।

हम झोंपड़पट्टी के नजदीक पहुँचे तो सड़क के दोनों तरफ कांग्रेस ही नहीं रिपब्लिकन पार्टी ऑफ इंडिया के भी झंडे तथा पोस्टर फहराते दीखे। शिवसेना के छिटपुट पोस्टरों और भगवा झंडों के आसपास इन्हें लगाया गया था। आसपास के इलाके की बहुत सी इमारतें नई थीं और कुछ तो अब भी अधबनी दीख रही थीं। पेड़, झाड़ी या ऐसी ही किसी हरियाली का इलाके में नामोनिशान न था। सेहत की सदस्या तेजल

बराई ने कहा कि यहाँ परिवारों के सिवा कुछ नहीं पनपता। लेकिन वैध रिहाइशी हिस्से में मध्यवर्ग तेजी से बढ़ रहा है। जल्द ही यह झोंपड़पट्टियाँ जाती रहेंगी, क्योंकि यह कंकरीटी इलाका हवाई अड्डे के बहुत नजदीक है और ग्लोबल आतंकवाद के युग में इसकी सुरक्षा को अनियमित रूप से बसी इन झोंपड़पट्टियों के कारण जितना खतरा आज है उतना पहले कभी नहीं था। सो राजनीतिक संरक्षण भी इन्हें ढहाए जाने से बचा सकेगा, इसमें संशय है।

किसी महानगर में वैध रूप से रहनेवालों और अवैध रूप से काबिज निवासियों के बीच का अन्तर जितना मुम्बई के उस इलाके में स्पष्ट रूप से दिखाई देता है—उतना आपको भारत में कहीं नज़र नहीं आएगा। यह अन्तर अंग्रेजों के जमाने से चला आ रहा है जब उन्होंने इस लम्बे द्वीप के मूल निवासियों की छिटपुट रिहाइश को हटाकर मुम्बई को एक बड़ा व्यापारिक केन्द्र बनाया। इसके बाद से लेकर आज तक साधारण सी बातों मसलन एक साथ जुटकर अपनी बात तनिक जोरदार ढंग से कहने के लिए भी, गरीबों को शहर पर काबिज़ शबाना आज़मी सरीखी हस्तियों का मुँह जोहना पड़ता है, या फिर उन बड़े अपराधियों को दंडवत करनी पड़ती है, जो इन धनिकों को यथास्थिति बनाए रखने में भी मदद देते हैं।

'सेहत' के कार्यकर्त्ताओं और मुझसे मिलने के लिए महिलाएँ एक बड़े से 'कम्युनिटी-हॉल' में जमा हो चुकी थीं। बेंचों को दीवार की तरुफ ठेलकर सूती दरियाँ बिछा दी गई थीं। हॉल में लगभग सौ लोगों के बैठने की जगह थी और यह पूरा भर चुका था। माहौल में उत्सुकता का भाव था लेकिन उसमें तनिक चिन्ता भी झलकती थी। शायद झोंपड़पट्टी के निवासी अपने जीवन के अनुभवों से यह सीख चुके थे कि भड़काऊ बहसों और प्रश्न पूछने से यहाँ कोई खास मकसद नहीं सधनेवाला। फिर भी महिलाओं के मन में यह आशा बची थी कि मीडिया के लोग उनके जीवन, उनके भय और सपनों के बारे में जानने आ रहे हैं तो शायद कुछ बदलनेवाला है।

तेजल बराई मुझे अपने साथ बस्ती के 'आरोग्याचा मार्गवार कार्यक्रम-केन्द्र' पर लाई है। 'आरोग्याचा मार्गवार' का अर्थ होता है—'आरोग्य की राह पर।' शहरी क्षेत्रों में स्वास्थ्य-कल्याण को शुरू करने और बढ़ावा देने के लिए 'सेहत' ने यहाँ यह कार्यक्रम आरम्भ किया है। झोंपड़पट्टियों में रहनेवाली महिलाओं का शरीर और मन रोगमुक्त हो सके—यही इस कार्यक्रम का लक्ष्य है। 'सेहत' के कार्यकर्त्ताओं को यह बात पूरी तरह समझ में आ गई है कि महिलाओं की स्थिति को उनकी जीवनशैली और काम से अलग रखकर उनके स्वास्थ्य का सही अध्ययन नहीं किया जा सकता, न ही उनका उपचार हो सकता है। उदाहरण के लिए यदि महिलाओं को शौचादि की बेहतर सुविधाएँ न मिली हों, और रजोधर्म के दौरान स्वच्छता का खयाल न रखने से वे बीमार हो गई हों, तो जीवनशैली बदले बिना प्रजनन-प्रदेश का संक्रमण दवाओं द्वारा ठीक करने के बावजूद

उन्हें बार-बार सताएगा।

तेजल पूछती है कि यदि सरकार परिवार-नियोजन के लिए कंडोम मुफ्त बाँट सकती है तो क्या इन इलाकों में महिला स्वास्थ्य रक्षा के लिए इसी तरह सैनिटरी नैपकीन नहीं बाँटी जा सकतीं ? उसने मुझे बताया कि जब उन्होंने महिलाओं पर हो रही हिंसा का अध्ययन किया तो पता चला कि घरेलू हिंसा और उसके असर का एक अँधेरा मनोवैज्ञानिक पक्ष है जो एक स्त्री के शारीरिक तथा मानसिक स्वास्थ्य पर बुनियादी और घातक असर डालता है। किसी स्त्री की स्वयं के बारे में राय, अपने शरीर के बारे में उसकी धारणा तथा स्वास्थ्य-कल्याण की सेवाओं को पाने की इच्छा सब हिंसा के असर से नकारात्मक हो जाते हैं। काश ! महिलाओं के विरुद्ध हिंसाचार को सांस्कृतिक अनुमति नहीं होती—काश कि चमगादड़ भी अपने पैरों पर आकाश थाम सकती।

किसी भी भाषाबहुल जमावड़े में जैसा शोरोगुल और शुरुआती असमंजस देखने को मिलता है—हमारी इस बैठक में भी था। पहले कौन बोलेगा ? बैठक का लक्ष्य क्या है ? उन्हें घर के कामकाज तथा बासन-रसोई अधूरा छोड़कर यहाँ क्यों बुलवाया गया है ? उनके मर्दों की नौकरी छूट रही है अब क्या होगा ? क्या ये लोग नौकरी दे रहे हैं ? क्या कुछ सहायता राशि मिलनेवाली है ? क्या हमें कर्ज या सस्ता अनाज दिया जाएगा ? सैकड़ों गले अनेक भाषाओं में तेजल से मुझसे, अपनी सहेलियों से एकसाथ पूछ रहे थे। बच्चों का शोर अलग से !

जिस हॉल में हम बैठे थे वहाँ पसीने, कचरे तथा पेशाब की महक पसरी थी और इस बदबू में औरतों की कनफोड़ आवाज़ें कड़कड़ा रही थीं। सम्भवतः अपनी बात को सुना पाने का यही तरीका उनके पास रह गया है। लगता था, वे सभी हमसे सवाल पूछ रहे हैं या एक-दूसरे को उत्तर दे रहे हैं। लेकिन मैं समझ नहीं पाई कि पूछा क्या जा रहा है—कौन पूछ रहा है ?

साफ पानी की कमी और शौच की अफरा-तफरी के बीच झोंपड़पट्टियों के लोगों को किस सड़ाँध का सामना करना पड़ता है—आप अगर ऐसी बस्तियों में नहीं रहे तो जान ही नहीं सकते। सर्वाधिक कामकाजी घंटों में बस अथवा किसी इमारत की सीढ़ी चढ़ते हुए शायद हमें कभी इसका हल्का-सा अहसास हुआ हो। लेकिन हमारे लिए यह बस एक चलताऊ सा अनुभव है। एक गर्म और उमस-भरे शहर में मलिन बस्ती की सड़ाँध से चाहे कुछ कर लीजिए—बचना मुश्किल है। खुली हुई नालियों में ऊपर तक उतराती गन्दगी का ढेर बहता रहता है और आप इनसे गुजरकर हफ्ते से बेनहाई औरतों तथा बच्चों के बीच एक हॉल में बैठक कर पास के किसी धचपच गारे से मली हुई चिकटदार प्याली की चाय को अपने होंठों से लगाते हैं तो आपके मन में एक ऐसे आदिम संसार की बदबू छा जाती है जहाँ आदमी, आदमी को खाता है। जहाँ मर्द, औरत और बच्चे मवेशियों की तरह महकते हैं और बासी भोजन से खजैले कुत्ते की तरह गन्ध उठती है।

तेजल बराई ने तेज आवाज़ में शान्त होने को कहा, 'शान्त ! शान्त'...और चारों

तरफ चुप्पी छा गई।

फिर कुछ खिलखिलाहटें उभरीं।

तेजल ने दृढ़ता से कहा, ''अब बोलने से पहले अपना-अपना परिचय दीजिए।''

कुछ देर असमंजस भरी चुप्पी रही। महिलाएँ एक दूसरी से मौन नेत्रों से कह रही थीं—पहले तू बोल !

सबसे पहले मीरा देवी मिश्र उठी। वह पूर्वी उत्तर प्रदेश के देवरिया जिले की है। उसका कद तनिक लम्बा था और माथे पर बड़ी सी बिन्दी नज़र आ रही थी। तीन बेटों की माँ होने की अधिकार भरी हँसी उसके चेहरे पर विराजमान थी। उसने कहा कि उसे यह जानकर बहुत खुशी हुई कि उनसे मिलने और प्रश्न पूछनेवाली भी उत्तर प्रदेश की है और जात की बाँभन है। तनिक कटाक्ष के साथ उसने बताया कि इहाँ उसे और उसकी दो मित्रों को छोड़कर छः-सात महिलाएँ कर्नाटक की और शेष महाराष्ट्र के विभिन्न देहातों से थीं। मीरादेवी ने सबका अभिवादन करते हुए अपनी बात शुरू की थी, लेकिन जल्दी ही दबी जुबान में मुझसे यूँ मुखातिब हो गई मानो हम दोनों बाहरी भेदिए हों, अपनी जान वह ब्राह्मणी बन दूसरी को आगाह कर रही थी कि ''देखा दीदी, ये औरतें हम-तुमसे बहुत अलग हैं,'' उसने नैन नचाते हुए बताया कि ''यहाँ आई अधिकांश औरतों को अपने देहातों की अपेक्षा यहाँ ज्यादा बेहतर जीवन जीने को मिलता है। हाँ-हाँ, दहेज का इहाँ भी खूब चलन है—फ्रिज, टी.वी. सभी चीजें—वे माँगते हैं। वे तो टी.वी. देख-देख कर के अब टाइटन की घड़ी और रेमंड का सूट तलक माँगते हैं। पर गाँव में जाइए तो उहाँ दहेज में नकदीए ज्यादा माँगते हैं। फिर बिस्तरा बिछौना तकिए के लिए फूलदार छापी के खोल और दूल्हे के लिए पीतल के बर्त्तन भी माँगे जाते हैं। लोटा-ऊटा...''

''लोटे से क्या मतलब ?''

अजी हाँ, हाँ—बड़ा जरूरी है। मीरा देवी ने कहा। इन मद्रासियों (सभी दक्षिण भारतीयों के लिए एक सामान्य नाम) से पूछो—इनके यहाँ भी ऐसा ही रिवाज है। दुल्हन को दहेज के अन्य सामानों के साथ एक 'लोटा' जरूर दिया जाना चाहिए।

''लेकिन 'लोटा' ही क्यों ?''

''यह तो 'इज्जत' की बात है।''

''क्या मतलब ?''

कन्नम्मा की देह पर चटख नारंगी साड़ी थी। हँसती तो उसके झक् सफेद दाँत दीख जाते थे। वह कर्नाटक की है। हँसते हुए उसने सहमति जताई कि आप यहाँ चाहे उत्तर के हों या दक्षिण के झोंपड़पट्टियों में 'लोटा' इज्जत का प्रतीक माना जाता है। क्योंकि मर्द जब बाहर शौच के लिए जाते हैं तो उनके हाथ में अपने दहेज का 'लोटा' होता है। जितना बड़ा लोटा, उतना बड़ा ससुराल। दुनिया देखेगी और रश्क करेगी। इससे उनके हाजत दिशा जाने का भी संकेत मिल जाता है। सवेरे जब तक पुरुष लोग हाजत से निपट नहीं लेते—बात नहीं करते हैं। जब लोग उसके हाथ में बड़ा लोटा देखते

हैं तो राह देते हुए समझ जाते हैं, कि यह आदमी कहाँ जा रहा है और यह भी कि उसकी शादी किसी धनी लड़की से हुई है। वे उसे बातचीत में ज्यादा नहीं उलझाते।

''औरतें ? उन्हें तो बात करनी ही पड़ती है वरना दुनिया का काम कैसे चले ? लेकिन उन्हें तनिक जब्त करना पड़ता है। मौका देखकर वे ही हाजत के लिए जा सकती हैं। ज्यादातर शौचालय ऐसे गन्दे टूटे-फूटे हैं कि इस्तेमाल नहीं किए जा सकते। पेड़ों की ओट भी यहाँ नहीं है—हम औरतों के लिए इलाके में सबसे बड़ी कठिनाई तो यही है।''

महिलाएँ अब मुद्दे की बातों पर आने लगी थीं, ''मर्दों में शराबखोरी की भी यहाँ बड़ी समस्या है। पुलिस भी कानून नहीं लगाती। वह खुद शराब भट्ठीवालों से मिली हुई है। पति को उसकी बीवी टोकती है तो वे पलटकर पूछते हैं, 'क्या हम तेरी कमाई का पीते हैं ?' ''

''सच कहें तो अपनी-अपनी घरवालियों के कमाए पैसों का ही पीते हैं मर्द लोग ! लेकिन पियक्कड़ से बहस का क्या फायदा ?'' मीरा देवी ने कहा, ''वह मार-मार के बीवी को अधमरा कर देगा।'' ओछी बातें करना और जुआ खेलना भी यहाँ आम बात है। 'टापोरी' यहाँ जुआ के अड्डे भी चलाते हैं, और हमारे मर्दों से बचे-खुचे पैसे ऐंठ लेते हैं। हम जब 'सेहत' की बैठकों में जाते हैं तो वे हमें तंग करते हैं। हमारी जवान लड़कियों पर बुरी नज़र रखते हैं।''

समझदार और जिन्दा दिल संगीता उत्कर ने बताया, ''देखिए ! हमारे आगे कितनी तो समस्याएँ हैं—हिंसा, शराबखोरी। फिर कूड़े-कर्कट की भी समस्या है—शौचालयों की कमी है। आपने तो देखा ही कि पूरा इलाका कितना बदबू मारता है। कोई गण्यमान्य (वी.आई.पी.) व्यक्ति आए तो ही इसके लिए समुचित सफाई होती है। नहीं तो कूड़ा उठानेवाले सवेरे साढ़े आठ बजे ही चले आते हैं। अक्सर उनकी घंटी हमें सुनाई भी नहीं पड़ती। एक ही सार्वजनिक मैदान है—वह भी कूड़े से अटा पड़ा है। पर सुबह-सुबह घर छोड़कर कूड़ा डालने कैसे जाएँ ? बच्चों का स्कूल है, मर्द को भी जाना है, ''हमें तो सारी जिन्दगी डर के साथ जीना है। पहले पिता का डर, फिर पति का और बाद में बेटे का। यहाँ हम औरतें कोई चीज कैसे बदल सकती हैं ?—डर-डर हर घड़ी डर—औरतें बस यही तो अपनी ज़िन्दगी भर देखती जानती है।

'सेहत' के समुदाय-आधारित एक सर्वेक्षण (दुग्गल, खोत, मेनन) से भी इस बात की पुष्टि हुई कि झोंपड़पट्टियों में स्त्रियाँ और लड़कियाँ अक्सर हिंसा की शिकार होती हैं, और इसका गहरा दुष्प्रभाव उनके स्वास्थ्य पर पड़ता है। एक महिला केन्द्रित सामुदायिक स्वास्थ्य-परियोजना यहाँ 1998 में आरम्भ की गई थी। स्थानीय महिलाओं में से कुछ को कार्यकर्त्ता के रूप में चुनकर झोंपड़पट्टी की क्लिनिक में इसके लिए प्रशिक्षित किया गया। सर्वेक्षण में इन बस्तियों की महिलाओं पर तनाव-भरे जीवन का मनोवैज्ञानिक प्रभाव साफ झलकता है। तेजल बराई ने बताया कि यहाँ आत्महत्या की घटनाएँ भी खूब होती हैं। मानसिक सन्तुलन बिगड़ना, अवसादग्रस्त स्त्रियों का खाट

पकड़ना यह भी आम बातें हैं। प्रशिक्षित नवयुवतियों में से एक, हेमलता, ने बताया कि मानसिक अवसाद से पीड़ित एक महिला की आरोग्य सेविकाओं की मदद से समुदाय ने देखभाल की। वे लोग उसे दवा और भोजन देते थे तथा कपड़ा पहनने में मदद करते थे। स्त्री के दो बच्चे थे और उसका पति शराबी था। जब एक-एक करके उस महिला के माता-पिता मर गए तो उसकी स्थिति बड़ी दयनीय हो गई। पहले उसे 'मूर्च्छा' के दौरे पड़ने शुरू हुए, फिर उसका दिमाग बिल्कुल खराब हो गया। वह बस गुमसुम बैठी रहती। बच्चों से एकदम विमुख। एक बच्चा मर भी गया। दूसरे को दादा-दादी के पास भेज दिया गया। उसकी दशा बिगड़ती गई। अब वह घर के भीतर ही शौच कर देती। उसका पूरा घर असह्य बदबू मारने लगा था। आखिरकार उस स्त्री को दरवाजा तोड़कर बाहर निकाला गया, फिर आरोग्य-सेविकाओं के साथ मिलकर बस्तीवालों ने उसे मनोचिकित्सा-विभाग (अस्पताल के) में भर्ती कराया। वह डेढ़ माह तक वहाँ रही। अस्पताल से लौटने पर बारी-बारी से लोग उसे दवा देते और उसके साथ रहकर देखभाल करते। जब तक उसकी हालत सँभल न गई। अभी भी वे उस पर चौकस नज़र रखते हैं।

हेमलता फिलहाल बस्ती की किशोरियों के बीच काम कर रही है। उसके काम में चार अनुसन्धान कर्त्ता भी सहायता करते हैं। इस 'क्लब' के सदस्य हॉल में भी आसपास बैठे थे। हेमलता ने हमें 'क्लब' के नियमों के बारे में कुछ इस प्रकार बताया :

''हम सबको बैठकों में भाग लेना चाहिए। कोई भी अनुपस्थित न रहे। हम लोग समस्याओं पर साथ-साथ विचार करेंगे और आपसी सलाह-मशविरे से निदान ढूँढ़ेंगे। यदि 'क्लब' के कुछ लोग चले जाएँ तो दूसरे लोगों को इसमें शामिल किया जाएगा और इस तरह 'क्लब' चलता रहेगा। एक बात और—कोई भी 'सॉरी' या 'थैंक्स' नहीं कहेगा।''

मैंने हल्के से कहा—'थैंक्स' और एक कहकहा फूट पड़ा। हेमलता ने सगर्व बताया कि ''क्लब की सदस्याओं ने इलाके का कचरा साफ कर दिया है और अशिक्षित और अपढ़ महिलाओं की भी कई मामलों में मदद की है।'' सन्ध्या ने अपनी तरफ से जोड़ा, ''अब हम अपनी फिकर कर रहे हैं। हम कराटे सीख रहे हैं। यहाँ मुझ जैसी मध्यवर्गीय लड़की को हर बार सर झुकाकर गली से गुजरना होता है। फिर भी भद्दे-भद्दे फिकरे कसे जाते हैं। जब हमने इस पर क्लब में चर्चा की तो निष्कर्ष निकला कि भले हम लड़कियाँ गुंडों की पिटाई करना न शुरू करें लेकिन जब गुंडे चढ़ दौड़ें, तो कम से कम उनसे आत्मरक्षा करने में तो हमें समर्थ होना चाहिए—है न ?''

मैंने सहमति जताई।

रोहिणी ने हर बाधा को पार कर दसवीं कक्षा तक की पढ़ाई की है। और उसे इस बात का गर्व है। उसने कहा कि मैं अपने परिवारवालों को सुन-सुनकर उकता चुकी हूँ। वे कहते हैं—तुम लड़की हो। तुम्हें यह नहीं करना चाहिए—वह नहीं करना चाहिए। रात में घर के लड़के तो बेखौफ इधर-उधर घूमते हैं सिर्फ हमीं लड़कियों को 9 बजे रात

के बाद बाहर नहीं निकलने दिया जाता—क्यों ? पढ़ाई-लिखाई और शादी-ब्याह के मामले में हमारे ही साथ भेदभाव बरता जाता है। हर कोई सोचता है कि शादी हो जाना लड़की के लिए बहुत अच्छी बहुत बड़ी बात है। कोई यह नहीं सोचता कि किसी अनजान पुरुष से शादी करते हुए हमें कितना डर लगता है। हमारी माएँ कहती हैं कि लड़कियों का जल्दी ब्याह-शादी हो जाना चाहिए। उन्हें खुद शादी का कौन सा सुख मिला है।

हेमलता बोली, ''हमें पता है कि माताएँ हमारी बाहरी दुनिया से रक्षा करने की कोशिश कर रही हैं लेकिन हममें से कइयों ने घर के भीतर भी पारिवारिक कलह और हिंसा को भी खूब भुगता है इस इलाके के अधिकांश मर्द दारू पीते हैं और जुआ खेलते हैं। औरतों पर ही पूरे काम का बोझ होता है। लगातार ज्यादा खटकर वे खूब चिड़चिड़ी हो गई हैं। हम सभी को घर में माँ के साथ हाथ बँटाना पड़ता है लेकिन हमें दोस्तों से मिलने और पैसा कमाने के लिए बाहर निकलने की आजादी नहीं। वह सिर्फ़ बाप-भाइयों को हासिल है। हम लोग खुद भी घर के काम का सारा बोझ अपनी थकी-थकाई माँ पर छोड़कर बाहर नहीं निकलना चाहतीं। हमलोग उनका हाथ बँटाते हैं लेकिन हमें स्कूल भी तो जाना चाहिए—बस इतनी सी बात हम कहते हैं।''

हमारा अगला पड़ाव था—जरी-मारी इलाके की सेवक नगर बस्ती। यह मुख्यतः एक मुस्लिम-बहुल झोंपड़पट्टी है। यहाँ बहुत थोड़ी सी औद्योगिक इकाइयाँ हैं। और परिवारों को इससे जैसे-तैसे कुछ काम मिल जाता है। कुछेक स्त्रियाँ शहर के वस्त्र-निर्यातकों तथा खुदरा-विक्रेताओं के लिए 'पीस-रेट' पर ज़री का काम करती हैं। इससे भी उन्हें थोड़ी-बहुत आमदनी हो जाती है लेकिन अधिकांश की हालत खस्ता ही रहती है। क्योंकि वेदर्मशीन है और उनका कहीं आना-जाना मर्दों की मर्जी पर निर्भर करता है। शहर जाकर वे काम नहीं खोज पातीं यहाँ काम सीमित है। अच्छी बात यह है कि इलाके में सब ग़रीब हैं, अतः हिन्दू और मुसलमानों के बीच गरीबों का गहरा भाईचारा है। यहाँ के पुरुष धातु और बुनकरी के काम में दक्ष हैं। लेकिन इलाके में कुछ दिनों से छोटी फैक्टरियाँ बन्द होती जा रही हैं अतः उनको खाली बैठना पड़ रहा है। कभी-कभार दिहाड़ी पर उन्हें काम मिल जाता है, पर स्थानीय रूप से नहीं। कुछ लोग बिजली-करघे पर काम करने के लिए अब भिवंडी चले जाते हैं, लेकिन मुम्बई में भी सूती कपड़ा उद्योग अब अपनी अन्तिम साँसें गिन रहा है। इन परिवारों में महिलाएँ और लड़कियाँ पिछड़ी रहने के लिए बाध्य हैं क्योंकि लड़कियों को पास में पढ़ाई की सुविधा नहीं है। नतीजतन अधिकांश लड़कियाँ सातवीं कक्षा तक ही पढ़ पाती हैं और आधी लड़कियों को पढ़ाई बीच में छोड़नी पड़ी है। पुरुषों के बीच भी साक्षरता की दर कम है। कभी इस इलाके के लोगों में अपने दम पर जीने का जड़बा था—वे बाहर से आकर अपने बूते यहाँ आबाद भी हुए थे। और इलाके का सेवक नगर नाम इसी बात की तरफ संकेत भी करता है।

'सेहत' की अनुसन्धानकर्त्ता नेहा माधीवाला का कहना है कि 1995 के साम्प्रदायिक दंगों के बीच भी यह जगह सबसे ज्यादा सुरक्षित थी। लेकिन अब जब से इस बस्ती को खाली कर देने का आदेश हुआ है मनोबल और साम्प्रदायिक सद्भाव टूट रहा है।

इस स्थिति के मद्देनजर 'सेहत' ने सेवक नगर में अपने द्वारा चलाए जा रहे एक औषधालय के पास किराए पर एक मकान लेकर उसमें किशोरियों के लिए एक अनौपचारिक विद्यालय भी चलाना शुरू किया है। 'सेहत' की तरफ से पढ़ा रहे शिक्षक को वेतन दिया जाता है।

क्या तुम इस स्कूल को देखना चाहोगी ?—नेहा ने मुझसे पूछा। क्यों नहीं ?—मैंने कहा।

गलियों में हमें बहुत सावधानी से चलना पड़ रहा था, क्योंकि आजू-बाजू नालियाँ उलटकर बाहर बह रही थीं और उतराते हुए मल से बदबू का एक भयावह भमका उठ रहा था। कई बीमार लगते पुरुष अनमने भाव से दुकानों के आगे लगी बेंचों पर बैठे हुए थे और हवा में जाने क्या घूरे जा रहे थे। रानी, तेजल, नेहा और मैंने गिना तो पाया कि गली में लगभग एक दर्जन दवा की दुकानें थीं। एक ओर अनवरत-अबाध भोग और दूसरी ओर लाखों को वंचित बनानेवाली सम्पन्नता ग्लोबलाइज्ड भारत के महानगरों में मैल की तरह जमी हुई है। ऐसे इलाकों के नौजवान राजनीति और अर्थप्रप्रंच के बोझ से दबकर समय से पहले ही सयाने हो जाते हैं और किसी को उसका दोष दिखाने और उस पर आवाज़ उठाने का उन्हें मौका प्रायः तब तक नहीं मिल जाता, जब तक वे हिंसक अपराधी न बनकर पाशवी आचरण न करने लगें।

सुन्दर और शालीन फरज़ाना इस इलाके में शिक्षिका है। उसके पक्ष में सबसे सार्थक बात यह है कि वह यहीं की है। उससे हमारी भेंट लोहे के एक कमजोर से जीने के नीचे हुई। डगमग करता वह बेहद ऊँचा जीना ऊपर एक छोटे से कमरे में खुलता था जहाँ लगभग 20 किशोरवय लड़कियों को फरजाना हफ्ते में छः दिन पढ़ाती है। ये लड़कियाँ कक्षा सात का इम्तहान देने के लिए निजी तौर पर तैयार कर रही हैं। लोग-बाग बिजली की चोरी करते हैं और किल्लत के कारण यहाँ बिजली नहीं थी। मैंने सोचा कि कक्षा में उदासी का माहौल होगा और लड़कियों के चेहरे पर मुर्दनी छाई होगी। लेकिन अनुमान के विपरीत यहाँ सभी लड़कियाँ खूब चहक रही थीं और 'सेहत' के कार्यकर्त्ताओं के साथ खूब हिली नज़र आ रही थीं। उनके बीच 'पिकनिक' करने, एक्वेरियम देखने तथा शहर में लगे बच्चों के एक मेले में जाने की कोई योजना बन रही थी। फरज़ाना ने कहा कि वह इन लड़कियों को बस से ले जाएगी। उसने अधिकांश माताओं को इस बात के लिए मना लिया था। रणनीति यह भी थी कि उन तीन लड़कियों के घर में जहाँ माँएँ हिचकिचा रही थीं, कामों में कुछ हाथ बँटा दिया जाए ताकि उन्हें भी घर से घूमने की अनुमति मिल जाए। फरजाना ने हँसते हुए बताया कि पहली बार जब उनमें से कुछ लड़कियाँ यहाँ आई थीं तो खाली कमरा पाकर वहाँ कठपुतलियों की तरह गोल-गोल नाचने लगीं। अपने घर से बाहर निकलकर इतने से

कमरे में आना उनके लिए अब तक अलभ्य 'दावत' की तरह था।

सुन्दर और खुशी से उमगे हुए उन चेहरों के बीच पहुँचकर मैंने सोचा कि सौन्दर्य और आनन्द को कोई बाँध नहीं सकता—यौवन के रस का प्रवाह भी रोका नहीं जा सकता। अपराध और दंड, मृत्यु और नैराश्य से कहीं ज्यादा तेजी से सौन्दर्य और आनन्द फैलते और अपना स्वर्ग रचते हैं।

इन अध्यायों की नोक-पहल दुरुस्त करने के दौरान ही मुझे नेहा की भेजी हुई वह नामुराद चिट्ठी मिली है। चिट्ठी में लिखा है कि सेवकनगर के उस झोंपड़पट्टी इलाके को ढहाया जा रहा है और यहाँ के निवासियों को अब दूसरी जगह बसाया जाएगा। इस चक्कर में उस सुन्दर हँसी-खुशी भरे स्कूल की पूरी परियोजना मटियामेट हो गई है। इलाके को खाली कराने के काम में जुटे नगरनिगम के अधिकारियों ने 'सेहत' को बताया कि बच्चों को बस से जरी-मारी (10-12 कि.मी. की दूरी) लाने की योजना है। नेहा का यह कहना ठीक है कि इस कारण वैसी लड़कियाँ तो नहीं ही आ सकेंगी जिन्हें घर से शायद ही निकलने की अनुमति दी जाती है।

भारत के महानगरों में आबाद झोंपड़पट्टियों में रहनेवाली महिलाओं के लिए हिंसा रोजमर्रा के जीवन का हिस्सा है। नेहा माधीवाला की चिट्ठी से यह बात स्पष्ट हो जाती है कि झोंपड़पट्टियों में रहनेवाले लोग पुनर्वास और सुरक्षा की भयावह समस्याओं से लगातार जूझते रहते हैं। इन लोगों को जिन्हें खुले आकाश को छोड़कर और किसी की सरपरस्ती हासिल नहीं—नगर की व्यवस्था का जिम्मा सँभालनेवाले अधिकारी—आतंकवादियों की सरपरस्ती का लांछन लगाते हैं। ऐसे में पहले से ही जड़-जमीन से उखड़े उनके परिवारों के पुनर्वास का दावा और भी कमजोर हो जाता है। औरतों और बच्चों—खासकर लड़कियों को यह दबाव सबसे ज्यादा झेलना पड़ता है। उनका कहीं आना-जाना दुश्वार हो जाता है—पूर्व परिचित-परिवेश से नाता टूट जाता है। देखते-देखते अपने दम पर खड़ी की गई पानी की सुविधा और विद्यालय की कक्षाएँ उनकी पहुँच से बड़ी दूर चली जाती हैं, और तनाव से भरे पुरुष स्त्रियों, को घर में मार-मारकर अधमरा करने लगते हैं, तो लड़कियाँ पुनः दब्बू उदासी के खोल में घुसकर मुँह छिपा लेती हैं।

प्रजनन-स्वास्थ्य की पारम्परिक परिभाषा के दायरे में भले ही भूमंडलीकरण और हिंसा का दखल न हो, किन्तु शहरी झोंपड़पट्टियों और हिन्दुस्तान के ग्रामीण स्वास्थ्य-केन्द्रों का दौरा करने पर यह बात स्पष्ट हो जाती है कि भारतीय स्त्रियों के स्वास्थ्य को निर्धारित करने में इन दो घटकों का निर्णायक प्रभाव है। भारतीय अर्थव्यवस्था का ढाँचागत समायोजन करने से शहरी और ग्रामीण जीवनशैली में गम्भीर

परिवर्तन आए हैं। पुराने पेशों के दिन अब नहीं रहे। अब कौशल-प्रधान नए पेशों का युग है। स्त्रियाँ तो पहले से ही आर्थिक-सामाजिक रूप से हाशिए पर हैं—इस नए माहौल में उन्हें अब अपने जीवन और शरीर पर पहले जितना भी अधिकार नहीं रहा। स्वास्थ्यकर्मी अक्सर कहते रहते हैं कि किसी स्त्री कोख को कॉपर टी लगाने जैसे तरीके से कुछ दिनों के लिए बाँझ बनने का क्या मतलब, यदि पुरुष उसे मार-मीट कर बाँझपन के लांछन के बहाने निकाल बाहर कर दे। गर्भाशय का भ्रंश, औचक गर्भपात तथा मानसिक दुश्चिन्ताएँ—इन सबका भी कई बार स्त्रियों पर की जानेवाली हिंसा से रिश्ता पाया गया है।

स्त्री-विरोधी हिंसा का एक आत्यन्तिक रूप है बलात्कार ! मुम्बई की झोंपड़पट्टियों में एक दल 1990 में सामूहिक-बलात्कार की एक घटना की जाँच कर रहा था। जाँच में पाया गया कि चिकित्सीय जाँच तथा फोरेंसिक प्रमाणों को जुटाने में गम्भीर अनियमितताएँ बरती गईं। पाया गया कि डॉक्टर ने मरीज की पूरी तरह से जाँच नहीं की और न ही उसने पूरा चिकित्सीय विवरण दर्ज किया। गहराई से पूछ-ताछ करने पर पता चला कि अधिकांश मेडिकल कॉलेजों में फोरेंसिक मेडिसिन की कक्षा में समुचित जानकारी नहीं दी जाती। कुछ किताबों में ग़लत तथा भ्रामक सूचनाएँ दी गई हैं। उसका एक नमूना निम्नलिखित है :

"जहाँ तक निचले तबके की स्त्रियों का सवाल है—उनसे उनकी इच्छा बगैर बलात्कार करना असम्भव है क्योंकि वे मजबूत काठी की होती हैं।"

(कृष्णन्स हैंडबुक ऑन फोरेंसिक मेडिसिन एंड टॉक्सिकोलॉजी)

यदि बलात्कार पीड़ित महिला विकलांग और किसी महिला-आश्रम की संवासिनी हुई तो स्थिति और भी दयनीय हो जाती है। 1997 के 25 सितम्बर को एक ऐसी ही मरीज डॉक्टर के पास लाई गई। तब तक घटना को 20 दिन बीत चुके थे। हालाँकि दुष्कर्म करनेवाला परिसर में ही मौजूद था लेकिन आवासीय डॉक्टर ने चिकित्साशास्त्र की दृष्टि से कारगर अदालती प्रमाण जुटाने की कोशिश नहीं की। इस मामले की जाँच 'फोरम एगेंस्ट चाइल्ड सेक्सुअल एक्स्प्लाइटेशन' के एक दल ने की थी। दल में 'सेहत' के दो अनुसन्धान-कर्त्ता शामिल थे। जाँचकर्ता दल यह देखकर भय से सिहर उठा कि 16 वर्ष से कम उम्र के लड़के तथा 18 वर्ष से कम उम्र की लड़कियों के अधिकांश सरकार-संचालित 'आवास' व्यवस्था के लिहाज से कितने गए-गुजरे हैं और उनमें संवासियों का कितना यौन-उत्पीड़न किया जाता है। फरवरी 1998 में मुम्बई उच्च न्यायालय में एक जनहित याचिका दायर की गई। मामले की जाँच के लिए उच्च न्यायालय ने एक आयोग बैठाया।

सेहत ने शहरी और ग्रामीण इलाकों में अनेक सर्वेक्षण किए हैं। इन सर्वेक्षणों से बार-बार यह तथ्य सामने आया है कि महिलाओं के लगातार बीमार रहने का एक कारण उन पर की जा रही हिंसा है। यह बात भी स्पष्ट हुई है कि जिन महिलाओं से स्वास्थ्यकर्मियों ने इस सिलसिले में पूछताछ की वे अपनी ज़रूरतों से आगाह नहीं थीं।

उदाहरण के लिए अस्पताल में घरेलू हिंसा की शिकार मात्र उन्हीं स्त्रियों के विवरण 'अदालती मामला' मानकर दर्ज किए गए जिन्हें बुरी तरह मारा गया था। मार-पीट के साधारण मामलों को 'अदालती मामला' मानकर दर्ज नहीं किया गया था—इसे यों ही रफा-दफा कर दिया गया। आकस्मिक दुर्घटना, हड्डी की टूट-फूट, स्त्री रोग तथा जल जाने की शिकायत लेकर अस्पताल में मरीज भर्ती हों तो चिकित्साकर्मी कुछ विशेष नियमों का पालन करें—ऐसी विधिक व्यवस्था जरूर ही की जानी चाहिए। कर्मचारियों को चरणबद्ध कार्यक्रमों के जरिए प्रशिक्षित किया जाना चाहिए कि वे नरमी और सहानुभूतिपूर्वक पीड़ित से जानकारी हासिल करें। ऐसे अधिकांश मामलों में अपराधी नजदीकी रिश्तेदार होते हैं और मरीज के पास कहीं और जाने का चारा नहीं होता इसलिए इन मामलों में बहु-अनुशासनिक अभिगम की जरूरत होती है।

'सेहत' के दल ने मुम्बई स्थित महिलाओं के आश्रम, संवास-गृह तथा सुरक्षा-केन्द्रों की जब जाँच की तो पता चला कि हिंसा से पीड़ित महिला को रात में शरण देने के लिए मात्र एक 'आवास' है। अन्य जगहों पर उन्हें सशर्त और विशेष परिस्थितियों में प्रवेश दिया जाता है। शरण माँग रही महिला यदि एच.आई.वी. ग्रस्त हो, उसे टी.बी. हो, बच्चे की माँ हो अथवा मानसिक रूप से असन्तुलित हो तो प्रवेश नहीं दिया जाता। यह भी पता चला कि ऐसे आश्रमों में नियुक्त 90% महिलाएँ अप्रशिक्षित हैं और सन्त्रस्त महिलाओं को आश्रम देने के काम में बतौर पर्यवेक्षक उनकी नियुक्ति न्यासियों द्वारा गैर-पेशेवर कारणों से की गई है।

धरावी की झोंपड़पट्टियों में महिलाओं के प्रजनन-तन्त्र की भीतरी सूजन और प्रदाह से जुड़े रोगों के अध्ययन के दौरान भी 'सेहत' ने पाया कि महिलाओं के अस्वस्थ होने के कारणों को जानना है तो उनके प्रति हो रही हिंसा का भी अध्ययन करना पड़ेगा। जैसे-जैसे अध्ययन आगे बढ़ा—शारीरिक और मानसिक बीमारियों से हिंसा का सम्बन्ध स्पष्ट होता गया। एक दल संकटकालीन स्थितियों में सेवा प्रदान करनेवाले केन्द्रों की संरचना तथा कामकाज के अध्ययन के लिए मलेशिया गया। सेहत की टीम ने अपने रहने की व्यवस्था बान्द्रा स्थित भाभा अस्पताल में की। यहाँ केन्द्र चलाने के लिए जगह काफी थी और जिन महिलाओं का अध्ययन किया जाना था उनसे यह जगह नजदीक भी थी। साथ ही यहाँ आकस्मिक स्थितियों में उपचार के लिए समुचित व्यवस्था थी। पिछले 2-3 सालों में 'सेहत' का बाम्बे नगर निगम से तालमेल है। हिंसा की शिकार महिलाओं का संकटकालीन स्थितियों में उपचार करने के लिए 'सेहत' द्वारा 'क्राइसिस-सेंटर' चलाया जा रहा है। मनीषा, राधिका और रेणु यहाँ मास्टर ट्रेनी हैं। घरेलू हिंसा की आशंकावाले अधिकांश हादसे 7 बजे रात से लेकर 5 बजे के बीच पेश आते हैं। इस समय अस्पताल का 'बहिरंग रोगी विभाग' बन्द रहता है। इस वजह से पीड़ित को अत्याहत-वार्ड (Casuality) में भर्ती किया जाता है। वहाँ हर मामले को चिकित्सीय दृष्टि से 'अदालती' माना जाता है। सम्भव है यह सब 'तिल' बराबर हो और पूरा पहाड़ हमारी नज़रों से ओझल हो। हिंसा के मामलों की पहचान हो सके इसके लिए

हड्डियों की टूट-फूट, जलने के मामलों तथा घायलों को उपचार करनेवाले विभागों द्वारा एक तन्त्र विकसित करना जरूरी है। इसके अतिरिक्त महिलाओं के जरिए ऐसे मामलों में घरों पर दबिश दी जानी चाहिए। स्वास्थ्यकर्मियों की इस काम में निष्ठा होनी चाहिए तथा उन्हें इस मामले में हर तरह से जागरूक होना होगा।

अखिल भारतीय स्तर के आँकड़ों से पता चलता है कि प्रकाश में आए दो-तिहाई बलात्कार के मामलों में दोषी को सजा नहीं मिल पाती। चिकित्सीय दृष्टि से अदालती प्रमाण जुटाने की सुविधा छोटे शहरों तथा गाँवों में पीड़ित को उपलब्ध नहीं हो पाती। यौन-दुराचार के मामलों में प्रमाणों को जुटाने तथा दर्ज करने में सहायक एक 'किट' सेहत ने तैयार किया है। 'सेहत' की एक अनुसन्धान-कर्ता ललिता डिसूजा ने बताया :

''चिकित्सीय दृष्टि से अदालती जाँच में भाग लेकर कोई डॉक्टर एक सार्वजनिक सेवा करता है। डॉक्टर ही पहला व्यक्ति होता है जिससे हादसे की शिकार स्त्री सबसे पहले सम्पर्क में आती है। लाजिमी है कि वह महिला के साथ सहानुभूति और दयापूर्वक पेश आए।''

सेहत ने जो रिपोर्ट तथा शोधपत्र तैयार किए हैं उसमें बार-बार—दया, न्याय, लोकसेवा तथा संवेदनशील व्यवहार जैसे शब्द आए हैं।

मुझे लगता है कि तेजी से अमानवीय होते इस विश्व में—मानवतावाद के दो पक्ष हैं। इसका एक पक्ष अकादमिक है। किसी स्वयंसेवी संगठन मसलन 'सेहत' द्वारा तैयार अध्यवसायी विवरणों को पढ़ते हुए यह पक्ष हमारे सामने उजागर होता है। लेकिन ऐसे अनुसन्धानों को शुरू करने तथा शासन से न्याय माँगने के लिए हमें नेताओं की जरूरत है। बाद में मेरी मुलाकात डॉक्टर अमर जेसानी से हुई। मुम्बई-यात्रा के दौरान मुझे उनकी तलाश रही। डॉक्टर जेसानी शान्त, सुन्दर और गम्भीर व्यक्ति हैं। लम्बे-चौड़े वक्तव्य देते रहना उनकी आदत में शुमार नहीं। वे सेहत के संस्थापक न्यासियों में एक हैं और फिलहाल केरल में बतौर अनुसन्धानकर्ता 'अच्युत मेनन सेंटर फॉर हेल्थ एंड सोशल साइंसेज' के लिए काम कर रहे हैं। जहाँ वे स्वास्थ्य के मुद्दे पर वहाँ शिक्षक तथा प्रशिक्षक की ही भूमिका निभाते हैं।

डॉक्टर जेसानी की राय में महिलाओं के प्रजनन स्वास्थ्य की दुर्दशा की मुख्य वजह यह है कि गाँवों तथा शहरों में, निजी और सार्वजनिक स्वास्थ्य-क्षेत्रों में और परिवारों में भी महिलाओं के स्वास्थ्य को हमेशा कम वरीयता दी जाती है। भारत में ऐसा कोई अध्ययन नहीं हुआ है जो महिला-स्वास्थ्य संरक्षण पर आनेवाली सही लागत के सभी पहलुओं का आकलन तथा विश्लेषण करता हो। सरकारी फंड चुकने के नाम पर इधर निजीकरण पर जोर दिया जा रहा है लेकिन निजी क्षेत्र में स्वास्थ्य सेवाओं की विश्वसनीयता और गुणवत्ता की ओर कोई ध्यान नहीं दिया जा रहा है। परिवार-आधारित अपने सारे सर्वेक्षणों में 'सेहत' ने स्त्रियों-लड़कियों के प्रति लैंगिक भेदभाव पाया है। सभी स्वास्थ्यकर्मी जानते हैं कि स्वास्थ्य कल्याण की सेवाओं के उपयोग के लिहाज से स्त्री और पुरुषों के बीच गहरी असमानता है। लेकिन स्वास्थ्य सेवाओं तक स्त्रियों की बेहतर

पहुँच बनाने, और उसका खर्च सीमित संसाधनवाले परिवारों की दृष्टि से तर्कसंगत बनाने की दिशा में सोच नहीं दिखाई देता।

तो ?

तो स्थिति वही है–'जल बीच मीन प्यासी'। यानी महिलाओं को अपने शहरों में स्वास्थ्य सेवाएँ उपलब्ध तो दिखता है लेकिन इन सेवाओं तक पूरी तरह पहुँच पाना और दवा-दारू का खर्चा उठा पाना उनके लिए सम्भव नहीं। जो कारण उन्हें रोकते हैं, उन पर उनका अख्तियार नहीं है।

"इस फन्दे से बच निकलने का कोई उपाय ?"

"अभी तो मुझे लगता है, हमें मानव-हृदय की सदाशयता और करुणा में विश्वास बनाए रखना होगा, राह यदि निकलनी है, तो इन्हीं दो गुणों के सहारे निकलेगी : निजी क्षेत्र में भी, और सरकारी क्षेत्र में भी !"

अध्याय-8

‘तमसो मा ज्योतिर्गमय!’ गढ़चिरोली का शोधग्राम

(महाराष्ट्र)

“सही राह खोजनी हो, तो पहले आँखें बन्द कर अन्धकार में प्रवेश करो।”

(ईसाई सन्त, सेंट जॉन ऑफ द क्रास)

दिन बहुत गर्म था और हवा भी नहीं चल रही थी। हमारा विमान आधे घंटे के लिए रायपुर में रुका। चर्बी से चुँधियाई आँखोंवाले एक मोटे आदमी ने कहा कि उसे घुटन हो रही, उसे तुरत बाहर जाना है। उसके मेद-बहुल शरीर पर कपड़े तंग थे। उसने कहा कि उसे साँस लेने में तकलीफ हो रही है और मितली सी आ रही है। शायद पिछली रात उसने जमकर पार्टीबाजी की होगी और अब नशा उतर रहा था शायद वह दिल का मरीज़ था। विमान-परिचारिका के शिशुवत् चेहरे पर चिन्ता की रेखाएँ खिंच गईं।

'जरूर-सर' उसने कहा—'जरूर' और बाहर जानेवाली सीढ़ियों की तरफ इशारा कर दिया।

'यह 'रायबरेली' किस राज्य में पड़ता है ?'—उस आदमी ने हवाखोरी के लिए उतरते हुए यों ही पूछ लिया। विमान-परिचारिका ने तनिक दम लेकर उत्तर दिया, 'दरअसल यह रायपुर है। रायबरेली सम्भवतः गुजरात में हो ?'

उसने हम सबकी तरफ आशा-भरी नज़रों से देखा मानो चाह रही हो कि कोई उसकी बात की तसदीक करे।

स्थूलकाय आदमी तब तक उसके जवाब की प्रतीक्षा किए बगैर नीचे चहलकदमी करने को उतर चुका था। विमान-परिचारिका के चेहरे पर फिर एक पेशेवर मुस्कान लौट आई वह फुर्ती से इधर-उधर दौड़-भाग करने लगी।

नागपुर हवाई अड्डे के बाहर के आम्र-वृक्षों पर बेमौसम बौर आ गए थे। गढ़चिरोली जाते हुए रास्ते पर भी ग्लोबल तापवृद्धि का नतीजा था ? गुजरात-भूकम्प जैसी प्रलयकारी आपदाएँ क्या फिर कहीं घात में बैठी होंगी ?

ऐसे प्रश्नों का जवाब ठीक रायपुर की ही तरह, हमें यहाँ नागपुर में भी शायद नहीं मिल सकता था। हवाई अड्डे पर एक छोटा सा चमत्कार घटित हुआ। हमारे भावी मेजबान डॉक्टर बाँग भी लगभग उसी वक्त मुम्बई से आनेवाली फ्लाइट से नागपुर हवाई अड्डे पर उतरे। छरहरे बदन के डॉक्टर बाँग के चेहरे पर खिचड़ी दाढ़ी है। चश्मे के पीछे से उनकी आँखों ने स्निग्ध भाव से हमें देखा। फिर आगे बढ़कर बड़ी सहज-सरल मुस्कान के साथ उन्होंने हमें अपना परिचय दिया। उन्होंने कहा कि वे अभी-अभी एक संगोष्ठी में भाग लेकर लौटे थे और वापस गढ़चिरोली जा रहे थे। हमको टैक्सी लेने की जरूरत नहीं, उनकी कार उन्हें लेने आई है और हम शोधग्राम तक उनके साथ कार

में चलें तो अच्छा हो।

कार चली तो इसी के साथ मैंने अभय बाँग से उनकी पृष्ठभूमि, हार्वर्ड स्कूल में चिकित्सक के बतौर पर उनके प्रशिक्षण और गढ़चिरोल जैसे सुदूर जनजातीय जिले में शोध-परियोजना चलाने के उनके फैसले के बारे में नाना सवाल पूछने शुरू कर दिए। मुझे पता था कि गढ़चिरोली में उन लोगों द्वारा की जा रही नई पहलों के बारे में प्रतिष्ठित अन्तर्राष्ट्रीय जर्नल्स में नियमित रूप से आलेख छपते रहे हैं। इन जर्नलों में लैनसेट (Lancet) विश्व स्वास्थ्य संगठन का बुलेटिन तथा भारत का राष्ट्रीय मेडिकल जर्नल जैसे जाने-माने प्रकाश शामिल हैं। मैंने यह भी सुना था कि दो वर्ष पहले वे स्वयं एंजियोप्लास्टी (angioplasty) के दौरान मरते-मरते बचे थे। लेकिन अभय बाँग ने यात्रा के दौरान न तो अपनी बीमारी के बारे में एक शब्द कहा, और न ही अपने काम के बारे में छपी अनुसन्धानों का हवाला दिया। ऐसी स्फीति उनके स्वभाव में नहीं है।

ग़रीबों के बीच काम करनेवाले अधिकांश स्वास्थ्यकर्मियों की ही तरह डॉक्टर बाँग बोलते कम हैं। वे सुनना ज्यादा पसन्द करते हैं। बोलते हुए कोई उनकी बात काटे तो वे तुरत चुप होकर बड़े विनम्र धैर्य से उसकी बात सुनते हैं। वे विनोबा भावे के वर्धा-सेवाग्राम में पले-बढ़े हैं। उनके माता-पिता यहीं स्थायी रूप से रहते थे। उनकी पत्नी भी डॉक्टर हैं और पत्नी के पिता भी इलाके के एक प्रसिद्ध समाजसेवी चिकित्सक थे। डॉक्टर बाँग के ससुर तमिलनाडु के आयंगर ब्राह्मण थे जो महाराष्ट्र के चन्द्रपुर शहर में बस गए थे। दो वर्ष पहले कैंसर से उनकी मृत्यु हुई थी। डॉक्टर बाँग ने चिकित्सा-शास्त्र की पढ़ाई पहले नागपुर में की। बाद में पढ़ने के लिए वे अमरीका के जॉन हॉपकिंस विश्वविद्यालय चले गए।

डॉक्टर बाँग की संस्था 'सर्च' ने स्थापना के शुरुआती दो सालों तक सरकार के साथ मिलकर काम किया। आज उनसे इस बारे में पूछो तो वे इन दो वर्षों का अनुभव बड़े विस्तार से और किंचित् मजाकिया लहजे में बताते हैं। 'सर्च' की स्थापना 1985 में हुई। 1986-88 के बीच 'सर्च' की टोली ने गढ़चिरोली के सरकारी अस्पताल में काम किया। काम करनेवाली टोली को पता चला कि स्वास्थ्यकर्मी दूर-दराज के इलाके में अपनी नियुक्ति से बहुत भय खाते हैं और स्थानीय अस्पताल में भूले-भटके ही कोई अपनी सेवा देने आ जाता है। औसत के लिहाज से देखा जाए, तो 1985 में हाल यह था कि पहले उनसे तीन सिविल सर्जनों में से किसी ने अपने पद पर यहाँ महीने में 5 दिन से ज्यादा नहीं बिताया था। यहाँ तक कि खुद जिले के कलेक्टर का पुत्र निमोनिया से काल-कवलित हुआ, क्योंकि जिले के अस्पताल में उसे आवश्यक चिकित्सा नहीं मिल सकी। अधिकांश सरकारी अधिकारी अपने परिवार को इस पिछड़े जिले गढ़चिरोली रखने-बुलाने से कतराते थे। यह दंडकारण्य का इलाका जो ठहरा, वनवास का, राज्य से निर्वसन का कालातीत प्रतीक !

बाँग-दम्पति को जल्द ही महसूस हुआ कि स्थानीय सरकारी डॉक्टर उनकी टोली को अपनी जगह पर काम करने को उपलब्ध एक मुफ्त का सेवाकर्मी समझते हैं।

अलबत्ता ग्रामीण प्राथमिक स्वास्थ्य केन्द्र में कार्यरत सहायक नर्स मिडवाइफ अथवा कई कार्यों को पूरा करने के उद्देश्य से बहाल किए गए कर्मचारी इन चिकित्सकों की तरह नहीं पेश आते थे, और इनके साथ बाँग की टोली का अनुभव बहुत बुरा नहीं कहा जा सकता। 'सर्च' द्वारा उन्हें दिए जा रहे सघन प्रशिक्षण की इन स्वास्थ्यकर्मियों के मन में कदर थी और वे इस बात से खुश थे कि प्रशिक्षित और जानकार लोगों की कोई टोली तो है जो उनके काम और अस्पताल को ठीक-ठाक करने में रुचि ले रही है। काम का माहौल सुधरा तो एक वर्ष के भीतर ही अस्पताल में मरीजों की आवाजाही भी 50% बढ़ गई। यह बदलाव इतना स्पष्ट था कि प्रदेश के स्वास्थ्यमन्त्री ने एक सभा में स्वयं 'सर्च' के स्वयंसेवकों की प्रशंसा की। लेकिन विडम्बना यह कि अस्पताल के सरकारी तबके को मन्त्री महोदय की प्रशंसा नहीं सुहाई। यूँ भी 'सर्च' की टोली जब से अस्पताल में आई थी—वहाँ मानो दो संस्कृतियों का टकराव शुरू हो गया था। सर्च के युवा, कुशल और अत्यन्त दक्ष चिकित्सकों तथा स्वास्थ्यकर्मियों के उस दल ने सहभागिता-विरोधी और एक केन्द्रीकृत तानाशाही के अन्तर्गत फैसले लेनेवाली एक प्रणाली को चुनौती दे दी थी। चुनौती देनेवाला यह दल अस्पताल पर काबिज व्यवस्था के विपरीत अपने काम के प्रति समर्पित था और उसका मूल प्रयास तथा बल सहभागिता के आधार पर शोध एवं उपचार करने पर ही था। जल्दी ही पानी सर के ऊपर बह चला, और तब 'सर्च' की टोली तथा सरकारी-तन्त्र ने अपने रास्ते अलग-अलग करना बेहतर माना।

इस अनुभव के बाद 'सर्च' ने स्वतन्त्र रूप से सामुदायिक स्वास्थ्य-सेवा का कार्यक्रम 58 गाँवों में एक साथ शुरू किया। इन गाँवों की कुल आबादी 50,000 थी। कार्यक्रम के दायरे से बाहर आनेवाले 47 गाँवों में जन स्वास्थ्य पर शोध तथा अनुसन्धान का काम भी शुरू किया गया। इन गाँवों की कुल आबादी 45,000 थी। सन् 1994 से सर्च ने स्वयं का एक परिसर 'शोधग्राम' नाम से बना लिया। यह परिसर गढ़चिरोली से 17 कि.मी. दूर है। इसके बाद से आज तक 'सर्च' ने कभी पीछे मुड़कर नहीं देखा।

सर्च की टोली में आज 5 डॉक्टर (बाँग-दम्पति सहित) हैं। नर्सों की संख्या तीन है। प्रयोगशाला के लिए एक लैब-टेक्नीशियन है और टोली के कुछ जन स्थानीय लोगों में मादक-द्रव्य तथा शराब की लत छुड़ाने का काम भी देखते हैं। रोचक यह कि इस दल में एक कीर्त्तनकार भी है। यह कीर्त्तनकार पारम्परिक गीतों के माध्यम से धर्मभीरु ग्रामीणों का ध्यान आकृष्ट करता है। उसके संगीत से खिंचे लोग-बाग जनस्वास्थ्य-चर्चा की बैठकों में सहज आ जुटते हैं। दफ्तर के काम से जुड़े सर्च के लोगों के अतिरिक्त 'सर्च' के दल में 120 दाइयाँ भी हैं। ये गाँवों में परम्परागत रूप से प्रसव और जच्चा-बच्चा की देखरेख का काम करती आई हैं। दल में गाँवों में काम करनेवाले 80 आरोग्यदूत भी हैं।

लोक-स्वास्थ्य के बारे में सर्च का अनुसन्धान इस महत्त्वपूर्ण तथ्य को रेखांकित करता है कि भारत में बहुत से आदिवासी समुदाय ऐसी संस्कृति और परिवेश में रहते जीते हैं जो मुख्यधारा की संस्कृति से अलग है। 'सर्च' का निष्कर्ष है कि ऐसे समुदायों

के लिए स्वास्थ्य-कल्याण की प्रणाली लचीली और बहुमुखी होनी चाहिए ताकि वह इन समुदायों की स्थानीय जीवन-शैली के माफिक बैठे। यह ठीक है कि ग्रामीण जनसमुदाय को बीमारी से जुड़े अन्धविश्वासों से उबारने के लिए स्वास्थ्य नीति का मुख्य जोर विज्ञानमूलक शिक्षा पर हो परन्तु हमें नहीं भूलना चाहिए कि इस नीति को पूरी दृढ़ता से समुदाय-आधारित बनाए बिना नहीं चल सकता। सर्च के प्रशिक्षित स्वास्थ्यकर्मी आरोग्यदूत और दाइयाँ आज रोगों की रोकथाम, निदान तथा उपचार के ऐसे ही कामों को लेकर हर तरफ जुटे हैं। पहले वे हर गाँव के रीति-रिवाज, विश्वास तथा परम्पराओं को ठीक से जानते-समझते हैं फिर उसी के अनुसार स्वयंसेवकों और माता-पिता को प्रशिक्षित करते हैं। इस तरह सारा काम स्थानीय लोगों के हाथों होता चला जाता है।

प्रशिक्षण, शोध और तदनुकूल साज-सँभार का यह काम स्पष्टतः बहुत जटिल और कठिन है, पर इसी की बदौलत इस क्षेत्र में शिशु मृत्यु-दर में दो वर्षों के अन्दर 84% की कमी आई। विश्व प्रसिद्ध लैंसेट पत्रिका में यह खबर जब 1990 में छपी, तो इसके बाद विश्व स्वास्थ्य-संगठन ने दूसरे ग़रीब देशों में इसी तर्ज पर योजनाओं को बढ़ावा देने का प्रयास किया। आज स्थिति यह है कि गढ़चिरोली शहर के बहुत से बड़े निजी डॉक्टर भी निमोनिया-ग्रस्त बच्चों को इलाज के लिए शोधग्राम भेज रहे हैं।

डॉक्टर बाँग भारतीय ऋषियों की तरह कथाओं और बूझ-बुझौवल की शैली में बात कहते हैं। हमने उनसे पूछा कि इस दूर-दराज के देहात में क्लिनिक और अनुसन्धान खोलने की बात उन्हें कैसे सूझी—यह सब हुआ कैसे—तो उन्होंने हमें बीरबल की एक कथा सुनाई। कहते हैं, बीरबल को एक बार राजा अकबर ने दस महामूर्ख चुन लाने का आदेश दिया। बीरबल ने 9 महामूर्ख तो खोज लिए लेकिन दसवें को खोजना मुश्किल हो रहा था। फिर उसने एक आदमी को देखा। वह आदमी एक अँधेरी गली में धुँधले प्रकाश तले कुछ ढूँढ़ रहा था। बीरबल ने पूछा कि तुम क्या खोज रहे हो ? उस आदमी ने कहा मैं एक अँगूठी खोज रहा हूँ जो किसी दूसरी अँधेरी गली में गिर गई थी। बीरबल ने सवाल किया—'तुम अँगूठी को वहीं जाकर क्यों नहीं खोजते जहाँ गिर गई थी ?' अजनबी का उत्तर था—'दरअसल यहीं पर रौशनी ज्यादा है।' बीरबल ने मन ही मन सोचा—'यही दसवाँ महामूर्ख है।'

डॉक्टर बाँग ने हँसते हुए कहा कि एक दिन जब मैंने यह कथा अपने बेटे को सुनाई तो अचानक मुझे लगा, कि समृद्ध शहरी इलाकों में रोग-व्याधि पर अनुसन्धान करना क्या वैसी ही मूर्खता नहीं है जैसी बीरबल को मिला वह दसवाँ महामूर्ख कर रहा था ? जिन लोगों को पहले से ही सारी सुविधाएँ प्राप्त हैं उन्हें और ज्यादा चिकित्सा-सुविधा प्रदान करने में क्या कोई तुक है ? अगर कोई सचमुच भारत में बीमारियों को समझना और उन्मूलन करना चाहता है तो क्या यह उचित नहीं कि वह उपेक्षित देहातों में जाए और वहीं की अँधेरी गलियों में खोई हुई जिन्दगियों की बाबत अपने प्रश्नों के उत्तर ढूँढ़े।

'सन्त जॉन ने शायद यही समझकर कहा था कि यदि सही राह खोजनी हो, तो

आँखें बन्द करके अँधेरे रास्तों पर चल पड़ो।

गढ़चिरोली पहुँचने में हमें साढ़े तीन घंटे लगे। शोधग्राम का अहाता शान्त और हरा-भरा था अहाते के चारों तरफ अड़हुल की झाड़ियाँ थीं। सामने एक सुन्दर अर्द्धवृत्ताकार प्रवेश-द्वार था। इस प्रवेश-द्वार के बोर्ड पर एक कविता लिखी थी जिसे एक स्थानीय जनजातीय कवि फागूराम बट्टी ने रचा है :

भाईजी—हमने तो कभी नहीं देखा सौराज को
सुना था बचपन में कि सौराज आ गया
पर आज तक देखने को नहीं मिला
आपने तो उसे देखा होगा गुरुजी।
कैसा है ? बूढ़ा है—जवान है—काला है—गोरा है ?
कहाँ बैठा है सौराज ?
हमने तो सब जगह ढूँढ़ लिया
चप्पा-चप्पा छान मारा
दफादार का नाका, पुलिस की चौकी,
बीडीओ का दफ्तर
कहाँ रह गया है अटककर ?
हमारे गाँव भी उसे बुलाओ न,
सबको दर्शन कराओ न,
पचास साल बाद ही सही ?

'सर्च' का पूरा परिसर वास्तुकारों ने आसपास के जनजातीय लोगों से सलाह लेकर बनाया है। बाँग ने वास्तुकारों को बता दिया था कि हमारा काम एक ऐसी आरोग्यशाला बनाना है जो 'अस्पताल' को शोक और मृत्यु का परिसर समझते हैं जहाँ प्रवेश किया तो किस्सा खत्म हुआ। जनजातीय लोगों ने उनसे कहा कि अस्पताल के लिए पहले तो एक ऐसा प्रवेश-द्वार खड़ा कीजिए जिससे लगे कि मरीज और उसके संगी-साथियों को यहाँ पूरे स्वागत-भाव से बुलाया जा रहा है—घुसने से रोका नहीं जा रहा। उन लोगों ने यह भी कहा कि परिसर के भीतर उनकी रक्षाकारिणी देवी 'दन्तेश्वरी' की भी एक मूर्ति होनी चाहिए। उन्होंने पूछा कि क्या ऐसा सम्भव है कि यहाँ डॉक्टर और नर्स भी सफेद कपड़ों में न दीखें ? उन्होंने बताया कि उजला रंग उन्हें कफ़न की याद दिलाता है। सम्भव हो तो उपचार के लिए 'वार्ड' भी झोंपड़नुमा बनाए जाएँ, जहाँ तीमारदारी को आया मरीज का पूरा परिवार अपने प्रियजन के ठीक होने तक रुक सके, खाना-पकाए बासन धोए-माँजे और मरीज को ठीक होता देखकर सकून महसूस करे। डॉक्टर बाँग ने परिसर निर्माण में इन सब बातों को महत्त्व दिया। इसी से यह अस्पताल अपने आप में अनूठा लगता है। झोंपड़पट्टियों के आगे लगाए हुए वृक्ष अब मजबूत

हो चले थे और उनका यौवन फूल-पत्तियों में झाँक रहा था। पास ही जनरेटर लगाया गया था—उसे अक्सर बिजली के लिए चलाना पड़ता है। जनापूर्ति भी अपनी मर्जी की मालकिन है—आई-आई न आई। इस कारण परिसर में पानी के लिए भी बोरिंग की गई है। कर्मचारी स्वयं ही अहाते की धुलाई-सफाई करते हैं और पूरा परिसर साफ-सुन्दर दिन-भर खुशनुमा लगता है। प्रवेश द्वार के ठीक दाहिने माता दन्तेश्वरी का मन्दिर है जिसका ढाँचा परम्परागत तर्ज पर गोलाकार कुटिया की तरह है। माता दन्तेश्वरी आदिवासियों की रक्षक देवी हैं और शोधग्राम के हर आदिवासी का विश्वास है कि उन पर देवी की करुणा बरसती है।

गढ़चिरोली का एक जनजातीय जिला पूर्वी महाराष्ट्र में है। मध्य प्रदेश के आदिवासी जिले बस्तर से इसकी सीमाएँ लगी हुई हैं। यहाँ की कुल आबादी 7 लाख है, जिसमें 40% आदिवासी हैं। इलाके के 97.5 प्रतिशत लोग गाँवों (1661) में रहते हैं। केवल 2.5 प्रतिशत आबादी शहरी है। यहाँ साक्षरता की दर महज 22 प्रतिशत है और इसमें भी महिला-साक्षरता-दर केवल 12 प्रतिशत। चन्द्रपुर यहाँ का सबसे नजदीक पड़नेवाला रेलवे-स्टेशन है जो यहाँ से 87 कि.मी. दूर है। इलाके का दूसरा बड़ा शहर नागपुर है, जिससे इस जगह की दूरी 175 कि.मी. है। जिले के 70% हिस्से में घना जंगल है, जो उस प्राचीन दंडकारण्य वन का अवशेष है जिसे रामायण के रचनाकार वाल्मीकि की लेखनी ने जनमानस में रामकथा का मंच बना दिया है। बाणगंगा नदी पर अब एक पुल बन गया है, वरना इससे पहले बारिश के मौसम में इस इलाके का सम्पर्क शेष राज्य से टूट जाता था। आज भी मानसून के दिनों में भीतर के गाँवों में पहुँचना बड़ा मुश्किल होता है।

इस बिन्दु पर आकर डॉक्टर बाँग ने बड़ी भद्रता से हमसे जाने की अनुमति चाही और उनके जाते ही उनकी पत्नी डॉक्टर रानी बाँग आ पहुँची। डॉक्टर रानी बाँग मिलनसार और हँसमुख स्वभाव की भद्र महिला हैं। चश्मे के पीछे उनकी आँखों से सहज ममता छलकती थी। खादी की साड़ी में यह अनूठी महिला-चिकित्सक हँसती हैं तो दाँतों के बीच एक फाँक झलकती है। उन्होंने हमसे कहा कि वे हमारे लिए पहले चाय-नाश्ता भिजवाती हैं, और हम तरोताजा हो लें फिर वे क्लिनिक में मुलाकात करेंगी। इतना कहकर डॉक्टर रानी बाँग चली गईं। और जल्दी ही चाय आ गई। उसके साथ एक बड़े से डोंगे में गर्म और भाप छोड़ती स्वादिष्ट नमकीन 'उपमा' थी। मेहमानों को ठहराने के लिए बनाए गए मकान के कमरों में साज-सज्जा तो कुछ खास नहीं थी लेकिन वे सफाई से चमक रहे थे। स्नानघर भी खूब स्वच्छ-साफ था। हमने अपने कपड़े बदले, हाथ-मुँह धोए और बाहर निकल आए। नाश्ता स्वादिष्ट और पौष्टिक था और हमने सोचा कि चलो शुरुआत अच्छी हुई। यह एक शुभ शुरुआत भी थी, क्योंकि इस पूरी यात्रा-अवधि के दौरान आश्रमवासी हमें ऐसे भी भरपूर दावतों से नवाजते रहे।

शोधग्राम में कामकाज तड़के ही शुरू हो जाता है। सुबह आठ बजे हम आरोग्यदूत आनन्द राव के साथ बैठकर 'सर्च' की विभिन्न परियोजनाओं पर बातचीत कर रहे थे।

ये अनौपचारिक डॉक्टर तथा शोधकर्त्ता ही स्वास्थ्यकर्मी के रूप में शोधग्राम के मेरुदंड हैं। 1995 से ये लोग स्वास्थ्य के मुद्दे से जुड़े महत्त्वपूर्ण आँकड़े इकट्ठा करते और विभिन्न परियोजनाएँ चलाते रहे हैं। राव हर काम में उस्ताद है। वह गाँव-स्तर पर स्वास्थ्य-पर्यवेक्षक का काम सँभालता है। 'सर्च' से उसका जुड़ाव 1998 से है। पहले तीन वर्षों में उसने अपने इलाके में प्रशिक्षण दिया तथा आँकड़े इकट्ठे किए। आज एक आरोग्यदूत की भूमिका निभाते हुए वह 8-10 'मार्गदर्शकों' (स्वास्थ्यकर्मियों) के एक पूरे समूह का कामकाज देखता-जाँचता है।

यह पूछने पर कि ग्रामीण स्वास्थ्यकर्मी तैयार कैसे किए जाते हैं हमें बताया गया कि 'सर्च' के ग्रामीण स्वास्थ्यकर्मियों का चुनाव 45 गाँवों की ग्राम-सभा ने किया है। प्रत्येक गाँव ने बुनियादी शिक्षा-प्राप्त सम्भावनाशील तीन-तीन उम्मीदवारों का चयन किया और इन्हें प्रशिक्षण के लिए भेजा। फिर इन उम्मीदवारों ने 5 दिन का शिविर किया। यहाँ इन्हें आँकड़ा जुटाने, स्वास्थ्य-सेवा प्रदान करने तथा विवरण तैयार करने के बारे में प्रशिक्षित किया गया।

सन् 1995 से ही इस दल ने सर्च के लिए 39 गाँवों के 55,000 निवासियों के बारे में जन्म, मृत्यु तथा उनकी स्वास्थ्य-जरूरतों से सम्बन्धित भरपूर आँकड़े जुटाए हैं। ऐसे आँकड़े भारत में विरले ही मिल पाते हैं। आज तो स्थिति यह है कि भारत सरकार के जनगणना अधिकारी भी 'सर्च' की इस टोली द्वारा जुटाए महत्त्वपूर्ण आँकड़ों के लिए उनके आगे हाथ पसार रहे हैं। आनन्द राव ने हँसते हुए बताया—'गाँववासी खूब उत्सवप्रिय हैं। सो हमने भी सोचा—चलो ठीक है—हम उत्सवों के जरिए ही जनजागृति फैलाने का काम करते हैं। हाल ही में 'सर्च' ने एक बारह घंटे का सांस्कृतिक मेला (जात्रा) लगाया जिसमें 20 गाँवों के स्त्री-पुरुष शामिल हुए। मेले में एक चित्र-प्रदर्शनी लगाई गई थी। इसमें स्त्री-रोगों के बारे में 'सर्च' के शोध के निष्कर्षों को दिखाया गया था। मेले में यौन रोगों की जानकारी लोगों को देने के लिए 'स्लाइड-शो' भी किए गए और स्त्रियों के जीवन के विभिन्न पहलुओं का चित्रण स्थानीय गीतों के जरिए किया गया। हारी-बीमारी मिटाने को यहाँ हर गाँव में कुछ चतुर-सयाने ओझा-गुनिया 'चमत्कार' करते रहते हैं। ऐसे चमत्कारों के पीछे कौन से वैज्ञानिक सिद्धान्तों का हाथ है—इस बात को समझाने के लिए खुद ऐसे चमत्कारों का मुजाहरा करके बताया गया। हमने एक प्रहसन भी दिखाया, ''यदि पति पेट से होता तो।'' यह प्रहसन बड़ा सफल रहा और बाद में तो इसे ग्यारह अलग-अलग गाँवों में खेला गया जिसे 30,000 लोगों ने देखा। स्त्रियाँ अपने पतियों को खींच लातीं कि चलो तुम भी देखो कि गर्भावस्था के दौरान हम पर क्या बीतती है।

एक मज़ेदार बात कहूँ, एक स्थानीय धाकड़ नेता भी दर्शकों में था, वह चुनाव लड़ने के मंसूबे बना रहा था। उसने बड़ी फुर्ती दिखाई और गर्भधारी पति की भूमिका के लिए स्वयं को प्रस्तुत किया। ऐसा करके वह स्त्रियों की सहानुभूति और वोट बटोरना चाहता था। सो कुछेक 'शो' में वह गर्भवान पति बनकर औरतों की तालियाँ और पुरुषों की

सीटियाँ बटोरता रहा। प्रहसन एकमि 'हिट' रहा—आनन्द राव ने हँसते हुए कहा।

एक बार जब ग्रामीणों को 'सर्च' टोली पर एतबार हो गया तो दो गाँवों ने स्वयं ही कहा कि हमारे यहाँ स्वास्थ्य पर शोध किया जाए—हम भी इसमें सहभागी होंगे। इसी बिना पर 'सर्च' ने यहाँ शोध किया और इसी से प्राप्त निष्कर्षों को इस 'जात्रा' में मुख्य रूप से दिखाया गया। 'वासा' और 'अमीरजा' गाँव के साढ़े छः सौ स्त्री-पुरुषों का इस सिलसिले में साक्षात्कार लिया गया और उनके स्वास्थ्य की जाँच की गई। इस जाँच के निष्कर्ष दिल दहला देनेवाले थे। उदाहरण के लिए हमारे शोधकर्ताओं को यह पता चला, कि गाँवों में 90 प्रतिशत से ज्यादा स्त्रियाँ एक अथवा एकाधिक स्त्री-रोग अथवा रतिज रोगों से पीड़ित हैं। लगभग 50 किस्मों के प्रजनन-प्रदेश के संक्रमण स्त्रियों में पाए गए। यह भी सामने आया कि यदि एक स्त्री को पीठ-दर्द और गर्भाशय खिसकने जैसे कठिन रोग हों, तो भी प्रायः उनकी अनदेखी की जाती है। महज 7.8 प्रतिशत महिलाओं ने ही इस सिलसिले में किसी चिकित्सक से सम्पर्क किया था। स्त्रियों का आमतौर पर यही मानना था कि स्त्री-रोगों की मुख्य वजह गर्भनिरोध के लिए कॉपर-टी लगाना अथवा अस्थायी नसबन्दी करवाना है। गर्भनिरोध के ऐसे तरीकों के उपयोग को बढ़ावा देने के प्रयासों के प्रति उनके मन में गहरा प्रतिरोध-भाव था। अज्ञान और भय भी बहुत गहरे से उनमें व्याप्त थे। स्त्रियों ने बार-बार यही पूछा—'हम अपने स्त्री-रोगों को किसे दिखाएँ। हमारे पति तो इन बातों को गम्भीरता से लेते नहीं। यहाँ कोई महिला-चिकित्सक नहीं है और हम दूर जिले के शहर जा नहीं सकते।'

सचमुच, वे कहाँ जाएँ ?

1989 में डॉक्टर बाँग की कलम से 'सर्च' शोध का एक आलेख लैंसेट पत्रिका में प्रकाशित हुआ। सम्भवतः इस आलेख ने पहली बार महिलाओं में व्याप्त चिररुग्णता के बारे में अब तक ओट में छिपे पहाड़ जैसे तथ्यों को (भारत के सन्दर्भ में) पाठकों के सामने रखा। आलेख ने खुलासा किया कि 92 प्रतिशत ग्रामीण स्त्रियाँ प्रजनन-प्रदेश के संक्रमण से पीड़ित हैं पर शायद ही इस सिलसिले में उनकी चिकित्सा हो पाती है। अधिकांशतया मामलों में पति ही वैद्य के पास जाता है और दोनों के लिए दवाइयाँ ले आता है। आलेख का कहना था कि इस सब बातों से स्त्रियों को बार-बार गर्भपात होता है; और उनका वैवाहिक और यौन-जीवन भी बहुत परेशानी भरा रहता है—इसके बारे में जितना लोगों को अनुमान है स्थिति उससे कहीं ज्यादा गम्भीर है। ग़जब तो यह है कि जन स्वास्थ्य के सिलसिले में कायदे में खोजबीन पर आधारित चिकित्सीय-आँकड़े तक उपलब्ध नहीं हैं और प्रजनन प्रदेश सम्बन्धी रोगों पर जन-सामान्य में कोई चर्चा भी नहीं होती, जबकि स्थानीय राजनीति और अर्थनीति से मीडिया तथा शोधसंस्थान पटे पड़े रहते हैं, और परिवार नियोजन पर हर साल भारी भरकम मसौदे तैयार किए जाते हैं।

यह बात सही है कि आदिवासियों में स्त्रियों को अपेक्षाकृत ज्यादा समानता का दर्जा प्राप्त है और विवाह यौन-जीवन के बारे में महिलाओं की इच्छा तथा अपेक्षाओं

को अधिक तरजीह भी दी जाती है। उदाहरण के लिए, आदिवासियों में एक विशेष प्रथा यह है कि कोई युवा-पुरुष जब किसी विवाह योग्य कन्या से शादी का प्रस्ताव करता है तो उसे लड़की के सामने अपना 'पुंसत्व' साबित करना पड़ता है। जब कन्या उसे बुजुर्गों के सामने योग्य करार देती है तभी दोनों विवाह-बन्धन में बँधते हैं। किन्तु जनजातीय इलाकों में व्यापार-वाणिज्य के साथ-साथ शहरी पुरुषवादी संस्कृति के कदम भी बढ़ रहे हैं और इसी के साथ ऐसी स्त्री समर्थक परम्पराएँ धीरे-धीरे समाप्त होती जा रही हैं। यौनाचार के मध्यवर्गीय-शहरी मूल्य अब आदिवासी गाँवों में भी अपनी जड़ें जमाने लगे हैं, और दहेज तथा पत्नी उत्पीड़न का चलन वहाँ भी बढ़ने लगा है।

रानी बाँग ने बताया कि छोटे शहरों और गाँवों में 'यौन-चर्चा' को लेकर एक अजीब विरोधाभास पाया जाता है। भले घर की भारतीय स्त्रियों के यौन-जीवन पर तो चुप्पी की संस्कृति चस्पां है, जबकि उन्हीं परिवारों के मर्द अपने मर्दाना-जौहर की बात अपने मर्दानगी साबित करने को बढ़-चढ़कर बखानते हैं। पुरुषों के सांस्कृतिक वर्चस्व ने उनके ऐसे व्यवहार को स्वीकृति दे रखी है, किन्तु गौर से देखें तो स्त्री-पुरुष दोनों ही अपनी यौन-जिन्दगी को लेकर भ्रमित हैं। स्त्रियाँ होंठ नहीं खोलतीं और चुपचाप दुख सहती हैं। उधर पुरुष भी मात्र अपने दोस्तों में ही बढ़-चढ़कर बातें करते हैं—चिकित्सक के सामने जाने पर उनकी भी जबान प्रायः नहीं खुलती। परिणाम यही होता है कि प्रजनन-प्रदेश के गम्भीर संक्रमणों-कष्टों का भी उपचार या तो नहीं होता या होता भी है तो आधा-अधूरा और नीम-हकीमों द्वारा।

एक स्त्री ने सुरक्षित यौन पर बात करने की कोशिश करते हुए रानी बाँग से पूछा, "हम सिर्फ अपनों में इन निर्लज्ज शब्दों से खुलकर बात कर सकती हैं। हम गाँववासी तो निरक्षर और अज्ञानी हैं किन्तु आप तो बहुत पढ़ी-लिखी 'लेडी-डॉक्टर' हैं—आपको इन गन्दे रोगों की चर्चा और गुप्तांगों के शब्दों का इस्तेमाल शोभा नहीं देता ? हम 'इन' बातों को किसी डॉक्टर से बतियाना भी अच्छा नहीं समझते। यानी वे कष्ट से हलकान हो जाएँगी, पर कथित सामाजिक वर्जनाओं का ताला न खुद खोलेंगी और न ही डॉक्टर को खोलने देंगी। दोपहर के भोजन के बाद हम लोग डॉक्टर रानी बाँग और संजय के साथ पुनः जम गए। संजय एक युवा आदिवासी स्वास्थ्यकर्मी है। उसने बड़ी निश्छलता से बताया कि मैं बारहवीं फेल हूँ और स्थानीय पुरुषों के यौन जीवन से सम्बन्धित जानकारी तथा आँकड़े जुटाने में 'सर्च' की मदद करता रहा हूँ। इलाके के जनजातीय और गैर-जनजातीय दोनों ही वर्ग के पुरुषों से ये आँकड़े जुटाए जाते रहे हैं।"

स्त्री हों या पुरुष भारत में हर किसी का यौन-जीवन प्रायः एक गोपन और अत्यन्त निजी विषय माना जाता है। इस क्षेत्र में खोजबीन करनेवाले किसी भी व्यक्ति का अनुभव यही रहा है। शोधकर्त्ता के लिए कुछ खोज निकालना बड़ी टेढ़ी खीर है।

"प्रजनन-अंगों की, कोई समस्या हो तो आदिवासी सबसे पहले 'झाड़-पत्ती' (झाड़ फूँक और जड़ी बूटी) आजमाते हैं। इन सबसे फल न मिला तो ही वे दवा-दारू के चक्कर में पड़ते हैं। सबसे बड़ी समस्या यही है अन्यथा औरों की तुलना में ये आदिवासी लोग

अपने यौनाचार को लेकर ज्यादा ईमानदार और खुले हुए हैं,'' संजय ने बताया। संजय ने विस्तार से बताया कि उसने कैसे यौन जीवन तथा यौन संक्रमित रोगों को लेकर जो परम्परागत चुप्पी लोगों में बैठी थी—उसे तोड़ा और उसे इसमें सफलता भी मिली। संजय को पता था कि इलाके में यौन-संक्रमित रोग आम हैं। इसलिए उसने कहा कि अनगढ़ ही सही किन्तु कुछ संकेत भरे आरेख और चित्र बनाकर उसने अपने कमरे में सजा दिए। फिर उसने इच्छुक व्यक्तियों को बुलाकर कहा कि इन तस्वीरों को देखकर आपके मन में जो भी भाव उठते हों उसे खुलकर कहिए। इन आमन्त्रित लोगों के मन में कोई उलझनें थीं। इससे जुड़े सवाल भी संजय ने पूछे। उसने कुछ 'बर्हित' समझी जानेवाली तस्वीरें आमन्त्रित व्यक्तियों को दिखाईं। रतिज रोग सम्बन्धी एक चित्र में पुरुष जननांग बना था और उससे दाहकारी लपटें निकलती दिखाई गई थीं। एक दूसरे चित्र में एक 'जोड़े' की असफल रति-चेष्टा को दिखाया गया था। इस चित्र में पुरुष मुँह बिचकाए था और स्त्री की आँखों से झर-झर आँसू बह रहे थे।

''मैंने उनसे कहा कि इस चित्र को देखिए, फिर मुझे बताइए कि क्या इसी तरह की घटना आपके किसी दोस्त अथवा पड़ोसी के साथ घटी है। गाँवों में तो कुछ भी ढका-छुपा नहीं रहता। स्त्री के कामाचार के बारे में भले कोई आम चर्चा नहीं होती लेकिन पति-पत्नी के बीच लम्बा झगड़ा-तकरार होने तथा स्त्री के भाग जाने की दशा में फुसफुसाहटों में ही सही पुरुष की यौन अक्षमता की बातें सुनने को मिल जाती हैं। संजय ने जिन पुरुषों का साक्षात्कार किया था उन्हें कतई पता नहीं था कि पुरुषों में किस कारण यौन-अक्षमता आती है। वे यह भी नहीं जानते थे कि यौन-संक्रमिक-रोग क्यों और कैसे होते हैं। जिन पुरुषों से संजय ने बात की थी उनमें से बहुत कम को इस बात का खयाल था कि स्त्री की यौन-सन्तुष्टि भी कोई चीज होती है। वे सोचते थे शादी हो गई और वे सम्भोग में कामयाब हैं तो फिर उनकी स्त्री भी अवश्य ही सन्तुष्ट होगी। अपनी नपुंसकता का भय उनमें बहुत ज्यादा था, पर स्त्री की इच्छा-अनिच्छा को लेकर कोई जिज्ञासा नहीं थी।

जिन लोगों से संजय ने बातचीत की उन्होंने स्थानीय लोगों में प्रचलित धारणाओं पर आधारित यौन-अक्षमता के कई कारण गिनाए। कुछ ने कहा कि खाने-पीने की आदतें ठीक न हों—मसलन आप मिर्च बहुत ज्यादा खाते हों तो यौन-अक्षमता आती है। कुछ का विचार था कि कम उम्र में यौन-सम्बन्ध बनाने अथवा हस्तमैथुन करने से पुरुष नपुंसक हो जाता है। सबका कहना था कि हर तरह की यौन-अक्षमता और यौन-संक्रमित रोग 'तेजराज-भोजराज' नामक चमत्कारी जड़ी के सेवन से तीन दिन में दूर हो सकते हैं। इलाके में बहुत से झोला-छाप डॉक्टर भी थे जो ऐसे मामलों में अंडबंड सलाह देकर उपचार और भी जटिल बना देते थे। संजय को एक आदमी ने बताया कि उसने सुना है कि गाँव का एक वैद्य नपुंसकों को बहुत शक्तिशाली दवा देता है। एक आदमी जो पहले स्त्री-स्पर्श से भी घबराता था—सुनते हैं, अब दो-दो बीवियों का पति है और दोनों ही उससे 'सन्तुष्ट' हैं। पर ऐसे सब चमत्कारिक किस्से निजी अनुभव नहीं

सुनी-सुनाई पर ही आधारित थे।

संजय ने जिनसे बातें की, उनमें से स्त्रियों की यौनेच्छा को लेकर शायद ही किसी में कोई जिज्ञासा या चिन्ता थी। इस मुद्दे पर तो गहमागहमी से कभी बात ही नहीं होती। गाँव के अधिकांश झोला-झाप डॉक्टर भी केवल पुरुषों का इलाज करते हैं। लोगों के मन में यह धारणा घर कर गई है कि स्त्रियों में तो यूँ भी प्रचंड कामेच्छा होती है और उन्हें यदि कामोत्तेजक दवाइयाँ दी गईं तो उनका तन्त्र या तो विस्फोटक बन जाएगा या पति बेचारे को घिसकर खत्म कर दिया जाएगा।

संजय ने बताया कि गाँवों में समलैंगिकता भी काफी आम बात है। गाँव का प्रत्येक आदमी जानता है कि किसको समलिंगी यौन सम्बन्धों की लत है। उन लोगों ने संजय को बताया कि किस समलिंगी जोड़े में कौन 'दाता' है और कौन आक्रामक। दाता को अक्सर वे लोग 'छक्का' के नाम से पुकारते थे। संजय का कहना था कि कुछ गाँवों में तो समलैंगिकता इतनी आम है कि विश्वास नहीं आता। हर आदमी इसके बारे में बताने को कुलबुलाता है। गाँववालों का मानना था कि समलैंगिक-कामाचार एक रोग है जिसका जड़ी-बूटी से इलाज हो सकता है। संजय को कुछ गाँववालों ने बताया कि इस रोग से छुटकारा पाने के लिए ऐसी लतवाले पुरुष को भालू का लिंग पान के पत्ते में लपेटकर खिलाना चाहिए। शादी कर देना एक दूसरा उपाय है। हमारे गाँवों में ब्याह किशोरवय में ही होते हैं अतः लगभग हर समलिंगी पुरुष की किसी न किसी स्त्री से बहुत पहले ही शादी हो चुकी होती है—बावजूद इसके, कोई अपनी यह 'गुप्त-रुचि' बचाए रखते हैं। कुछ मामलों में देखा गया है कि स्त्रियाँ यह जानकर कि पति को उनके साथ समागम में कोई रुचि नहीं है—उन्हें छोड़ देती हैं। किन्तु अधिकांश महिलाओं को यह सब अपनी स्थिति बचाए रखने को चुपचाप सहना पड़ता है। रोते-कलपते वे अपने पतियों के साथ जिन्दगी काट देती हैं, क्योंकि कोई दूसरा चारा नहीं होता। संजय को एक आदमी ने बताया कि उसके माता-पिता ने एक लड़की से उसकी शादी तय कर दी। यह जानने के बावजूद कि वह समलैंगिक है उसने 1993 में उस लड़की से शादी की। उसने अपनी पत्नी को प्रथमरात्रि की सेज पर ही बता भी दिया, कि मुझे पत्नी की ज़रूरत नहीं है—मुझे तो एक 'नवरा' (पति) की ज़रूरत है। उसकी वह पत्नी विवाह के एक वर्ष के भीतर मर गई। इससे उसे बड़ा सन्तोष हुआ। चलो शादी से आखिरकार जान तो छूटी।

संजय ने जिन लोगों से बात की उनमें अधिकांश ने 'एड्स' महामारी के बारे में सुना था। उन्हें यह तो पता था कि यह रोग बहुत खतरनाक है किन्तु वे यह नहीं जानते थे कि यह होता कैसे है। पूछने पर कुछ ने कहा कि शायद सुअर का अधपका मांस खाने से होता है। उनका मानना था कि सूअर का मांस गर्म होता है और इससे शरीर में हर जगह फुंसी और घाव हो जाते हैं। उनका विश्वास था कि प्रदूषित खान-पान से स्त्रियों को यौन-संक्रमित-रोग होते हैं। संजय का कहना था कि लोग-बाग सर्वेक्षण के दौरान ऐसी बातचीत प्रायः बहुत सोच-समझकर और बनावटी ढंग से करते थे। सिर्फ

यौनकर्मियों ने यौनाचार और यौन-दुष्कर्म के बारे में खुलकर बातचीत की। विवाहित स्त्री-पुरुष इससे प्रायः कतराते रहे। ग्रामीण-समुदायों में स्त्री के प्रजनन-स्वास्थ्य पर कमोबेश कोई चर्चा नहीं होती। स्त्रियाँ बात भी करती हैं तो किसी दूसरी स्त्री से कहेंगी और बड़ी-बूढ़ी स्त्रियों के नुस्खे आजमाती रहती हैं—तब तक रोग भीषण रूप धारण कर लेता है।

जब हमने यह पूछा कि कितनी स्त्रियों को एड्स के बारे में पता है ? तो डॉक्टर रानी बाँग ने बताया कि व्यावहारिक रूप से देखें तो किसी को नहीं पता। उन्होंने कहा कि स्त्री-रोगों की जाँच के दौरान पता चलता है कि बहुत-सी स्त्रियों को यौन-संक्रमित-रोग है। पर उन्हें यह भी नहीं पता होता कि इस रोग का सम्बन्ध उनके यौन-जीवन से है। ऐसे रोग युवा पुरुष को हो जाएँ तो बेटा चुपके से पहले बाप को बताता है। कुछ मामलों में देखा गया कि पिता को बग़ैर बताए यदि पुत्र ने वैद्य से सलाह ली तो स्वयं वैद्य ने पिता को खबर कर दी। पुरुषों को रतिज-रोग हो जाने पर यहाँ एक स्थानीय किस्म की जाँच प्रचलित है। इसके लिए मरीज के मूत्र में चावल भिंगोया जाता है। यदि चावल साँझ तक पीला पड़ जाए तो वैद्य मान लेता है कि मरीज को रतिज-रोग है। लेकिन स्त्रियों के रतिज रोग छुपे ही रहते हैं।

गर्भवती अथवा बाँझ स्त्रियों से लैंगिकता के बारे में चर्चा करना हमने अपेक्षाकृत आसान पाया। इसकी वजह है कि भारत में शिशु-जन्म के सन्दर्भ में यौनांगों के विषय में बातचीत वर्जित नहीं है। बच्चे के जन्म को यहाँ 'दैवीय घटना' माना जाता है—इसलिए मान्यता है कि ऐसी बातचीत गन्दी या अश्लील नहीं होती। रानी बाँग ने हँसते हुए कहा कि मातृत्व के सन्दर्भ को छोड़कर मैंने स्त्रियों से उनके यौन कष्टों पर बातें उगलवाने में सफलता पाई। एक बार वे खुल गईं तो फिर बातचीत ऐसी चली कि पूछो मत ! धीरे-धीरे पुरुषों ने भी अपनी 'करनी' पर पछतावा जताते हुए सच उगलना शुरू किया। पता चला कि अधिकांश मर्द स्थानीय लालबत्ती-इलाके में जाते हैं। सड़क किनारे की इस कस्बाई जगह को 'भूत-बँगला' के नाम से लोग पुकारते हैं। यहाँ मामूली सी कोठरियों पर नीले रंग की पुताई है। बच्चे, मुर्गे-मुर्गियाँ और बदसूरत सी औरतें सड़क के कच्चे विस्तार में जगह-जगह पसरी नजर आती हैं। उनके अधिकांश ग्राहक वे सरकारी दफ्तरों के मुलाजिम होते हैं। जिन्हें नियमित वेतन मिलता है। गाँव के जिन पुरुषों के पास कुछ रुपया-पैसा अतिरिक्त हो तो वे भी यहाँ टहलने चले आते हैं।

स्वास्थ्यकर्मियों की बात सुनकर कोई भी जान सकता है कि हमारे यहाँ कामाचार और रतिज-रोगों को लेकर ही नहीं बल्कि प्रजनन-अंगों को प्रभावित करनेवाली तमाम बीमारियों के बारे में यहाँ चुप्पी ने कैसा कड़ा पहरा लगा रखा है।

साँझ की प्रार्थना के समय हमारी भेंट 10-70 की बीच की उम्र के 30 पुरुषों से हुई। इन सबकी हाइड्रोसील (जलवृषण) के लिए सफल शल्यक्रिया की गई थी। यह रोग मच्छरों द्वारा फैलता है और इसका हमला पुरुष-बीजांड पर होता है। यह रोग इस क्षेत्र में इतना ज्यादा है कि हद से बढ़ी हुई अवस्था में भी पुरुष इस पर ध्यान नहीं देते।

डॉक्टर रानी बाँग ने बड़ी नरमी से कुरेदना शुरू किया और संजय ने बढ़ावा दिया—अन्ततः चुप्पी की दीवार टूटी और पुरुष मुक्त भाव से अपनी बीमारियों तथा यौन-समस्याओं के बारे में बताने लगे। कुछ तो बड़े मजाकिया लहजे में अपनी बातें कहते। हमें पता चला कि एक दर्जी का अंडकोष इतना बढ़ा हुआ था कि वह इसे एक झोले में रखकर गर्दन से लटकी रस्सी में बाँध लेता था ताकि चल-फिर सके। प्रायः सभी मर्दों ने स्वीकार किया कि वे इस विषय में बहुत कम जानते रहे हैं—स्त्रियाँ तो उनसे भी कम जानती हैं। जब उनसे पूछा गया कि युवा-पुरुष या स्त्री को 'यौनकर्म' के बारे में कहाँ से शिक्षा लेनी चाहिए। तो उन लोगों ने कहा कि इस बारे में जानकारी तो चिकित्सक से ही ली जानी चाहिए लेकिन डॉक्टर न मिलें तो अखबार या टेलीविजन से भी जानकारी पाई जा सकती है। हमसे आँख बचाते हुए एक उम्रदराज पुरुष ने कहा कि "माता-पिता तो यह काम नहीं कर सकते। वे अपने ही बच्चों को ऐसी 'गन्दी बातें' बताकर कैसे उम्मीद करेंगे कि बच्चे बाद में उनका आदर करेंगे।"

'सर्च' की टोली ने जब तक क्लिनिक और जाँचघर नहीं बनाया था तब तक जलवृषण (हाइड्रोसील) को लोग बेइलाज बीमारी समझते थे। अधिकांश पुरुषों ने स्वीकार किया कि उन्हें पहली बार शोधग्राम के स्वास्थ्यकर्मियों के माध्यम से ही जलवृषण के सही कारण का पता चला। स्वास्थ्यकर्मी ने ही उन्हें बताया कि यह बीमारी लाइलाज नहीं है और उन्हें अस्पताल आकर जाँच तथा शल्यक्रिया कराने के लिए मनाया। सबने पहले 'झाड़-पत्ती' वाला नुस्खा आजमाया था। उन लोगों ने इस बीमारी के अलग-अलग कारण बताए। एक ने कहा कि मैं अक्सर देर तक साइकिल चलाता हूँ—सम्भवतः इसी कारण मुझे यह रोग हुआ। दूसरे ने कहा कि शायद भारी बोझ उठाने के कारण उसे यह रोग लगा। तीसरे की राय थी कि शायद खेत जोतने के कारण उसका अंडकोष बढ़ गया। उसने बताया कि मैं हल से खेत जोतते समय पेडू से सहारा लेता हूँ—इससे कोई नस गड़बड़ हो गई होगी और वृषण सूज गया होगा। एक अन्य ने कहा कि शायद नसबन्दी कराने से मुझे यह रोग हुआ।

सबका कहना था कि इससे कोई तकलीफ तो नहीं होती लेकिन टाँगों के बीच इतना बड़ा बोझ लटकाए चलना बड़ा बेहूदा लगता है। बहरहाल इसके बारे में बात करते हुए उन्हें बड़ी लाज आती है इसलिए जबतक कामकाज में बहुत बाधा न आए, हम बात नहीं करते। इनमें से बहुतों ने पहले खुद को इलाके के एक गैर-लाइसेंसी बंगाली डॉक्टर को दिखाया था जिसने इंजेक्शन द्वारा कुछ द्रव निकाल दिया। लेकिन बहुतों को इससे और भी सूजन हुई और कइयों को तो संक्रमण लग गया। एक-एक करके अन्ततः ये सभी 'सर्च' की आरोग्यशाला में आए।

क्या तुम सबको अपनी पत्नी के प्रजनन-अंग के संक्रमण के बारे में इतनी ही चिन्ता होती है ? मैंने पूछा।

मर्द मुस्कुराए और सबने सर हिला दिया। नहीं।

आखिरकार एक ने कहा, "औरत जात भी तो बड़ी संकोची होती है। वह खुद कभी

हमें इन बीमारियों के बारे में नहीं बताती। फिर हम कैसे जान सकते हैं कि वे बीमार हैं। हम तो तब जानते हैं जब एक दिन वह पानी भरने की गगरी औंधा देती है और बिछावन पर कटे पेड़ की तरह गिरकर कहती है कि अब मुझसे नहीं होता।''

''फिर तुम लोग क्या करते हो ?''

फिर एक मद्धिम हँसी—जिसका मतलब होता है—कुछ नहीं। सामान्य भारतीय पुरुषों की निस्पृहता से उन्होंने स्वीकार किया कि एक स्त्री की जिन्दगी उन लोगों की अपेक्षा ज्यादा कठिन है। तिस पर स्थानीय गाँववासियों में लालच बढ़ता जा रहा है और 'दहेज' की माँग आकाश छूने लगी है। पहले शादी करने की एवज में पुरुष को लड़कीवालों को वधूमूल्य चुकाना पड़ता था लेकिन अब तो उल्टी-गंगा बह रही है। सब लड़की से दहेज लेते हैं।

ज्यादा दहेज लेकर आई कोई ग़ैरत की धनी स्त्री अपने पति पर बिगड़ उठे तो क्या होता है ?

देखिए—एक आदमी आखिरकार बोला, ''सिर्फ मर्द ही (दहेज) चाहते हों—ऐसी बात नहीं। स्त्रियाँ भी तो यह चाहती हैं क्योंकि पति के घरवाले ज्यादा दहेज (हुंडा) लानेवाली बहू की खूब आव-भगत करते हैं। उसे ससुरालवालों पर एक तरह की हुक्मरानी का हक मिल जाता है। इसलिए लड़कियाँ खुद ही चाहती हैं कि उन्हें दहेज मिले।

एक आदमी ने गला खँखारकर साफ किया, ''मैं इस बात से सहमत नहीं हूँ कि दहेज बुरा है। उल्टे मेरी राय में यह नया रिवाज कहीं बेहतर है। पहले वधू-मूल्य देने के लिए हमारे नौजवानों को गाँव के जमीन्दार से कर्ज लेना पड़ता था। फिर उसके बाद वह और उसका पूरा परिवार कर्जदाता के लिए सारी ज़िन्दगी बेगार में खटता रहता था। इस बदलती हुई रीति के कारण नौजवान को अब उधार-वुधार नहीं लेना पड़ता। दरअसल पुरुष की जिन्दगी स्त्री से कहीं ज्यादा कठिन होती है स्त्री तो बस घर चलाती है,'' इतना कहकर उसने चुप्पी साध ली।

पर लड़की के पिता के बारे में क्या कहिएगा ? क्या उसे कर्ज नहीं लेना पड़ता ? मैंने पूछा, ''क्या उसे बेगार नहीं करनी पड़ेगी ?''

उत्तर में वही एक मद्धिम-सी हँसी !

क्या इन लोगों ने कभी सोचा है कि यदि मर्द की जिन्दगी औरत से ज्यादा कठिन है तो बन्ध्याकरण के लिए मर्दों की अपेक्षा स्त्रियाँ क्यों ज्यादा संख्या में शल्यक्रिया करवाने को मजबूर हैं—वह भी तब जबकि उन्हें जोखिम ज्यादा रहता है ?

तुरन्त ही किसी ने जवाब दिया, ''मर्दों को कठोर मेहनत करनी पड़ती है—वे कमजोर होने का जोखिम नहीं मोल ले सकते।''

बात चल ही रही थी कि दाँतों की फाँक से फूट पड़ती एक खुशमिजाज हँसी के साथ डॉक्टर रानी बाँग ने कहा, ''हमने पाया है कि स्त्री-पुरुष सम्बन्धों के बारे में प्रचलित ऐसे स्थानीय विचारों और सांस्कृतिक व्यवहारों को नकार कर स्वास्थ्य-कल्याण

की बातें नहीं सोची जा सकतीं। चाहे लोगों को शराबखोरी जैसी सामाजिक बुराइयों के खिलाफ जगाने और खड़ा करने की बात हो अथवा इस बारे में अनुसन्धान करने की—हमें इन लोगों की बातें सुननी ही पड़ेंगी। हमें बहुत धैर्य से काम लेना होगा। हम जबर्दस्ती तो नहीं कर सकते न ! हमें लोगों के समर्थन की जरूरत है और अपनी तरह की सोचवाले संगठनों से नजदीकी रिश्ते बनाने की भी आवश्यकता है। समय के साथ ये लोग खुद ही सच्चाई जान जाएँगे। यदि हम जल्दी मचाएँ या इन पर अपने उपदेशों का रौब-ग़ालिब करें तो जितना काम कर पाए हैं—वह भी हाथ से जाता रहेगा। हमने अपने काम से सबसे बड़ा सबक यही सीखा है।

"क्या काम को पीछे धकेलनेवाले ऐसे झटके अक्सर लगते हैं ?"

"इतने कि आप कल्पना न कर सकें। प्रजनन-स्वास्थ्य की बात तो छोड़ दें—नशे की लत छुड़ाने का काम करो तो भी लोगों को नागवार लग सकता है। 'सर्च' ने जब काम करना शुरू किया तो औरतों ने बताया कि पतियों की शराबखोरी की आदत से हमारी सेहत और कुशल-क्षेम पर बुरा प्रभाव पड़ता है। हमने 1988 में शराबबन्दी का अभियान छेड़ा। जल्दी ही स्थानीय शराब-विक्रेताओं के मन में भय समा गया। उन लोगों ने स्वास्थ्यमन्त्री से शिकायत की कि हम लोग जन-आन्दोलन की आड़ में खुद का चिकित्सकीय धन्धा चमकाना चाहते हैं। दो वर्ष बाद इस अभियान की चपेट में आए एक और लाइसेंसी शराब-विक्रेता ने शिकायत की। उसका कहना था कि हमलोग शोधग्राम के अस्पताल में अवैध गर्भपात कराते हैं। जबकि सच्चाई यह थी कि हम लोग सिर्फ सुरक्षित और वैध गर्भपात करा रहे थे, और एक शोध-परियोजना के सिलसिले में आँकड़े इकट्ठा कर रहे थे। इंडियन काउंसिल ऑफ मेडिकल रिसर्च की तरफ से अच्छी तरह जाँच-परख के बाद हमें इस काम की मंजूरी मिली थी। लेकिन फिर भी अचानक ही हमारी शोध-परियोजना रोक दी गई। हम पर जाँच शुरू हुई और दो वर्ष तक चली। दूसरा उदाहरण भी है। हमने इलाके में चिकित्सा के कुछ अवैध गोरख-धन्धों का पर्दाफाश किया, तो हमारे ऊपर अनियमितता बरतने का आरोप जड़ दिया गया। अभी भी इस मामले की सुनवाई होनेवाली है। लाइसेंसी शराब-विक्रेताओं के रिश्तेदारों ने हमारी नर्सों पर हमला किया है। मेरे पति, डॉक्टर बाँग तक को खुली धमकी दी गई। हमें नक्सली और प्रतिबन्धित संगठन 'पीपुल्स वार ग्रुप' की एक शाखा साबित करने के भी प्रयास किए गए हैं।"

"क्या इससे काम के परिणाम पर असर पड़ता है ?"

"देखिए—इसको ऐसे भी कह सकते हैं कि इससे चीजें अप्रभावित हुए बिना नहीं रहतीं। शराबबन्दी के आन्दोलन के कारण अब लोग-बाग न तो खुलेआम शराब पीते हैं और न ही खुले में शराब बनाने का धन्धा चलता है। लेकिन इससे शराब की खपत कम हो गई है—ऐसी बात नहीं। वस्तुतः अब लोग छुप-छुपाकर शराब पीते हैं—इस कारण शराब भी महँगी हो गई है—गरीबों को अब इस पर ज्यादा रकम खर्च करनी पड़ती है। लेकिन कुछ अप्रत्यक्ष उपलब्धियाँ भी हुई हैं। उदाहरण के लिए, शराब-भट्ठी चलाने और

शराब बेचने की बाबत सरकार ने अपने नियम सख्त कर दिए हैं। इससे शराब ज्यादा बनाना और जब मन चाहे बना लेना मुश्किल हो गया है। फिर लम्बे चले आन्दोलनों तथा शराब और मादक द्रव्य सम्बन्धी प्रचार के कारण औरतों और आदिवासी-समुदाय में एक नई जागरूकता आई है—यह बात बहुत महत्त्वपूर्ण है। वे इस बाबत सोचने भी लगे हैं कि हमारी स्वास्थ्य-सम्बन्धी जरूरतें पूरी होनी चाहिए और इन जरूरतों को स्थानीय स्तर पर कैसे पूरा किया जाना चाहिए।''

उस दिन शाम हिचकोले खाती एक गाड़ी में हम लोग उसीरपुर गाँव पहुँचे लेकिन तब तक अँधेरा हो चुका था। उसीरपुर गोंड जनजाति का गाँव है। यहाँ तक मुख्य सड़क से धूल भरी पतली सी सड़क जाती है। रास्ते में साल के घने जंगल से गुजरना पड़ता है। सुनन्दा-सुरेश और सर्च के दो अन्य स्वास्थ्यकर्मी उसीरपुर के निवासियों को पहला 'स्लाइड शो' दिखाने के लिए जा रहे हैं। दोनों स्वास्थ्यकर्मी उसीरपुर गाँव के ही हैं। प्रसव-पूर्व तथा प्रसवोपरान्त पेश आनेवाली बहुत सी जटिलताओं के बारे में आगाह करने के लिए यह 'स्लाइड शो' दिखाया जाना है। 'स्लाइड-शो' के जरिए देखनेवालों को पता चल सकेगा कि गर्भवती स्त्री को कौन से जोखिम उठाने होते हैं और ढके-छुपे असुरक्षित गर्भपात कराने के क्या खतरे हैं।

''क्या यहाँ ढके-छुपे तौर पर गर्भपात कराना आम है ?''

''अधिकांश गर्भपात इसी तरह कराए जाते हैं,'' सुनन्दा का उत्तर था।

हम गाँव पहुँचे तो वहाँ धुँधला-प्रकाश फैला था और पूरा गाँव सुनसान नज़र आ रहा था। बाँस की घेरदारी में मवेशी झपकी ले रहे थे और सड़क की बत्तियाँ हमारे वहाँ होने तक कभी जल रही थीं—कभी बुझ रही थीं। स्त्रियों और बच्चों की एक भीड़ धीरे-धीरे इकट्ठी होने लगी। इसमें हर आयु वर्ग के लोग थे। एक कुत्ता पूँछ हिलाता अचानक नमूदार हुआ और उसे चिर-परिचित अन्दाज में खदेड़ दिया गया। दादियों के कन्धे पर नीती-पोते लदे थे और वे पर्दे पर देखती हुई मच्छर उड़ाए जा रही थीं। मच्छरों की बहुतायत से उन्हें देखने में बाधा पहुँच रही थी। लोग-बाग खूब बतिया रहे थे लेकिन शोधग्राम की टोली से शायद ही कोई बोल रहा था। पूछने पर पता चला कि इस गाँव में यह पहला 'स्लाइड-शो' है, इसलिए लोग थोड़ा संकोच कर रहे हैं। सुनन्दा ने कहा कि सुरक्षित गर्भावस्था का सन्देश लोगों में धीरे-धीरे ही पहुँचता है। बातचीत काफी बाद में होती है।''

'शो' चालू हुआ। स्लाईड में जब ढके-छुपे गर्भपात का दृश्य आया तो भीड़ से ठिठोली की कुछ आवाज़ें आईं।

''क्या इन समस्याओं को आप लोग पहचान रहे हैं,'' सुनन्दा ने पूछा। भीड़ में एक बेचैन सी चुप्पी छाई रही। फिर कुछ जनों ने स्वीकृति में सर हिलाया। चित्र इतने दर्दनाक थे कि किसी को बेचैन कर दें। लेकिन आश्चर्य किसी ने कोई सवाल नहीं पूछा। बस शो खत्म हुआ और दर्शक उठ खड़े हुए। फिर भी सुरेश को पक्का विश्वास था कि कुछ दिन में बदलाव आएगा। उसने बताया कि जनजातीय लोग आदतन चुप्पे होते हैं।

बाहरी लोगों से तुरत ज्यादा बातचीत नहीं करते। इनसे राब्ता बनाने के लिए आपको लगातार अपना काम करते रहना होता है। हम पहले भी यह सब देख चुके हैं।

हम लोग बाहर आए तो एक झोंपड़ी की तरफ देखने के लिए मुझे इशारा किया गया। स्थानीय स्त्रियों के लिए रजोस्राव के दिन बिताने के लिए यह झोंपड़ी बनाई गई थी। सुनन्दा ने बताया कि हमारा स्लाइड शो देखने के बाद दूसरे गाँव की नवयुवतियों ने रजोस्राव के तीन अपरिहार्य दिन यहाँ बिताने से इनकार कर दिया है। पहले तो इन नवयुवतियों में भी कोई प्रतिक्रिया नहीं दिखी लेकिन 'स्लाइड शो' ने उन्हें सोचने पर मजबूर कर दिया कि वे भला अपने को अपवित्र क्यों मानें ?

'आप देखना—यहाँ भी नवयुवतियाँ और उम्रदराज स्त्रियाँ धीरे-धीरे खुल जाएँगी और सुरक्षित गर्भपात के बारे में चर्चा करने लगेंगी,' उसने जोड़ा।

कई बार बात से भी निकलती है। मसलन 'सर्च' ने शराबखोरी के खिलाफ जो स्थानीय आन्दोलन चलाया था उसी के फलस्वरूप स्थानीय किशोरों के स्वास्थ्य पर भी ध्यान केन्द्रित हुआ। इलाके के बहुत से नौजवानों ने इस आन्दोलन का साथ दिया। ठीक इसी समय 'सर्च' ने एक अध्ययन-कार्य चला रखा था। इस अध्ययन का निष्कर्ष था कि लगभग आधी अविवाहित लड़कियाँ यौन के लिहाज से सक्रिय हैं लेकिन उन्हें यौन जीवन के तथ्यों के बारे में नहीं के बराबर जानकारी है। वे इस बारे में परस्पर गुपचुप बातें भर कर लेती हैं। ये बातें वर्जित हैं परन्तु उनके थोड़ा आकर्षण भी होता है। इसे अभिज्ञान के बाद किशोरों को समुचित यौन-शिक्षा देने के लिए 'सर्च' ने सात दिन का एक खास कार्यक्रम तैयार किया। नशेड़ियों से नशे की लत छुड़ाने के लिए जो कक्षाएँ आरम्भ की गईं उन्हीं की तर्ज पर स्वास्थ्यकर्मियों ने किशोरों को भी आचरणगत तथा व्यावहारिक दिशा-निर्देश देने शुरू किए। इस आयु-वर्ग की रुचि को ध्यान में रखते हुए सही पोषाहार, निजी साफ-सफाई तथा बनाव-सिंगार की बातें भी इन कक्षाओं में बताई जाती थीं। जनजातीय लोगों के लिए चलाई जा रही कक्षाओं में किशोर-किशोरियों को एक साथ बैठाया जाता था। गैर-आदिवासी किशोर-किशोरियों की कक्षाएँ अलग-अलग चलती थीं। दोनों को पढ़ाई के दौरान बहुत सी बातें बताई गईं। इसमें कुछ प्रमुख विषय थे—किशोरावस्था में होनेवाले प्रत्यक्ष शारीरिक-मानसिक परिवर्तन, स्त्री और पुरुषों के यौन-व्यवहार की जानकारी, गर्भधारण के कारण और प्रक्रिया तथा समाधान और अजन्मे शिशु के लिंग-निर्धारण में पुरुष-गुणसूत्र की बुनियादी भूमिका।

जब स्वास्थ्यकर्मियों को लगने लगा कि अब श्रोता उन पर भरोसा करते हैं, और उनकी बातें भी ध्यान से सुनने लगे हैं, तो उन्होंने असुरक्षित यौन-सम्बन्धों के खतरों-एड्स/एच.आई.वी./यौन-संक्रमित-रोग—की भी चर्चा शुरू की। विविध प्रकार के कैंसर की बाबत बातें भी समझाई गईं। इसमें मुख, गर्भाशय तथा स्तन-कैंसर की बाबत ख़ासतौर पर बताया गया। लड़कों की कक्षाओं में हस्तमैथुन, समलैंगिकता तथा जलवृषण (हाइड्रोसील) के बारे में बताया गया कि इसका क्या कारण होता है, और इसके क्या-क्या प्रभाव हो सकते हैं। लड़कियों की कक्षा में रजोस्राव से सम्बन्धित

समस्याओं पर विशेष रूप से बातचीत की गई। उन्हें इस अवधि में मूत्रमार्ग तथा योनि-मार्ग के संक्रमण की सम्भावनाओं और उपचार के बारे में ब्योरेवार-वैज्ञानिक जानकारी दी गई। सन्ध्या ने एक रोचक बात कहा कि हमारे ग्रामीण इलाकों में रजोधर्म को हमेशा गर्हित विषय नहीं माना जाता। पहले तो एक कन्या के ऋतुमती होने को परिवार द्वारा एक उत्सव के रूप में मनाया जाता था। इस अवसर पर रिश्तेदार, लड़की की आवभगत करते थे। उसे खाट पर बैठाकर उसकी झोली अनाज से भरी जाती थी। पाँच घरों से उसके लिए खीर तथा रोटी बनाकर भेजी जाती—मानो बताया जा रहा हो कि इसके बाद तुम्हें भरपूर भोजन की जरूरत पड़ेगी। लेकिन शहरीकरण के साथ ऐसी सुन्दर प्रथाएँ जो एक स्त्री को अपने शारीरिक बदलाव पर शर्मसार होने के बजाय नाज़ करना सिखाती, समाप्त हो चली है। शारीरिक रूप से वयस्क होने की इस घटना को आज जिस तरह शहरी मध्यवर्ग की लड़कियाँ पूरी चुप्पी के साथ स्वीकार करती हैं—वैसा ही अब ग्रामीण लड़कियाँ भी करने लगी हैं।

किशोरवय लड़के-लड़कियों को आत्मसम्मान तथा व्यक्तिगत प्रसाधन तथा व्यक्तित्व निखार की बातें सिखाने के दिलचस्प परिणाम सामने आए। उनसे कहा गया कि आत्मसम्मानी बनो। भ्रष्टाचारी शिक्षकों और अधिकारियों के विरुद्ध डटकर खड़े हो जाओ और उनकी भ्रष्ट करतूतों (मसलन—छात्रावास में रहनेवाले नौजवान आदिवासियों से अपने घर में काम कराने तथा छात्रों के लिए आए साबुन, कपड़े और भोजन हड़प जाने) के बारे में खुले सवाल पूछो। पर जब इन किशोर-किशोरियों ने इस दिशा में पूरे मन से पहल की, तो जो शिक्षक 'यौन' जैसे वर्जित विषय पर छात्रों से बातचीत के लिए तैयार हो गए थे—अचानक ये कक्षाएँ चलाने से मुकर गए। उन्होंने 'सर्च' के स्वास्थ्यकर्मियों से कहा कि 'इससे हमारी प्रतिष्ठा पर बट्टा लगेगा। यदि छात्रों को हमारे ही व्यवहार पर अँगुली उठाने के लिए बढ़ावा दिया जाए और हमसे पलटकर सवाल पूछने के लिए उकसाया जाने लगे, तो हम उन्हें कैसे सँभाल पाएँगे ?'

'सर्च' की देख-रेख में इलाके के मुर्जाखेड़ा गाँव के छात्रों और महिलाओं ने शराबबन्दी का एक सफल आन्दोलन भी चलाया था। यह गाँव इस वजह से बहुत प्रसिद्ध हुआ। शराबबन्दी आन्दोलन के एक बड़े नायक तथा सर्च के स्वास्थ्यकर्मी मुर्जाखेड़ा गाँव के दर्जी भास्कर उमर गुंन्द्रावर को जब मैंने पहली बार देखा तो प्रभावित हुए बिना नहीं रह सकी। बचपन भर अपने शहर अल्मोड़ा में मैंने बहुत से दरवाजों पर इस तरह के कई आदमी मिलते खड़े हुए देखे थे। मेरे पैतृक घर में भी कई ऐसे रिश्तेदार थे। हम लोग भास्कर के घर के बरामदे में बैठे। हमारे लिए टीन की कुर्सियाँ और लकड़ी के बेंच लाए गए थे। इनकी शक्ल भी भास्कर के चेहरे की तरह श्रान्त-क्लान्त नज़र आ रही थी किन्तु भास्कर का घर और शरीर के कपड़े साफ-सुथरे थे। उसकी बेधती सी निगाह मुझे बड़ी दिलचस्प लगी। उस दीठ में एक विनम्रता भी थी और एक गर्वीला

आत्मविश्वास भी। उसकी उपस्थिति एक शक्ति का आभास देती थी, उस शक्ति का, जो सत्ताधारी न होने के बावजूद किसी निपट ईमानदार आदमी के भीतर निवास करती है। आज यह समझना कठिन था कि गाँववाले इसी भास्कर को दो वर्ष पहले तक हिकारत से देखकर च्चच्च करते थे कि यह 'शराबी' जल्दी ही मर जाएगा। उसके परिवारवाले भी इस बात को स्वीकार कर चुके थे। आज भास्कर उस लत से मुक्त ही नहीं, इसी इलाके में 'सर्च' का सर्वाधिक प्रशिक्षित स्वास्थ्यकर्मी भी है। हम सचमुच मानवमन की जटिल गुत्थियाँ कितनी कम बुझा पाते हैं ?

उसने हमें बताया, ''मैंने छुटपन से ही पीना शुरू कर दिया था। मेरे पिता खूब पीते थे और अक्सर मुझे गाँव की शराब की दुकान से उनके लिए 'बाँटली' लानी पड़ती थी। एक बार घर आते हुए मैंने चतुराई से दो-एक घूँट पी लिया—मुझे स्वाद अच्छा लगा। इसके बाद फिर ऐसा हुआ। बाद में पीते समय मैं बाटली में मात्रा बराबर रखने के लिए पानी मिला देता। यूँ मुझे शराबखोरी की लत लग गई। अब मैंने ज्यादा से ज्यादा पानी मिलाना शुरू किया और मार-पीट के बावजूद 16 वर्ष का होते-होते मैं रोज शराब पीने लगा था।''

''सत्रह-अठारह वर्ष की उम्र से ही मैं दर्जी का काम कर रहा हूँ। उस वक्त मैं शराब पीने के लिए खुद से यह बहाना करता कि मैं जरा संकोची किस्म का हूँ—पी न लूँ तो ग्राहकों से बकाया पैसे माँगने का साहस कहाँ से आएगा ? हमारे गाँव में लगभग 1700 घर थे। 30-40 घरों में महुआ की शराब उतारी जाती थी। स्त्री-पुरुष दोनों इसमें हाथ बँटाते थे। गाँव के चौक से शराबी उबले हुए अंडे तथा दूसरी मसालेदार चीजें खरीदते थे। एक बोतल शराब उतारने में दस रुपए की लागत आती थी किन्तु उसे 40 रुपए में बेचा जाता था। हर हफ्ते पुलिस-कांस्टेबल को दारू की एक बोतल नजराने में दी जाती। शराब उतारने-बेचने का पूरा धन्धा एकदम सरपट दौड़ रहा था। मेरी शादी हुई तो कुछ वर्ष बड़े दुख में बीते। मैं शराब पीकर अपनी पत्नी को गालियाँ बकता और अक्सर नालियों में अचेत पड़ा रहता था। आखिरकार पत्नी ने मुझे सर्च 'व्यसन मुक्ति केन्द्र' में भर्ती करा दिया। मैं वहाँ 15 दिनों तक रहा। फिर प्रति माह वहाँ की बैठक में शामिल होता रहा। पहले कुछ दिनों तक मुझे कठिनाई हुई। तलब उठने पर पूरी शरीर में ऐंठन और कँपकँपी होती थी। लेकिन अब मैं बिल्कुल ठीक हूँ। तीज-त्योहारों के अवसर पर मैं गाँव से दूर चला जाता हूँ अन्यथा फिर पीने का लालच लगेगा। आज मुझे शराब छुए पाँच वर्ष हो गए हैं। हमारे इलाके में अब शराब नहीं उतारी जाती लेकिन फिर भी लोग पड़ोस के चन्द्रपुर जिले से तस्करी करके यहाँ लाते हैं। पहले तो यहाँ पुलिसवाले भी गाड़ी खड़ी करके दारू पीते थे। अब यह बात नहीं।

भास्कर ने बताया कि वह दो वर्षों से पुरुषों का प्रजनन स्वास्थ्य सुधारने के लिए स्वास्थ्यकर्मी का काम कर रहा है। इससे उसकी जिन्दगी का लक्ष्य ही बदल गया है। इसी के साथ 'सर्च' के शोध के लिए उसने विभिन्न घरों से शिशुओं और बीमारी के बारे में महत्त्वपूर्ण आँकड़े भी इकट्ठे किए हैं। छोटी-मोटी बीमारियों की जाँच-उपचार

वह अब खुद कर लेता है और जहाँ ज्यादा गहरे परीक्षण की ज़रूरत होती है उन मामलों में वह मरीजों को अस्पताल जाने की सलाह देता है। गाँव के प्रमुख लोगों के साथ नियमित रूप से उसकी बैठक होती है। इसमें गाँवों में पुरुषों में व्याप्त रतिज-रोगों की समस्या पर भी बातचीत की जाती है। पहले उन लोगों के पास एक गाड़ी थी। उसमें लगे उपकरणों के जरिए वे लोग रतिज-रोग की शंकावाले मरीजों के खून की जाँच करते थे। किन्तु इसमें दिक्कत यह थी कि जाँच कराने को सामान्य बीमारियों के मरीज ज्यादा जुट जाते और जो मरीज पूरी गोपनीयता बरतते हुए अपना उपचार कराना चाहते थे—उनके लिए जाँच कराना सम्भव नहीं रह पाता। ऐसे में उन्हें झोला-छाप डॉक्टरों के पास जाना पड़ता था। भास्कर ने अपनी नियमित स्वास्थ्य-जाँच के दौरान यह भी पाया कि गाँव के 25 प्रतिशत पुरुषों को हाइड्रोसील का रोग है। भास्कर को प्रति दौरा 2 रुपए की कमाई होती है—निमोनिया की दवा देने पर ही हर बार उसे 5 रुपए अतिरिक्त मिल जाते हैं। मलेरिया और फाइलेरिया की जाँच के लिए उसने स्लाईड बनाना भी सीख लिया है। अतिसार, बुखार तथा खुजली के उपचार का भी उसे ज्ञान है। बाकी के समय में वह अब भी कपड़े सिलता है।

भास्कर की दुबली-पतली पत्नी माया भी स्वास्थ्यकर्मी है। उसका व्यक्तित्व गरिमापूर्ण है। बातचीत के दौरान वह हमारे लिए चाय रख गई। फिर उसने बड़े गर्व से टीन के एक बक्से में रखे अपने पेशे के औजार दिखाए। ये औजार उसे 'सर्च' ने मुहैया कराए थे। उसने प्रसव-कर्म में उपयोगी इन उपकरणों को दिखाते हुए बताया कि इस कारण कितने नवजात शिशुओं की जान बची है। उसने हमें दस्ताने, मुँह साफ करने का दम-पम्प, रोगाणुनाशी द्रव की बोतल, वजन मापने का पैमाना और एक लिफाफे की शक्ल का गर्भ अस्तरवाला थैला दिखाया। उसने सगर्व बताया कि इस गर्भ थैले में कम वजनवाले अपरिपक्व शिशुओं को रखा जाता है ताकि उनके अन्दर जीवनरक्षक ऊष्मा बची रहे। इसकी कीमत 100 रुपए से भी कम है और नागपुर में इसे तैयार किया जाता है। उसने कहा कि 'हमारे गाँव में बहुत से नवजात शिशुओं की जान इन उपकरणों के कारण बची है। ये शिशु समय से पहले जन्म लेने के बावजूद बच गए जबकि पहले ठंडी हवा की चपेट में आकर नन्हे फेफड़ों के जकड़ जाने से काल-कवलित हो जाते थे।

माया बाई जब ये बातें बता रही थी तो उसकी आँखों में भी अपने पति के समान एक स्वास्थ्यकर्मी तथा अनुसन्धान-सहायक के कर्तव्य और अधिकार का आत्मविश्वास झलक रहा था। अर्ध-साक्षर होने के बावजूद उसकी जिन्दगी ने उसे दूसरों की समस्याओं को करुणा तथा गम्भीरता से देखना-सँभालना सिखाया था। एक 'दाई' के रूप में आज वह जन्म और मृत्यु के पूरे रहस्यमय संसार को देखती, परखती, पहचानती और सुनती है। आप देखते ही जान सकते हैं कि गाँववालों के मन में उसके लिए कैसा गहरा आदर-भाव है। जब वह एक नवजात शिशु को सँभालती हमें दिखाने के लिए एक सौरी से बाहर ले आई, तो उनकी आँखों में कृतज्ञता का सागर लहरा रहा था। ''बाई ने गाँव के बहुत शिशु बचाए हैं,'' नवजात की दादी ने कहा।

गुंडावर दम्पति की उम्र कितनी होगी ? सम्भवतः दोनों जने 30 से 50 के बीच होंगे। इलाके का मौसम शुष्क और रूखा है और जीवन कठिन। अतः गाँववाले समय से पहले बूढ़े नज़र आने लगते हैं। उनके चेहरे की लकीरें और शक्तिशाली हाथों की झुर्रियों से अनुभव का विपुल संसार झाँकता है। इन लोगों के पास उस झोंपड़ीनुमा मकान को छोड़कर—जहाँ हम बैठे थे—कोई धन-सम्पदा नहीं। मकान की अँगनाई लगभग खाली नज़र आ रही थी। एक ख़स्ताहाल बेंच से कसी हुई बहुत पुरानी सिलाई-मशीन बाहर बरामदे में खड़ी थी। लेकिन आज इस दम्पति का कहा लोग बड़ी शिद्दत से मानते हैं। माया जब किसी बीमार का हाथ सहलाती है तो वह जानता है कि ये हाथ मृत्यु के मुख से जीवन को खींच लेनेवाले हाथ हैं—इन्हीं हाथों ने एक बार मुर्जाखेड़ा के दर्जी को मौत के मुँह से बचाया था।

गाँव की गलियों से गुजरते हुए हमारे साथी डॉक्टर बैतुले ने बताया कि इन ग्रामीण शोधकर्ताओं द्वारा इकट्ठे किए गए आँकड़ों से साफ पता चलता है कि हमारे गाँवों में ज्यादातर बच्चे अतिसार से नहीं बल्कि निमोनिया से मरते हैं। कमजोर माताओं से अस्वास्थ्यकर स्थिति में जन्मे कम-वजनवाले इन बच्चों के फेफड़े कमजोर होते हैं और अधिकांश को जन्म के बाद ठंड पकड़ लेती है। तब श्वासनली का संक्रमण लगने का बड़ा जोखिम रहता है। जन्म के साथ ही ऐसे बच्चों को चिकित्सा और प्रतिजैविक औषधि देने की ज़रूरत होती है। पर 'सर्च' के साथ शुरुआत समस्या थी कि खेतों में खटनेवाले स्त्री-पुरुषों को ऐसे नाजुक काम के लिए प्रशिक्षित किया भी जाए तो कैसे ? पहले चुने हुए स्वास्थ्यकर्मियों को नागपुर के 'मातृसेवा संघ' भेजा गया। इस निजी क्लिनिक के स्वास्थ्यकर्मियों ने कहा कि इस गँवार दीखते, खेती-किसानी करनेवाले लोगों को कैसे प्रशिक्षण दिया जा सकता है—उन्हें विश्वास ही नहीं हो पा रहा था कि ये लोग नवजात शिशुओं को सुई लगा सकेंगे तथा जरूरी दवाइयाँ दे पाएँगे। डॉक्टर ने साफ कह दिया कि इन लोगों से यह सब नहीं होनेवाला। आखिरकार 'सर्च' की टोली ने उन्हें गढ़चिरोली में प्रशिक्षित करने का फैसला किया। कैसे हुआ यह सब ? पहले उन्हें बिल्कुल परिचित चीजों में पानी की सुई लगाने को कहा गया। उनकी कठोर हथेलियाँ आम और बैंगन जैसे फल-सब्जी से सुपरिचित थीं ही। पहले पहल इन्हें प्रयोग की वस्तु बनाया गया। एक बार सीरिंज पर हाथ सध गए तो उन्हें आदमियों पर हाथ आजमाने को कहा गया।

'मुझसे कुछ नहीं पूछने का—बिन्दास इंजेक्शन लगाने का,' उनसे कहा जाता। थोड़े दिनों में उन्हें यह काम अच्छी तरह करना आ गया। फिर उन्होंने नवजात शिशुओं को सुई देने का काम शुरू कर दिया। इससे गाँव में सैकड़ों नवजात शिशुओं की जान बची। पहले गाँव के नवजात शिशु में दो-तिहाई प्रसव के कुछ समय बाद ही पसली चलने से मर जाते थे। अस्पताल दूर हैं और वहाँ इलाज भी महँगा है। इन ठोस वास्तविकताओं के मद्देनजर स्वयं ही नवप्रसूताओं की देखभाल करना और नवजात शिशुओं के फेफड़ों को निमोनिया से बचाने के उपक्रम करना जरूरी हो गया था। नागपुर के डॉक्टरों के

मन में जो भी भय रहे हों—सच्चाई यह है कि आज 'सर्च' के प्रयास से इलाके में नवजात शिशुओं की मृत्यु-दर 60% कम हो गई है और शिशु-मृत्यु-दर में भी 40% की गिरावट आई है।

'सर्च' की टीम के आने से पहले इस इलाके में प्रसव के लिए सुविधा के अभाव में महिलाओं को कितनी परेशानी उठनी पड़ती थी—इसका एक भयावह खाका मेरे सामने डॉक्टर बैतुले ने पेश किया। 'सर्च' शुरुआती शोध के दौरान पाया कि 92% महिलाएँ स्त्री-रोग से पीड़ित हैं जबकि महज 7% ही उपचार के लिए प्रयास करती हैं। उनकी आधी बीमारियाँ तो प्रजनन-प्रदेश के संक्रमण से जुड़ी थीं। इस वजह से एच. आई.वी. और यौन संक्रमित रोगों का भी उन्हें ज्यादा खतरा था। इसके अतिरिक्त कुछ स्थानीय अन्धविश्वासों की जड़ें इतनी गहरी थीं कि लोग समुचित स्वास्थ्य-कल्याण की कोशिश नहीं करते। उदाहरण के लिए—शिशु के जन्म के बाद जच्चा-बच्चा दोनों को गाँववाले कम से कम छह दिन तक एक धुँधले और बेहवादार कमरे में रखते। लोग मानते थे कि नाभिनाल में चमत्कारिक शक्तियाँ होती हैं—उसे लक्ष्मी का रूप माना जाता। इस कारण जब तक यह गिर न जाए—माता को बाहर नहीं जाने दिया जाता। तालाब में इस नाभिनाल को डुबा देने के बाद ही माता का बाहर निकलना उचित माना जाता। उस पूरे दौरान नवप्रसूता को शौचादि से निबटने के लिए प्रसूति गृह के ही भीतर खुदे गए एक गड्ढे का आश्रय लेना पड़ता। इससे कमरे में असह्य बदबू हो जाती—और शौच कम से कम जाना पड़े इसके लिए 'माता' को जान-बूझकर भूखा रखा जाता। प्रसव के पाँच दिनों तक माता और शिशु दोनों को अशुद्ध माना जाता।

कहना न होगा कि माता और शिशु के जीवन पर इन पाँच दिनों तक खतरा और भी बढ़ जाता। नाभि-नाल के गिर जाने पर जब 'बाज का दान' नामक उत्सव मनाया जाता तभी बच्चे को प्रसवकक्ष से बाहर निकालकर तिल और गुड़ खिलाया जाता और उसके सर से बाल (जखड़े) साफ किए जाते। इससे भी नवजात शिशु के जीवन को खतरा बनता था क्योंकि सर के बालों को हटा देने से सिर से ठंड लगकर अक्सर बच्चे को 'हायपोथर्मिया' हो जाता।

'सर्च' टीम ने तय किया कि जो रिवाज हानिकारक नहीं हैं—उनमें 'सर्च' किसी तरह की दखलंदाजी नहीं करेगा। किन्तु जिन रिवाजों के कारण स्वास्थ्य-हानि होती हो उस पर समयानुसार प्रहार किया जाएगा। आज 'सर्च' के स्वास्थ्यकर्मी घर-घर जाकर गर्भवती बहुओं तथा सासों को इस बारे में बहुत सी जानकारी देकर विभिन्न बातों से आगाह करते हैं। वे उनको साफ-सफाई, पोषण और गर्भवती स्त्री को भरपूर भोजन देने की बात समझाते हैं। पहले जान-बूझकर गर्भवती स्त्री को कम-कम भोजन दिया जाता था—घर की बुजुर्ग स्त्रियाँ कहती थीं कि भ्रूण बड़ा हुआ तो प्रसव में कठिनाई आएगी। स्वास्थ्यकर्मियों ने उन्हें बताया कि गर्भवती माता को दिए गए भोजन से सिर्फ भ्रूण को ही पोषण नहीं मिलता बल्कि स्वयं माता के शरीर को भी वही भोजन पालता है। पहले प्रसव में माता को देर तक प्रसव-पीड़ा में छटपटाना पड़ता है—इस कारण उसका सबल

स्वस्थ होना बेहद जरूरी है। उनसे गर्भवती महिलाओं को पूरक विटामिन देने की बात भी कही गई। उन्हें बताया गया गर्भावस्था के दौरान आयरन और कैल्शियम की टिकियाँ देने से माता की हड्डी मजबूत (हाड पोकाची गोली) होती है और स्वस्थ खून तैयार होता है। स्त्रियों को यह बात समझ में आ गई। एक वर्ष से पहले यहाँ बच्चे को ठोस आहार देने का रिवाज नहीं था—इसका भी धीरे-धीरे परन्तु दृढ़ता से विरोध किया गया। ठोस आहार लेनेवाले बच्चों की कदकाठी जब निखर उठी तो देखा-देखी अन्य माताओं ने भी अब अपने शिशुओं को ठोस आहार देना शुरू कर दिया है।

इस दौरान व्यक्तिगत साफ-सफाई की ज़रूरत भी गाँववालों को समझाई गई। पहले स्त्रियाँ प्रसव के समय हाथ अथवा इस्तेमाल होनेवाले कपड़ों की सफाई पर ख़ास ध्यान नहीं देती थीं। वे काटी हुई नाभि पर बैट्री सेल का काला मसाला, हल्दी, कुमकुम अथवा चिकनी मिट्टी का चूरा तक मल देती थीं। इससे कई शिशुओं को धनुष-टंकार (टिटनेस) हो जाता था और अक्सर शिशु की मृत्यु हो जाती थी। इसी तरह वे अन्धविश्वासों के चलते न तो माता का और न ही शिशु का वजन तौलना पसन्द करते थे। शिशु को जन्म के तुरन्त बाद स्तनपान भी नहीं कराया जाता था। कहा जाता था कि प्रसव के तुरन्त बाद के दिनों का दूध अच्छा नहीं होता। उनसे कहा गया कि बछिया जनने के बाद यदि गाय का दूध उसके लिए हानिकारक नहीं होता तो फिर माँ के दूध से बच्चे को कैसे हानि हो सकती है ? सदियों पुरानी अन्धविश्वासों को दिमाग से निकालने में कुछ वक्त तो लगना ही था लेकिन प्रशिक्षित दाइयों की देखरेख में रह रही माताओं तथा शिशुओं की उत्तरजीविता से फायदा हुआ। अब यहाँ हर बात की छूट है : कमजोर बच्चे को नियमित रूप से धूप में रखा जाता है ताकि हड्डी मजबूत हो। अब उन्हें यह भी पता चल गया है कि हायपोथरमिया से बचाने के लिए बच्चे के सर पर बाल रहने देना जरूरी है। वे अब नवजात का तुरन्त मुंडन नहीं करते। दरअसल इन कार्य दक्ष नंगे-पाँव स्वास्थ्यकर्मियों पर लोगों का विश्वास इस कदर जम गया है कि स्थानीय डॉक्टर तक अपने नवजात शिशुओं को सुई प्रसव करानेवाली दाई से लगवाते हैं। इन दाइयों को प्रति प्रसव 200 रुपए मिलते हैं। यदि बच्चे के जन्म के समय उसकी गर्दन में नाल उलझी हो तो कुछ और रकम मिल जाती है। ऐसे बच्चे के जन्म को 'शुभ लक्षण' माना जाता है। कहा जाता है कि 'ब्राह्मण का जन्म हुआ है।' नकदी के अलावा दाई को ब्लाउज-पीस तथा थोड़ा अनाज भी दिया जाता है। पहला प्रसव अधिकांशतया मायके में होता है, जो मायकेवालों से युवा बहू के लगाव के मद्देनज़र तर्कसंगत है। जन्म के 28वें दिन बाद सभी कम-वज़न नवजात शिशुओं को 'चेकअप' के लिए 'सर्च' केन्द्र में बुलाया जाता है।

'सर्च' ने जब से इस इलाके में अपने तौर पर काम करना शुरू किया है—तब से हर चार माह पर स्वास्थ्यकर्मी शिविर लगाते हैं। इसमें प्रस्तुत 'स्लाईड-शो' देखने के लिए गर्भवती स्त्रियों के साथ उनकी सासों को भी बुलाया जाता है। उनके व्यवहारों में परिवर्तन का अध्ययन किया गया और निष्कर्षों को ख़ास तौर से तैयार की गई

प्रश्नतालिका में अंकित किया गया। इसमें लगातार की गई सिखावन-बुझावन का विश्लेषण करना भी शामिल था। अब गाँव में प्रसव-कक्ष में शौच के लिए खड्डा खोदने का खतरनाक रिवाज एकदम समाप्त हो गया है। अब हर नवजात शिशु को तत्काल स्तनपान भी कराया जाता है। स्वास्थ्यकर्मी तब तक नहीं हटते जब तक सास की उपस्थिति में माता बच्चे को प्रथम स्तनपान नहीं करा देती। इससे स्थिति सुधरी। हाल में 800 ग्राम वजन के एक जुड़वाँ शिशु को भी बचा लिया गया। हाल ही में मुख्यमन्त्री विलासराव देशमुख ने शोधग्राम का दौरा किया था। इस 'मॉडल' के आधार पर दो अन्य जिलों में वहाँ कार्यरत 7 स्वयंसेवी संस्थाओं की मदद से ठीक इसी तरह कार्य करने की योजना बनाई गई है। डॉक्टर बैतुले ने गर्व के साथ ये बातें हमें बताईं।

अपनी यात्रा के अगले चरण में हमलोग नावे गाँव के एक कुटियानुमा कमरे के आगे रुके। डॉ. बैतुले ने मुझे रास्ते में बताया था कि पहले 'सर्च' ने पहले सहायक-नर्स-धाय (अक्जिलरी नर्स-मिडवाईफ) को प्रशिक्षण देने की कोशिश की थी लेकिन ये लोग सरकारी कर्मचारी थे। इनके वरिष्ठ अधिकारियों को बुरा लगा कि एक अदना-सा स्वयंसेवी संगठन उनके मातहतों को नए पाठ पढ़ा रहा है। आज इलाके की अधिकांश ए.एन.एम. परिवार-नियोजन कार्यक्रम के तहत रोग-प्रतिरोधी टीका लगाने का ही काम करती हैं हालाँकि अधिकांश की इच्छा और जानने-सीखने की है। लेकिन जिस तन्त्र ने उन्हें रोजगार दिया है वह उन्हें धायक्रम या नर्सिंग के लिए कभी मुक्त नहीं छोड़ता भले ही उनके नाम से इसी काम की सूचना मिलती हो। अन्ततः 'सर्च' ने अब अनपढ़ परम्परागत प्रसवकर्मियों को अनौपचारिक शैक्षिक पद्धतियों के जरिए प्रशिक्षित करना शुरू किया है। इस तरह दाइयों की एक दक्ष टोली बन गई है। इन्हीं में से एक है जेवन्ता बाई।

जब हमलोग जेवन्ता बाई के घर पर रुके तो वह हमें बड़े शौक से अपनी एक बहुमूल्य पिटारी दिखाने ले आई। हरे रंग के उस टिन के ट्रेक में, जिसे उसने मंगलसूत्र में अटकाई एक ताली से बड़ी गम्भीरता से खोला, एक स्पंज होल्डर (डंडा), एक चिलमची (चमचा), रोगाणुनाशी द्रव की बोतल और यौनांग पर लगानेवाला मलहम (जिनको सफेद स्राव होता हो—'दही के समान'—उनके लिए) रखा हुआ था। जेवन्ता बाई के पास विटामिन की बोतल और बैक्टीरिया-जनित संक्रमण से होनेवाले बदबूदार स्राव के उपचार के लिए डॉक्सीक्लाइन टिकिया भी थी। उसने कहा कि 'मैं यह टिकिया दस रोज प्रतिदिन दो बार खाने की तजवीज करती हूँ।' अमूमन वह स्त्रियों की जाँच करती है किन्तु इसमें उन्हें आपत्ति हो तो प्रश्न पूछती हैं, जैसे :

"क्या सम्भोग से तुम्हें दर्द होता है ? मासिक धर्म कैसा चल रहा है ? पीठ में दर्द तो नहीं ? क्यों पेडू में दर्द है ? क्या इसी तरह का कोई और कष्ट है ?"

जेवन्ता बाई को बच्चे में निमोनिया (डब्बा) पहचानने और उपचार करने की भी

तरकीब भी सिखाई गई है। उसने एक जानकार व्यक्ति की मुस्कुराहट के साथ बताया कि 'यह कमजोरी और फेफड़ों (फुफ्फस) के संक्रमण के कारण होता है न कि बुरी नज़र लगने से। यदि बच्चे को तेज ज्वर हो और उसकी पसली चल रही है तो जेवन्ता बाई उसे 7 दिनों तक साँझ-सवेरे आधा चम्मच दवाई देती है। लेकिन बच्चा अर्धमूर्च्छित हो; उसे मूर्च्छा आ रही हो अथवा पीला पड़ता जा रहा हो तो वह तुरन्त उसे अस्पताल ले जाने को कहती है। उसे बताया गया है कि गर्भवती स्त्री को चौथे माह से लौह-कैल्शियम की टिकियाँ दी जानी चाहिए और प्रसवोपरान्त दस माह तक इसे जारी रखना चाहिए। वह औरतों को बताती है कि इस टिकिया से हाजमा बिगड़ सकता है और काले रंग का दस्त आ सकता है—ऐसे में गुड़ खाना चाहिए। जेवन्ता बाई नवमाताओं को समझाती है कि हरी शाक-सब्जी, दूध, अंडा या दही खाने में कोताही नहीं करनी चाहिए। मुँह के छाले के लिए वह उन्हें बी कांपलेक्स की टिकिया खाने और ग्लिसरीन लगाने की सलाह देती है। वह उन्हें पहले ही आगाह कर देती है कि इससे पेशाब का रंग पीला हो सकता है। वह महिलाओं को अतिरिक्त ऊर्जा के लिए अंकुरित चना या उड़द खाने की सलाह देती है। बुखार के लिए पारासीटामोल और डायरिया के लिए फ्यूरो जोलाडाईन देने की बात उसे मालूम है। नेत्र श्लेष्मक शोध (कंजक्टीवाइटिस) से शिशुओं को उबारने के लिए उसके पास आँख में डालनेवाली दवा भी रहती है। किसी बड़े सर्जन की सी भंगिमा अपनाते हुए उसने बताया कि शिशुओं को आँख का संक्रमण प्रसव-नली के संक्रमण के कारण लगता है।

दवाइयों की लम्बी सूची को दुहराने के बाद जेवन्ता बाई ने बक्से से एक हाथ मोजा (शल्यक्रिया में काम आनेवाला दस्ताना) भी निकाला और हमें बताया कि कैसे इसे उलटकर हाथ पर चढ़ाया जाता है। वह मुस्कुराते हुए बोली, ''चूड़ी उतार लेने के बाद इसे हाथ पर चढ़ाना बच्चों का खेल है।''

इन सभी दाइयों को नियमित रूप से प्रशिक्षण दिया जाता है और उनकी परीक्षा भी ली जाती है। प्रति माह उनके लिए कक्षाएँ लगाई जाती हैं फिर उनका मौखिक इम्तहान होता है। डॉक्टर बैतुले ने बताया कि परम्परागत प्रसवकर्मियों के लिए 10 में 9 अंक लाना अनिवार्य है अन्यथा उन्हें 'फेल' माना जाता है। 'सर्च' द्वारा प्रशिक्षित दाई पूरे गाँव के लिए नियामत होती है। अतः पूरा गाँव दाई माँ के 'परीक्षाफल' की आतुर होकर प्रतीक्षा करता है और दाई माँ 'फेल' हो गई तो स्वयं उसके लिए भी डूब मरने जैसी बात होती है। पचास वर्ष की दाई भी 'पास' होने के लिए जी-जान से मेहनत करती है।

''प्रशिक्षण से पहले यह काम हमारी बेटी-बहू करती थीं। लेकिन अब इस काम की बहुत इज्जत है। बाँग बाई (डॉक्टर रानी बाँग) खुद हमारे साथ बैठकर सारणियों और खेल के जरिए पढ़ाती हैं,'' जेवन्ता बाई ने कहा।

डॉक्टर बैतुले ने प्रशंसा में सर हिलाते हुए कहा कि एक बार स्त्रियाँ संगठित हो जाएँ तो फिर पीछे मुड़कर नहीं देखतीं। इसी तरह उन्होंने शराब की अवैध बिक्री पर

प्रतिबन्ध लगवाया था। उन्होंने हमें इस सन्दर्भ में राजघाट चाक गाँव की एक बैठक का किस्सा सुनाया। बात कुछ इस तरह थी। अपने आरम्भिक वर्षों में 'सर्च' ने जितने भी स्वास्थ्य-शिविर लगाए उसमें सामान्य रूप से यह बात सामने आई कि शराबखोरी से परिवार बर्बाद हो रहे हैं और महिलाओं के स्वास्थ्य पर इसका बड़ा कुप्रभाव पड़ रहा है। कच्चे शोध से यह पता चला है कि परियोजना क्षेत्र में कम से कम 1 लाख पुरुष ऐसे होते हैं जो रोजाना शराब पीते हैं जबकि 15,000 पुरुष पक्के नशेड़ी हैं। राज्य के समूचे विकार परिव्यय से ज्यादा रुपया लोग शराब पर खर्च कर रहे थे।

राजघाट चाक नामक गाँव जेवन्ता बाई के गाँव से नजदीक है। इस गाँव का प्रत्येक घर गरीबी और दुख की काली छाया में जीता रहा है। मर्दों को शराब पीने की बुरी लत थी। एक ऐसे संसार में जहाँ दुख का साम्राज्य हो—संसाधनों की कमी लोगों को शिकार का 'चारा' बनाकर छोड़ती है। इस अर्धशहरी ग्रामीण इलाके में हर जगह छोटे-मोटे अधिकारी पसरे हुए थे। सारी चीजों पर इन्हीं लोग 'रॉबिनहुडो' के प्रतिसंस्करणों की छाप थी। गरीबों को लूटकर ये खुद का घर भरते। इनकी पत्नियाँ और परिवार शहर में रहते। इनके बच्चे प्राइवेट स्कूलों में पढ़ते। पंचायती राज-संस्था के जरिए सुरक्षित ऋण और उधार के रूप में ग्रामीण विकास के लिए जैसे-जैसे ज्यादा से ज्यादा रकम आवंटित होने लगी उसी गति से इन शोषकों की संख्या और थैली हड़पने पर आपसी होड़ बढ़ती गई। प्रखंड विकास अधिकारी के दफ्तर के बाबुओं के संरक्षण में ही स्थानीय स्तर पर शराब उतारने का धन्धा खूब फल-फूल रहा था। स्थानीय पुलिस ? वह तो इस संकट का उत्पादक भी है और संरक्षक भी। आखिरकार महिला मंडल ने कुछ करने का निश्चय किया। छोटे-मोटे विक्रेताओं ने अनुनय-विनय के बाद अपनी दुकान बन्द कर दी। कुछ दूसरों से सख्ती करनी पड़ी—कभी तो मारा-पीटा भी गया। पुलिस खड़ी तमाशा देखती रही। उच्चाधिकारी तनिक दयार्द्र निकले। महिलाएँ डटी रहीं—उनके स्कूल जानेवाले बेटों ने आन्दोलन में भागीदारी की और आन्दोलन ने जोर पकड़ लिया। आज स्थिति यह है कि शराबियों को पीना हो तो गाँव के बाहर जाना पड़ता है। शराब आसानी से नहीं मिलती। पहले गाँव में 80-90% मर्द शराब पीते थे। अब एक चौथाई से कम जने ही शराब पीते हैं।

परिसर के अन्य कमरों की तरह यह कमरा भी बनाव-सिंगार से रहित लेकिन साफ-सुथरा था। रूसी भाषा में एक कहावत है कि दूसरे की आत्मा अँधेरा जंगल है। यहाँ कुछ घंटे बिताकर मैंने इस कहावत का सही मतलब जाना।

डॉक्टर रानी बाँग का यह बहिरंग-मरीज-औषधालय है। इसमें एक छोटी सी डेस्क लगी है जिसके पीछे डॉक्टर रानी बाँग रोगियों को देखने के लिए बैठती हैं। कमरे में एक टेबल और है जिस पर लिटाकर रोगी का परीक्षण किया जाता है। फर्नीचर के नाम पर इसके अतिरिक्त बस तीन कुर्सियाँ और लगी हैं। उसमें मुँह के कैंसरवाले रोगियों

की जिन विभिन्न अवस्थाओं को दिखाया गया है, उन्हें देखकर रीढ़ में सिहरन दौड़ जाती है। डॉक्टर रानी बाँग ने हमें पोस्टर की ओर ताकते हुए देख लिया, ''यहाँ महिलाओं को भी तम्बाकू खाने की बुरी लत है। तम्बाकू चबाने की लतवालों के मन में डर बैठाने के लिए हमलोग इन पोस्टरों का उपयोग करते हैं।''

रानी बाँग की इस क्लिनिक में जैसे-जैसे दिन चढ़ता गया, हमारे आगे दो तरह के भारत उजागर होते गए। एक शहरी भारत, जो बड़े-बड़े महानगरों में रहता है। इस भारत में चमकदार, विशाल और नवीनतम सुविधाओं से लैस नए-नए अस्पताल हैं। पंचसितारा होटलों की तरह नज़र आते इन अस्पतालों में सभी पंचसितारी सुविधाएँ हैं, जैसे घने हरियाली उद्यान, मन्द-मन्द बजता संगीत और सजे-सजाए प्रतीक्षालय। इन अस्पतालों में चिकित्सा के बेहतरीन उपकरण ही नहीं, हर विषय के सर्वाधिक दक्ष विशेषज्ञ सदा मौजूद रहते हैं। इसके ठीक विपरीत है गढ़चिरोली का यह छोटा सा शोधग्राम ग्रामीण गरीब-गुरबों का संसार—सरल-साधारण और खुद के बोझ से दबा सहमा संसार। यहाँ थोड़ी सी अनिवार्य वस्तुओं—एक-दो परीक्षण-टेबल, एक स्टेरी लाइज़र, साधारण सी एक ढक्कनदार बाल्टी, एक किडनी बेसिन और सामान्य डिस्पोजिबल दस्तानों के एक बक्से से खुशी-खुशी काम चलाया जाता है। लेकिन मरीजों के लिए इसका क्या महत्त्व है, इस बात को किसी को ठोस और गोचर पैमाने पर नहीं आँका जा सकता। शोधग्राम के इन गरीब मरीजों के इस अस्पताल पर गहरी आस्था है। उन्हें लगता है कि देवी दन्तेश्वरी का इस अस्पताल पर आशीर्वाद सतत बरस रहा है। तुलसी की एक पवित्र टहनी यहाँ उनको छाती की जकड़न से बचा सकती है। नीम लेप का एक कतरा उनको बुरी नज़र से उबार सकता है। किसी पुराने बक्से में रखे कुछ बेहद सामान्य चिकित्सा उपकरण यहाँ उनके सम्मुख सैकड़ों माताओं और शिशुओं को मौत के जबड़े से खींच लाने का करिश्मा हर रोज प्रदर्शित जो करते हैं।

चिकित्सा का यह एक अर्द्ध जादुई संसार है; जहाँ हर चीज की कमी है, पर डॉक्टर का प्यार भरा हाथ ललाट पर रखते ही तेज ज्वर या असहनीय दर्द से छटपटाते मरीजों को हौले-हौले आराम पहुँचाने लगता है। दवाइयाँ तो बाद में असर करेंगी। पहले यहाँ विश्वास और प्यार अपना चमत्कार दिखाते हैं—यही विश्वास और प्रेम है, जो सहज संकोची और अनपढ़ स्त्रियों को जी खोलकर अपनी बात कहने के लिए हिम्मत देता है।

एक बार औरतों के दिलो-दिमाग को जकड़े बैठी चुप्पी टूटी नहीं, कि फिर उनकी कथाएँ बीमारियों के बारे में तरतीबवार बताए उनके 'वृतान्त' दिमाग में सहज आ पैठते हैं। आरम्भिक हिचकिचाहट से उबरने के बाद कई बार अधिकतर बड़ी देर तक खुद से बतियाती रहती हैं। बात भटककर जाने कहाँ से कहाँ चली जाती है। अपने एकालापों की मार्फत ये स्त्रियाँ एक अनपढ़ बोली में गहरी दार्शनिकता का छौंक लगाकर मन के उबाल को व्यक्त करने की कोशिश करती हैं। स्त्रियों, परम्परागत दाइयों और अध्येताओं के साथ हुई सैकड़ों समूह-चर्चाओं में से ऐसी ही एक समूह चर्चा में एक आदिवासी स्त्री

बोली, "जैसे हर पेड़ में फूल लगते हैं उसी तरह हर स्त्री को माहवारी होती है। जैसे पेड़ पर घाव होने से रस चूने लगता है वैसे ही श्वेतप्रदर भी प्रजननांग से झरता है।"

मुझे याद आया, रानी बाँग ने मराठी भाषा में 'कानोसा' नाम से एक 'प्रबन्ध' तैयार किया है। गेस्टहाउस में रात में मैं इसे पढ़ रही थी। 'कानोसा' का शाब्दिक अर्थ होता है—'कान में चोरी-छुपे फुसफुसाना।' शीर्षक से ही स्पष्ट है कि इस पुस्तक में ग्रामीण स्त्रियों की ऐसी ही तमाम बातें दर्ज हैं जिसमें उन्होंने अपने शरीर और यौनांगों के कामकाज के। प्राकृतिक उपादानों से निकली एक नितान्त निजी भाषा में, काव्यात्मक बिम्बों के सहारे अभिव्यक्त किया है।

रानी बाँग ने हमें बताया कि स्त्रियों को श्वेत प्रदर होना यहाँ बड़ी सामान्य-सी बात है। ज्यादातर स्त्रियों के साथ यह रोग इतने सालों से लगा होता है कि इसके बारह पर्यायवाची नाम स्थानीय स्त्रियों में प्रचलित हैं। अधिकांशतया सही समझती हैं कि शरीर में ताप ज्यादा हो जाए तो उन्हें सफेद-स्राव होता है। स्त्रियों ने डॉक्टर बाँग को इसका तरतीबवार ब्यौरा दिया है। वे विभिन्न प्रकार के सफेद-स्रावों के बारे में बताती हैं और यह भी सुनाती हैं कि ऐसा होने पर कैसा महसूस होता है। पर अधिकांश स्त्रियाँ इसे नाक बहने जैसी सामान्य घटना मानती हैं। उन्हें यह खूब समझ पड़ता है कि इससे कमजोरी और सुस्ती आती है, मन चिन्तित रहता है, कामेच्छा खत्म हो जाती है और यौनांग में असुविधा भी महसूस होती है। स्त्रियों का मानना है कि सफेद-स्राव स्त्री-पुरुष दोनों में शक्ति को चूस निकालने का काम करता है। इन लोगों ने सफेद-स्राव को पाँच कोटियों में बाँट रखा है—सबसे खतरनाक उसको माना जाता है जिसमें स्राव के साथ खून के धब्बे नज़र आते हैं। स्त्रियों को जब ऐसा स्राव होता है तो उनकी बुद्धि कहती है कि यह रोग पति से उन्हें लगा है जो जरूर ही लालबत्ती-क्षेत्र (भूत बँगला) गया होगा। बहुत-सी महिलाओं का मानना था कि अन्तर्गर्भाशयी तरीके के इस्तेमाल से स्राव की बीमारी लग जाती है। यह भी माना जाता है कि काले जादू का असर है।

सफेद-स्राव के बारे में स्थानीय स्त्रियों की आम मान्यता है कि पति या पत्नी के व्यभिचारी होने से यह रोग उन्हें पकड़ लेता है। फलतः एक गहरा अपराध-बोध उसकी चिकित्सा कराने की राह में बाधा बनकर खड़ा हो जाता है। स्त्रियाँ अक्सर खुद को अपनी बीमारी के लिए जिम्मेदार मानती हैं और मान-मर्यादा की सोचकर रोग को छुपा जाती हैं। जब परिवार की किसी स्त्री की नज़र कभी उनके बाहर सूखते कपड़ों पर लगे दाग-धब्बों पर जाती है—तब जाकर रोग के बारे में बात खुलती है। तब भी पहले घरेलू नुस्खे ही आजमाए जाते हैं; फिर उससे फायदा नहीं हुआ तो गाँव के वैद्य की शरण ली जाती है या किसी तान्त्रिक से 'काला जादू' काटने के उपाय करवाए जाते हैं। जब इन सबों की भी नहीं चलती और यदि पति थोड़ा नेक किस्म का बन्दा हुआ, तो वह स्त्री को निजी चिकित्सक के पास दिखाने ले जाता है। पर चूँकि अधिकांश स्थानीय चिकित्सक पुरुष ही होते हैं इसलिए श्रोणि-प्रदेश की जाँच तब भी बहुधा नहीं हो पाती। और लक्षण के आधार पर ही डॉक्टर बाबू दवाइयाँ लिख देते हैं। भाषाई और सांस्कृतिक

आचार की बाधाएँ किसी पुरुष-डॉक्टर के सामने स्त्री को रोग का स्पष्ट वृतान्त रखने से भी रोकती हैं। स्त्रियाँ संकेत या इशारे से कुछ बताती हैं या प्रतीकों में समझाती भी हैं, तो स्थानीय रिवाजों से अपरिचित डॉक्टर प्रायः उनकी बातें नहीं समझ पाता। डॉक्टर पूछता है—क्या बीमारी है (क्या त्रास आहै ?) तो उत्तर होता है—'कमजोरी' हो गई। सम्भव है इस माध्यम से सफेद-स्राव की बात करना चाह रही हो किन्तु डॉक्टर उसे रक्तक्षीणता (एनेमिया) की बात समझ लेता है।

रानी बाँग ने वर्षों की मेहनत के बाद जाना है कि प्रजनन-प्रदेश के संक्रमण को पूरे विस्तार से बताने के लिए इन महिलाओं के पास खुद की तैयार की हुई एक भाषा है—डॉक्टरों को प्रायः इसका पता नहीं है। उदाहरण के लिए—प्रसवोपरान्त होनेवाले दर्द को (जब गर्भाशय अपने नियत स्थान और आकार को पाने की कोशिश करता है) यहाँ की औरतों में 'मामा भानजा चा दुख' (मामा-भानजे का दुख) कहा जाता है—आशय यह कि एक (मामा) आया है तो उसका दूसरा अंश (भानजा) भी आदतन आएगी ही। स्त्रियाँ यह भी मानती हैं कि प्रसव के समय बच्चा स्वयं कोख से बाहर आने की कोशिश करता है, अतः वे सोच ही नहीं सकतीं कि मृत-शिशु के प्रसव जैसी कोई बात सम्भव है। जब उनसे पूछा जाता है कि 'क्या तुम्हें मरा हुआ बच्चा पैदा हुआ था' तो वे साफ इनकार कर देती हैं। उनका तर्क होता है—'माँ के प्रजननांग से बाहर निकलने की कोशिश करनेवाला शिशु मृत कैसे हो सकता है।' वे कहेंगी—'भगवान ने दिया और उसी ने उठा लिया—इसमें जानने-कहने का क्या है ?'

भय, चुप्पी और अन्धविश्वास के अतिरिक्त गरीबी तथा साधनहीनता से घिरी ऐसी स्त्रियों को गर्भनिरोधकों के बारे में बताने से उसकी चिन्ता और भय में इजाफा ही होता है, रानी बाँग का यह पक्का विश्वास है। सर्च के चिकित्सकों ने अपने अनुसन्धान के दौरान ऐसे लक्षण पकड़े और नीति-निर्माताओं को एक स्पष्ट सन्देश भेजा कि औरतों को गर्भनिरोधकों के लिए उत्साहित करने से पहले स्त्री रोगों की जाँच और उपचार का काम करना जरूरी है अन्यथा वे गर्भनिरोधकों को स्वीकार करने से रहीं।

'सर्च' के शोध-निष्कर्षों से यह बात एकदम स्पष्ट है कि प्रजनन-स्वास्थ्य-कल्याण के प्रचार को हमें प्रसूति देखभाल और प्रजनन शक्ति के निमन्त्रण तक सीमित न रखकर व्यापक तथा मानवीय बनाना होगा। यदि आर.सी.एच. कार्यक्रम को स्त्रियों के लिए प्रासंगिक और अर्थपूर्ण बनाना है तो उसमें यौन समस्याओं तथा स्त्री-रोगों की रोकथाम, सुरक्षित गर्भपात की सेवाएँ और प्रजनन-स्वास्थ्य तथा यौन-शिक्षा जैसे मसलों को भी अनिवार्यतः शामिल करना पड़ेगा। डॉक्टर रानी बाँग का यह भी सुझाव है कि मात्र गर्भनिरोध पर बल देने की जगह कार्यक्रम में स्त्री और शिशु के पोषण तथा स्वास्थ्य रक्षा पर बल दिया जाना ज्यादा जरूरी है। यह सेवाएँ समुदाय-आधारित एक प्रणाली के जरिए ही प्रदान की जानी चाहिए ताकि गरीब लोग खासकर महिलाएँ इसमें स्वयं भी भागीदारी कर सकें और डॉक्टरों दाइयों से प्रजनन स्वास्थ्य सम्बन्धी मुद्दों पर खुलकर बातचीत भी करें।

चलिए क्लिनिक में लौटें।

क्लिनिक में हमारी भेंट राज बाई (वास्तविक नाम नहीं) से हुई। वह पीली, दुबली-पतली और अस्त-व्यस्त लग रही थी। उसकी देह पर टेरीलीन की चटख साड़ी और गले में काले मनकों की एक लड़ी थी जिससे पता चलता था कि वह शादी-शुदा है। उसके चेहरे पर गहरे अवसाद के लक्षण थे। जाँच-रिपोर्ट के अनुसार उसका हिमोग्लोबिन घटकर 4 ग्राम तक जा पहुँचा था। उसे लगातार बुखार आ रहा था। उसने लगभग कँपकँपाते स्वर में बताया, ''मुझे बड़ी कमजोरी हो गई है और हरदम बेचैनी महसूस होती है।'' हायपरटेंशन की बीमारी जानकर उसे अस्पताल में भर्ती करा दिया गया। वह पहले भी यहाँ दाखिल हो चुकी थी। उसे कोई सन्तान नहीं हुई। उसके पति का शाक-भाजी का व्यवसाय है। उसकी जाँच हुई तो पता चला कि उसने कई स्त्रियों से यौन सम्बन्ध बनाए हैं और उसे रतिज-रोग भी है। उसके वीर्य में शुक्राणुओं की संख्या भी कम थी। डॉक्टर बाँग ने राज बाई की जाँच के बाद कहा कि तुम्हारे पति का भी उपचार करना जरूरी है। डॉक्टर बाँग का कहना था कि उसके गर्भाशय में कुछ घाव के निशान हैं। ऐसे निशान असुरक्षित और भोंडे तरीके से गर्भपात कराने पर पड़ते हैं। पूछने पर उसने साफ इनकार कर दिया कि कभी उसने 'सफाई' (गर्भपात) करवाई है। मेरे पति यहाँ नहीं आ सकते—मुझे उनकी दवा दे दीजिए—उसने धीमे से कहा और चली गई।

डॉक्टर बाँग ने बताया कि 'भारत में जनसंख्या की अबाध वृद्धि यदि एक समस्या है तो बाँझपन भी उतनी ही बड़ी समस्या है। पर अक्सर इसकी कहीं भी चर्चा नहीं होती—किसी का ध्यान इस पर नहीं जाता कि कितनी औरतों को बन्ध्यापन के कारण कितना लांछित होना पड़ता है। और पुरुष के अहं को इस कारण कैसा धक्का पहुँचता है। हमारे यहाँ बाँझपन के कई कारण हैं। सबसे प्रमुख कारण तो पुरुषों में शुक्राणुओं का नहीं होना अथवा कम संख्या में होना है। पर भारतीय पुरुष पुरुषत्व के अहं या शर्म के कारण रतिज-रोग तथा मूत्र-मार्ग या यौनांग के रोगों से ग्रस्त होने के बावजूद खुद की जाँच करवाने में आनाकानी करते हैं। यह बात साबित हो जाए कि बाँझपन की जिम्मेदार पत्नी नहीं पति है, तो भी लोग अँगुली औरत की तरफ ही उठाते हैं। औरतें भी अक्सर अपनी ही देह को दोषी देती हैं। उन्हें यह मानने में हिचक होती है कि उनके पति में कमी है। वे चट मान लेती हैं कि दोष यदि है तो उन्हीं में होगा।

''यह फिर अकेली आई है—'' डॉक्टर बाँग दूसरी मरीज की तरफ मुड़ीं तो नर्स कान में फुसफुसाई। मुझे पता चला कि प्रयोगशाला की जाँच में उसके पति के वीर्य में शुक्राणु अनुपस्थित पाए गए हैं। वह खुद नहीं आना चाहता था। यह स्त्री दुबली-पतली थी और उसकी आँखों के गिर्द झाइयाँ पड़ी हुई थीं। वह बैठी तो उसके घुटने से चट्-चट् की आवाज आई। डॉक्टर ने उसे समझाया कि पति को लाना ज़रूरी है। लेकिन उसे पता था कि वह आने से रहा। 'शायद वह दूसरी शादी कर लेगा—' वह आँसू भरे स्वर में बुदबुदाई।

अगली बारी तूती बाई की थी। उसकी उम्र 25 वर्ष के लगभग होगी। उसे तीन साल की एक बच्ची है। प्रसव में उसे ज्यादा समय लगा था तथा उसे रक्तक्षीणता की शिकायत थी। उसने डॉक्टर को बताया कि अबकी बार उसे 'मासिक धर्म' नहीं हुआ है। उसकी दूध पीती बच्ची हर वक्त उससे चिपटी रहती है। उसे 10 कि.मी. दूर स्थित अपने गाँव से चलकर आना पड़ा था। वह कुपोषण की शिकार थी और सूखी हुई शल्की त्वचा से जाहिर होता था कि उसे विटामिन-ए की कमी है। डॉक्टर ने जाँच-परख के बाद कहा कि 'तुम्हें गर्भ नहीं ठहरा है। शायद रक्तक्षीणता के कारण इस दफे तुम्हें रजोस्राव नहीं हुआ।'

वह जाने लगी तो डॉक्टर रानी बाँग ने पूछा, 'तुम वापस कैसे जाओगी ?' 'मैं पैदल चली जाऊँगी–' उसने धीरे से उत्तर दिया।

वह चली गई तो मुझे रानी बाँग ने बताया कि उसे एक विरल किस्म का रोग सिकल-सैल अनीमिया है। सर्च के सर्वेक्षण से यह बात जाहिर हुई है कि कुपोषण-जनित रक्तक्षीणता के अलावा इस इलाके में आदिवासियों में यह विरल रक्ताल्पता भी है जो भारत में देखने में कम आती है। अमरीका के काले लोगों में पाई जानेवाली ऐसी ही रक्तक्षीणता से यह जरा भिन्न है। दिलचस्प बात यह है कि अध्ययन के मुताबिक इसके शिकार व्यक्ति की मलेरिया से सहज ही सुरक्षा प्राप्त हो जाती है। स्थानीय आदिवासी इसे अपने देवी-देवता से जोड़कर देखते हैं। 'सर्च' की टोली ने इस विषय में समझाने के प्रयास किए। 'सर्च' की टोली को पता था कि हर जनजाति 4-5 देवों को पूजती है। इन्हें 'सर्च' के दल ने समझाया कि Sicle-Cell की बीमारी देवता के शरीर में प्रकट होने का प्रमाण है (इस बीमारी में रक्त-कोशिकाएँ नवचन्द्र की आकृति धारण कर लेती हैं)। स्वास्थ्यकर्मी कहते हैं कि जिन्हें Sicle-Cell की बीमारी है उसे समझो कि चन्द्र देवता का विशेष आशीर्वाद प्राप्त है–डरने की ज़रूरत नहीं। भला ? इस वजह से अब आदिवासी लोग इस बीमारी की जाँच से नहीं घबराते। घर में किसी को Sicle देव की कृपा प्राप्त होने की बात पता चले तो वे खुश ही होते हैं।

अगली मरीज देखने से कहीं से भी आदिवासी नहीं लगती थी। वह पूरे आत्मविश्वास के साथ चलकर अन्दर आई। उसके साथ संरक्षिका की भूमिका में एक गोल-मटोल पड़ोसन भी आई थी। वे दोनों शहर से यहाँ आई थीं और कपड़े-लत्ते से अपेक्षया नफीस लग रही थीं। पता चला कि उन्होंने इस क्लिनिक के बारे में बड़ी बड़ाई सुनी थीं इसी वजह से वे यहाँ आईं। रोगिणी शहर के प्राइवेट क्लिनिक में जाकर तंग आ चुकी थी। वहाँ उसे हद दर्जे की लोलुपता नज़र आई। उसे 6 माह का गर्भ था। यह दूसरी बार था। पहला प्रसव उसे शल्यक्रिया द्वारा हुआ था। गर्भावस्था के दौरान उसे मलेरिया हो गया था अतः उसे क्लोरोक्वीन की टिकिया दी गई, जिससे कई जटिलताएँ पैदा हो गईं। उसे मृत बच्चा पैदा हुआ। इस बार फिर वह शहर के प्राइवेट

क्लिनिक ही गई थी। वहाँ डॉक्टर ने उसे गाड़ी चलाने और घूमने-फिरने से मना करते हुए कहा कि गर्भ के दिन पूरे होने पर फिर शल्यक्रिया द्वारा प्रसव कराना पड़ेगा। इससे वह डर गई। वह भी पैदल चलकर आई थी। डॉक्टर बाँग ने हँसते हुए कहा कि लालची डॉक्टरों के गोरखधन्धे में फँसने की ज़रूरत नहीं। उसकी पड़ोसन जो हर बात पर सहमति की मुहर लगा रही थी और उस स्त्री से कहीं ज्यादा सवाल पूछ रही थी—ने हुँकारी भरते हुए कहा, ''देखा—मैंने कहा था न—चलो अब बस पर चढ़कर लौट चलें।''

इसके बाद की मरीज भी शहर की थी। वह एक धनी मुस्लिम-परिवार की थी। उसकी उम्र 28 वर्ष के आसपास होगी। पहले उसने 'कॉपर-टी' लगवाया था किन्तु श्रोणि-प्रदेश में सूजन होने के कारण उसे निकलवा दिया। उसके बाद उसने दो सुरक्षित गर्भपात कराए थे। इस बार भी वह गर्भपात के लिए ही आई थी। उसकी तीन वर्षीया बेटी बड़ी चंचल थी और उसे सँभालने में वह बेदम हो रही थी। वह एक फिक्रमन्द माँ जान पड़ती थी और लगातार लगभग बिना रुके अंग्रेजी में बोले जा रही थी। उसने बताया कि मुझे अपनी बेटी को लेकर फिक्र लगी रहती है। शौहर का कोलेस्ट्रोल भी बढ़ गया है, 'मम्मी' को हायपरटेंशन की शिकायत है—फिर अपनी 'फर्टिलिटी' के बारे में भी सोचना है। उसका पति अमेरिका जा बसने की तैयारी में था इसलिए दूसरी बार बाप नहीं बनना चाहता था। किन्तु पत्नी को अन्तर्गर्भाशयी गर्भनिरोधी तरीका (आई. यू.डी.) पसन्द नहीं था। उसे अपनी सास पर क्रोध आ रहा था। सास ने उसके पिता से शिकायत की थी कि तुम्हारी बेटी खाना ज्यादा मसालेदार बनाती है—इससे मेरे बेटे को हव्शूल उठता है। उसके जाने के कुछ देर बाद तक कमरे में तनाव का माहौल बरकरार रहा।

अबकी बारी विजया बाई दिखाने के लिए आई। यह आदिवासी स्त्री शान्त स्वभाव की लग रही थी। उसे एक पुत्र हुआ था लेकिन छुटपन में ही जाता रहा। उसे अस्थायी तौर पर बन्ध्यता की शिकायत थी। पति के वीर्य में शुक्राणुओं की संख्या कम थी। डॉक्टर बाँग ने हमें दिखाया कि उसने सफाई का कितना ध्यान रखा था। उन्होंने समझाते हुए कहा कि ग्रामीण आदिवासी स्त्री डॉक्टर के पास श्रोणि-प्रदेश की जाँच के लिए आने से पहले गुप्तांगों के बाल जरूर साफ करती है। वे राख का इस्तेमाल करती हैं और बाल को चिहुँट निकालती हैं। यह प्रक्रिया कष्टदायी जरूर है लेकिन अगर सफाई नहीं हो सकी हो तो ये महिलाएँ डॉक्टर को दिखाने से इनकार कर देती हैं। भ्रमवश चिकित्सक इसे उनका संकोच समझ बैठते हैं परन्तु डॉक्टर के प्रति आदर-भाव प्रकट करने का यह उनका निजी तरीका है—डॉक्टर रानी बाँग ने बात को समझाते हुए कहा। विजया को गर्भाशय में सूजन था। उसके पति के वीर्य में शुक्राणुओं की संख्या कम थी और इस कारण वे फिलहाल सन्तानहीन थे। डॉक्टर रानी बाँग का कहना है कि विकासशील देशों में स्त्री-पुरुषों के श्रोणि-प्रदेश का सूजन एक आम बात है। पुरुषों में

यह रतिज-रोग के कारण होता है जबकि स्त्रियों में अधिकांशतया असुरक्षित गर्भपात कराने अथवा प्रसव कराने में असावधानी बरतने से। डॉक्टर रानी बाँग ने बताया कि भारत के ग्रामीण क्षेत्रों में प्रजनन-स्वास्थ्य पर विचार करते हुए उसे रतिज रोग या एच. आई.वी./एड्स के सन्दर्भ में ही नहीं बल्कि सुविधाओं तक पहुँच में कमी और उपलब्ध सुविधाओं की गुणवत्ता के भी सन्दर्भ में देखा जाना चाहिए।

इसके बाद आनेवाली मरीज का नर्सों ने बड़ी गर्मजोशी से अभिवादन किया वह आई.सी.डी.एस. कार्यकर्त्ता थी। उसे पहली सन्तान सामान्य प्रसव से हुई। दूसरी बार स्वतः ही गर्भपात हो गया। उसके बच्चे को जन्म से ही हृदय की बीमारी थी और कुछ दिनों बाद वह नहीं बचा। इस दफे वह चौथी बार पेट से थी। गर्भ के 8 1/2 माह बीत चुके थे। भ्रूण की धड़कन से पता चला कि सब कुछ सामान्य तरीके से चल रहा है। वह खुशी-खुशी घर वापस गई—पूरे बरामदे स्वास्थ्यकर्मी उसे बधाई देते रहे।

इन्दिरा बाई दो बच्चों की माँ है—एक बेटा है और एक बेटी। उसे तीसरी बार गर्भ ठहरा है। देखकर जान पड़ता है कि उसे विटामिन की कमी है। जाँच के बाद पता चला कि भ्रूण छोटा है। डॉक्टर ने बताया कि सम्भवतः बच्चा उल्टा जन्म ले। इन्दिरा बाई रक्ताल्पता से पीड़ित है और उसके नाखून ऊपर की तरफ खिंच आए थे। इस मरीज को जाते हुए देखकर रानी बाँग की आँखों में उदासी तैर आई। वह कुछ कहने ही वाली थी कि एक गुलगपाड़े से उनका ध्यान भंग हो गया।

आनेवाली स्त्री का नाम मंजुला बाई था। वह बड़ी कठिनाई से चल पा रही थी। देखने से लगता था कि उसकी सारी शक्ति निचुड़ गई हो। 'सर्च' के लिए उसने रसोइए का काम सँभाला था। वह 'मेटेस्टेसाइज्ड लिम्फोमा' से पीड़ित थी। साथ आए उसके पुत्र को रानी बाँग ने समझाया। इस 70 वर्षीया वृद्धा के अब कुछ ही दिन शेष रह गए हैं। अतः खर्चीले और कष्टकारी उपचार पर पैसा बहाने की जगह उन्हें आराम से रखना ही ज्यादा बेहतर है। चाहे तो तीर्थयात्रा पर घुमा दें। डॉक्टर ने बड़ी नरमी से ये बातें बताईं और मंजुला बाई की क्षीण काया को अपने सीने से लगा लिया। वह वृद्धा पुक्का-फाड़कर रो पड़ी—वह जाने लगी तो डॉक्टर रानी बाँग ने उदासी से कहा—'चाहती हूँ तुमसे दोबारा भेंट हो।'

एक लम्बी और सुन्दर स्त्री अपनी बेटी के साथ डॉक्टर को दिखाने आई। उसे भी अस्थायी किस्म की बन्ध्यता ने घेर लिया था। उसने बताया कि मैं इस बार अपनी बेटी को दिखाने आई हूँ। बेटी ने माँ को बताया था कि मुझे पेशाब करने में जलन महसूस होती है। डॉक्टर रानी बाँग ने जाँच की, और पाया कि उस छोटी-सी बच्ची का योनिच्छेद फटा हुआ है। स्पष्ट था कि इस छोटी सी बच्ची के साथ लगातार कोई रिश्तेदार दुष्कर्म कर रहा था—डॉक्टर ने धीमे से यह बात उस माता को बता दी।

मुझे याद आया कि गाँव के दौरे के दौरान सुनन्दा ताई ने बताया था कि बच्चों

के साथ शहर हो या गाँव यौन-दुष्कर्म सामान्य घटना है।

सुनन्दा का सामना एक ऐसे पिता से हो चुका था जिसने अपनी बेटी के साथ बलात् दुष्कर्म किया था। जब उससे इस दुष्कर्म के बारे में सवाल किए गए तो उसका जवाब था—'जब इमली का पेड़ मैंने लगाया है तो पहला स्वाद मुझे मिलना चाहिए।' सुनन्दा की बातचीत 'सर्च' के एक ऐसे स्वास्थ्यकर्मी से भी हुई थी जिसका पिता कई बार बलात् उससे यौन-दुष्कर्म कर चुका था। जब 'सर्च' ने इस सिलसिले में उसे परामर्श देना शुरू किया तो पिता ने आने पर रोक लगा दी। उसकी माँ मर गई और पिता ने उसे खुलेआम 'रखैल' बना लिया।

''स्वयंसेवी स्वास्थ्य कार्यक्रम को क्या आर्थिक दृष्टि से आत्मनिर्भर बनने की कोशिश करनी चाहिए ?'' मुझे अगली सुबह लौटना था। बाँग-दम्पति और मैं रात के भोजन पर आपस में बात कर रहे थे। अभय बाँग ने मेरे प्रश्न के उत्तर में 'ना' कहा। मुझे आश्चर्य हुआ।

''देखिए—अगर स्वयंसेवी स्वास्थ्य कार्यक्रम आर्थिक दृष्टि से आत्मनिर्भर होना चाहे तो आय के लिए उसे या तो सेवा-शुल्क लेना पड़ेगा या लागत में कटौती करनी पड़ेगी। दोनों ही लिहाज से कठिनाई है। हमने देखा है कि पैसा बीच में आ जाए तो फिर प्राथमिकताएँ, कार्यपद्धति और यहाँ तक कि डॉक्टर और मरीज के बीच का रिश्ता तक बदल सकता है—बदल जाता है।''

आजकल अक्सर लोग यह कहते हुए मिल जाते हैं कि गरीब लोग ज्यादा से ज्यादा निजी चिकित्सकों की शरण ले रहे हैं और एक न एक तरीके से उनको पैसा देने का भी बन्दोबस्त कर लेते हैं फिर सरकार द्वारा चलाए जा रहे केन्द्रों में उपचार के लिए वे इसी तरह पैसे क्यों नहीं जुटा सकते ? हमने भी यही तर्क अपने एक मरीज के सामने रखा। आपको पता है—उसने क्या जवाब दिया ? उसका उत्तर था, ''देखिए डॉक्टर साहब ! यदि मैं बीमारी से मरा जा रहा हूँ और आप मुझे पैसा देने के लिए मजबूर करते हैं तो मैं अपना घर गिरवी रखूँगा—शायद बेच भी दूँ—फिर मेरा परिवार भूखों मरेगा—हाँ, मैं आपका पैसा चुका दूँगा लेकिन इसका मतलब यह तो नहीं होता कि मेरे पास पैसा चुकाने लायक कूबत भी है।''

अगर धनी मरीजों से ज्यादा शुल्क लेकर गरीबों को इसी अनुपात में छूट दी जाए तो कैसा रहेगा ?

अब यह तो दिल बहलानेवाला खयाल है कि हमारी तरह के स्वयंसेवी अस्पताल अगर धनी मरीजों से ज्यादा शुल्क वसूलें तो यह पैसा गरीबों के स्वास्थ्य-खर्च पर चुकाने के काम आएगा। हमने ऐसी परियोजनाओं का अध्ययन किया है और देखा है कि यह तरीका कारगर नहीं हुआ। ऐसी परियोजना में बहुत जल्द आधे से ज्यादा मरीज परियोजना-क्षेत्र के बाहर से आनेवाले धनी लोग हो जाते हैं। परियोजना क्षेत्र में जिन्हें

सचमुच व्यवस्था-कल्याण की जरूरत होती है वे धनी भी होते हैं और ग़रीब भी। इसलिए अगर आप संख्या बढ़ाएँगे तो स्पष्ट ही डॉक्टर और अस्पताल गरीबों से ज्यादा संख्या में धनिकों की सेवा कर रहे होंगे।

"गरीबों की सहायता से दान इकट्ठा करके उनकी सेवा करनेवाले अस्पताल बनवाए जाएँ तो कैसा रहे ?"

"जनता, स्वास्थ्य-कार्यक्रम तथा चिकित्सक एक दूसरे के पर्यायवाची नहीं होते। हमारे शहरी क्षेत्रों के समृद्ध तबके को बड़ी आसानी से अनुदानित मूल्य के सरकारी अस्पताल, जल तथा बिजली-आपूर्ति पर पहुँच हासिल होती है। आप खुद से पूछिए कि क्या गरीबों से खुद के संसाधन उगाह करके अपने लिए अस्पताल बनवाने की बात कहना ठीक है ? मुम्बई, पुणे, दिल्ली या चेन्नई—कहाँ पर धनी लोगों ने स्वयं से संसाधन उगाही करके अपने लिए अस्पताल खड़े किए हैं ? कहीं भी नहीं—इन्हें बड़े-बड़े कार्पोरेट समूह बनाते और चलाते हैं। दरअसल बात ऐसी है कि जब लक्ष्य रोगों के उपचार का हो तो निर्णय लेने की ताकत जनता के हाथ से फिसलकर स्वास्थ्य सेवा करनेवालों के हाथ चली जाती है। स्वास्थ्य-कल्याण का जो पक्ष रोगों की रोकथाम तथा शैक्षिक पहलू से भी जुड़ा है, वह ऐसे में हवा हो जाता है।

"न्यूनतम मानक तय करने की बात पर क्या कहेंगे ?"

"सवाल उठता है कि हमारे देश-काल के लायक सही न्यूतनम मानक क्या हों ? कौन उन्हें तय करे ? क्या यह सरकारी स्वास्थ्य सेवाओं द्वारा तय किया जाए ? सरकारों ने बहुधा गलत प्राथमिकताओं को ही तरजीह दी है। बजट के नाम पर वह लागत में इतनी कटौती करती है कि चलाई जा सकनेवाली स्वास्थ्य परियोजना भी दम तोड़ देती है। यह जरूरी है कि हम सेवाओं का आधार तय करते वक्त राष्ट्र के आर्थिक-संसाधनों को ध्यान में रखें किन्तु इसमें सरकार का वह प्रति व्यक्ति आयवाला मानक नहीं चलनेवाला।"

"तब क्या स्वास्थ्य-कल्याण के क्षेत्र में आत्मनिर्भरता सम्भव है ?"

"नहीं। गौर करें तो हम पाते हैं कि आज पूरे संसार में पारस्परिक निर्भरता का युग है। सरकारें तक पूर्णतया आत्मनिर्भर नहीं होतीं, तब फिर हम स्वास्थ्य सेवाओं से ही ऐसी अपेक्षा क्यों करें ? उनको भी अन्तर्सम्बन्ध चाहिए, सब्सिडी तथा विशेष प्रावधान चाहिए।

—तो फिर मूल समाधान क्या है ?

—मूल समाधान बड़ा सीधा-सादा है—पहले तो स्वास्थ्य-प्रौद्योगिकी के क्षेत्र को हमें सहज-सरल और रहस्यरहित बनाना होगा। रोगियों के लिए स्वास्थ्य शिक्षा और परम्परागत औषधियों को सहज-सरल ढंग से उपलब्ध कराना जरूरी है। ग्रामीण क्षेत्रों में स्वास्थ्य-कल्याण की पेशागत हदबन्दी टूटनी चाहिए। इसके लिए हमें स्वास्थ्य-कल्याण कार्य में स्थानीय लोगों को—जिन्हें चिकित्सा की थोड़ी-बहुत समझ है—जोड़ना ही पड़ेगा। दवाइयों का प्रयोग औचित्यपूर्ण हो तथा स्वास्थ्य क्षेत्र का नियमन और निगरानी कानून

समुचित ढंग से होना चाहिए। जब तक हम सामाजिक समानता प्राप्त नहीं कर लेते तब तक राजनीतिक-आर्थिक तन्त्र का यह उत्तरदायित्व होना चाहिए कि स्वास्थ्य सेवाओं को सब तक पहुँचाना सब नागरिकों की सामाजिक-राजनीतिक जिम्मेदारी बनाने की दिशा में काम करे। लक्ष्य स्वास्थ्य सेवाओं की दशा को सुधारने का होना चाहिए न कि उन्हें आर्थिक रूप से आत्मनिर्भर बनाना।

"दूसरे शब्दों में कहें तो अन्ततः स्वास्थ्य-कल्याण में अर्थव्यवस्था नहीं बल्कि राजनीति ही अधिक प्रबल कारक तत्त्व है।"

"हाँ, और वह हमेशा से रही है।"

अध्याय-9

'करक करेजे माँह...'

(राजस्थान)

उदयपुर का दौरा (27-29 मार्च) 'अर्थ' से भेंट

बैद बुलाया बैद्गी आके पकड़ी बाँह।
बौरा बैद न जानई करक करेजे माँह॥

(मीराबाई16वीं सदी)

भारत के आदिवासी इलाकों को याद कीजिए तो अमूमन मन में एक चित्र कौंधता है—भूख, हड्डियों का ढाँचा-मात्र और ढोल की तरह फूले फले पेटवाले बच्चे सूखी, दरारों से फटी धरती, मिट्टी के कुछ बर्त्तन जिनकी पेंदी पर चावल के चन्द दाने चिसटे रह गए हैं और उन पर भिनभिना रही हैं सैकड़ों मक्खियाँ। शिक्षा से वंचित और स्वास्थ्य-कल्याण की सेवाओं के लिए तरसते हताश नेत्रोंवाले लोग।

भारत के इस मरुस्थलीय क्षेत्र में यही नज़ारा हमारे आगे फैला है।

मीडिया जब सूखा-बाढ़ या चक्रवात से ऐसे इलाकों में अतिरिक्त तबाही की सूचना देता है, तो केन्द्रीय सरकार और कई करुणामयी सहायता-एजेंसियाँ इन उपेक्षित अभिशप्त इलाकों में विशेष पैकेज लेकर दौड़ तो पड़ती हैं। पर कड़वी सच्चाई यह है कि आजादी की आधी सदी बाद भी देश के अन्य आदिवासी-क्षेत्रों की तरह ही राजस्थान का यह जनजातीय क्षेत्र भी हमारे लिए एकदम अजनबी ही है। यह देश के उन हिस्सों से है जिन्हें सुरसा के खुले हुए मुँह की भाँति माना जाता है। यहाँ सहायता, दान और विकास-योजनाएँ जाकर पता नहीं कहाँ समा जाती हैं। अतः मोटी तौर पर यह बात मान ली गई है कि ऐसे इलाके व्यापारियों, मिशनरियों, नृतत्वशास्त्रियों तथा दातव्य संगठनों की अल्पकालिक विहार-स्थली ही बने रहेंगे। और ये सभी महानुभाव परमार्थ साधन का आध्यात्मिक सुख, लाभ की रकम या नृतत्वशास्त्रीय आँकड़े बटोरकर वहाँ से सर हिलाते लौट आएँगे कि—'ओह ! कितनी दयनीय दशा में जी रहे हैं लोग !' किस्सा ख़तम, पैसा हजम !

हमारे आदिवासी इलाके अपनी हदों में सिमटाए आज एक ऐसी निजता में ही रहे हैं—जहाँ समय के आवर्त्तों में गति चुक गई है। दुनिया चाहे वहाँ जा पहुँची हो, यहाँ भिन्न जीवन शैलियाँ मानों दम तोड़ देती हैं। यह अलग-थलग गाछ-वृक्ष से विहीन एक इलाका है जहाँ पक्के छाजन-छप्पन को तरसती साफ-सुथरी झोंपड़ियाँ हैं। यहाँ नदियों का भाग्य है धीरे-धीरे सूखना और इसी नियति ने जंगलों को भी उजाड़कर रख दिया है। समय की मार खाकर बाल सफेद कर चुकी यहाँ की स्त्रियाँ जानती हैं कि इन कठिनाइयों के बीच भी कैसे जीया जाता है। जब उनकी कोख से पहला पुत्र जनमा तो उन्होंने जाना है कि धनी होने का मतलब क्या होता है और जब उन्होंने अपनी कम उम्र सन्तानों को दफनाया, तो सीखा है कि गरीबी का दुख क्या होता है। किन्तु फिर भी बाइबिल के सर्वहारा जॉब की तरह उन्हें भी विश्वास है—परमेश्वर ही देता है—वही वापस ले लेता है।

चरवाहों और आदिवासियों की इस मरुभूमि में यह उदास भाग्यवाद हर तरफ झिलमिलाता है। उदयपुर में 'अर्थ' का दफ्तर एक छोटे से दोमंजिला मकान में है जो एक पुराने समाजसेवी का है। सीढ़ियों पर ही उनसे हमारी भेंट हो गई। एक पुराने और असली गांधीवादी की तरह उनके चेहरे से सादगी, सहजता और खुशी की आभा थी और बूढ़ी आँखों में अभी भी शिशु सुलभ सहज जिज्ञासा की चमक। डॉक्टर शरद ने बताया कि अब वे अपने एक अन्य मकान में उदयपुर और कंचोली के बीच एक गोशाला बनवा रहे हैं तथा उन्होंने उस इलाके में 'अर्थ' को अस्पताल बनाने के लिए जमीन भी मुहैया कराई है।

पर्यटन-विभाग की विवरणिका में उदयपुर को झीलों के शहर के रूप में बताया जाता है। पिशोला-झील की शान्त जल लहरियों से घिरा 'लेक पैलेस होटल' सचमुच एक नगीने की तरह जान भी पड़ता है। किन्तु शहर की जन संकुल सड़कों पर आज साइकिल-सवारों की भीड़, धुआँ उगलते और शोर मचाते तिपहिया स्कूटर, इधर-उधर भटकती गऊएँ और सँकरी गलियों में घूँघट खींचकर आने-जानेवाली स्त्रियाँ होटल तक पसरकर शहर के सौन्दर्य पर सवालिया निशान लगाती हैं। हम जिस होटल में ठहरे थे वह वस्तुतः एक हवेली के आधुनिकीकरण द्वारा तैयार एक 'एथनिक' रूप है। पर्यटकों के लिए स्वर्ग कहे जानेवाले इस होटल का मूल स्थापत्य राजपूत और मुगलशैली का सुन्दर नमूना है जिस पर कभी-कभार औपनिवेशिक वैभव की धुँधली आभा भी गर्दो-गुबार से झाँक उठती है। अपने कुम्हलाने की गवाही देते इसके उद्यान कभी इस शहर के सम्भ्रान्त परिवारों के लिए जनसंकुल गलियों से बचकर बैठने और सर से सर जोड़कर गपियाने की पसन्दीदा स्थली रहे होंगे। लेकिन आज वे लताकुंज समाप्तप्राय हैं। होटल के हाते में पारम्परिक भूषा में बहुत से परिचर बिनु काज दाहिने बाएँ टहलते नज़र आते हैं। इनके दिलों में पुराने दिनों की अदाएँ और अन्दाज ठहर से गए हैं। सुन्दर बन्धण पगड़ियों का बोझ सँभालते बैरे और घंटी की आवाज पर तुरत दौड़ आनेवाले नौकर गुजरी राजशाही की अस्पष्ट इबारतें हैं। पर आज इन चेहरों पर किसी भूखे पक्षी की अकुलाहट फड़फड़ाती नज़र आती है। बारजे के अधढके डाइनिंग-हॉल में पन्द्रह टेबल थे। मैं जितने समय यहाँ रही प्रायः मेरे अलावा यहाँ कोई मेहमान मौजूद नहीं होता था। पाकशाला के दरवाजे के पास वेटर गपशप में मशगूल खड़े रहते थे। उनमें से किसी एक को बुलाओ तो सभी दो-तीन के झुंड में आपकी टेबल के पास अड़बड़ाए हुए पहुँच जाते थे। स्पष्टतः एक ज़माना था जो गुज़र चुका था, एक था जो गुज़रने ही वाला था, और एक अनागत था, जिसकी टापें हवेली में दिलों को दहला रही थीं।

आगत का पर्याय है संस्था 'सर्च' ! लोकस्वास्थ्य से जुड़े कुछेक दक्ष लोगों ने 1997 में—एक्शन रिसर्च एवं ट्रेनिंग फॉर हेल्थ—(अर्थ) नाम से उदयपुर में यह गैर-सरकारी संस्था बनाई जिसका उद्देश्य था—राजस्थान के सुदूर इलाके में रहनेवाले आदिवासियों को स्वास्थ्य कल्याण की सस्ती और उनकी जेब के लायक सेवाएँ प्रदान करना। 'अर्थ' ने अपने शुरुआती दिनों में किए गए तमाम अनुसन्धान तथा प्रशिक्षण कार्य से उपजे

एक सुचारु एजेंडे को वर्तमान सरकारी नीतियों और कार्यक्रमों से जोड़ा है ताकि बिना मौजूदा स्वास्थ्यतन्त्र को और घायल किए, स्वास्थ्य कल्याण में बेहतरी लाई जा सके। इसके अतिरिक्त 'अर्थ' ने अपने लक्षित-समुदाय को निरन्तर प्रशिक्षण देने और नए स्वास्थ्य विषयक अनुसन्धान भी लगातार करने का लक्ष्य तय किया है। काम की शुरुआत राजसमन्द जिले में हुई थी। यहाँ के कुम्भलगढ़ प्रखंड के 10 गाँवों (130 टोले तथा 11,500 की जनसंख्या) मौका-मुआयना के तौर पर पहले एक स्वास्थ्य कल्याण-सह-निगरानी कार्यक्रम चलाया गया। दो वर्ष की अवधि बीतते-बीतते कामकाज चल निकला और कार्यक्रम के पाँव जम गए। फिर कार्यक्रम के दायरे में कुम्भगढ़ तथा निकटवर्ती गोगुंडा (उदयपुर जिला) प्रखंड के कुछ गाँवों को शामिल किया गया। इस तरह कुल 27 गाँवों में यह कार्यक्रम चलने लगा।

राजसमन्द राजस्थान का दक्षिणी जिला है। यह इलाका राज्य में एक अपेक्षतः पिछड़ा गरीब क्षेत्र है और यहाँ की जनसंख्या 8,21,923 है। इसका 85% हिस्सा गाँवों में रहता है। पिछली जनगणना (1991) को आधार मानें तो यहाँ लिंग अनुपात में हमें बड़ा असन्तुलन दिखाई देता है। प्रति हजार पुरुषों पर यहाँ महिलाओं की संख्या मात्र 997 है। जिले में 7 प्रखंड हैं, और यहाँ की आबादी मिली-जुली (26 प्रतिशत जनजाति और 10 प्रतिशत अनुसूचित जाति) है। पुरुषों के बीच साक्षरता की दर महज 38% है जबकि स्त्रियों की साक्षरता-दर इससे भी कम 8% है। ये दोनों ही आँकड़े कुम्भलगढ़ जिले की साक्षरता के औसत से भी नीचे हैं। जिले में ज्यादातर मकान मिट्टी और पत्थर के और ज्यादातर गाँवों में न तो बिजली-पानी की सुविधा है, न ही गाड़ियों के आने-जाने लायक सड़क है। अधिकांश जनसंख्या और खासकर स्त्रियों की पहुँच से सरकारी या निजी स्वास्थ्य-सेवाएँ बाहर बनी हुई हैं। स्वास्थ्य-सेवाओं तक न पहुँच पाने की दशा में लोग झाड़-फूँक और देवों, यक्ष-किन्नर-नागों (अर्धदेव) की पूजा की पारम्परिक शरण लेते हैं। स्वास्थ्य-कल्याण के लिए क्या किया जा सकेगा और क्या नहीं, यह सब यहाँ परम्परागत विश्वासों और रीति-रिवाज के जटिल विन्यास से ही निर्धारित होता है।

'अर्थ' ने अक्टूबर, 1997 से फरवरी, 1998 के बीच एक बुनियादी अध्ययन किया। अध्ययन से यह बात साफ हो गई कि इलाके के लोगों की सामाजिक दशा और रोजाना का रहन-सहन हद दर्जे तक दयनीय और कठिनाइयों से भरा है। इसको देखते हुए इलाके में एक चिकित्सालय खोलकर प्रजनन-स्वास्थ्य से सम्बन्धित कार्यक्रम चलाया गया। फिर सन् 2000 में भी एक सर्वेक्षण किया गया। आज 'अर्थ' के पास जिले के स्वास्थ्य-परिदृश्य के बारे में तरतीबवार, मुखर और वैज्ञानिक आँकड़े हैं। 'अर्थ' द्वारा ग्रामीण क्षेत्रों में प्रजनन तथा शिशु-स्वास्थ्य से जुड़े औषधालय चलाए जा रहे हैं जो ग्रामीणों को सही सेवाएँ काफी कम कीमत पर मुहैया कराते हैं। ग्रामीण-स्वास्थ्य-सेवा के उपचारकारी पक्ष के साथ शैक्षिक और कौशल-उन्नयन का पहलू भी जोड़ा गया है। यूँ 'अर्थ' स्वास्थ्य उपचार के साथ-साथ समुदाय-आधारित शिक्षा से भी जुड़ गया है। प्रजनन-स्वास्थ्य से सम्बन्धित उत्पादों को बाँटने के लिए इसने अब ग्रामीण महिला-

स्वयंसेवकों का एक नेटवर्क तैयार किया है, जिन्हें डॉक्टरों द्वारा प्रशिक्षण दिया गया है।

यह जानकर कि यदि विकल्प मौजूद हो तो स्त्रियाँ गर्भनिरोध के लिए अस्थायी बन्ध्याकरण की जगह आवश्यकतानुसार हटाए जा सकनेवाले गर्भनिरोधक इस्तेमाल करेंगी 'अर्थ' ने कॉपर टी-380 ए गर्भनिरोधक का चलन शुरू किया। यह गर्भनिरोधी उत्पाद 10 वर्षों तक कारगर रहता है और इसे बिना जोखिम कभी भी लगाया जा सकता है। इलाके में सुरक्षित और वैध गर्भपात की सुविधाएँ भी न के बराबर थीं। इसे देखते हुए 'अर्थ' ने अपने चिकित्सालयों में गर्भ की पहली तिमाही तक सुरक्षित गर्भपात करा सकने लायक सुविधाएँ मुहैया कराई। अनपढ़ महिलाओं से मेलजोल बढ़ाकर संवाद स्थापित करने की ज़रूरत को समझकर इसके लायक 'संवाद सामग्री' तैयार की गई। किशोरवय लड़कों को आजीविका परक शिक्षा प्रदान करने के लिए 'सामग्री' और पद्धति तय-तैयार की गई।

'कुंचोली' गाँव में जहाँ 'अर्थ' की तरफ से एक चिकित्सालय चलाया जा रहा है, गाँव लेकर उदयपुर शहर तक का पूरा इलाका गरीबी और सूखे से त्रस्त है। लगातार चार सालों से यहाँ से मानसून के बादल बिन बरसे गुजर गए हैं। नतीजतन उदयपुर शहर की प्रसिद्ध झील फतेहसागर भी सूख चली है। मैंने देखा कि हमारे होटल के पासवाली झील भी लगातार सूखती हुई अपने विस्तार में आधी रह गई है। पुराने शहर में खुले हुए सीवरों से गन्दगी उपटकर बहती है और बदबू के मारे माथा भिन्ना जाता है। नालों से सारी गन्दगी आकर सूखती झीलों में गिरती है। मेरे होटलवाले कमरे के झील की जानिबवाले झरोखों पर रंगीन शीशे चढ़े थे। झरोखे सुन्दर थे और इनसे झाँककर देखो तो पुराने महलों के बुर्ज और गुम्बद तथा झील के बीचोबीच बना 'उदयपुर पैलेस होटल' निहायत रोमानी और सुन्दर प्रतीत होता है। किन्तु खिड़कियों को खोलते ही बदबू का झोंका मन को खट्टा कर देता है। तभी शायद झील की तरफ की अधिकांश खिड़कियाँ बन्द रखी गई थीं।

राजस्थान भारत के निर्धनतम 'बीमारू' कहे जानेवाले (बिहार, उत्तर प्रदेश, मध्य प्रदेश, राजस्थान) राज्यों में एक है। यहाँ की सामाजिक-आर्थिक स्थिति के सूचकांक इसकी पुष्टि बार-बार करते हैं। यहाँ प्रतिव्यक्ति आय राष्ट्रीय औसत से कम है ही मातृ-मृत्यु-दर के मामले में राजस्थान का स्थान भारत में ऊपर से दूसरा ठहरता है। शिशु-मृत्यु-दर की उच्चता के मामले में भारतीय राज्यों के पदानुक्रम में इसका स्थान चौथा है। इस राज्य में सबसे कम महिलाओं का प्रसव स्वास्थ्य-सुविधाओं के बीच होता है। 40 प्रतिशत से ज्यादा प्रसव दाइयों द्वारा सम्पन्न कराए जाते हैं। 37 प्रतिशत प्रसव दोस्त, रिश्तेदार अथवा पड़ोसियों के हाथों सम्पन्न होते हैं और ये सभी अप्रशिक्षित होते हैं।

'अर्थ' के वरिष्ठ सदस्यों में एक हैं—डॉक्टर विनया पेंडसे। विनया पेंडसे का कद लम्बा और व्यक्तित्व शान्त-गम्भीर है। उन्होंने इतना अनुभव बटोर लिया है कि वे भारत की महत्त्वाकांक्षी प्रजनन एवं शिशु स्वास्थ्य कल्याण प्रणाली की अन्तर्निहित विडम्बनाओं

से ऊपर उठकर सोच सकती हैं। उन्होंने 17 वर्षों तक स्थानीय मेडिकल कॉलेज (तथा जनाना अस्पताल) के प्रसूति एवं स्त्री रोग विभाग में अध्यक्ष पद सँभाला, और दो वर्ष पहले नौकरी से अवकाश ग्रहण किया। उन्होंने बताया कि उदयपुर के प्रसिद्ध तथा प्रशिक्षण से जुड़े मेडिकल कॉलेज का जनाना अस्पताल 1959 में बनवाया गया था। उस समय इसकी क्षमता प्रतिवर्ष 2000 प्रसव की थी। पर 1980 तक आते-आते यहाँ 4000 से भी ज्यादा प्रसव प्रतिवर्ष कराए जाने लगे थे। किन्तु सरकार द्वारा अस्पताल को जरूरी अनुपात में जगह, शैया या तदनुकूल श्रमशक्ति मुहैया नहीं कराए गए। महिलाओं के लिए यहाँ मात्र 150 शैया आरक्षित हैं। इसमें भी 20 शैया मात्र उन महिलाओं के लिए आरक्षित कर दी गई हैं जो बन्ध्याकरण के लिए आती हैं। सरकारी परिवार-नियोजन-कार्यक्रम का कर्मकांड 20 शैया यों ही पचा जाता है। नतीजतन प्रसव के लिए अस्पताल आनेवाली 40 प्रतिशत महिलाओं के हिस्से एक पूरी क्या आधी भी शैया उपलब्ध नहीं। परिणामस्वरूप यहाँ जच्चा-बच्चा दोनों अक्सर गन्दे फर्श पर बिछी चटाइयों पर लिटाए जाते हैं। (Sepsis) 'सेपसिस' तथा अन्य संक्रामक रोगों से ग्रस्त महिलाओं को भी अगल-बगल एक ही वार्ड में बाध्य होकर रखना पड़ता है। नवप्रसूताओं के स्वास्थ्य को इससे कैसा खतरा उत्पन्न होता है—इसकी कल्पना नहीं की जा सकती।

डॉक्टर पेंडसे धीमे-धीमे बोलती हैं मानो वे भीतर जमे अपने दुख को मुखर नहीं करना चाहतीं, "सन् 1983-85 के बीच मैंने कुछ कागजात तैयार किए। जनाना-अस्पताल में प्रसव के लिए आई 100 माताओं की मृत्यु के सम्बन्ध में मैंने ये कागजात तैयार किए थे। इसके निष्कर्षों के बारे में मैंने राजनेताओं, नौकरशाहों, स्थानीय स्वयंसेवी संगठनों तथा विश्व स्वास्थ्य संगठन को लगातार लिखा। आखिरकार 'सुरक्षित मातृत्व' की नवपहल के तहत हमें कुछ धन मुहैया कराया गया। इससे प्रसव-कर्म के लिए एक नया परिसर, शल्यक्रिया का एक थियेटर तथा कुछ नए कर्मचारी जुटाए गए। प्रसव-कर्म की आपातकालीन स्थितियों को देखना-सँभालना यूँ तनिक आसान हुआ और कुछेक अन्य सेवाओं में भी सहूलियत हुई। लेकिन कुछ अन्य समस्याएँ अभी भी थीं। मसलन बिजली—आपूर्ति पर भरोसा करना मुश्किल था। प्रसूतिकक्ष और सर्जरी में भी बिजली बार-बार कटती थी। उपेक्षित एम्बुलेंसों की खराबी जरूरत पड़ने पर एक अन्य बाधा खड़ी करती थी। फैक्ट्रियों में हड़ताल होने पर अत्यन्त महत्त्वपूर्ण जीवन-रक्षक उपकरण जैसे—ऑक्सीजन सिलेंडर तक कई बार हमें नहीं मिल पाते थे। इन सब बातों से मन में हताशा का होना स्वाभाविक था किन्तु हारकर बैठ जाना तो कोई समाधान नहीं—सो हम डटे रहे।"

90 के दशक (1994-95) में डॉक्टर पेंडसे ने एक बार फिर एक वर्ष के दौरान अस्पताल में हुई 100 प्रसूतियों की मृत्यु के बारे में सूचनाएँ एकत्र कीं। डॉक्टर पेंडसे यह जानकर दंग रह गईं कि प्रसूति में थोड़े-बहुत सुधार के बावजूद अस्पताल में माताओं की मृत्यु का औसत कतई कम नहीं हुआ है। रोगों की रोकथाम के मद में दिए जानेवाले बजट में भी इधर जबर्दस्त कटौती हुई और यक्ष्मा तथा मलेरिया जैसे रोग जिनका

उन्मूलन हो चुका था—अपने नए रूप में ज्यादा मजबूत और दवाओं की मार से बेअसर होकर प्रकट हुए हैं। कुपोषण की शिकार तथा कई तरह के बोझ की मारी स्त्रियों पर गर्भावस्था के दौरान अगर इन रोगों का प्रकोप हो जाए तो अक्सर वे जीवन की लड़ाई हार जाती हैं।

"मैंने पाया कि अब भी माताओं की उतनी ही ज्यादा संख्या में मौत हो रही थी—जितनी 17 साल पहले ! अन्तर यदि था तो इतना भर, उन बेचारियों की मौत के कारण बदल गए थे," डॉक्टर पेंडसे ने फीकी हँसी हँसते हुए कहा, "फेल्सीपेरम मलेरिया अचानक हमारे गाँवों में प्रकट हो गया था। इससे गर्भवती स्त्रियाँ इतनी कमजोर तथा एनेमिक हो जाती हैं कि प्रसव-पीड़ा को सह पाने में उनका हृदय साथ नहीं देता और प्रसूतिकक्ष में ही उनका दम टूट जाता है। उदयपुर शहर में रहनेवाली स्त्रियों की स्थिति किंचित् अच्छी है क्योंकि वे हमारे पास जल्दी आ जाती हैं। किन्तु प्रसव के लिए अन्त समय में गाँव में लाई जानेवाली स्त्रियों को सदा खतरा रहता है।

"अब एक इसी घटना को लीजिए। एक युवा स्त्री को पहले प्रसव के दौरान देर तक प्रसव-पीड़ा होती है। गाँव की दाई ने हाथ खड़े कर दिए हैं। घरवाले जब तक उसे ले जाने के लिए गाड़ी का बन्दोबस्त करें तब तक वह छटपटाती पड़ी रहेगी। उसके खून का बहना जारी रहेगा और कीमती वक्त संसाधन जुटाने में जाया होता रहेगा। अन्ततः घरवालों को कहीं से थोड़ा उधार-वुधार मिल भी जाएगा, लेकिन तब भी वे उसे लेकर सीधे अस्पताल नहीं चले आएँगे। उन्हें स्त्री के पीहरवालों को भी उसकी बीमारी के बारे में सन्देश भेजना होगा। अधिकांशतया ये लोग जब आते भी हैं तो स्त्री को जीप या ट्रैक्टर में लेकर खराब रास्तों से आएँगे क्योंकि सड़कों पर जगह-जगह गड्ढे हैं। ऐसे में स्त्री की क्या दुर्दशा होगी—सोचा जा सकता है। मैं कम से कम आठ ऐसी स्त्रियों को जानती हूँ जिनके परिवारवाले मीलों का सफर तय करके खटिया पर लिटाकर ले आए—उनके पास सवारी के लिए पैसे नहीं थे। यहाँ अभी भी बहुत से गाँव ऐसे हैं जहाँ मोटर गाड़ी भी हो तो वह नहीं जा सकती। एक तिहाई से ज्यादा स्त्रियों को अत्यन्त दयनीय हालत में भी एक से ज्यादा चारपाई, गाड़ी, ट्रैक्टर, टैक्सी, टैम्पो जैसे परिवहन-माध्यमों का इस्तेमाल करके यहाँ लाना सम्भव हो पाता है। हमने जिन महिलाओं का सर्वेक्षण किया उनमें मात्र 8% को ही एम्बुलेंस में लाया गया था। इस तरह से पहुँचाई गई महिलाओं में 20 प्रतिशत की जान अस्पताल में भर्ती होने के दो घंटे के अन्दर चली जाती है। यहाँ पहुँचने तक उनके शरीर से बहुत ज्यादा खून निकल चुका होता है। इन स्त्रियों को बचाया जा सकता था—यह सोचकर किसी भी डॉक्टर का हृदय टूट जाएगा।"

बात करते-करते डॉक्टर पेंडसे कुछ पल खामोश हो गई। माहौल में भी गहरी चुप्पी छाई रही।

"स्त्रियों की मृत्यु का एक और बड़ा कारण बहला-मनाकर उनका चोरी-छुपे गर्भपात कराना है। गर्भपात के मोर्चे पर ग्रामीण स्वास्थ्य-सेवा की आधारभूत संरचना

पिछले दो दशकों में ज्यादा कुछ नहीं कर पाई है और जरूरतें लगभग जस की तस हैं। हाँ, टिटनेस या पोलियो से बच्चों को बचाने के लिए टीकाकरण का काम जरा अच्छा हुआ है किन्तु कुल मिलाकर देखें तो प्रसवपूर्व देखभाल के लिहाज से जैसी और जितनी सेवाएँ उपलब्ध हैं—उन्हें देखकर किसी भी चिकित्सक को रुलाई आएगी।''

''एक दशक के अन्तराल में आपने दो बार कुल 200 मौतों का अध्ययन किया। इससे आपने क्या जाना ?''

''देखिए—मैं बता ही चुकी हूँ कि यहाँ महिलाओं में रक्तक्षीणता की बीमारी मलेरिया के कारण लगातार बढ़ रही है। प्रसवपूर्व देखभाल की सेवाएँ भी अपर्याप्त तथा भरोसेमन्द नहीं हैं। रक्ताल्पता, बेढंगी रीति से किए गए गर्भपात और मलेरिया सम्बन्धी जटिलताओं के कारण अधिकांश महिलाओं की मृत्यु होती है और ये ऐसे रोग शोक हैं जिनसे उन्हें बचाया जा सकता था। पहले जब सड़कों की स्थिति अच्छी नहीं थी और परिवहन की सुविधा भी उपलब्ध नहीं थी तो यह सोचकर थोड़ा सन्तोष होता था कि नियति में ही बुरा मौत बदा थी। लेकिन आज हम युवा माताओं को दम तोड़ते देख रहे हैं वह भी ऐसे कारणों से जिनसे बचा जा सकता है—अब कह लें कि या तो हम मलेरिया की रोकथाम नहीं कर पा रहे अथवा समय रहते उन्हें अस्पताल पहुँचा पाने में चूक जाते हैं।

''क्या इसमें जाति-व्यवस्था की भी कोई भूमिका है ? क्या आपने प्रसूताओं की मृत्यु में जातिवार विभिन्नता देखी है ?''

''एक तरह से देखा जाए तो—'हाँ'। हमने पाया है कि अधिकांश मरनेवाली स्त्रियाँ गरीब और वंचित तबके की होती हैं। किन्तु उच्च जाति की राजपूत स्त्रियाँ भी बड़ी संख्या में मरती हैं हालाँकि उनकी सामाजिक-आर्थिक स्थिति अच्छी है। वजह है परम्परा की जकड़न। राजपूत भले ही यहाँ राजनीतिक रूप से बहुत शक्तिशाली हैं किन्तु वे आज भी घरों में प्रायः पितृसत्तात्मक सामन्ती सामाजिक रूढ़ियों का पालन करते हैं। इसमें अपने में कोई बुराई नहीं, पर इसकी तहत राजपूत-स्त्रियाँ आज भी पर्दे के पीछे बहुत ज्यादा नियन्त्रण और अंकुश में जीने को बाध्य हैं। उनकी जाँच जरूरत होने पर भी पुरुष-डॉक्टर नहीं कर सकता। खुद से उपचार के लिए वे कहीं आ-जा नहीं सकतीं। इस समुदाय के कुछ भागों में अभी भी कन्या शिशु को सौरी में ही मार देने की प्रथा भी पूरी तरह से समाप्त नहीं हुई है। हमें तो शक है कि नई अल्ट्रासोनिक लिंग-निर्धारक तकनीक के कारण इस प्रथा को कहीं नवजीवन न मिल गया हो। इस राज्य में स्त्री-पुरुषों का अनुपात भयानक रूप से स्त्रियों के विरुद्ध है।''

''हमने यहाँ जिस तरह की वास्तविकताओं को खोजा है—वह सर्वेक्षणों और रिपोर्टों से जाहिर सचाई की तुलना में कई गुना ज्यादा भयानक है—'' डॉक्टर शरद अय्यर ने अपनी तरफ से जोड़ा। वे बड़े गौर से डॉक्टर पेंडसे की बातें और मेरे सवाल सुन रहे थे। कवयित्री सुजाता भट्ट के शब्दों में कहूँ तो इतिहास एक टूटा हुआ वृतान्त है। कथा-सूत्र को पकड़ो और फिर वहाँ तक चले चलो जहाँ तक कथा चले।

हम जिस कमरे में बैठे हैं वह साफ-सुथरा दीख रहा है—कमरे में सफेदी है। कम्प्यूटर और प्रिंटर लदे कई डेस्क इधर-उधर रखे हैं। ऊपर पंखा चल रहा है और उसकी हवा में नोटबुक तथा कैलेंडर के पन्ने फड़फड़ा रहे हैं। वीर योद्धाओं, राजे-राजकुमारों तथा प्रेमियों की अद्‌भुत कथा के लिए विख्यात राजस्थान समय की सीमान्त पर खड़े बालू के टीलों जैसे कथा के कण बिखेरने लगा। मैंने चाहा इन्हें इस छोटे से कमरे में इन तमाम सूचनाओं को एक आकृति प्रदान करूँ लेकिन असफल रही। डॉक्टर पेंडसे ने जिस कड़वी सचाई का बयान किया था उससे इतिहास की किताबों के वृतान्त और पर्यटन विभाग की विवरणिका में छापी गई हकीकत को एक सहज निरन्तरता में जोड़ पाना मेरे लिए मुश्किल था। लेकिन फिर भी डॉक्टर पेंडसे के अन्दर विनोद-वृति शेष है। युवा दम्पति शरद और कीर्ति के साथ उनका लगाव तथा 'अर्थ' के कर्मचारियों के साथ उनका दोस्ताना व्यवहार देखते बनता है।

समाचारों में राजस्थान का जिक्र अक्सर बाल-विवाह के कारण होता है। उनमें जिक्र होता है कि यहाँ गाँववाले विवाह की न्यूनतम आयु के मानक को धता बताकर अपने बच्चों को ब्याह रहे हैं। यहाँ बाल-विवाह आम बात है। 'अक्खा तीज' के अवसर पर सामूहिक रूप से दर्जनों शिशुओं का ब्याह कराया जाता है। 1992-93 के राष्ट्रीय परिवार-स्वास्थ्य-सर्वेक्षण के अनुसार राजस्थान में स्त्रियों का ब्याह औसतन 14.6 वर्ष की उम्र में हो जाता है। 'अर्थ' के बुनियादी सर्वेक्षण की बात मानें तो यह उम्रदर महज 12 वर्ष है। दो तिहाई किशोरवय लड़कियाँ तथा एक तिहाई किशोरवय (13-19) लड़के विवाहित हैं। 29 वर्ष की उम्र तक आते-आते स्त्रियाँ औसत 4 बच्चों की माँ बन जाती हैं। विवाह के बाद दम्पति को तुरन्त साथ नहीं रखा जाता। 'गौना' की रस्म द्वारा उन्हें कुछ दिनों तक अलग रहना होता है। परियोजना क्षेत्र में 13-19 वर्ष की 60 प्रतिशत लड़कियाँ अपने पतियों के साथ रह रही थीं। पर कभी-कभी 'गौना' से पहले भी पति-पत्नी के बीच शारीरिक समागम की शुरुआत हो जाती है। यदि गर्भ ठहर गया तो लड़की चाहती है कि गर्भपात करा लिया जाए क्योंकि 'गौना' से पहले ऐसी बात ठीक नहीं मानी जाती। कुछ मामलों में सामाजिक लांछन से बचने के लिए ऐसे में तुरन्त-फुरन्त गौना करा भी लिया जाता है। पर इन तथ्यों के बावजूद परिवार-जन नहीं चाहते कि अविवाहित किशोरियों को किसी किस्म की यौन विषयक सलाह दी जाए।

कुंचोली के चिकित्सालय तक जाने के लिए हमें लम्बा सफर करना पड़ा। यात्रा के दौरान कीर्ति ने मुझे बताया कि 'अर्थ' के फील्ड-प्रोग्राम की जनांकिकी प्रखंडों से थोड़ी भिन्न है। यहाँ जनजातीय लोग अपेक्षतः अधिक (48.5%) हैं तथा साक्षरता दर भी कमतर (पुरुष—23%, महिला—2.1%) है। स्त्री-पुरुष के बीच संख्या का अनुपात भी अपेक्षतः कम (1000 पुरुषों पर 927 स्त्रियाँ) है। इस क्षेत्र की आधी से ज्यादा जनसंख्या प्रजननपरक आयु-वर्ग के अन्तर्गत आती है और एक तिहाई आबादी 12 वर्ष से कम उम्र के बच्चों की है। 'गैर-आदिवासियों की तुलना में आदिवासी लोगों के घर कहीं कम सम्पन्न होते हैं। अधिकांश परिवारों को अपना गुजारा एक कमरे के मकान में करना

होता है जिसका इस्तेमाल औसतन 4.82 सदस्यों द्वारा किया जाता है। मात्र 21.9% घरों में बिजली है जबकि 99.7% घरों में शौचालय की सुविधा नहीं है। अधिकांश परिवार (85%) कृषि पर निर्भर हैं। इस इलाके में एक छोटा प्राथमिक स्वास्थ्य केन्द्र तथा तीन उपकेन्द्र हैं। इन्हें सरकारी प्रणाली के तहत चलाया जाता है। प्रत्येक केन्द्र पर सहायक नर्स-धाय तथा बहुधन्धी पुरुष कार्यकर्त्ता (Multi-purpose-worker) मुहैया कराए गए हैं। परियोजना-क्षेत्र के अन्तर्गत आनेवाले प्रत्येक गाँव में आँगनवाड़ी है। किन्तु इस इक्कीसवीं सदी के वर्ष 2001 में भी स्थिति यह है कि परियोजना-क्षेत्र के कम से कम चार गाँवों में मोटर गाड़ी नहीं जा सकती। अन्य बहुतेरे गाँव बस-स्टॉप से तीन कि.मी. दूर स्थित हैं। यहाँ बैंक भी नहीं हैं। सबसे नजदीक का शहर उदयपुर जहाँ एक बड़ा अस्पताल है—यहाँ से 5065 कि.मी. दूर है।

कुंचोली गाँव स्थित 'अर्थ' का चिकित्सालय ग्राम-प्रधान की मिल्कियतवाली एक दोमंजिला पक्की इमारत में चलता है। जिसे 'अर्थ' ने भाड़े पर लिया है। इसमें नीचे एक बैठकखाना और भूतल पर एक रसोईघर है। ऊपर की दोमंजिल में क्लिनिक चलते हैं। एक डॉक्टर शरद की देखरेख में बच्चों के लिए तथा दूसरा डॉक्टर कीत्रि की देखरेख में महिलाओं के लिए। इस काम में केरल की दो साँवली और सुन्दर नर्सें अजीता और शीना इनकी मदद करती हैं। नर्स की जरूरत होने पर 'अर्थ' ने पाया कि स्थानीय लोगों का मानस यह स्वीकार नहीं कर पाता कि उनके घर की कोई बेटी या बहू सेवा-क्षेत्र में काम करे। इसी कारण 'अर्थ' ने स्थानीय अखबारों के साथ-साथ केरल के अखबारों में भी रिक्तियों को विज्ञापित किया। स्थानीय लोगों में किसी ने आवेदन नहीं दिया किन्तु केरल से बहुत से अभ्यर्थियों ने आवेदन पत्र भेजे। उनमें से दो को चुन लिया गया। दोनों लड़कियाँ स्वभाव से बहुत मधुर और अपने काम में दक्ष हैं। साथ ही ये गाँव के इस चिकित्सालय में रहना भी चाहती हैं। दोनों ही अविवाहित हैं। डॉक्टर शरद ने हँसते हुए चिन्ता जताई कि शादी होने पर बहुत सम्भव है ये लड़कियाँ केरल जा बसें—हमें इसकी चिन्ता तो रहती ही है। फिर भी हम इसके बारे में ज्यादा सर नहीं खपाते। डॉक्टर शरद ने बताया कि आज सुबह ही दोनों में से एक के घर से उनके पास फोन आया था। उधर से बोलनेवाला मलयालम और अंग्रेजी की ऐसी खिचड़ी भाषा में बोल रहा था कि बात समझ में नहीं आई। बस इतना समझ में आया कि 30 मई को शादी की तारीख के रूप में पक्का कर दिया गया है। उन्होंने कहा, "एक क्षण तो लगा कि जा-ऑफ हमार यह नर्स तो गई, लेकिन फिर पता चला कि दोनों नर्सों में से एक की बुआ का ब्याह तय हुआ है।" सम्भवतः इस कारण उसे दो हफ्ते की छुट्टी लेकर वहाँ जाना पड़े। बात को जानकर सबने चैन की साँस ली परन्तु इससे इतना तो जाहिर होता ही है कि 'अर्थ' जैसे छोटे से संगठन को भी इस इलाके में कैसी-कैसी बाधाओं का सामना करना पड़ता है।

कीर्ति और शरद को उस दिन के मरीजों से निपटना था। मुझसे कहा गया कि मैं चाहूँ तो परताराम गामेती से कुछ बातें कर लूँ। परताराम भील जनजाति का है। 'अर्थ'

ने उसे 'समाजसचेतक' के रूप में चुना है। परताराम स्थानीय ग्राम-पंचायत की मदद से पुरुषों को प्रजनन-स्वास्थ्य के मुद्दों पर जागरूक बनाने की कोशिश करता है। वह पिछले सात माह से 'अर्थ' के लिए काम कर रहा है। उसने बताया कि 'मैं दूध बेचकर अपनी रोजी कमाता हूँ। मेरे पास एक मोटरसाइकिल है जिस पर अल्यूमिनियम के बड़े-बड़े डब्बों में दूध लादकर बेचना मेरे लिए सुविधाजनक हो गया है।' उसने बड़े गर्व से बताया कि 'मेरा काम पूरी तरह से लाइसेंसह हैं। परताराम को अपने काम के सिलसिले में इधर-उधर जाना होता है। इसका फायदा नर्सों को भी है। दूरदराज के देहातों में जाना हुआ तो परताराम की मोटरसाइकिल उनके काम आती है और चिन्ता भी नहीं करनी पड़ती क्योंकि उनके साथ परताराम जैसा भरोसेमन्द आदमी होता है। गर्भवती स्त्रियों को 'अर्थ' की तरफ से कार्ड प्रदान किए गए हैं। इन पर पहले वार्ड-पंचायत की मुहर लगाई जाती है। परताराम इनको बाँटने और भरने में भी हाथ बँटाता है। इस क्षेत्र में मातृ-मृत्यु दर ज्यादा है। प्रदत्त कार्ड पर कुछ सवाल लिखे होते हैं जिनसे इस बाबत महत्त्वपूर्ण सूचना मिल जाती है। इसी आधार पर 'अर्थ' प्रसूता और शिशु के जीवन को बचाने की रणनीति तैयार करता है तथा उनसे जुड़ने के तरीकों के बारे में सोच पाता है।

परताराम बहुधन्धी आदमी है। दूध बेचने तथा पुरुषों को कामाचार विषयक सलाह देने के साथ-साथ वह गर्भवती महिलाओं को टिटनेस-रोधी सुई लगाने के लिए भी बढ़ावा देता है। यह काम थोड़ा कठिन है क्योंकि अधिकांश महिलाएँ सुई लगवाने से डरती हैं। वे परताराम से झुँझलाकर कहेंगी—'हम बीमार हैं नहीं तो फिर सुई क्यों लगा रहे हो ? वह समझाने की कोशिश करता है। कुछेक को बात समझ में आ जाती है : अधिकांश एक नहीं सुनतीं। दस में से सात स्त्रियाँ ही सम्भोगात् राजी होती हैं। हाँ, नर्सधाय द्वारा प्रसव-पूर्व जाँच कराने की बात पर सभी स्त्रियाँ सहमत नज़र आती हैं।

इलाके में 'अर्थ' के बुनियादी अध्ययन से दो बातें सामने आईं—एक तो यह कि इलाके में गर्भवती महिलाओं की देखभाल से जुड़ी सुविधा कम है तथा दूसरी यह कि लोगों को गर्भनिरोधकों की जरूरत है परन्तु उन्हें गर्भनिरोधक उपलब्ध नहीं हैं और न ही उन्हें यह पता है कि इसकी बहुत सी प्रविधियाँ हैं। कुछ प्रविधियाँ स्थायी हैं तो कुछ अस्थायी गर्भनिरोध का काम करती हैं, और उन्हें आवश्यकतानुसार निरस्त किया जा सकता है। 'अर्थ' ने फैसला किया कि वह चिकित्सालय द्वारा उपचार-कार्य तो करेगी ही, साथ में समुदाय-आधारित शिक्षा और वितरण-कार्यक्रम भी चलाएगी। गाँव के स्वयंसेवक काफी सुस्त और निरुत्साही निकले। उधर समेकित बाल विकास योजना से जुड़े आँगनवाड़ी कार्यकर्ताओं पर पहले से ही काम का बोझ ज्यादा था। उन्होंने सोचा कि अब एक काम और लेकर बोझ भारी करने से क्या फायदा ? अनौपचारिक शिक्षा-कार्यक्रम से जुड़े स्वयंसेवकों से इस काम में हाथ बँटाने को कहा गया तो उन्होंने यह कहकर अपने हाथ खींच लिए कि हम तो मात्र 6-14 आयु-वर्ग के लोगों के बीच काम करते हैं। आखिरकार 'अर्थ' ने इस परियोजना के लिए स्थानीय जनजातियों में

से एकदम नई युवतियों को बतौर स्वयंसेवक भरने का निश्चय किया। ये अनपढ़ थीं और इनकी रिहाइश अलग-अलग ओलों में थी। 10 गाँवों से कुल 18 स्त्रियों का चयन किया गया। बाद में इस कार्यक्रम में दो पुरुषों को भी शामिल किया गया। इनका काम 'कंडोम' बाँटना तथा पुरुषों से महिलाओं के स्वास्थ्य-सम्बन्धी मुद्दों पर बातचीत करना था।

"चुने हुए स्वास्थ्यकर्मी अपने काम में अभी सिद्धहस्त नहीं थे। फिर स्थानीय समुदाय में इस काम को लेकर विरोध का भाव भी था। इसको देखते हुए काम करना हिमालय चढ़ने के बराबर था किन्तु दो वर्षों के अन्दर कुछ-कुछ बदलाव स्पष्ट नज़र आने लगे। गर्भनिरोधक गोलियों का इस्तेमाल करनेवालों की संख्या बढ़ गई हालाँकि इनमें 11% महिलाएँ अपने पतियों की गैर-जानकारी में इसका इस्तेमाल कर रही थीं। लम्बी अवधि तक गर्भनिरोध में उपयोगी तथा आवश्यकतानुसार हटाए जा सकनेवाले गर्भनिरोधकों (विशेषकर कॉपर टी-380 ए) का इस्तेमाल करनेवालों की संख्या में भी धीरे-धीरे इजाफा हो रहा था।"

मैंने जब सरकारी 'नर्स बाई' (अक्जिलरी नर्स मिडवाइफ) के बारे में पूछा तो परताराम हँस पड़ा। उसने हँसते हुए कहा, "माह में एकाध बार वह गाँव घूम जाती है। घरों में तो जाती नहीं। गाँव का दौरा भी उसके लिए एक खानापूर्ति के समान होता है। गाँव की सरहद में आते ही वह परिवार-नियोजन की सामग्री किसी को सौंप देती है, महिलाओं को बन्ध्याकरण के बारे में थोड़ा उकसावा देगी और इसके बाद यह गई—वह गई। ना, वह खुद से बन्ध्याकरण का ऑपरेशन नहीं करातीं। क्योंकि उन्हें इस काम का प्रशिक्षण नहीं दिया गया है। डॉक्टर हो भी तो किसी भी स्थानीय 'केन्द्र' पर इसके लायक उपकरण नहीं हैं। कुछ स्त्रियाँ राजी भी हो गईं तो उन्हें इलाके में 'हेल्थ कैम्प' (स्वास्थ्य-शिविर) लगने का इन्तजार करना पड़ता है। डॉक्टर एक चल-चिकित्सालय—गाड़ी (मोबाईल वान) में आते हैं। आदिवासी औरतें उनके पास शायद ही कभी जाती हों।"

'अर्थ' ने विशेष रूप से मात्र आदिवासी स्त्रियों को स्वयंसेवक के रूप में नियुक्त करने की नीति अपनाई ताकि आदिवासी स्त्रियाँ बड़ी संख्या में उनके चिकित्सालय आने लगें। शुरू में सवर्ण राजपूत स्त्रियाँ उन पर नाक-भौं सिकोड़ती थीं। 'अर्थ' के स्वास्थ्यकर्मी उनको समझाने और सलाह देने की कोशिश करते थे तो उनकी प्रतिक्रिया होती थी, "जाओ जा के उन भुच्चर गामेतियों (आदिवासी) को समझाओ।" धीरे-धीरे भुच्चर गामेती माताओं के स्वास्थ्य में सुधार आया। चिकित्सालय से स्वस्थ होकर लौटनेवाले मरीजों ने वहाँ की देखभाल तथा अन्य सेवाओं की बड़ाई में बातें गाँव-गाँव में कहनी शुरू कीं। अब धीरे-धीरे सवर्ण स्त्रियाँ भी आने लगीं। पहले उन लोगों ने कहा कि हमलोग तो सिर्फ अपने बच्चे को दिखलाने लाई हैं। पर आने पर वे बड़ी रुचि से क्लिनिक को इधर-उधर से देखती थीं, ऊपर से जाहिर करतीं कि उनको इन सब बातों में कोई रुचि नहीं है पर बाद में, आकर खुद के बारे में भी सवाल पूछतीं। अब तो

स्थिति यह है कि वे बिना किसी झिझक के अपनी जाँच करवाने 'अर्थ' के चिकित्सालय आती हैं।

इलाके में आदिवासियों के लिए कई और स्थानीय समूह विभिन्न प्रकार के सामुदायिक विकास काम कर रहे हैं। 'अर्थ' इनके साथ तालमेल बैठाने की कोशिश कर रहा है। 'आस्था' ऐसी ही एक अन्य स्थानीय स्वयंसेवी संस्था है। गैर-आदिवासी लोगों द्वारा आदिवासियों की हड़पी हुई जमीन फिर आदिवासियों को मिल जाए—इसके लिए 'आस्था' गामेतियों को एकजुट करने की कोशिश कर रही है। 'अर्थ' ने 'आस्था' के साथ मिलकर—'सुरक्षित मातृत्व' के विषय पर एक सम्मेलन भी आयोजित किया। दोनों संस्थाएँ यह स्वीकार करती हैं कि 'गामेती' लोगों का खूब शोषण हुआ है। उनकी जगह-जमीन भी ऊबड़-खाबड़ है। खेती योग्य सारी जमीन—यहाँ तक कि आदिवासियों की सामुदायिक जमीन को भी शक्तिशाली राजपूतों ने अपने हक में कर रखा है।

गामेती एक टोकरी शरीफा इकट्ठा करता है तो व्यापारी उसकी कीमत एक रुपया आँकता है। यही फल वह शहर के थोक विक्रेताओं को 10 रुपए टोकरी के हिसाब से बेचता है। हमने दबाव बनाया कि प्रति टोकरी 6 रुपए मिलने चाहिए किन्तु तब भी चार या पाँच रुपए ही प्रति टोकरी ये लोग देते हैं। फिर भी थोड़ा सुधार हुआ है। "इन सबका आपस में सम्बन्ध है—सोचकर देखिए।" परताराम ने अपने कर्मकुशल कठोर हाथों को देखते हुए कहा, "पहले ऊँची जाति के लोगों ने उनकी जमीन हथिया लेंगे। तो जमीन, धन, भोजन, सड़क तथा माता और शिशु की समुचित देखभाल के अभाव में माताएँ और बच्चों के मरने की घटना में बढ़ोतरी होगी ही। जब तक उन्हें पता चलता है कि औरत को अस्पताल ले जाना जरूरी है और इसके लिए वे रुपए-पैसे तथा भाड़े की जीप की व्यवस्था करने के लिए हाथ-पाँव मारते हैं तब तक गर्भवती स्त्री की हालत काफी कुछ बिगड़ चुकी होती है। बाकी की रही-सही कसर सड़क पूरी कर देती है। जब तक हम लोग अस्पताल पहुँचते हैं तब तक जच्चा या बच्चा अथवा दोनों इस दुनिया से दूर जा चुके होते हैं।" परताराम ने समझे हुए व्यक्ति के अन्दाज में कहा कि "काम बहुत कठिन है लेकिन हम फिर भी कोशिश कर रहे हैं। कुछ बदलाव आया है—मुझे पूरा विश्वास है कि आगे भी स्थितियाँ बदलेंगी।"

जाँच-घर के बाहर स्त्रियों का झुंड आपस में बोलता-बतियाता बैठा था। सबके शरीर पर चटख कपड़े थे। उनके हाथ काम करने से कठोर बन गए थे, पाँवों में गड्ढे थे और चमड़ी सूखकर सख्त हो चुकी थी। बावजूद इसके सबने ऐसे परिधान पहने थे मानो मेले में आई हों। उनके तन पर तरह-तरह के आभूषण थे। धनी राजपूत स्त्रियों के शरीर पर चाँदी के गहने थे जबकि गरीब, आदिवासी-स्त्रियों के तन पर रंगीन धागे और मनके चमक रहे थे। सबकी सब लहँगे में थीं, सलमा-सितारा जड़ी ओढ़नी उन पर लहरा रही थी। सबने लाज-लिहाज की गवाही में अपने सर ढक रखे थे।

कीर्ति के कमरे में आनेवाली पहली मरीज ने बताया कि मुझे दो बच्चे हैं—बेटी तीन बरस की है और बेटा एक बरस का। उसने कीर्ति को बहुत आहिस्ते से बताया कि

दो माह से मुझे रजोस्राव नहीं हुआ है और शंका हो रही है कि कहीं गर्भ न ठहर गया हो। उसने अपने पति के बारे में बताया कि वह मुम्बई में टैक्सी चलाता है और घर आया था। वह जोर दे रही थी कि इसी कारण गर्भ ठहरा होगा, ''लेकिन अभी मेरे पेट में पीड़ा है और अतिसार भी हो गया है, साथ ही साथ सफेद-स्राव भी हो रहा है।'' वह 'सफाई' (एम.टी.पी.) करवाना चाहती थी। फुसफुसाते हुए उसने बताया, '' 'ना' मैंने अभी घर में किसी को नहीं बताया है। देखिए, लोग तरह-तरह की बातें करेंगे और मेरा 'धनी' (पति) इस बच्चे को नहीं भी अपना सकता है। मर्द घर से बाहर रहने पर बहुत शक्की हो जाता है।''

'सफाई' के लिए सैकड़ों स्त्रियाँ कीर्ति के पास आती हैं—यह भी उन्हीं में से एक है। 'अर्थ' ने जब 1997 में काम करना शुरू किया था तो पूरे कुम्भलगढ़ प्रखंड में सुरक्षित और वैध गर्भपात की सुविधा उपलब्ध नहीं थी। केलवड़ा के सामुदायिक स्वास्थ्य केन्द्र तथा रीकेड (Reeched) के प्राथमिक स्वास्थ्य-केन्द्र में सिद्धान्ततः 'वैध गर्भपात' की सुविधाएँ मौजूद थीं किन्तु ये केन्द्र वस्तुतः 'वैध-गर्भपात' करने में सक्षम नहीं थे। प्रशिक्षित चिकित्सकों की बात तो छोड़ दें, ग्राम-स्तर पर आवश्यक साधारण उपकरण भी उपलब्ध नहीं थे। 'अर्थ' की स्वयंसेविका ननकी बाई ने बताया कि गर्भ के पाँचवें महीने में वह गर्भपात कराने 'दाई' के पास गई। दाई ने उसके गर्भाशय में एक सूखी बेल का टुकड़ा डालकर उसे घर भेज दिया। दो घंटे के अन्दर ननकी बाई को भारी रक्तस्राव होने लगा। एक माह से ज्यादा समय तक खून निकलता रहा। इस कारण वह बहुत कमजोर हो गई। ''मुझे पता था कि एक अच्छे डॉक्टर के पास जाना चाहिए मगर मेरे पास इतने पैसे नहीं थे कि शहर के क्लिनिक में जा सकूँ और सामुदायिक-स्वास्थ्य-केन्द्र की नर्सबाई गर्भपात करा ही नहीं सकती थी।''

ननकी बाई तो आखिरकार शायद किस्मत से बच गई लेकिन उसने खुद बताया कि उस जैसियों के साथ हमेशा ऐसा नहीं होता, ''पास की ही एक औरत 5-6 माह का पेट लेकर एक स्थानीय दाई के पास गई। उसने 'गर्भाशय' के साथ काफ़ी छेड़छाड़ की, मगर गर्भपात न हो सका। इस दौरान भ्रूण पेट में ही मर गया। इसके बाद उस औरत के पूरे शरीर पर भारी सूजन आ गई और वह बहुत कमजोर हो गई। फिर वह एक आयुर्वेदिक डॉक्टर के पास गई लेकिन उसे उसने 'गर्भपात' की घटना के बारे में न बताकर इतना भर कहा कि उसके पेट में दर्द रहता है। डॉक्टर ने उसे बिना जाँच दर्दनिवारक दवा दे दी। वह कुछ दिनों बाद मर गई। एक अन्य मामले में भी गर्भपात ठीक तरीके से न हो सका था। यानी भ्रूण तो बाहर आ गया था लेकिन नाल अन्दर रह गई थी। ऐसे में 'सफाई' के लिए अन्त में एक 'बंगाली डॉक्टर' को बुलाया गया। ''उसने हाथ अन्दर डालकर इसे टुकड़े-टुकड़े में निकाला। इतनी ज्यादा बदबू आ रही थी कि उसे मुँह और नाक पर पट्टी बाँधनी पड़ी। उसने इस काम के लिए 1500 रुपए माँगे।'' स्वयंसेवकों ने झुरझुरी लेकर यह घटना बयान की।

ऐसी मौतें गाँव-देहात में प्रायः होती रहती हैं, मगर मर्द लोग औरतों की इस 'बड़ी

जरूरत' से बेखबर या कहें कि जान-बूझकर अनजान बने रहते हैं। 'अर्थ' ने दो हजार पुरुषों का सर्वेक्षण करके यह निष्कर्ष निकाला है कि स्वयं उन्हें भी 'गर्भपात' के बारे में ना के बराबर जानकारी है। सर्वेक्षण में 228 नवजात शिशुओं के पिता तथा अन्य विवाहित पुरुष शामिल किए गए थे। उनसे पूछा गया कि किसी स्त्री को अनचाहे गर्भ ठहर जाए तो इससे छुटकारा पाने के लिए उसे क्या करना चाहिए ? मात्र एक तिहाई पुरुषों ने कहा कि उसे खुद को स्वास्थ्य केन्द्र अथवा सरकारी अस्पताल में दिखाना चाहिए। 24% पुरुषों को ही जानकारी थी कि सरकारी अस्पताल में स्वैच्छिक 'गर्भपात' वैध है।

क्लिनिक में दूसरी मरीज दिखाने आई। नर्स ने बताया कि वह भी पेट से है तथा ससुराल से मायके आई है ताकि पहले शिशु को रिवाज के अनुसार यहीं जन्म दे। चिकित्सालय तक आने के लिए उसे दस रुपए बस-भाड़ा खर्च करना पड़ा है, और वह 'अर्थ' के परियोजना-क्षेत्र से बाहर पड़नेवाले गाँव से आई क्योंकि उसके पीहरवालों ने इस क्लिनिक के बारे में दूसरों से सुना है।

डॉक्टर कीर्ति ने बताया कि शादी के तुरन्त बाद गर्भनिरोध की जरूरत के बारे में यहाँ लोग ज्यादा ध्यान नहीं देते। लड़का हो या लड़की विवाह प्रायः कम उम्र में कर दिया जाता है और इलाकाई स्वास्थ्य-कल्याण सेवाओं की दशा भी ठीक नहीं है। ऐसे में असमय गर्भ गिरने की घटनाएँ खूब होती हैं। 'अर्थ' ने अपने सर्वेक्षण में पाया कि 54% महिलाओं के एक या उससे अधिक शिशु बचपन में मर गए थे, जबकि 44% महिलाओं ने कहा कि उनका एक शिशु जाता रहा। बच्चों के बड़ी उम्र तक बच पाने को लेकर उनके मन में शंका लगी रहती है। बुढ़ापे का सहारा खोने के इस डर का गर्भनिरोधकों के इस्तेमाल को लेकर उनके रुख पर इसका गहरा असर पड़ता है। हर नवविवाहित जोड़े को जल्द से जल्द साबित करना होता है कि वे माता-पिता बन सकते हैं अन्यथा उन्हें घर-पड़ोस हर जगह निन्दा या शंका झेलनी पड़ती है। अधिकांश महिलाएँ, यहाँ तक कि जिन्हें बच्चे थे वे भी—गर्भनिरोधकों अथवा दो बच्चों के बीच समयान्तराल के बारे में कुछ नहीं जानती थीं। अधिकांश प्रसव आज भी यहाँ घर में ही कराए जाते हैं। प्रसव के समय सहायता और निगरानी के लिए बुजुर्ग स्त्रियाँ तथा पड़ोस की महिलाएँ मौजूद होती हैं। 'माता' बननेवाली स्त्री 'क्या को—क्या न करे'—इसके बारे में उनके अपने आग्रह होते हैं। बड़ी-बूढ़ियाँ सोचती हैं कि भ्रूण छोटा रहे तो प्रसव में आसानी होगी। इस वजह से वे जान-बूझकर गर्भवती स्त्री को कम-कम खाने की सलाह देती हैं। फिर इलाके में मलेरिया का प्रकोप भी ज्यादा है। वजहों से स्त्रियाँ प्रायः रक्ताल्पता की शिकार हो जाती हैं।

इसके बाद एक पीली और उत्साहहीन चेहरेवाली मरीज अन्दर आई। उसका मामला भी गौरतलब था। हमें पता चला कि उसे 7 माह का गर्भ है। उसने बताया कि मैं अपने जापा (प्रसव) के लिए ओडा (पिता के घर) जा रही हूँ। उसने कहा कि सास ने मुझे दूध-मक्खन जैसी सफेद चीज़ों को खाने से मना किया है। 'वह कहती है कि

ये चीजें गर्भस्थ शिशु की चमड़ी से सट जाएँगी और प्रसव में इससे कठिनाई होगी। वह उसे घी लगी रोटी भी नहीं खाने देती। मैं किसी भी तरह भरपूर भोजन नहीं कर सकती। फिर उसने तनिक शर्माते हुए कहा, 'मुझे खुशी है कि मैं 'ओडा' जा रही हूँ। वहाँ मुझे माँ सबकुछ खाने देगी।' वह चाहती थी कि डॉक्टर कीर्ति उसे ताकत की टिकिया (आयरन, फोलिक एसिड) खाने को दे लेकिन सूई न लगाए। गाँव के ओझा ने बताया है कि टिकिया खाने तक तो चलेगा लेकिन सुई लगवा लिया तो 'देवी' नाराज हो जाएगी।

इसके बाद सदनी बाई की बारी आई। उसे छह माह के जुड़वाँ बच्चे थे और दो माह से रजोस्राव नहीं हुआ था। प्रयोगशाला की जाँच से पता चला कि रजोस्राव नहीं आने का कारण लैक्टेशन अमेनोरिया (स्तनपान कराती स्त्री का बाँझपन) है। वह खुद नहीं चाहती थी कि उसे अभी गर्भ ठहरे। इसलिए यह जानकर उसने चैन की साँस ली। कीर्ति ने बताया कि शहर के 'चलताऊ डॉक्टर' रजोस्राव न आने की शिकायत लेकर आई औरतों से पैसा कमाने को उन्हें बेहोश कर ऑपरेशन के नाम पर सफाई डी. एंड सी. कर देते हैं अधिकांशतया को पता नहीं चलता कि यह क्या था। रजोस्राव न आने की गर्भ ठहरने के अतिरिक्त भी बहुत सी वजहें होती हैं किन्तु जल्दी-जल्दी पैसा बनाने के फेर में डॉक्टर कहता है कि 'तुम पेट से हो' और फिर गर्भपात का उपक्रम करता है।

गढ़चिरोली की डॉक्टर रानी बाँग के समान कीर्ति का भी मानना था कि देश में बढ़ती हुई जनसंख्या के ही समान बाँझपन भी एक बड़ी समस्या है किन्तु इस पर अमूमन कोई चर्चा नहीं होती। अधिकांश लांछनों की तरह निःसन्तान होने का दोष भी औरत के माथे मढ़ दिया जाता है। माना जाता है कि 'बाँझ' अथवा अबाँछड़ी होने से बेहतर तो औरत का मर जाना है। चाहे जैसे भी हो उसे सन्तान पैदा करना ही चाहिए। कभी-कभी तो इस चक्कर में उसकी जान तक ले ली जाती है। औरत निःसन्तान हो और पति को स्वेच्छा से कह दे कि वंशवृद्धि के लिए दूसरी शादी कर लो तो समाज उसकी प्रशंसा करता है। पर 'अर्थ' के सर्वेक्षण का निष्कर्ष है कि 33% बाँझपन के मामले ऐसे थे जहाँ पति सन्तान उत्पन्न करने में अक्षम था। पत्नी नहीं। फिर भी दोष पत्नी का ही माना जाता है। स्वयं पत्नियाँ भी पति की अक्षमता स्वीकार नहीं करना चाहतीं।

कीर्ति ने कहा, "आप स्वयं देख सकती हैं कि यहाँ सुरक्षित गर्भपात की कितनी बड़ी जरूरत है। पर रक्ताल्पता और स्त्रियों की शारीरिक कमजोरी को देखते हुए 'गर्भपात' करना बहुत जोखिम भरा काम है। किसी जड़ी-बूटीवाले से किसी किस्म का 'काढ़ा' या 'आसव' लेकर पीने अथवा अनपढ़ और अप्रशिक्षित दाई द्वारा लता-बेल शरीर के भीतर डालकर गर्भपात करवाने से बेहतर है कि औरतें शहर के क्लिनिक चली जाएँ। वहाँ उनकी जान को कम खतरा रहेगा। स्त्रियाँ इस बात को समझती हैं किन्तु एक तरफ उन्हें समाज द्वारा लांछित तथा पति द्वारा प्रताड़ित किए जाने का भय होता

है तो दूसरी तरफ इतने संसाधन भी नहीं होते कि शहर जाने का विकल्प चुनें। ऐसे में वे आसपास के किसी झोला-छाप डॉक्टर की शरण में जाती हैं जो दावा करता है कि 'सफाई' करने में उसकी कोई सानी नहीं। अस्थायी बन्ध्यता अथवा बेढंगे गर्भपात के कारण गर्भाशय का नीचे खिसक जाना भी एक सामान्य बात है किन्तु अधिकांश गर्भपात गुपचुप कराए जाते हैं—इसलिए इसकी शिकायत भी शायद ही कभी की जाती हो।''

सदनी बाई को जुड़वाँ बेटियाँ थीं और वह बड़ी बेताबी से चाह रही थी कि एक बेटा हो जाए। किन्तु जुड़वाँ बच्चियों को जन्म देने के बाद उसे कुछ परेशानियाँ हो गईं। उसने बताया कि मुझे अशौच है और बहुत बेचैनी होती है। जाँच से पता चला कि उसके गर्भाशय का भ्रंश घावयुक्त हो चुका है और उसकी प्रकृति गम्भीर रूप धारण कर चुकी है। उसने बुरी तरह सुबकते हुए बताया, ''मेरी ननद कहती हैं कि तुम्हें तो हमेशा कमजोरी घेरे रहती है और सिर्फ बेटियाँ होती हैं। अब यदि तुम्हें बेटा हुआ तो अपने भाई की दूसरी शादी करा दूँगी। मैं कहाँ जाऊँगी ? मेरा पति मुझे अक्सर मारता-पीटता है।''

सदनी बाई दवाई का पुर्जा हाथ में थामे चली गई। जितना जानो दुख उतना ही बढ़ता जाता है।

रूपाली का शिशु अभी दो माह का था। वह उसे लेकर लँगड़ाते हुए अन्दर आई। उसकी टाँग पोलियोग्रस्त थी और कूबड़ निकला हुआ था। उसकी छाती में टेनिस की गेंद के आकार का एक अर्बुद निकल आया था और रिस रहा था। उसने कीर्ति को बताया कि उसका पति पत्थर-खदान में मजदूर है। गर्भवती होने के पहले से ही उसकी छाती में यह गूमड़ था लेकिन बाद में बड़ा होता चला गया। वह इतनी गरीब थी कि बस-भाड़ा चुका पाने लायक भी पैसे नहीं थे उसके पास। सारा रास्ता उसने यों ही घिसटते हुए तय किया। कुंचोली के नजदीक एक मोटरसाइकिलवाले की उस पर नजर पड़ी तो दयावश उसने यहाँ तक पहुँचा दिया।

राजस्थान के गाँवों में स्थिति यह है कि गम्भीर से गम्भीर बीमारी हो जाए तो भी बे खोज-पूछ दिन कटते जाते हैं। रूपाली बाई इसका प्रत्यक्ष उदाहरण है।

'मैं मन्दिर भी गई थी—' रूपाली बाई धीमे से बोली, ''लेकिन गूमड़ बड़ा होता गया।'' नर्स उसे जाँच के लिए एक तरफ ले गई। कीर्ति ने उसे जाते हुए देखा और उसकी आँखों में उदासी के बादल तैर आए।

'अर्थ' ने 507 विवाहित स्त्रियों का सर्वेक्षण करने पर पाया कि उनमें से 40 प्रतिशत को पिछले वर्ष कोई न कोई रोग जरूर हुआ था। किसी को पेड़ू में दर्द था तो किसी को पेशाब करने में। किसी के यौनांग में घाव और दाने निकले थे तो किसी का गर्भाशय चोटिल था अथवा रूपाली बाई की तरह छाती में गूमड़ निकल आया था। ऐसा होने पर सबसे पहले उनके मन में यही भाव उठा कि मन्दिर जाना चाहिए। समूह-चर्चा के दौरान एक स्त्री ने बताया कि 8 दिनों तक उसे खूब रक्तस्राव हुआ—

फिर वह 'बावजी' (धार्मिक स्थल) पूजने गई। उसे लोगों ने बताया कि तुमने 'बावजी' की मनौती पूरी नहीं की इसलिए तुम्हें बीमारी हुई है। चढ़ावा चढ़ा देने के बाद उसका रोग ठीक हो गया—उसने बड़े विश्वासपूर्वक बताया।

चुन्नाराम नाम के एक व्यक्ति की पत्नी वसन्ती 47 वर्ष की है और उसे इस उम्र तक नौ बच्चे हो चुके हैं। इसमें दो बच्चों की मृत्यु हो गई। उसने अपना माथा पीटते हुए बताया कि वह एक बार फिर पेट से है। वह अपने पति पर बहुत क्रोधित थी। उसने पति को यह नहीं बताया था कि वह गर्भपात कराने जा रही है। वह अपनी पड़ोसन के साथ आई थी और चाह रही थी कि तुरन्त एम.टी.पी. करा दिया जाए। कीर्ति ने जब उससे सवाल किए तो यह जानकर हम सबको बहुत आश्चर्य हुआ कि 9 बच्चों की माँ वसन्ती को गर्भनिरोध तथा उपलब्ध विभिन्न प्रकार के गर्भनिरोधकों के बारे में जरा भी जानकारी नहीं थी। कीर्ति ने अपनी डेस्क की दराज से बहुत से गर्भनिरोधक निकालकर उसे दिखाए। पहले तो वह लजाई फिर बच्चियों की तरह खिलखिला पड़ी और कहा, ''मैं तो औरत हूँ लेकिन 'उस बूढ़े' को क्या हुआ था—वह तो जान सकता था इनके बारे में। मेरी दो बेटियाँ विवाहित हैं और एक नाती भी है। ऐसे में खुद बच्चा जनना कितनी शर्मनाक बात है। मेहरबानी करके मुझे इससे उबार दो।''—उसने कीर्ति से कहा, ''अब से अगर मुझे छुआ भी तो मैं अपने बूढ़े की जान ले लूँगी।''

नर्स को 'सफाई' के लिए तैयारी करनी थी। वह वसन्ती बाई को लेकर एक तरफ चली गई। वसन्ती बाई भी खुशी-खुशी उसके साथ हो ली।

अगली मरीज का मामला वसन्ती बाई के उल्टा था।

26 वर्षीया मीना को शादी के 8 वर्ष बीत चुके हैं लेकिन वह गर्भधारण नहीं कर सकी है। देवी-देवता मनाने और झोला-छाप डॉक्टरों से निराश होकर उसने चिकित्सालय आकर दिखाने का निश्चय किया था। उसने यहाँ दो माह तक आना जारी रखा फिर अचानक रोक दिया। उसके घर पर उससे सम्पर्क करके इस बारे में पूछा गया तो उसने बताया कि ''मेरे रिश्तेदारों का कहना है, ऐसे मामले में दवा-दारू का कोई लाभ नहीं होता। उसे एक तान्त्रिक की मदद से डाकिनी को मनाना होगा।'' 10 माह बाद मीना फिर 'क्लिनिक' आई। उसने इस दौरान कइयों से सुना कि यहाँ उपचार करवाने के बाद बहुत सी बाँझ स्त्रियों की कोख हरी हो गई।

वर्ष 1998-99 के राष्ट्रीय परिवार स्वास्थ्य-सर्वेक्षण के अनुसार राजस्थान में 4.3 प्रतिशत नवविवाहित स्त्रियाँ निःसन्तान हैं। इनमें से अधिकांश को (64%) कभी गर्भ नहीं ठहरा जबकि शेष को प्रसव में मृत-शिशु हुआ, गर्भ ठहरने के बावजूद गिर गया अथवा बच्चा हुआ तो भी कुछ दिन का होकर जाता रहा। 34 माह की अवधि में 'अर्थ' की क्लिनिक में 134 महिलाएँ और बच्चे उपचार के लिए आए। उपचार के लिए आनेवाली स्त्रियों की औसत आयु 26.4 वर्ष की थी। अधिकांश स्त्रियाँ ओझा-गुनिया के पास 'झाड़ा' या 'खोल भराना' के लिए जाती हैं। ज्यादातर पतियों ने वीर्य की जाँच के लिए क्लिनिक आने से इनकार कर दिया।

दो गाँवों में सम्पन्न हुई समूह-चर्चा से यह बात स्पष्ट हो गई कि सन्तानहीनता का सारा दोष औरत पर लगाया जाता है और अक्सर नपुंसक होने पर भी पति दूसरी शादी कर लेता है।

क्लिनिक में उस दिन का काम पूरा हुआ तो हमने शरद और कीर्ति के साथ बैठकर बातें कीं। इस बातचीत में पर्यवेक्षक वीरेन्द्र तथा अजीता और शीना (नर्स) ने भी शिरकत की। वीरेन्द्र का काम है स्वास्थ्यकर्मियों से इलाके में गर्भवती स्त्रियों की संख्या तथा उनकी स्थिति के बारे में रोज का हाल दरयाफ्त करना। रिपोर्ट में यह भी बताना होता है कि प्रति घर बच्चों की कितनी संख्या है तथा स्वास्थ्यकर्मियों के निजी सम्पर्क इन घरों में किस तरह चल रहे हैं। वीरेन्द्र स्वास्थ्यकर्मियों के साथ बैठक करके विशिष्ट समस्याओं पर भी चर्चा करता है।

मैंने वीरेन्द्र से गाँव की पंचायतों तथा प्रजनन-स्वास्थ्य-विषयक उनकी रुचि के बारे में पूछा। ख़ासतौर पर मैं यह जानना चाहती थी कि पंचायत-सदस्य के रूप में निर्वाचित महिलाएँ इस मामले में कितनी रुचि लेती हैं। वीरेन्द्र ने हँसते हुए कहा, ''यहाँ महिलाएँ बस दस्तखत करने का काम करती हैं। कागज पर अँगूठा लगाना हो तब ही उन्हें खोजा-पूछा जाता है। फिर वे एक किनारे जाकर चुपचाप बैठ रहती हैं। उन्हें धमकी और अपमान का भय होता है इसलिए वे जोखिम मोल लेना नहीं चाहतीं।''

महिलाएँ अगर अपने भय पर काबू पा लें तथा गर्भनिरोधकों की अपनी पसन्द को बताना सीख लें तो यह पसन्द मर्दों से कहीं अलग होगी। 'अर्थ' के शोधकर्त्ताओं ने पाया है कि गर्भनिरोधकों को चुनने का विकल्प मौजूद हो तो महिलाएँ ज्यादातर 'कंडोम' या बन्ध्याकरण के बजाय 'कॉपर-टी' प्रयोग करना पसन्द करती हैं। इसे आवश्यकतानुसार हटाया जा सकता है और एक बार प्रत्यारोपित कर देने के बाद यह दिखता भी नहीं है। पति 'कंडोम' इस्तेमाल करने में हिचकिचाते हैं और सोचते हैं कि नसबन्दी करा ली, तो वे नपुंसक तथा पत्नी व्यभिचारी हो जाएगी। महिलाओं के मन में गर्भ की अस्थायी विधियों को लेकर भी उलझन है। उनको डर होता है कि कोख को काबू में कर लेने के बाद अगर बच्चे न बचे तो उन्हें घर-बाहर कर दिया जाएगा। कुछ महिलाएँ अन्तर्गर्भाशयी पद्धति से गर्भनिरोध कर रही थीं किन्तु जब पति को पता चल गया कि उसने इसके लिए खरी-खोटी सुनाई और वे डरकर इसे हटाने के लिए दोबारा चली आईं।

यह विडम्बना है कि भारत में जनसंख्या-नियन्त्रण कार्यक्रम के अन्तर्गत ज्यादा जोर महिलाओं के बन्ध्याकरण पर दिया जाता है। जबकि स्त्रियाँ सस्ते आसानी से सुलभ और इस्तेमाल करने में सुरक्षित उन गर्भनिरोधकों को ज्यादा पसन्द करती हैं जिनको निकाला जा सके। राष्ट्रीय परिवार स्वास्थ्य-सर्वेक्षण के एक आँकड़े के अनुसार गर्भनिरोधकों के उपयोग में हुई राष्ट्र व्यापार वृद्धि के आँकड़ों का एक बड़ा रहस्य महिला-बन्ध्याकरण में छुपा है। उधर पुरुष-नसबन्दी अथवा अन्तर्गर्भाशयी तरीकों के

इस्तेमाल में कमी आई है। स्पष्ट है कि सत्ता-तन्त्र इस मामले में स्त्रियों को बाध्य कर रहा है भले ही सरकारें इससे जोरदार ढंग से इनकार करें। गाँव के गरीबों को निजी चिकित्सा के बतौर दवाइयाँ तथाकथित 'बंगाली डॉक्टर' से हासिल होती हैं। ये 'बंगाली डॉक्टर' उच्चशक्ति के प्रतिजैविक इंजेक्शन लगाते हैं और डिस्टिल्ड पानी चढ़ाते हैं—भले ही रोगी किसी भी कारण से 'कमजोर' हुआ हो। इसके लिए वे 250 रुपया फीस वसूलते हैं।

कीर्ति ने बताया, ''बच्चों का काल-कवलित होना यहाँ आम बात है। पिछले वर्ष हमने एक सर्वेक्षण किया था। इससे पता चला कि लगभग 50 प्रतिशत महिलाओं की एक न एक सन्तान मृत्यु को प्राप्त हुई। नसबन्दी की बात से महिलाओं को काठ मार जाता है। वे सोचती हैं कि 'कोख' एक फूल की तरह होती है और 'नस' ही इसे खिलाए रहती है। 'नस' कटने का मतलब है जड़ का कट जाना—वे सोचती हैं नसबन्दी कराने से 'स्त्रीत्व' समाप्त हो जाएगा, कोख हरी नहीं होगी और जीवन-ऊर्जा छीजने लगेगी। वे पूरे प्रतिकार के साथ कहती हैं कि नहीं—हमें कुछ ऐसी चीज दो जिसे धनी (पति) को बताए बगैर प्रयोग कर सकें और 'माँ' बनना चाहें तो उसे हटाया जा सके।''

''फिर ?''

''हमने फिर उन्हें एक अन्तर्गर्भाशयी पद्धति की तजवीज की। इसे कॉपर-टी 380 ए कहा जाता है। यह दस वर्षों तक कारगर रहता है। इतनी अवधि में स्त्रियाँ रजोनिवृत्ति हो जाती हैं। प्रचलित तरीकों के वनिस्पत इसमें खर्चा कम बैठता है। अगर दर्द होने लगे, रक्तस्राव हो अथवा पति को पसन्द नहीं हो तो हम इसे निकाल देते हैं। अधिकांश आदिवासी स्त्रियाँ इसी पद्धति को चुनती हैं। वे अपेक्षाकृत ज्यादा गरीब हैं और उनके बच्चे भी ज्यादा मरते हैं—फिर सरकारी स्वास्थ्य-सुविधाओं तक उनकी पहुँच भी कम है।''

यह इलाका बहुत दुर्गम है। अधिकांश ए.एन.एम. शहर में रहती हैं और बस से आती-जाती हैं। दूर-दराज के देहात में महिला ए.एन.एम. के लिए रात में बेगाने गाँव में ठहरना भी एक बड़ी समस्या हो जाती है, जहाँ न तो 'होस्टल' होता है और न ही किराए के घर। अकेली पाकर महिला-स्वास्थ्यकर्मी के साथ कई बार छेड़खानी भी की जाती है।

''कायदे की चिकित्सीय-सहायता उपलब्ध न होने के कारण हर तरह के अन्धविश्वासों का यहाँ साम्राज्य है। 'माता' (छोटी चेचक, खसरा जैसी बहुत सी संक्रामक बीमारियों का एक संयुक्त नाम), निकाड़ो (टायफ़ायड), बादलो (निमोनिया) तथा बड़ी चेचक जैसी आमफहम बीमारियों को 'अवदी' माना जाता है। इन सभी रोगों के उपचार के लिए लोग स्थानीय ओझा (भोपा) पर निर्भर हैं और किसी भी तरह की चिकित्सा से पहले भोपा की अनुमति माँगते हैं। वह झाड़-फूँक की एवज में एक बोतल शराब तथा एक बकरा माँगता है। बेटे या जवान पुरुष का मामला हो तो लोग चिकित्सीय-सहायता के लिए हाथ-पाँव मारते भी हैं लेकिन लड़की या नवयुवती हो तो

महँगी दवा से कोई भी उनका उपचार करना नहीं चाहता,'' वीरेन्द्र ने कहा।

कीर्ति बोली कि यहाँ गर्भवती महिलाओं को किस तरह की समस्याओं का सामना करना पड़ता है उसे एक घटना से समझा जा सकता है। तीस वर्षीया राधा अपने पाँचवें गर्भ के दौरान मर गई। उसका चेहरा सूज गया था और आँखों के आगे बार-बार अँधेरा छा जाता था। उसने प्रसवोपरान्त तीन बार जाँच करवाई थी लेकिन गाँव के प्राथमिक स्वास्थ्य केन्द्र पर जरूरी उपकरण न होने के कारण नर्स ने न तो उसकी पेशाब-जाँच की थी और न ही रक्तचाप लिया था। उसे किसी किस्म के रोग के बारे में आगाह नहीं किया गया और न ही यह कहा गया कि दूसरी जगह दिखा लो। गर्भ की अन्तिम तिमाही में वह मूर्च्छित हुई तो दूसरे गाँव से एक स्वास्थ्यकर्मी बुलाया गया। उसने कुछ इंजेक्शन दिए और उदयपुर के अस्पताल में दिखाने को कहा। तीन-चार घंटे तो पैसे जुटाने में लगे, फिर भाड़े पर जीप खोजने की कवायद शुरू हुई। उदयपुर पहुँचते-पहुँचते दो घंटे और बीत गए। अन्ततः सात घंटे बाद अस्पताल में राधा का शल्यक्रिया द्वारा प्रसव कराया गया। जुड़वाँ शिशुओं का जन्म हुआ। खून चढ़ाने के बावजूद राधा का शरीर ऐंठता चला गया और वह मर गई। दो हफ्ते बाद उसके नवजात शिशु भी जाते रहे।

राधा या उसके परिवारवालों को यह नहीं बताया गया था कि गर्भ में जुड़वाँ भ्रूण पल रहे हैं। राधा की जाँच करनेवाली नर्स ने न तो उच्च रक्तचाप पर ध्यान दिया था और न ही दृष्टि के धुँधलाते जाने की घटना की ही कोई नोटिस ली थी।

गोगुंडा गाँव की 28 वर्षीया केसी भी इसी कारण मरी। जाँच करनेवाली नर्स ने उसे भी नहीं बताया था कि गर्भ में जुड़वा भ्रूण है। उसके पंजे सूज गए थे जो कि स्पष्ट ही रक्तक्षीणता का लक्षण है किन्तु इस पर भी उसने कोई ध्यान नहीं दिया। स्थानीय नर्स-धाय ने बताया कि शिशु-जन्म के बाद जब दाई रक्तस्राव रोकने के उपाय न कर सकी तभी उसे बुलाया गया। तब तक जच्चा अचेत हो चुकी थी। उसने यह मानने से इनकार कर दिया कि इसमें उसका भी कुछ दोष है।

इसी तरह एक सत्रह वर्षीया किशोरी अपने पहले ही गर्भ के दौरान मर गई। प्रसव में रिश्तेदारी की एक औरत ने सहायता की थी, और शिशु मरा हुआ पैदा हुआ। ननकी नाम की इस किशोरी को जब ज्यादा रक्तस्राव होने लगा तो प्राथमिक स्वास्थ्य-केन्द्र से एक डॉक्टर तथा नर्स को बुलाया गया। डॉक्टर ने कहा कि मरीज को जल्द से जल्द सामुदायिक स्वास्थ्य केन्द्र पहुँचाओ। वहाँ इसे ऑक्सीजन और अन्य द्रव चढ़ाए गए। लेकिन तब तक बहुत देर हो चुकी थी। अत्यधिक रक्तस्राव के सदमे (Eclampsia) के कारण ननकी कुछ ही मिनटों में चल बसी।

डॉक्टर शरद ने बताया कि ज्यादा देर तक प्रसव-पीड़ा होने पर भी जान जाने का खतरा बढ़ जाता है—यह बात स्त्रियाँ नहीं जानती हों ऐसा भी नहीं। उन्हें बस इतना भर नहीं पता होता कि ऐसे में कब चेता जाना चाहिए। गर्भावस्था के दौरान होनेवाली स्वास्थ्य-समस्याओं के बारे में लोगों को बहुत कम जानकारी है। सर्वेक्षण में अधिकांश

महिलाओं ने कहा कि गर्भावस्था या उसके तुरन्त बाद उन्हें दृष्टि धुँधलाने, भूख की कमी, सर में चक्कर, रक्तस्राव अथवा दर्द जैसी एक न एक परेशानी जरूर हुई किन्तु उन्हें इसके बारे में खास जानकारी नहीं थी। रक्तस्राव के अधिकांश मामलों में मान लिया गया कि 'भोपा' के 'झारा' से रक्तस्राव रुक जाएगा। अन्धविश्वासों के कारण भी लोग तुरन्त चिकित्सा नहीं कराते।

उदाहरण के लिए नाभि-नाल (जरायु) का निकलना बहुत जरूरी समझा जाता है और जब तक यह निकल नहीं जाता नाल नहीं काटी जाती। यदि जरायु नहीं निकल रहा हो तो फिर भयानक किस्म की करतबबाजी की जाती है। स्त्री से कहा जाता है कि पालथी मारकर जोर-जोर से खाँसो। उसके गले में राख अथवा उसके बाल डाले जाते हैं। प्रसव के बाद हो रहे रक्तस्राव को फायदेमन्द और गन्दगी के साफ होने का लक्षण माना जाता है।

डॉक्टर शरद ने कहा कि दिलचस्प बात यह है कि हमने मर्दों का सर्वेक्षण किया तो पाया कि दो तिहाई से ज्यादा को गर्भावस्था के दौरान दिखनेवाले खतरे के कम से कम एक लक्षण का पता था। ज्यादातर पुरुष जानते थे कि आपातकालीन परिस्थितियों में स्त्री को कहाँ ले जाना चाहिए और इसके लिए कितनी रकम जरूरी होगी। पुरुष गर्भावस्था के दौरान घरेलू काम में पत्नी का हाथ नहीं बँटाते। लगभग एक तिहाई पुरुषों ने स्वीकार किया कि घरेलू कामकाज अथवा खेती-बाड़ी के काम में उन्होंने अपनी गर्भवती स्त्री का हाथ नहीं बँटाया। सर्वेक्षण में शामिल 20 प्रतिशत पुरुष रोजगार के सिलसिले में बड़े शहरों में रहते थे लेकिन गाँव में रहनेवाले पुरुषों में भी मात्र एक तिहाई पुरुष ही ऐसे थे जो प्रसवपूर्व जाँच के लिए अपनी पत्नी के साथ डॉक्टर के पास गए। प्रसव कहाँ हो और इसे किसकी देख-रेख में कराया जाए इसका फैसला भी पुरुष ही करते हैं। अधिकांश पुरुषों (93%) का कहना था कि किसी रिश्तेदार अथवा दाई के हाथों प्रसव कराया जाना चाहिए क्योंकि उन्हें बुलाना आसान है और खर्च भी कम लगता है।

जहाँ तक प्रसवपूर्व देखभाल का सवाल है सरकार द्वारा संचालित सामुदायिक-स्वास्थ्य केन्द्रों में अभी भी आधे-अधूरे ढंग से ज्यों-त्यों इसे निपटाया जाता है। कुछ आयरन-टेबलेट और टिटनेसरोधी सुई लगाकर इस कर्तव्य की इतिश्री मान ली जाती है। प्रसव के समय काम आनेवाले महत्त्वपूर्ण उपकरण, जैसे—रक्तचाप नापने का उपकरण, रक्त और ऑक्सीजन चढ़ाने के उपकरण आदि यहाँ उपलब्ध नहीं होते। नर्सों को इस काम के लिए प्रशिक्षित भी नहीं किया गया है।

फसल-कटाई के दिन चल रहे थे। जड़फा गाँव के आँगनबाड़ी कार्यकर्त्ता तथा परम्परागत प्रसवकर्मी (दाई) अपने खेतों में थे। कीर्ति, दिनेशचन्द्र और एक स्वास्थ्यकर्मी के साथ मैं आँगनबाड़ीवाले उस मकान में थोड़ी देर के लिए बैठ गई। फिर दिनेशजी और उत्सुकतावश आ जुटी महिलाओं के साथ हमारी बातचीत होने लगी। गाँव सुन्दर था परन्तु खाली-खाली दीख रहा था। चम्पक के पेड़ पर यौवन आया हुआ था। पंडुक

का एक जोड़ा उसके बीच कहीं कूजन कर रहा था। बच्चे स्कूल जा रहे थे। उनके शरीरों पर स्कूली-ड्रेस के रूप में नीली कमीज और खाकी पैंट थी। वे सबके सब लड़के थे। बताया गया कि गाँव की अधिकांश लड़कियाँ अनौपचारिक शिक्षा के लिए साँझ के समय ही पढ़ने जाती हैं। सवेरे उन्हें या तो घर में काम करना पड़ता है अथवा मवेशियों को चराने के लिए ले जाना पड़ता है। केवल लड़के औपचारिक रूप से चलाए जा रहे विद्यालयों में जाते हैं।

इतने में कहीं से ढोल बजने की धीमी-धीमी आवाज़ आई। पूछने पर पता चला कि गाँव में कहीं देवी-मन्दिर में पूजा हो रही है। अन्यान्य हिन्दुस्तानी गाँवों की तरह जदफ़ा गाँव की भी एक संरक्षिका देवी है। भले औरतें उपेक्षा और काम की चक्की में पिसकर मर जाएँ लेकिन गाँववाले मानते हैं कि 'देवी' की कृपा गाँव की भलाई के लिए जरूरी है। और इस विडम्बना पर किसी की नज़र नहीं जाती कि देवी की कृपा बरस रही है तो औरतें क्यों मर रही हैं ? और तो और—औरतें भी नहीं सोचतीं—लगातार उपवास करतीं वे आस लगाए रहती हैं कि देवी-कृपा से एक बेटा हो जाए।

सरपंच की माँ के दो गजदन्त बाहर की तरफ निकले हुए थे और गले और बाँह में चाँदी के ढेर सारे गहने थे। उसे यहाँ जरूर बहुत महत्त्वपूर्ण स्त्री माना जाता होगा उसका पूत सरपंच जो है। हमने थोड़ी देर उससे बात की। उसने कहा कि "मुझे अपने बेटे पर गर्व है। मैं अब भी काम करना चाहती हूँ मगर इसका मतलब यह मत सोच लेना कि मैं नौकर-चाकर नहीं रख सकती। मैं तो बस अपनी ताकत को बनाए रखने भर के लिए काम करना चाहती हूँ। बूढ़ी स्त्रियाँ काम छोड़ते ही कमजोर हो जाती हैं। आँखों से अब ठीक-ठाक नहीं सूझता लेकिन घर का अधिकतर काम बहू देखती है इसलिए खास परेशानी नहीं," उसने बड़ा जोर देकर कहा, "मेरे ऐसा बेटा तो देवी की बड़ी कृपा हो तब ही किसी को होता है।"

हमने बारिश, फसल की कटनी, तीज-त्योहार, स्कूल और बच्चों के बारे में बातचीत की फिर बातचीत का रुख माताओं और माँ बननेवाली स्त्रियों की तरफ मुड़ गया।

दिनेशचन्द्र ने बताया कि अब गाँव की महिलाएँ स्वास्थ्यकर्मियों से फोलिक एसिड तथा आयरन की टिकिया लेने में संकोच नहीं करतीं। दिनेशचन्द्र भी गाँववालों को समझाते हैं कि गर्भवती महिलाओं को ए.एन.एम. टीका लगाएँ तो उन्हें रोका न जाए किन्तु लोगबाग अभी भी यहाँ टीका लगाने के खिलाफ हैं। अधिकांश आदिवासी एकल-परिवारवाले हैं। वे गरीब भी कहीं ज्यादा हैं। बेटे की शादी हो जाए तो मीलों में परिवार को अलग कर देने का रिवाज है। पर नवविवाहिता को पहला बच्चा गाँव की बूढ़ी-बुजुर्ग महिलाओं की देखरेख में ही होता है। अगर वह भाग्यशाली हुई तो ही प्रसव के समय 'दाई' बुला ली जाती है।

हम एक छोटे से कमरे में बैठे थे। बगल में ऐसा ही एक और कमरा था। लगता था इसे भंडार-घर के रूप में व्यवहार किया जाता होगा। उसमें आटे की बोरियाँ तथा वनस्पति तेल के डब्बे रखे थे। इसका प्रभार एक राजपूत-स्त्री लाडकँवर के हाथ में था।

उसने बताया कि दोपहर के भोजन के रूप में वह बाटी और नमक अथवा आटा-गुड़ और तेल से तैयार कसार बनाकर माताओं और बच्चों को बाँटती है। बुखार चढ़ आए तो वह पारासीटामोल की टिकिया भी देती है।

मोदकी बाई तीस साल की है। उसने बताया कि मुझे बहुत काम करना पड़ता है और दुष्टा सास हमेशा गाली देती रहती है। उसे तीन बच्चे हैं—दो लड़के और एक लड़की। वह हमारी जीप तक चुपचाप पीछे-पीछे आई। हम चलने लगे तो कीर्ति से फुसफुसाकर बोली कि वह एम.टी.पी. (गर्भपात) कराना चाहती है लेकिन 3.30 बजेवाली बस वह हर हाल में पकड़ लेगी ताकि गाँव में किसी को इस बात की भनक न लगे। उसने पूछा, "क्या क्लिनिक में यह काम जल्दी हो जाएगा ? खून निकलता हो तो कोई परवाह नहीं—मुझे लौटकर खाना भी पकाना है। बच्चे घर पर होंगे और सास को पता चलेगा तो हाय-तौबा मचाएगी।"

उसे कहा गया कि कल सवेरे 'सफाई' के लिए आना तब तुम साढ़े तीन बजे की बस भी पकड़ सकोगी। मोती बाई खुशी-खुशी लौट गई।

अगली सुबह उदयपुर-कार्यालय में मेरी भेंट 'अर्थ' के कर्मचारियों से हुई। आदिवासियों के बीच में शादी-विवाह के रिवाजों को लेकर मेरे मन में कुछ प्रश्न थे। पुनर्विवाह की एक विचित्र प्रथा यहाँ 'नाते' नाम से प्रचलित है। इसे लेकर मेरे मन में ज्यादा उत्सुकता थी।

पता चला कि खाखड़ (खेती करनेवाले) राजपूतों तथा भीलों में यह आम रिवाज है। ऐसे 2000 मामलों का सर्वेक्षण किया गया। इससे पता चला कि पति मर जाए अथवा किसी विवाहित जोड़े में कलह हद तक बढ़ जाए तो स्त्री का पुनर्विवाह कर दिया जाता है। एक तीसरा कारण भी पता चला जिसका सम्बन्ध 'आटे-साटे' नामक प्रथा से है। इस प्रथा के अन्तर्गत भाई-बहनों के एक समूह का विवाह भाई-बहनों के दूसरे समूह से होता है। इस प्रथा के अनुसार अगर इसमें से एक भी विवाह टूटता है तो दूसरा स्वतः टूटा मान लिया जाता है भले ही एक दम्पति राजी-खुशी रह रहा हो। सम्भवतः पहले इस तरह का विवाह पैसे बचाने की पारज से किए जाते होंगे। यह भी हो सकता है कि ऐसे विवाह सम्बन्ध में कलह को रोकने की गरज से मान्यता के तौर पर यह तय किया गया हो। किन्तु जैसे पुरुषों द्वारा सुमेल-विवाह के लिए स्थिर किए गए अधिकांश उपाय व्यर्थ सिद्ध होते हैं वैसे ही यह प्रथा भी 'चेतावनी' के रूप में खास कारगर नहीं। प्रथा का रूप क्षेत्र-विशेष में थोड़ा बदल जाता है। आश्चर्य इस बात का है कि जिन दम्पतियों का सर्वेक्षण किया गया उसमें पत्नी को यह बोध तक न था कि उसके साथ खरीदने-बेचने जैसा व्यवहार किया गया है। अलबत्ता बच्चे किसके साथ रहेंगे इस बात को लेकर हमेशा समस्या उठ खड़ी होती है।

'नाते' की 'प्रथा' के अनुसार नए पति को वधू-मूल्य देना पड़ता है। रकम लड़की

की उम्र पर निर्भर करती है। लड़की अगर 22-35 वर्ष की, मजबूत कदकाठीवाली और कठोर परिश्रम करनेवाली हुई तो खेती के काम में अच्छा साथी मानकर उसके लिए सर्वाधिक वधू-मूल्य चुकाया जाता है। कभी-कभी कोई नौजवान किसी उम्रदराज स्त्री को घर की देखभाल के लिए खरीद लाता है क्योंकि उसके पास कम-उम्र स्त्री लायक वधू मूल्य नहीं होता। मुझे बताया गया कि ऐसे एक मामले में एक तीस वर्षीय पुरुष ने 10 हजार रुपए देकर 50 वर्षीया स्त्री से शादी की। वह जल्दी ही चल बसी। अब उसके साथी गाँववालों के बीच ताना देते हैं कि कम पैसा देकर वह ठगा गया। वे कहते हैं कि विवाह से पहले उसे दाँत तो देख लेने चाहिए थे कि वह औरत कितनी मजबूत है।

ऐसे रिवाजों का महिलाओं के कामाचार तथा प्रजनन-स्वास्थ्य पर कैसा प्रभाव पड़ता है ?

मुझे बताया गया कि पुनर्विवाह करनेवाला पुरुष सन्तानोत्पत्ति में अक्षम हो सकता है। यह भी सम्भव है कि वह दूसरी शादी महज इसलिए कर रहा हो कि सन्तानोत्पत्ति द्वारा वह अपना पुंसत्व साबित कर सके। 'नाते-विवाह' में अक्सर कोई स्वस्थ-सक्षम स्त्री भी निःसन्तान रह सकती है। बाँझपन के उपचार के लिए ऐसी स्त्रियाँ जब 'अर्थ' की क्लिनिक में आती हैं तो कुछेक दौरों के बाद धीरे-धीरे सब कुछ बता देती हैं। फिर पता चलता है कि इनमें से अधिकांश को पहली शादी में बच्चे हुए थे लेकिन दूसरी शादी में नहीं हो रहे। दूसरी तरफ कुछ मामले ऐसे थे जिसमें स्त्री एम.टी.पी. के लिए आई और उससे पूछताछ करने के बाद पता चला कि वह गर्भपात इसलिए कराना चाहती है ताकि वर्तमान पति को छोड़कर 'नाते' की प्रथा के अनुसार दूसरी शादी कर सके। इन स्त्रियों का मानना था ऐसे में 'गर्भ' का होना कलहकारी साबित हो सकता है।

'नाते' प्रथा के अन्तर्गत होनेवाली शादियों में स्त्री-पुरुष दोनों को यौन संक्रमित रोगों का भी ज्यादा खतरा होता है। पुरुष को जैसे-जैसे दूसरी पत्नी की आदत हो जाती है उसके मन में ज्यादा से ज्यादा स्त्रियों के साथ यौन-सम्बन्ध बनाने की ललक भी उठने लगती है। यही बात स्त्री के साथ भी है। देखा गया है कि शहर में रहनेवाले निःसन्तान दम्पति का वैवाहिक-जीवन बाकी मामलों में राजी-खुशी कट भी रहा हो तो भी वे 'उपचार' के लिए चिकित्सालय में दिखाना चाहते हैं, जहाँ उन्हें पता है कि सम्भवतः स्त्री को किसी अन्य पुरुष के वीर्य द्वारा गर्भधारण कराया जाएगा। नपुंसक पति इसके लिए राजी हो जाते हैं, स्त्रियाँ भी, क्योंकि इससे दम्पति सामाजिक रूप से लांछित होने से बच जाता है। इस तरह का गर्भाधान अक्सर वीर्यदाता से पूछे बिना अथवा वीर्य की एच.आई.वी./एस.टी.डी. ग्रस्त होने की जाँच किए बगैर कर दिया जाता है। डॉक्टर इसके लिए मोटी रकम वसूलता है और 'जोड़े' को विश्वास दिला देता है कि पति के वीर्य से ही उसने यह गर्भाधान कराया है। इसी बात से सबको खुशी होती है। और किसी जोड़े को कभी शक हो भी जाए तो वह अनदेखी करना ही ज्यादातर बेहतर समझता है।

'अर्थ' ने प्रजनन-स्वास्थ्य विषयक अपने तीन वर्षों के अनुभव की एक रिपोर्ट तैयार

की है। इस रिपोर्ट में 26 वर्ष तथा 38 वर्ष की दो महिलाओं के मामलों पर प्रकाश डाला गया है। जिनसे पता चलता है कि परम्परा, गरीबी और रस्मी पुनर्विवाह जैसी बातें किस तरह साथ मिलकर सन्तानोत्पत्ति के व्यवहार पर प्रभाव डालते हैं। बाँझपन के उपचार के लिए सावनी 'अर्थ' के क्लिनिक आई। पिछले विवाह से उसे दो सन्तान हुई थी लेकिन पूर्व-पति ने उन बच्चों को अपने साथ रख लिया। सावनी को अपने बच्चों की याद आती थी और चाहती थी कि उसे और बच्चे हों। पुनर्विवाह के दो वर्ष बीत चुके थे किन्तु वह अभी तक गर्भधारण नहीं कर पाई थी। ऐसा ही एक मामला लेहरकी का था। पहले विवाह से उसे तीन बच्चे हुए थे। पति के मर जाने पर उसने पुनर्विवाह किया। नया पति (उसका भी यह दूसरा विवाह था) चाहता था कि उसे खुद के बच्चे हों क्योंकि पहली शादी से उसके कोई सन्तान नहीं हुई थी। आरम्भिक जाँच में पता चला कि सावनी और लेहरकी—दोनों के ही पतियों को कुछ समस्याएँ हैं। एक के वीर्य में शुक्राणु कम थे तो दूसरे के टेस्टीकुलर वायोप्सी से पता चला कि उसमें एक लाइलाज दोष है। उनको समझाया गया कि चाहो तो पत्नी को दूसरे के वीर्य से गर्भाधान करा दिया जाएगा लेकिन एक को यह पसन्द नहीं था और दूसरे को यह अव्यावहारिक तथा महँगा प्रतीत हुआ।

यदि दीवार पर चिपकाए गए पोस्टरों तथा इश्तिहारों को प्रमाण मानें तो कहना पड़ेगा कि राजस्थान के पुरुषों में अपनी यौन-क्षमता को लेकर गहरा भय है। फिर भी शहर हो या कुम्भलगढ़ जैसा देहात यहाँ सन्तानहीनता का युक्तियुक्त उपचार पाना बड़ा कठिन है। लोगों के मानस में जाति तथा वंश की शुद्धता के पूर्वग्रह इतने गहरे हैं कि शायद ही कोई बच्चा गोद लेना चाहता है। सन्तानहीनता का लांछन पुरुष को भी सहना पड़ता है और स्त्री तो 'बाँझ' कहलाने की पीड़ा झेलती ही है। फिर भी अधिकांश निःसन्तान दम्पति चिकित्सा नहीं कराना चाहते। या अगर चिकित्सा के लिए कभी जाते भी हैं तो तब जब पर्याप्त देर हो चुकी होती है। उपचार महँगा है, सफलता का प्रतिशत कम है और इलाज ज्यादा दिनों तक चलता है—इस कारण से गरीब ग्रामीण तो इस दिशा में सोचते ही नहीं। इलाज को बीच में ही रोक देने के मामलों का प्रतिशत इसी कारण ज्यादा है।

शरद और कीर्ति का कहना था कि रतिज-रोग तथा प्रजनन-प्रदेश के संक्रमण (इससे अस्थायी बन्ध्यता होती है) का उपचार निश्चय ही ज़रूरी है किन्तु इससे भी ज्यादा जरूरी है सेवा-पैकेज का वितरण और लोगों को प्राथमिक स्वास्थ्य केन्द्रों की सहायता से उपचार के लिए राजी करना। किन्तु उनका यह भी मानना था कि चूँकि सरकारी तन्त्र सारा धन कोख को काबू में करने पर लगाता है इसलिए समस्या का गम्भीरतापूर्वक समाधान कर पाना थोड़ी टेढ़ी खीर है।

इस इलाके में अधिकतर पुरानी परिपाटी के अनुसार ही प्रसव कराए जाते हैं। इस बाबत बहुत से अन्धविश्वास प्रचलित हैं। 'अर्थ' ने अपने सर्वेक्षण में पाया कि 90-95% प्रसव घर में कराए जाते हैं और अधिकांशतया रिश्तेदारी की महिलाओं और दाइयों को

इस काम में सहायता के लिए बुलाया जाता है।

लहरी बाई (दाई) ने बताया कि मामला जटिल हो (जुड़वाँ बच्चा या बच्चे का उल्टा जन्म लेना) तो वह तुरन्त अस्पताल जाने की सलाह देती है। 'अर्थ' ने 'ममता-किट' दिया है। इससे सामान्य-प्रसव में सहायता मिलती है। पहले नाभि-नाल के लिए बाल-बाँधने के फीते का गन्दा तागा इस्तेमाल करना पड़ता था और इसके बाद नाल पर घी लगा दिया जाता था।

माता को प्रसव के बाद पहले भोजन के तौर पर गुड़-अजवायन और घी मिलाकर दिया जाता है। उसे 'शीरा' लड्डू, रोटी और बेनमक-दाल दिन में एक दफे दिया जाता है। लोगों का मानना है कि दिन में तीन-चार दफे भोजन देने से माता के शरीर तथा महत्त्वपूर्ण अंगों पर बोझ पड़ेगा और इससे दूध सूख जाएगा।

दाइयों ने कहा कि गाँववाले बच्चे के जन्म की घटना को बड़ा पवित्र तथा विस्मयकारी मानते हैं। हालाँकि दाइयाँ छोटी जाति की होती हैं किन्तु उन्हें प्रसव में सहायता के लिए घर में बे रोक-टोक आने दिया जाता है और कहा जाता है कि यह सारा मामला तुम्हारे जिम्मे है। प्रसव में निकलनेवाले देह-अपशिष्ट को 'गन्दा' माना जाता है परन्तु उसे घर की स्त्री से अवश्य ही साफ करवाया जाता है। इसके पीछे मान्यता है कि परिवार का 'शत्रु' इसका उपयोग माता अथवा शिशु पर टोना-टोटका करवाने में कर सकता है। उसके बाद माता को प्रसव-कक्ष में ही संगरोधकाल के तहत रखा जाता है और 'शुभ दिन' की प्रतीक्षा की जाती है।

जन्म के तुरन्त बाद गाँव के भोपा को बुलाया जाता है। उसे पंचांग देखकर 'शुभ घड़ी' विचारने को कहा जाता है ताकि माता को शुभ साईत में प्रसव कक्ष से बाहर निकाला जा सके। अक्सर प्रसव के दस दिन बाद उसे बाहर निकाला जाता है। माता अपने शिशु के साथ 'सूर्यदर्शन' के लिए बाहर आती है। इस अवसर को उत्सव के रूप में मनाया जाता है।

पाया गया कि ज्यादातर खर्च दवा, जड़ी, दाई का मेहनताना, 'बंगाली डॉक्टर' के नाम से मशहूर हर फन के 'उस्ताद' तथा प्रसव के बाद मउता को दिए जानेवाले विशेष भोजन पर किया जाता है। माता को तो ख़ैर प्रसव के बाद भी हल्का-फुल्का खाना ही दिया जाता है ताकि उसे 'पेट की गड़बड़' न हो इसलिए सबसे ज्यादा खर्चा भोज पर बैठता है जिसमें जाति-गोत्र के पुरुष पंगत जीमते हैं। ऐसे भोज में मांस-दारू भी बड़ी दरियादिली से खिलाई-पिलाई जाती है। दिलचस्प बात यह है कि महिलाएँ विरोध करने के बजाय फिजूलखर्ची को बढ़ावा देती हैं क्योंकि इससे गाँव में उनकी इज्जत बढ़ती है। गाँववाले प्रसूति की हैसियत इस बात से मापते हैं कि गर्भावस्था के दौरान ससुराल में उसे कैसा भोजन मिला, कैसी देखभाल की गई और अन्य गाँववालों को भोज में क्या-क्या खिलाया गया। यदि 'ओडा' (पिता के घर) पर आई स्त्री ने लड़की को जन्म दिया हो तो सारा खर्चा मायकेवालों को उठाना पड़ता है।

अधिकांशतया प्रसवोपरान्त देखभाल में कोताही बरती जाती है। माता को साफ

सैनिटरी पैड अथवा साफ सोख्ता कपड़े नहीं दिए जाते। 'अर्थ' के डॉक्टरों को स्त्रियों ने बताया है कि वे अपने गन्दे लहँगों को ही जगह-जगह से मोड़कर रक्तस्राव पोंछती हैं। इस क्रम में उन्हें लहँगा घुमाना पड़ता है। आश्चर्य नहीं कि ऐसे में अधिकांश स्त्रियों को प्रसवोपरान्त प्रजनन-प्रदेश का साधारण अथवा गम्भीर किस्म का संक्रमण लग जाता है।

रजोस्राव को एक अबूझ पहेली की तरह कुछ खोने और इसी कारण एक शक्ति धारण करने की घटना के रूप में देखा जाता है। किशोरवय लड़कियों से माताएँ शायद ही इस बारे में बातचीत करती हैं। लड़कियों को इसके बारे में जानकारी या तो दोस्तों से मिलती है अथवा बड़ी बहनों से। अधिकांश महिलाओं का कहना था कि रजोस्राव होने पर हमलोग दो घाघरा पहनते हैं। भीतरवाला घाघरा टाँगों के बीच मोड़कर रखा जाता है ताकि स्राव इसमें सूख जाए। बाद में इसे नदी में धो लिया जाता है। रजोस्राव ज्यादा हो रहा हो तो उसे चिन्ता का कारण न मानकर अच्छे स्वास्थ्य और ज्यादा उर्वर कोख का प्रतीक माना जाता है। अगर रजोस्राव एक हफ्ते से ज्यादा चले तो ही इसे चिन्ताजनक समझा जाता है। इस मरुस्थलीय-प्रदेश में पानी की बड़ी किल्लत है। रजोस्राव के समय अथवा शिशु-जन्म के वक्त निजी साफ-सफाई पर इसी कारण कम ध्यान दिया जाता है। फिर भी इसकी मुख्य वजह अज्ञानता है। विवाहित किशोरवय लड़कियों को प्रजनन-प्रदेश का संक्रमण लगना आम बात है परन्तु लाज-संकोच के मारे उनका उपचार नहीं कराया जाता। हल्के-फुल्के दर्द या मोच के लिए सबसे अच्छा उपाय 'डाम देना' (त्रिशूल के आकारवाले लोहे से दागना) माना जाता है। अतिसार में भी इसे उपयोगी समझा जाता है। मर्द-औरत कोई भी हो, निमोनिया से लेकर पेट-दर्द जैसी बीमारी तक में उसे रुग्णावस्था में दागा जाता है।

ऐसे परिदृश्य में क्या बदलाव सम्भव है ? विभिन्न जातियों के तीस किशोरवय लड़कों तथा उनके पितृगणों का दो गाँवों में अध्ययन किया गया। 'अर्थ' की तरफ से यह अध्ययन दो अन्वेक्षक-सह-प्रक्षिशुओं ने किया। अध्ययन का एक निष्कर्ष था कि अधिकांश लड़के बेचैन हैं और परिवर्तन की ज़रूरत को पहचानते हैं। खेत या खदान में काम करने के लिए उन्हें स्कूली पढ़ाई बीच में छोड़नी पड़ती है लेकिन अधिकांश लड़के चाहते हैं कि बाहर जाकर कोई दूसरा काम करें। फिर भी, स्त्री-पुरुष के बीच अधिकार-भेद को लेकर उनके मन में ऐसी कोई ऊहापोह नहीं थी कि यह गलत है। जो लड़के घर के काम में हाथ-बँटाने को तैयार थे वे भी 'औरतोंवाले का' करने की बात पर संकोच प्रकट कर रहे थे। उनका मानना था कि लड़कों का जीवन 'काम' करने तथा शेष समय में खेलने-गाने के लिए होता है। सर्वेक्षण में आधे से अधिक लड़कों ने बताया कि उन्हें किसी न किसी तरह के नशे की लत है। अधिकांश का अभी 'गौना' नहीं हुआ था परन्तु विवाह-बाहर यौन-अनुभव वे प्राप्त कर चुके थे। 'अर्थ' की टोली

का अनुभव है कि उन जैसे संगठनों का काम युवा महिलाओं को समुचित स्वास्थ्य-सेवा उपलब्ध कराना है लेकिन ऐसी सेवाओं को प्रभावकारी ढंग से उपयोग में लाने के लिए उन्हें थोड़ी सामाजिक स्वायत्तता भी चाहिए जो कुम्भलगढ़ जैसे इलाके में उन्हें उपलब्ध नहीं है। बुजुर्ग स्त्रियाँ और पुरुष युवा स्त्रियों की जिन्दगी को नियन्त्रित करते हैं। ऐसे में पुरुषों को किसी कार्यक्रम में शामिल करके उन्हें प्रजनन-स्वास्थ्य की समस्याओं के प्रति जानकारी देना और सचेत करना अत्यन्त आवश्यक है। उम्रदराज स्त्रियों की वनिस्पत किशोरवय लड़के और नौजवान नए विचारों तथा परिवर्तन के प्रति ज्यादा उत्साही हैं। उनके पास अपने वैवाहिक-जीवन में इन परिवर्तनों को जगह देने के लिए ज्यादा समय तथा अवसर हैं।

लड़कों के लिए तीन शिक्षा-शिविर चलाने के बाद 'अर्थ' का अनुभव यह रहा है कि जब तक विद्यालय अथवा परिसर के स्तर पर लड़कों को निरन्तर एक विशेष दिशा में लगाए रहने के प्रयास नहीं किए जाते तब तक लैंगिक भेदभाव के बारे में उन्हें सचेत करने का कोई खास परिणाम सामने नहीं आनेवाला क्योंकि उनका समाज पुख्ता तौर पर पितृसत्तात्मक तथा सामन्ती चरित्रवाला है। 'यौन' के बारे में पारम्परिक ज्ञानराशि से नगण्य सी जानकारी मिलती है और इसके लैंगिक पहलू पर भी कम प्रकाश पड़ता है। अगर इस सिलसिले में बदलाव लाना है तो विविध स्तरों पर व्यवस्थित रीति से लम्बे समय तक काम करने होंगे।

फिर दाइयों का सवाल है—इस पर स्वयंसेवी संगठनों में तीखे मतभेद हैं।

जमीनी सच्चाइयों को देखते हुए क्या यह बात ज्यादा व्यावहारिक नहीं है कि स्थानीय परम्परागत प्रसवकर्मी (दाई) को प्रशिक्षण तथा सहायता दी जाए ? 'अर्थ' का मानना है कि दाइयों को थोड़ा कौशल सिखा देने से बहुत बड़ा फायदा नहीं होने जा रहा है। दाइयाँ प्रायः अनपढ़ और अन्धविश्वासी होती हैं। उनकी तुलना में सहायक नर्सधाय (ए.एन.एम.) में लिखी तो वे होती हैं ही। इस कारण वे विश्व स्वास्थ्य संगठन के मानकों का भी अनपढ़ दाइयों की तुलना में कहीं बेहतर ढंग से पालन कर सकती हैं—वे रक्तशिराओं में दवाइयों को आसानी से चढ़ा सकती हैं—जरूरत पड़ने पर जरायु (नाभि-नाल) को हाथ से भी सुरक्षित खींचकर निकाल सकती हैं और अमूमन उन्हें प्रसवकर्म तथा स्त्री रोगों की अच्छी जानकारी होती है जिसका फायदा प्रसव के समय प्रसूता को मिलता है।

'अर्थ' का मानना है कि निजी चिकित्सकों की एक लॉबी योजनाबद्ध ढंग से सहायक नर्स-धायों के सशक्तीकरण के प्रस्ताव को अमली जामा पहनाने में अड़ंगे लगाती रही है क्योंकि उसे लगता है कि सहायक नर्स-धायों का कौशल और संख्या बढ़ गई तो उनकी कमाई पर आँच आएगी। इसके अतिरिक्त कुछ बड़े उदारदिल रोमानी भावबोधवाले स्वयंसेवी संगठन भी हैं जो ए.एन.एम. नर्सों के पक्ष में नहीं हैं, परन्तु दाइयों

को पारम्परिक 'ज्ञान' तथा 'हुनर' का अक्षय भंडार मानकर चलते हैं। नहीं कि सोचना ठीक हो कि दाइयों के पास चूँकि प्रसव-कर्म के लिए परम्परा प्रदत्त ज्ञानराशि मौजूद है उन्हें इस लिहाज से बड़ी आसानी से प्रशिक्षित किया जा सकता है।

जमीनी वास्तविकता यह है कि फिलहाल राजस्थान में अधिकांश दाइयाँ अनपढ़ हैं। उन्हें साफ-सफाई की कोई जानकारी नहीं है तथा जटिलता के सामने उनका पारम्परिक ज्ञान दो कौड़ी का साबित होता है।

डॉक्टर शरद, कीर्ति तथा विनय पेंडसे की बात मानें तो मुख्य सवाल यह है कि स्वास्थ्य-कल्याण-प्रणाली से हमारी अपेक्षाएँ क्या हैं ? यदि उद्देश्य मातृ-मृत्यु-दर को कम से कम करना है तो हम इस सचाई से इनकार नहीं कर सकते कि इतने वर्षों तक दाइयों को प्रशिक्षित करने के बाद भी स्थिति में खास बदलाव नहीं आया—चमत्कारों की उम्मीद तो बाद की बात है। हम श्रीलंका, मलेशिया अथवा चीन के उदाहरण गिना सकते हैं किन्तु हमें ध्यान रखना होगा कि वहाँ का आधारभूत ढाँचा समाज और कामकाज का ढंग हमसे बहुत अलग तरीके का है। राजस्थान पिछड़ा राज्य है। वहाँ महिला साक्षरता की दर बहुत नीचे है। सरकारी स्वास्थ्य-प्रणाली बहुत बड़ी है किन्तु इसी अनुपात में अप्रभावी भी है। दाइयों को लम्बी अवधि तक प्रशिक्षण देने तथा उनके कौशल को बढ़ाने के लिए कोई सघन बजटीय सहायता भी उपलब्ध नहीं। ऐसे में पहले से हुनरमन्द ए.एन.एम. के जत्थों को इस काम के नए गुर सिखाना बेहतर होगा, क्योंकि ये लोग ग्रामीण स्वास्थ्य-प्रणाली का पहले से ही एक हिस्सा रही हैं। ए.एन.एम. को प्रशिक्षण देने के संस्थान अधिकांश राज्यों में चल रहे हैं। सबके सब मेडिकल कॉलेज-सह-अस्पताल से जुड़े हैं। राजस्थान के विभिन्न जिलों में कुल मिलाकर 25 प्रशिक्षण विद्यालय हैं। यदि इन्हें कारगर ढंग से बरता जाए तो सरकारी जत्थे के रूप में अत्यन्त कुशल ए.एन.एम. की पर्याप्त संख्या तैयार की जा सकती है। हमारी मुलाकात कुंचोली गाँव की कुछ दाइयों से भी हुई। इससे पता चला कि सरकार गरीबों की गरीबी को कैसे मापती है। उन्होंने बताया कि राज्य-सरकार निर्धन-परिवारों की महिलाओं को पहले दो बच्चों के जन्म पर 500 रुपए देती है। इन्हें कैसे चुना जाता है ? यह पूछने पर पता चला कि एक सूची तैयार की जाती है। सूची तैयार करने का आधार यह होता है कि आवेदक को पिछले पाँच वर्षों में जमीन की मिल्कियत हासिल हुई है या नहीं। फिर ग्राम-सभा भी चर्चा में शामिल होती है। दाइयों ने बताया कि अधिकांशतया मनोनीत शक्तिशाली जाति-नेता अपने को गरीब परिवार की सूची में डाल देते हैं और सचमुच के गरीब लोग इस सूची में स्थान पाने से वंचित रह जाते हैं।

भाई-भतीजावादी भ्रष्टाचार के ऐसे मकड़ जाल में 'अर्थ' की राय में सरकारी तन्त्र की मदद से दाइयाँ दक्ष प्रसवकर्मी बनाई जा सकेंगी—ऐसा सम्भव नहीं लगता। इसके विपरीत ए.एन.एम. (सरकारी बेन जी के रूप में ख्यात) को गाँववाले भी कहीं ज्यादा दक्ष मानते हैं। ए.एन.एम. टिकिया आदि तो देती ही है—उसे खून और पेशाब को जाँचने का प्रशिक्षण भी मिला होता है। पहला प्रसव अमूमन दाई के रूप में काम नहीं करतीं,

उसका काम पोलियो की खुराक पिलाना तथा गर्भनिरोधक बाँटना भर रह गया है। गाँव में भी उनका 'पंजी भरने' वाली बाई समझा जाता है।

अर्थ का सुझाव है कि ए.एन.एम. के पद को महिला जत्थों के रूप में बदला जाए। इन ए.एन.एम. जत्थों को अच्छे तालमेल के साथ पूरी की पूरी सांस्थानिक सहायता उपलब्ध होनी चाहिए। इनकी भर्ती स्थानीय-स्तर पर की जानी चाहिए। सम्भव हो तो इसमें आँगनबाड़ी की सहायता ली जा सकती है। ए.एन.एम. का प्रशिक्षण लक्ष्य-विशेषी होना चाहिए और इस बात की निरन्तर निगरानी होनी चाहिए कि एक निश्चित अवधि में कितने सुरक्षित प्रसव कराए गए।

ए.एन.एम. की कुछ व्यक्तिगत जरूरतें होती हैं। इसका भी ध्यान रखा जाना चाहिए। ए.एन.एम. की सुरक्षा और कुशलक्षेम की जिम्मेदारी पंचायत की होनी चाहिए। गाँवों में नर्सों की जरूरत है और प्रसव-कर्म में सहायता के लिए भी हमेशा जरूरत बनी रहती है। ऐसे में 'अर्थ' का मानना है कि पंचायतों को बड़ी आसानी से समझाया जा सकता है कि इस काम पर वे प्राथमिकता के आधार पर ध्यान दें। ए.एन.एम. को रात में दौरा करना पड़ सकता है अथवा उसे अपने काम के लिए दूर तक यात्रा करनी पड़ सकती है। ऐसे में पंचायतों को चाहिए कि वे उनके साथ मुनासिब अनुरक्षक भेजें। तभी वे गाँव में ठहरने की इच्छुक होंगी।

अवांछित गर्भ अथवा एक से ज्यादा भ्रूण होने की दशा में माता की मृत्यु हो तो दुख दोहरा हो जाता है। ऐसे में जिन जरूरतों की भरपाई नहीं हो सकती है—जैसे प्राथमिक स्वास्थ्य-केन्द्र (यहाँ अर्थ स्थानीय स्वास्थ्य केन्द्रों से है), सुरक्षित और हटाए जा सकनेवाले गर्भनिरोधक तथा सुरक्षित गर्भपात की सेवा और सुविधा तक पहुँच—उन पर ज्यादा ध्यान देने की भी जरूरत है। 'अर्थ' का सुझाव है कि सभी गाँवों की पंचायत को अपने क्षेत्र में मातृ-मृत्यु के आकलन और मूल्यांकन का प्रशिक्षण दिया जाना चाहिए ताकि जिन मामलों में माता को मृत्यु से बचाया जा सकता था—वहाँ समुचित मुआवजा प्रदान करें। गर्भावस्था बीमों की बात भी सोची जा सकती है। अगर ग्राहक को महसूस हो कि ऐसे बीमे से माता का जीवन सुरक्षित रहेगा तथा माता और शिशु दोनों को सांस्थानिक देखभाल हासिल होगी तो ज्यादा से ज्यादा लोग इस तरफ आकर्षित भी होंगे।

कोई भूख से मरता है तो हम सोचते हैं कि राज्य अपने दायित्व को निभाने में असफल रहा—मातृ-मृत्यु के बारे में हम यही बात क्यों नहीं सोच सकते ?—डॉक्टर शरद आयंगर ने पूछा। सही बात है, हम क्यों नहीं सोच सकते ?

डॉक्टर शरद का कहना है कि 'राजस्थान के शासकीय ढाँचे में सामन्तवाद बद्धमूल हैं। यह भी सच है कि राज्य में सरकारी डॉक्टर निजी प्रैक्टिस करते हैं। इन दो बातों के कारण राज्य-संचालित स्वास्थ्य-व्यवस्था में निहित स्वार्थों तथा भ्रष्टाचार की तूती बोलती है। एक तरह से देखें तो सरकार निजी चिकित्सकों को शह दे रही है क्योंकि सरकारी अस्पताल में जानेवाले अधिकांश मरीजों को इस तरह की 'जाँच' तजवीज की

जाती है जिसे निजी क्षेत्र में चल रही क्लिनिक में ही करवाया जा सकता है। यहाँ 'जाँच' लिखनेवाला डॉक्टर खुद इस काम के लिए मौजूद होता है। इस तरह एक ही डॉक्टर शल्यक्रिया, लैब टेस्ट, सेवा-सुश्रूषा और नुस्खा लिखने का रकम वसूलता है। दूसरी तरफ प्राइवेट-प्रैक्टिस करनेवाले गैर-सरकारी डॉक्टर शिकायत करते हैं कि उन पर कर-अदायगी का भारी बोझ (आयकर तथा व्यापारिक-स्थल सम्बन्धी) है और इसके साथ उन्हें मेडिकल कॉलेजों में बहाल डॉक्टरों द्वारा चलाई जा रही निजी क्लिनिकों से भी कड़ी स्पर्धा मिलती है। इन डॉक्टरों से पार पाना मुश्किल है। इस कारण गैर-सरकारी डॉक्टरों ने एक नायाब युक्ति ढूँढ़ निकाली है। ये मरीजों को एक-दूसरे के पास भेजते हैं। इस तरह सम्पन्न तथा मध्यवर्ग दोनों के बीच भ्रष्ट सरकारी स्वास्थ्य-प्रणाली को सामाजिक स्वीकृति प्राप्त हो गई है। इस तबके में ऐसी बातों को लेकर कोई बेचैनी नहीं नज़र आती।

डॉक्टर पेंडसे को इस बात की गहरी चिन्ता है कि पिछले 50 वर्षों के दौरान मातृ-मृत्यु-दर में यहाँ (राजस्थान) गिरावट नहीं आई है। ''आज से 150 वर्ष पहले जिस तरह की सुविधाएँ उपलब्ध थीं वैसी ही हमारी 70% जनता को आज भी हासिल हैं। 1997 के आसपास आधे-अधूरे मन से परम्परागत प्रसवकर्मियों को प्रशिक्षित करने के प्रयास किए गए किन्तु प्रशिक्षण प्रदान करने का जिम्मा मेडिकल कॉलेजों के सामुदायिक औषधि विभाग को दे दिया गया। इस विभाग का मरीजों से कोई वास्तविक सम्पर्क नहीं था। दरअसल जहाँ तक प्रजनन-स्वास्थ्य का सवाल है—स्वास्थ्य प्रणाली का लक्ष्य आबादी की रफ्तार को रोकना है न कि मातृ-मृत्यु-दर को कम करना। सरकार ने कभी इसको बड़ी समस्या के रूप में नहीं देखा। सरकार सिर्फ 'जन्म' पर भौंहें तानती है—'मृत्यु' पर उसकी आँखें नम नहीं होतीं।

''सन् 1983 में उदयपुर में मैं प्रसूति तथा स्त्री रोग विभाग की अध्यक्ष बनी। मैंने अधिकांश समय ग्रामीण क्षेत्रों में बेढंगे और खतरनाक तरीके से कराए गए प्रसवों के मामलों को देखा है। कुछ तो इतने बुरे थे कि आँखें न ठहरें। जब मैंने इसके बारे में कहना शुरू किया तो कोई प्रभाव नहीं पड़ा। एक बार मैंने एक महिला राजनेता से पूछा कि मातृ-मृत्यु-दर के बारे में आपका क्या कहना है। उन्होंने कहा कि 'समस्या तो यह बहुत बड़ी है। मैं फिर कभी आपके पास आकर इसके बारे में जानकारी प्राप्त करूँगी। वे आईं भी लेकिन समस्या ज्यों की त्यों रही। अभी भी 90 प्रतिशत प्रसव प्रशिक्षित व्यक्तियों की अनुपस्थिति में होते हैं : मात्र 20 प्रतिशत माताओं को टिटनेसरोधी टीका लग पाता है और गाँव के गरीब लोगों के बीच औसत साक्षरता महज 5 प्रतिशत है। ऐसे में कोई क्या अपेक्षा करे।

''मैंने कोशिश की कि सवाल विधानसभा में उठाया जाए। तारांकित प्रश्न मेरे पास भेजे भी गए। मेडिकल कॉलेज के प्राचार्य ने मुझे जयपुर भेजा। वहाँ मैं सचिवालय गई, महानिदेशालय गई। सबका एक ही जवाब था—मातृ-मृत्यु-दर हमारी नज़र में कोई समस्या नहीं है। यह बात विधिवत तौर पर सरकारी दस्तावेजों में लिखी गई है। यह

अलग बात है कि आयुर्विज्ञान तथा स्वास्थ्य सेवाओं से सम्बन्धित विभाग के महानिदेशक स्वयं एक परिपक्व चिकित्सक थे।

''दरअसल मातृ-मृत्यु-दर एक दुख के रूप में गाँव के गरीबों और स्त्रियों को चुभता है और इनकी आवाज कहीं नहीं सुनी जाती। हम सहायक-नर्स-धाय को धायकर्म के लिए प्रशिक्षित करते हैं और अपेक्षा रखते हैं कि इनका जत्था बन्ध्याकरण के लक्ष्यों को पूरा कर लेगा और सारे दिन रजिस्टर भरने का काम करेगा। पंजीयन के आँकड़े सहायक-नर्स-धायों के जरिए प्राथमिक-स्वास्थ्य-केन्द्रों से इकट्ठे किए जाते हैं। लेकिन अधिकांश स्त्रियों का घर ही में प्रसव होता है और इस तरह उनका हाल दर्ज होने से रह जाता है। पंचायतों को इस बात का दायित्व नहीं सौंपा गया है कि वे मृत्यु-पंजी में मातृ-मृत्यु-दर को अलग से दर्ज करें। अब ऐसे में सही बात कौन ढूँढ़ लाएगा ?''

''नौकरशाहों की दृष्टि बड़ी रूढ़ तथा कूपमंडूकता की शिकार है,'' डॉक्टर पेंडसे ने कहा। जब मैंने बेहतर परिवहन-व्यवस्था के बारे में सवाल उठाया तो उन लोगों ने कहा कि परिवार नियोजन के मद में पी.ओ.एल. (पेट्रोल-ऑयल ल्यूब्रिकेशन) कोटा पहले ही भर चुका है। हमने सुना है कि पिछले दो वर्ष से सरकार ग्रामीण इलाके में गरीब परिवारों को सुरक्षित प्रसव के लिए 500 रुपए दे रही है। लेकिन बहुत सी पंचायतों को इस बात का पता नहीं है। ऐसे में रकम खाली चली जाती है। यदि पंचायत-सदस्यों का कोई राजनीतिक सम्पर्क होता है तो ही वे इसके बारे में जान पाते हैं, शेष इस बात से अनभिज्ञ हैं। अधिकांशतया नौकरशाही अड़ंगे लगाती है अथवा पंचायती सचिव उनका 'अपना' होता है। यदि एक पुरुष मरे तो परिवार में सम्पत्ति के बँटवारे के लिए पंचायत बैठती है किन्तु स्त्री के मरने पर ऐसा नहीं होता। स्त्री के मरने पर न तो सम्पदा का वितरण होता है, न ही जमा-पूँजी दात्याप्त की जाती है। माना जाता है कि औरत के पास जमा-पूँजी और परि-सम्पत्ति नहीं होनी चाहिए—नहीं होती।

गर्भ के पहले तीन माह में सुरक्षित गर्भपात कराने के लिए सरकार पंचायतों के जरिए 400-800 रुपए देती है किन्तु ज्यादातर ऐसे अवांछित गर्भ विवाहेतर सम्बन्ध के फलस्वरूप ठहरते हैं अतः पंचायतें ऐसे मामलों को दबा जाती हैं।

भारत की राष्ट्रीय जनसंख्या नीति 'दो बच्चों' के मानक की सबसे ज्यादा वकालत करती है। लेकिन कुम्भलगढ़ जैसे इलाके का दौरा करने के बाद क्या कोई इस बात के पक्ष में दलील दे सकता है ? 'अर्थ' की टोली का यह सोचना सही है कि सरकार को माताओं तथा बच्चों को बीमा सुविधा मुहैया कराने की जिम्मेदारी उठानी चाहिए। यह बात ज्यादा महत्त्वपूर्ण है और 'दो बच्चों' के मानक से कहीं ज्यादा जरूरी है। गरीब और अनपढ़ महिलाएँ अपनी कोख पर अंकुश लगाने के विरुद्ध हों—ऐसी बात नहीं किन्तु उन्हें समुदाय-आधारित व्यापक स्वास्थ्य-प्रणाली की जरूरत है जिस तक उनकी पहुँच आसान हो और जहाँ जाते भय न लगे।

पिछले दशक में कुछ परिवर्तन हुए हैं। पहले मातृ-मृत्यु-दर हर जगह, हर जाति में ज्यादा थी। अब (राजपूतों को छोड़कर) यह ग्रामीण इलाकों में नीची जातियों तथा

अनुसूचित जनजाति के बीच ही ज्यादा है। सड़कों के बेहतर होने से शहर पहुँचना आसान हो गया है। लेकिन इसका फायदा-नुकसान दोनों है। गाँववाले चिकित्सा और दवा के लिए आ तो जाते हैं किन्तु सरकारी अस्पतालों में भ्रष्टाचार ज्यादा है तथा निजी चिकित्सालयों में उपचार महँगा है। सड़कों के बेहतर होने से आना-जाना तो आसान हुआ है किन्तु गाँव से पुरुषों के पलायन में कहीं न कहीं यह एक कारण है। सवर्णों में शिक्षा और समृद्धि बढ़ी है लेकिन सन्तानोत्पत्ति का सामाजिक दबाव अभी भी उनपर बहुत ज्यादा है। ऐसे माहौल में प्रजनन-अधिकार अब भी स्वप्न हैं।

'इन्हें लेहरी बाई का किस्सा बताओ' डॉक्टर पेंडसे ने जोर देकर कहा।

18 वर्षीया लेहरी की शादी हुए तीन वर्ष बीत चुके और उसे इस अवधि में एक मृत शिशु पैदा हुआ। उसकी माँ उसे क्लिनिक में ले आई क्योंकि मायके आने पर उसने अपनी माँ को चुपके से बताया था कि उसके शरीर का एक हिस्सा योनि से बाहर निकल रहा है। इससे काम करने तथा पेशाब करने में उसे बहुत बाधा हो रही थी। लेहरी को बताया गया कि कम उम्र में शिशु जनने तथा घर पर ज्यादा देर तक प्रसव-पीड़ा झेलने के कारण उसके गर्भाशय में खिसकन आ गई है। हाल-फिलहाल वह अस्थायी उपाय के तौर पर रबर-पेसरी (Rubber-Peccary) का उपयोग कर सकती है किन्तु उसे आगे चलकर शल्यक्रिया करवानी होगी। शल्यक्रिया महँगी तो है ही साथ में आगे गर्भधारण करने पर स्वतः गर्भपात अथवा समय से पहले प्रसव हो जाने का खतरा भी उसके साथ लगा हुआ था। उसे पेसरी की सलाह दी गई और कहा गया कि भारी बोझ मत उठाना–घर के भारी-भरकम काम से परहेज करो तथा जहाँ तक हो सके गर्भधारण में देरी करो।

कीर्ति ने एक मुर्झाई हँसी के साथ कहा, ''हमें पता था कि कहना आसान है–करना कठिन। छोटी बहू के रूप में घर के भारी-भरकम काम करने से वह ना नहीं कह सकती और न ही पति को बरज सकती है। इसलिए हमें नहीं मालूम कि उसके साथ आगे क्या होगा।''

प्रायदृष्टि

घर-परिवार, दोस्त-मुलाकाती-सहकर्मी बहुत से लोगों ने इधर मुझसे कई तरह से पूछा है कि यह किताब आखिर किस विषय पर लिखी जा रही है ? नपे-तुले शब्दों में इस सवाल का कोई सटीक उत्तर दे पाना ज़रा मुश्किल है। यूँ तो यह किताब औरतों की सेहत से जुड़ी है लेकिन इसमें कई ऐसे कोण खुल गए हैं, जहाँ से झाँके तो बरबस बहुत सी अन्य बातें भी सामने आ खड़ी होती हैं। मसलन आपको इसका जिक्र भी करना पड़ता है कि स्त्री जिस परिवेश में साँस ले रही है उसका उसके स्वास्थ्य पर क्या प्रभाव पड़ता है : यह भी कि परिवार नियोजन की परेशानियों के परे कोख के बाँझ होने का वह दर्द क्या होता है जिसकी कोई सुनवाई नहीं। गर्भधारण और शिशु-जन्म के आनन्द-उछाह के साथ-साथ एक ओर तो इसका दैहिक तथा आध्यात्मिक परिधि के रहस्यों की परतों पर टिप्पणी करनी पड़ती है; दूसरी ओर अनचाहे गर्भ तथा ढके-छुपे कराए गर्भपात की पीड़ा तथा भय से भी मुख मोड़ना कठिन है। लिखते हुए आपको किशोरवय लड़कियों की कभी-कभार उत्फुल्ल और प्रायः निराश्रय-निरानन्द दुनिया से भी गुजरना होता है। और फिर इसके साथ-साथ स्त्री तथा पुरुष के गूढ़तम रिश्ते भी हैं, जिनका एक अंश हमेशा शब्दातीत ही रहता है।

पुस्तक लिखते हुए मैंने पाया कि हिन्दुस्तान की आधी आबादी भले ही औरतों की है, लेकिन जब तक उन्हें एक 'व्यक्ति' की स्वतन्त्रता और गरिमा प्राप्त नहीं होती भारतीय प्रजातन्त्र में दैहिक या मानसिक अस्तित्व का सुख उनके लिए सपना ही रहेगा। और इस सत्य से उनके प्रजनन स्वास्थ्य का गहरा सम्बन्ध है।

मैंने जिन समाजसेवियों और स्वास्थ्यकर्मियों से मुलाकात की, सबका कहना था कि जब तक स्त्री को घर तथा बाहर अपने उत्पादन-कार्य और प्रजनन-जीवन पर एक साथ अख्तियार नहीं दिया जाता, तब तक भारत की जनसंख्या नीति सफल नहीं होगी। हमारा असली सामाजिक-राजनीतिक एजेंडा स्त्री की कोख कब्जाने का नहीं बल्कि उसे मनुष्य की बुनियादी गरिमा तथा मानवाधिकार दिलाने का होना चाहिए। स्त्री की अनदेखी करके उसकी कोख मात्र को राज्य की इच्छा से नियमित करने के लिए विपुल मात्रा में ऊर्जा और संसाधन झोंकना व्यर्थ है। हमें अपनी जनसंख्या-समस्या को प्रजातन्त्र के व्यापक सन्दर्भ में हल करने की दिशा में सोचना चाहिए। आँकड़ों के दबाव से भयार्त होकर स्त्रियों की प्रजनन क्षमता पर रोक लगाने के फौरी और अव्यावहारिक कदम उठा लेना मानवाधिकारों की दृष्टि से तो गलत है ही, दीर्घकालिक दृष्टि से निष्फल भी प्रमाणित हुआ है। भारत के संविधान-निर्माताओं ने पचास वर्ष पहले इसे एक समाजवादी

लोककल्याणकारी राज्य का ढाँचा प्रदान किया था जिसमें राष्ट्रीय-स्तर पर सीमित दायरे में अर्थव्यवस्था को खुलेपन की छूट थी। लेकिन अब आधी सदी बाद एक वैश्विक अर्थव्यवस्था उभार पर है। इस वैश्विक अर्थव्यवस्था ने अपना फैसला सुना दिया है कि 21वीं सदी में बाजार की चंचल शक्तियाँ ही निर्वाचित सरकारों जैसी हुक्मरानी करेंगी और लोगों को स्तुति-भाव से उनकी वन्दना करते हुए जीना नए मॉडल में कहाँ तक बाजार उनके वैध हितों के हक में युक्तिसंगत ढंग से काम करता है और राज्य कहाँ तक इसमें साथ दे पाता है यह अब नेता नहीं बाजार की प्राथमिकताएँ तय करेंगी। लेकिन बाजार का व्यवहार तो हमेशा युक्तिसंगत नहीं होता। तो फिर क्या हो ? उन सामाजिक-सांस्कृतिक मान्यताओं का हम क्या करेंगे जो जनसंख्या-नियन्त्रण की नई सरकारी जरूरतों पर लोकतान्त्रिक ढंग से प्रश्न खड़े करते हैं ?

अपनी यात्रा के दौरान मेरा सम्पर्क मुम्बई में कार्यरत संस्था 'सेहत' से हुआ। हाल में 'सेहत' ने सर्वोच्च न्यायालय में एक याचिका दायर की है। याचिका का आरोप है कि लिंगाधारित गर्भपात निरोधक कानून रहते देश के ग्यारह राज्यों में बड़े पैमाने पर अवैध रीति से लिंग-निर्धारक जाँच और इसके आधार पर योजनाबद्ध ढंग से मादा-भ्रूण को गर्भपात द्वारा खत्म करने का काम किया जा रहा है। कुछ समृद्ध राज्य तो ऐसे हैं जहाँ नवीनतम जनसंख्या-रिपोर्ट के अनुसार 0—6 आयु-वर्ग की बच्चियों की संख्या में भयावह कमी आ चुकी है। अवैध गर्भपात करानेवाली निजी क्लिनिकों पर रोक लगाने के आदेश की अवहेलना बहुत से राज्यों ने की है और इससे खीझकर भारत के सर्वोच्च न्यायालय ने इन राज्यों के स्वास्थ्य-सचिव को सम्मन जारी किया। अदालत ने कठोर शब्दों में राज्य सरकारों को फटकारा है कि सभी अल्ट्रासोनिक क्लिनिकों को पंजीकृत करने तथा अजन्मे भ्रूण का अवैध रूप से लिंग-निर्धारण करने-करानेवालों को सजा देने के उसके पूर्ववर्ती आदेशों का पालन नहीं किया गया। अदालत ने यह आदेश भी सुनाया है कि भारत सरकार गैर-पंजीकृत क्लिनिकों को ऐसी (अल्ट्रासाउंड) मशीन बेचने के बारे में उचित कानून बनाए। भारत के सर्वोच्च न्यायालय ने हाल में एक आदेश दिया है जिसे हम चिकित्सा और स्वास्थ्य-सेवाओं के पक्ष में मानें या विपक्ष में परन्तु यह इतना जरूर कहता है कि सभी निजी चिकित्सा और स्वास्थ्य-सेवाओं का पर्यवेक्षण तथा उनकी सख्त निगरानी किसी राष्ट्रीय संस्था की मातहती में से कराई जानी चाहिए। यहाँ ध्यान देने योग्य बात यह है कि निजी क्षेत्र में चलाए जानेवाले अस्पताल तथा क्लिनिक भी ठीक इसी तरह राज्य की तरफ आदेश के लिए टकटकी लगाए रहते हैं। सरकारी आदेशों के दायरे में ही उन्हें अनुबन्ध करने होते हैं और कमाई भी करनी होती है। अतः वे शान्तिपूर्ण बड़े शहरों तक ही कार्यक्रम सीमित रखते हैं। पिछड़े इलाकों में नहीं जाते उग्रवाद-प्रभावित क्षेत्रों में जहाँ प्रशासन कमजोर तथा हिंसा आम है—अपोलो अस्पताल या मैक्स इंडिया जैसे सुप्रबन्धित निजी अस्पताल अपनी शाखाएँ खोलने के लिए लालायित नहीं। जबकि जन स्वास्थ्य की दशा उन्हीं पिछड़े इलाकों में सबसे गिरी हुई है।

इसी कारण हमारा विश्वास है कि औरतों के लिए अभी भी एक ही उम्मीद बाकी है और वह यह कि तमाम निजीकरण तथा विश्वबाजार के दबावों के बावजूद लोककल्याणकारी राज्य सब नागरिकों को बुनियादी शिक्षा तथा स्वास्थ्य-कल्याण प्रदान करने की अपनी मूलभूत जिम्मेदारी से हाथ कतई न खींचे। प्रजातान्त्रिक राज्य मध्यकालीन साम्राज्यों की तरह हिंसक तथा आक्रामक रुख नहीं अपनाएगा—जब तक यह आश्वस्ति-भाव आधार रूप में कायम है, तब तक गरीबों और औरतों के स्वास्थ्य में बेहतरी की एक क्षीण उम्मीद भी नहीं रहेगी।

यह कहना भी रूढ़िवादी होगा कि भारत के सभी अथवा कुछ राज्य सदैव बढ़ती जनसंख्या झेलने के लिए अभिशप्त रहेंगे। यह बात अभी बिल्कुल स्पष्ट नहीं हुई है कि हमारे प्रजातान्त्रिक पूँजीवाद की दो बड़ी प्राथमिकताएँ आर्थिक एकीकरण तथा राजनीतिक आत्मनिर्धारण 21वीं सदी में एक-दूसरे की पूरक कैसे होंगी। 20वीं सदी के अन्तिम दशक में इनके हितों में कोई साम्य नज़र नहीं आता। ऐतिहासिक प्रमाण सिद्ध करते हैं कि सन्तानोत्पत्ति की सहज इच्छा मानवीय प्रकृति में अन्तरतम् तक गुँथी हुई है। और भारत में तो सभी समुदायों जातियों के बीच विवाह को शिशु-जन्म से अनिवार्यतः जुड़ा पवित्र और समुन्नति कारक कर्म माना जाता है। यदि राज्य इस धारणा को मानने-बरतने से इनकार करके सन्तानोत्पति पर रोक लगाने की हठधर्मी पर उतर आता है तो भी विवाह संस्था को सांस्कृतिक-रूप से अनुमोदित रूप लोगों को परिवार छोटा रखने की सरकारी सारी दलीलों की अनदेखी करने के लिए छिपे या खुले बढ़ावा देता रहता है। अपना बीज कायम रखना, यह इच्छा एक आदिम इच्छा है। और यह बात हमें वैज्ञानिक भी बताते हैं कि कुछ विशिष्ट स्थितियों में खतरा होने पर अचेतन अणु तक में आत्म-संघटन की क्षमता आ जाती है।

भारत ने जिस मुक्त अर्थव्यवस्था को अपनाया है वह देश में निर्विवाद रूप से (कुछ लोगों की राय में अप्रत्याशित रीति से) असमानता को बढ़ावा दे रही है। भारत में, आप जहाँ कहीं भी जाएँ आपको दो तरह के मंजर नज़र आएँगे। एक तरफ अहमदाबाद, इलाहाबाद, गुवाहाटी, कोट्टायम, अमृतसर तथा चेन्नई सरीखे बड़े शहरों के बाजार हैं, जहाँ खरीदारी के लिए नित्य बड़ी-बड़ी दुकानें खड़ी हो रही हैं। वहाँ बिकनेवाली वस्तुओं की प्रचुरता और प्रकार को देखकर आँखों को सहसा विश्वास नहीं आता। इसके साथ इन्हीं शहरों की वे बस्तियाँ हैं जहाँ गरीबों की संख्या तथा उनके अवैध रहवासों का विस्तार बढ़ता जा रहा है। वहाँ ढीली-ढाली, कमजोर जोड़ाइयों के टाट-पैबन्दों के बीच बड़े साधारण से गृहस्थी का सामान 'घर' अपनी दहाड़ती हुई गरीबी के बीच कुपोषण के मारे बच्चों और बीमार माँओं से भरे पड़े हैं। यहाँ भी भारतीय जीवन जीने के प्रतीकात्मक कारण तलाशता अपने लिए जाने किन स्रोतों से प्राणवायु खींच लेता है। राज्य की ओर से मिल रही निपट उपेक्षा के बीच ग़रीब एकदम सामान्य चीजों में भी जीवन का एक दिव्य आशय पर जाते रहे हैं। इसी से यहाँ पहली बार रजस्वला हुई एक किशोरी, पाँच घरों से भेजी गई रोटी खाकर उर्वरता के उस अक्षय कोष का प्रतीक बन

जाती है जहाँ से जीवन का अमृत फूटता है। नवजात बच्चे की जीभ पर शहद या गुड़ के पानी की एक बूँद भर या उसके ललाट पर काजल का टीका हर तरह के बालरोग से परित्राण दिलानेवाला कवच बन जाता है, और नवप्रसूता माँ के माथे पर लगा लाल टीका उसे वंश बेल बढ़ानेवाली लक्ष्मी का दर्जा दे देता है।

सभ्य सम्पन्न समाज के बरक्स यहाँ कुछ भी तो नहीं है—न धन, न पौष्टिक भोजन, न ही साफ-स्वच्छ पानी या साधारण से साधारण दवाइयाँ। अगर कुछ है तो बस चन्द सिक्के, किसी छोटी सी थाली में थोड़ा सिन्दूर, गुड़ की डलियाँ और चन्द जंगली फूल, नारियल का ऊपरी खोल, चाय की चम्मच भर तेल और तुम्बी में भरी हुई चावल की शराब। लेकिन इन चीजों के गिर्द जुटानेवाले लोग, खुशी से फूले और गर्व से तने नज़र आते हैं। नवप्रसूता हर बार शिशु को जन्म देकर सामाजिक प्रतिष्ठा प्राप्त करती है और उसका नवजात शिशु समुदाय के भविष्य-लेख में एक शुभाशीष की तरह जोड़ लिया जाता है।

ऐसी परिस्थितियों के बीच समझदार स्वयंसेवी संगठन अपने कार्यक्रमों में प्रजनन और शिशु स्वास्थ्य की बेहतरी के लिए हाशिए पर एक जगह परम्परा के लिए रखा करते हैं। वे स्थानीय रीति-रिवाजों को बर्खास्त करने की बजाय उन्हें सहानुभूतिपूर्ण नज़रों से देखते हुए उन्हीं के बीच अपनी राह बना लेते हैं। परिवार-नियोजन के कार्यक्रम जिनके लिए गढ़े गए हैं उन तक पहुँचाकर वे इन परम्पराओं को जानने-समझने की ईमानदार कोशिश भी करते हैं कि कुछ तो होगा कि यह परम्पराएँ जीवित हैं। यह मॉडल हमारे नीति-निर्माताओं द्वारा तैयार गरीबों के मानवाधिकारों पर चोट करनेवाले एकतरफा जबर्दस्तीवाले मॉडल से कहीं ज्यादा कारगर प्रतीत होता है।

किसी के मन में यहाँ एक सवाल उठ सकता है—जनसंख्या-नीति को गढ़नेवाले हमारे ये पके-पुराने भाग्य-विधाता क्या स्थितियों के दबाव के नीचे ऐसे जरूरी मानवीय तेवर, यह नए अनुशासन सीख भी पाएँगे। मसलन क्या वर्तमान सरकार के वित्त-सलाहकार स्वास्थ्य-कल्याण के लिए विपक्षी कांग्रेसी-सरकारों की उपेक्षा कहीं ज्यादा वित्त-आवंटन का मन बना सकेंगे ? जिस प्रशासन में त्वरित निजीकरण के दर्जनों पैरोकार भरे पड़े हैं, क्या यह लोकस्वास्थ्य के क्षेत्र में सरकार की सब्सीडी पर आधारित जन-हित बीमा उपलब्ध कराने के लिए जरूरी दबाव बना सकेगा ? निजी क्लिनिकों की गहरी निगरानी और आयुर्विज्ञान के सभी विद्यार्थियों को लोक स्वास्थ्य-कल्याण प्रणाली में 'अनिवार्य सेवा' प्रदान करने के लिए क्या वह तन्त्र पहल कर पाएगा, जो अब तक 'ब्रेन ड्रेन' और निजी चिकित्सा क्षेत्र को लेकर ओहाविष्ट धृतराष्ट्र बना रहा है ? और सबसे बड़ी बात यह है कि खुद हम भारतीय जन क्या पूरे धीरज और सहनशक्ति के साथ इस मुद्दे पर आत्मालोचन में प्रवृत होंगे और स्वास्थ्य-कल्याण के मुद्दे से ज्यादा गहरा जुड़ाव साध पाएँगे ?

इस किताब को सम्भव बनाने में जिन लोगों ने सहायता दी उन्हें आभार व्यक्त करना हो तो कैसे और कहाँ से आरम्भ करूँ ? चाहे कितनी भी कोशिश क्यों न करूँ शब्दों में पूरा का पूरा आभार तो व्यक्त नहीं ही कर सकूँगी।

मेरे लिए राह खोलने का काम जॉन डी तथा कैथरीन टी. मैकार्थर फाउंडेशन की निदेशक कारमेन बारोसो (निदेशक, जनसंख्या और प्रजनन-स्वास्थ्य-क्षेत्र) तथा पूनम मुठरेजा (देश समायोजक, भारत) ने किया। यह 1998 की बात है। उन्होंने मुझे सुझाव दिया कि भारतीय महिलाओं के प्रजनन-स्वास्थ्य पर महत्त्वपूर्ण जानकारियाँ उपलब्ध हैं और मैं उन्हें तरतीब के साथ एक शक्ल दूँ साथ ही देश के विभिन्न भागों की यात्रा द्वारा इस जानकारी को ज्यादा पुष्ट बनाते हुए अद्यतन रूप में सँवार दूँ। स्वास्थ्य-कल्याण के क्षेत्र में दूर-दराज के इलाकों में कार्यरत स्वयंसेवी संगठनों की सूची देकर उन्होंने मेरा और भी उत्साह बढ़ाया तथा मेरी यात्रा की रूपरेखा तैयार करते हुए सम्बद्ध स्वयंसेवी संगठनों से सम्पर्क बनाने में मेरी सहायता की। मल्टीपल एक्शन से परियोजना पर कार्य करने के लिए आगे बढ़ायां इन तीन असाधारण महिलाओं से मिला धीरज और सहायता रिसर्च ग्रुप (मार्ग) की संस्थापक और निदेशक वसुधा धागम्वार ने मुझे उनकी सहायता ही इस परियोजना का मुख्य संबल रही।

शुरुआत मैंने दिल्ली से की। यहाँ डॉक्टर सरोज पचौरी (जनसंख्या परिषद), स्वप्ना मुखोपाध्याय (आई.एस.एस.टी. भारतीय समाज विज्ञान न्यास) तथा भारती और स्वास्थ्य-कर्मियों की उसकी टोली (एक्शन इंडिया) से मेरा सम्पर्क हुआ। उपयोगी परामर्श और महत्त्वपूर्ण अन्तर्दृष्टि प्राप्त करने के लिहाज से यह सम्पर्क बड़ा कारगर सिद्ध हुआ। कई प्रसिद्ध विद्वानों, स्वास्थ्य-कर्मियों तथा शोधकर्त्ताओं के साथ मैंने निरन्तर मेल-जोल बनाए रखा। इनसे मुझे बड़ी सहायता मिली। इनमें से कुछ मैकार्थर फाउंडेशन से जुड़े थे और समय-समय पर उनका दिल्ली आना होता था। परियोजना के सिलसिले में जब मैंने यात्रा शुरू की तो इनमें कइयों से मेरी मुलाकात उनकी कर्मस्थली पर हुई। इनसे दिल्ली में मेल-जोल बढ़ा था और इस वजह से वहाँ बगैर लम्बी औपचारिकता और ताम-झाम के हम आपस में अपने मूल्यवान अनुभव और अन्तर्दृष्टि बाँट सके।

कलकत्ता के डॉक्टर पप्पू, डॉक्टर रूमेली घोष और सिन्नी (चाइल्ड इन नीड इंस्टीट्यूट) की खुशगवार टोली का मुझ पर बड़ा उपकार है। इनके साथ मैं गाँव और शहर की बस्तियों में आसानी से काम कर सकी। ये लोग बग़ैर नाक-भौं सिकोड़े मुझे अपने साथ यौन-कर्मियों के बीच भी ले गए।

पुणे में, सहारा-समूह की परियोजना 'आह्लाद' के समर्पित युवा कार्यकर्ताओं के कारण एच.आई.वी./एड्स पीड़ित लोगों से मिल पाना सम्भव हुआ। इन लोगों ने मुझे अपने अनुभव भी बताए और रोगियों की विवरणी भी दी। जिस विनम्रता और उदारता के साथ उन्होंने यह सहयोग किया आज के दौर में वह मुश्किल से नज़र आती है। पुनः 'मासूम' संस्था की संस्थापिका मनीषा गुप्ते तथा उसके साथी कार्यकर्ताओं ने पुणे और मालसीरस तथा सासवड के अपने ग्रामीण केन्द्रों पर पूरी गर्मजोशी के साथ मेरा साथ निभाया। वहाँ मैं जितने दिन ठहरी इन लोगों ने मेरे लिए आँख और कान का काम किया। इस पुस्तक में इस यात्रा के बाद की कुछ ही कहानियाँ ऐसी हैं जिन्हें लिखते समय मुझे उनकी याद न आई हो और याद करते हुए मैंने कृतज्ञता न महसूस की हो।

चेंगलपट्टु स्थित 'रूवसेक' (रूरल विमन्स सोश्यो एजुकेशनल सेंटर) के बहुत से कार्यकर्ताओं ने मुझे सहायता दी और मार्गदर्शन किया। इनमें से मैं युवा मालती को विशेष रूप से धन्यवाद देना चाहती हूँ। उसने दुभाषियों के रूप में अपने काम की माँग और दोस्ती के फ़र्ज से कहीं ज्यादा मेहनत की और ग्रामीण कार्यकर्त्ता तथा प्रशिक्षित शहरी स्वास्थ्य-कर्मियों दोनों के नजरिए से विषय को समझने में मेरी मदद की।

अहमदाबाद स्थित 'सेवा' (सेल्फ एम्प्लाएड विमेन्स एसोसिएशन) से मेरा जुड़ाव कई वर्षों का है। इसकी स्थापना इला भट्ट ने की है। मैं इससे 80 के दशक से ही जुड़ी रही हूँ। 'श्रमशक्ति' नामक रिपोर्ट तैयार करनेवाली महिलाओं की टोली की एक सदस्या के रूप में मुझे उस वक्त इस साधारण दल के साथ कई मूलभूत बातों को जानने का मौका मिला था। उनसे दोबारा मिलना बड़ा खुशगवार रहा। मीराई चटर्जी रीमा नानावती और अन्यों की सहायता में 'सेवा' के हाल ही में आरम्भ किए गए ग्रामीण स्वास्थ्य-कार्यक्रमों से भी मेरा परिचय हुआ। असंगठित क्षेत्र में कार्यरत महिलाओं के लिए 'सेवा' ने छोटे ऋण मुहैया कराने तथा कामगर महिलाओं को आर्थिक रूप से आत्मनिर्भर बनाने का पथप्रवर्तक काम किया है। ग्रामीण-स्वास्थ्य के उनके कार्यक्रम इसी काम का परवर्ती विस्तार है।

मुम्बई में 'सेहत' (सेंटर फॉर एजुकेशन इन हेल्थ एंड एलायड थीम्स) की टोली ने अपने शोधकर्त्ताओं की टोली द्वारा एक दशक से भी ज्यादा समय में कड़ी मेहनत से जुटाई गई सूचनाएँ और आँकड़े मुहैया कराए। 'सेहत' के शोधकर्त्ताओं तथा डॉ. रवि दुग्गल और अमर जेसानी के शोधपत्रों को पढ़ने एवम् उनसे बात करने का भी बड़ा लाभ हुआ। भारतीय महिलाओं के स्वास्थ्य के विषय पर सच तलाशते हुए मैं महत्त्वपूर्ण तथ्यों को ढकनेवाली भावुकता, अप्रासंगिक ब्योरों और उनकी विचलन से इसी कारण बच सकी। इस विषय पर उन्होंने अत्यन्त विचारोत्तेजक टिप्पणियों तथा सूझ ते मुझे लाभान्वित किया। उनकी सहायता से मैं उन गहरे नैतिक आग्रहों को परख पाई जो इस क्षेत्र के हर काम में ज़रूर ही घुलेमिले होने चाहिए।

गढ़चिरोली स्थित शोधग्राम के डॉक्टर अभय और रानी बाँग तथा उनके समर्पित

सहकर्मियों के साथ मैंने दूर-दराज बसे आदिवासियों तथा निर्धनतम गरीबों के उस संसार को बड़े नजदीक से देखा जिसके बारे में आज भी बहुत कुछ अनजाना है। धीरे-धीरे मेरे सामने यह तथ्य प्रकट हुआ कि ये लोग कैसे हमारी मुख्यधारा की संस्कृति तथा स्वास्थ्य-कल्याण की प्रणाली से अपना गहरा जुड़ाव बनाए रखते हैं और यह भी कि हमारी मुख्यधारा उनके महत्त्व के प्रति कितनी उदासीन है। मैंने आश्रमवासियों के घर भोजन किया, बेर-सबेर उनके घर जाकर प्यार-भरे हाथों से दी कॉफी पी, उनके वाहनों का प्रयोग किया और मुक्तभाव से उनकी किताबें माँगकर पढ़ीं। एक हिन्दुस्तानी मेहमान जिस अनौपचारिकता के साथ तवज्जो माँग सकता है, मैंने माँगी और मुझे कभी 'ना' सुनने को नहीं मिला। शोधग्राम के आश्रम में मैंने एक हफ्ता बिताया और इस दौरान उन लोगों के कारण मनुष्य मात्र की अच्छाई से मेरा विश्वास मजबूत हुआ। उनके कारण मुझे भान हुआ कि गांधीजी की विश्वदृष्टि आत्म-सम्मान तथा स्वयंसेवा की व्यापक परियोजनाओं को आज भी प्रेरणा देने तथा समृद्ध करने में सक्षम है।

केरल के मुन्नार क्षेत्र में एक संगोष्ठी के दौरान मेरी भेंट डॉक्टर कीर्ति तथा शरद आयंगर से हुई। इन लोगों ने मुझे अपनी संस्था 'अर्थ' (एक्शन रिसर्च एंड ट्रेनिंग फॉर हेल्थ) के उदयपुर स्थित मुख्यालय आने का निमन्त्रण दिया और कुंचोली गाँव स्थित अपने चिकित्सालय ले जाने की भी पेशकश की। यह दौरा भी यादगार साबित हुआ। इस यात्रा में मेरी भेंट डॉक्टर पेंडसे तथा संस्था के अन्यान्य कार्यकर्त्ताओं से हुई। डॉक्टर पेंडसे के धीर-गम्भीर विवेक और दक्ष कार्यकर्त्ताओं के समृद्ध अनुभवों का मुझे बड़ा लाभ हुआ। केरल से आकर कुंचोली में काम करनेवाली दो हँसमुख नर्सों समेत उन सबने अपनी ऊर्जा, अनुभवी और मेधा से मेरी यात्रा को सम्पन्न कराया। ये मुझे अपने साथ ले जाते, खाना खिलाते और बातें करते हुए कभी ऊबते न थे। ऐसे उदारमना साथियों के लिए आभार के चन्द शब्द–मात्र कहना कभी भी पर्याप्त नहीं हो सकता।

यह किताब मेरे लिए हमेशा एक निजी कोष का काम करेगी–एक ऐसे कोष का जिसमें मुझे बताए गए ब्योरे और कथाएँ सँभालकर रखी गई हैं, और वह सीख भी सँजोई हुई है जिसे मैंने साहस के धनी कार्यकर्त्ताओं, शोधकर्मियों तथा चिकित्सकों से पाया। इन सबों को समय-समय पर सामाजिक-राजनीतिक झटकों का सामना करना पड़ा है उन्हें रुपए-पैसे की भारी तंगी और सेहत की नासाजी को भी झेलना पड़ा है। फिर भी न तो मनुष्य-मात्र के प्रति उनकी आस्था में कमी आई और न ही मानवीय-आत्मा की अच्छाई से उनका विश्वास डिगा।

जिनसे सहायता मिली उन सबको नाम के साथ याद करते हुए धन्यवाद के शब्द कहना मेरे लिए सम्भव नहीं। बहुत से लोगों ने सहायता दी–कई बार ऐसा भी हुआ कि नाम तो नहीं जान सकी लेकिन उनके काम जाने के बाद याद रह गए। उन्होंने जिस फुर्ती, तत्परता और जुड़ाव के गहरे बोध से अपना काम किया उसका रंच-मात्र भी मैं अपने पाठकों तक पहुँचा सकूँ तो यह मान सकूँगी कि अपने मन में उठ रहे कृतज्ञता-ज्ञापन के भावों का एक अंश अदा कर सकी।

एक विशेष अपनत्व भरा आभार मुझे अपनी युवा शोध-सहायक रेणुका मोतिहर को देना है। रेणुका का उत्साह कभी मन्द नहीं पड़ा और नहीं ही उसकी मुस्कान तनिक टेढ़ी हुई। काम करने के मेरे बिखरे-बिखरे से तरीके, यात्रा के दौरान लिए गए नोट्स को व्यवस्थित करने की मेरी उलझी-बिखरी कोशिश और एक आवेग में आकर किए को फिर से करने की मेरी इच्छा से वह तनिक भी विचलित नहीं हुई। बड़े धीरज और बग़ैर शिकायत के वह हमेशा मेरे साथ काम पर डटी रही। इसी के साथ पुस्तक के हिन्दी प्रारूप की तैयारी में चन्दन श्रीवास्तव और जोया भट्टाचार्य सिन्हा ने मुझे अपने कार्यभार को अनदेखा करके भी लगातार उल्लेखनीय मदद दी, उन्हें भी धन्यवाद !

मुझ जैसे घुमन्तू रचनाकार को सब बातों के लिए अपने परिवार की सहायता और समर्थन पर निर्भर रहना पड़ता है। इस काम के दौरान पूरे समय धीरज के धनी मेरे पति अरविन्द और चिर-अधीर माँ शिवानी ने मेरा दम बनाए रखा—मुझे उत्साहित किया। माँ ने कहा—ज्यादा काम से किसी का दम नहीं टूटता—कम काम से टूटता है। शिकायतें छोड़ो—मैं देख रही हूँ कि इस काम को करके तुम्हें खूब खुशी हो रही है।

पुरानी बाइबिल के एक सन्त के शब्दों में :

जैसे किसी को उसकी माँ सुकून दे, वैसे ही तुम्हें मैं सुकून दूँ...

दिसम्बर, 2001

—**मृणाल पांडे**

●●●